Richard Sorg

Dialektisch denken

Richard Sorg

Dialektisch denken

PapyRossa Verlag

Für Beatrix Borchard

© 2018 by PapyRossa Verlags GmbH & Co. KG, Köln
Luxemburger Str. 202, 50937 Köln
Tel.: +49 (0) 221 – 44 85 45
Fax: +49 (0) 221 – 44 43 05
E-Mail: mail@papyrossa.de
Internet: www.papyrossa.de

Umschlag: Verlag, unter Verwendung eines Fotos
          von Zoonar/Joachim G. Pinkawa/Jo.PinX
Druck: Interpress

Die Deutsche Nationalbibliothek verzeichnet diese Publikation in
der Deutschen Nationalbibliografie; detaillierte bibliografische
Daten sind im Internet über http://dnb.d-nb.de abrufbar

ISBN 978-3-89438-660-3

Inhalt

Zu diesem Buch

Ein Buch über Philosophie, noch dazu über ein so ›abgehobenes‹ Thema wie *Dialektisch denken*! – Gibt es nichts Drängenderes, über das sich nachzudenken lohnt in einer Zeit, von der manche meinen, dass ›die Welt aus den Fugen geraten ist‹?

Bleiben wir für einen Moment bei dieser Zeitdiagnose. Unsystematisch lassen sich einige Erscheinungen nennen, die das augenblickliche Bild der Welt prägen:

- tiefgreifende Umbrüche in den Produktivkräften, insbesondere durch die Digitalisierung (aktuell etwa die Debatte über die sog. ›Industrie 4.0‹), die neue, fast universell verwendbare Technologien ermöglicht, sowohl produktiver Art, wie die Erleichterung und Effektivierung von Arbeitsprozessen, als auch destruktiver Art, z. B. Tötungen durch computergesteuerte Drohnen, – Technologien, die neben einer bislang nicht gekannten Erweiterung von Kommunikationswegen und Wissenszugängen auch neue Dimensionen der Kontrolle und Überwachung durch die elektronische Erfassung von Massendaten eröffnen;

- gravierende ökologische Probleme: von der Belastung der Nahrungsmittel durch Gifte, über die Langzeitwirkung des atomaren Mülls und seiner Entsorgungsprobleme, bis hin zu einschneidenden Veränderungen des Klimas im Gefolge der Erderwärmung u. a. durch Einträge von CO_2 in die Atmosphäre;

- eine sich vertiefende soziale Spaltung zwischen arm und reich, nicht nur zwischen ›erster‹ und ›dritter Welt‹, sondern auch innerhalb der reichen Länder des ›Nordens‹ – und dies trotz der durch die Produktivkraftentwicklung gebotenen Chancen einer Verringerung von Armut oder von Gesundheitsproblemen;

- zur sozialen Ungleichheit gehören auch die fortdauernden, durch die fehlende Gleichstellung der Geschlechter hervorgerufenen Probleme;

- viele Regionen der ›dritten Welt‹ sind geprägt durch zerfallende Staaten (›failed states‹) mit katastrophalen Folgen für die betroffenen Bevölkerungen;
- im globalen Maßstab hat die Zahl der unter direkter oder indirekter Beteiligung westlicher Staaten geführten Kriege zugenommen, die zusammen mit den vielfach durch neokoloniale Abhängigkeiten bestimmten ökonomischen Probleme dieser Länder zu riesigen Flüchtlingsströmen führen, die z. T. auch nach Europa gelangen und hier wieder Abwehrreaktionen auslösen;
- Reaktionsformen unterschiedlichster Art zeigen sich u. a. in der Zunahme diverser ›populistischer‹, oft auch extrem rechter oder gar faschistischer sowie religiös-fundamentalistischer Bewegungen, nicht nur muslimischer, sondern auch christlicher Provenienz;
- fast schon zur täglichen Erfahrung geworden sind nicht zuletzt Formen des Terrorismus, die inzwischen auch die kapitalistischen Hauptländer erreicht haben.

All diese, das Bild der Zeit bestimmenden Züge bedürften jeweils eingehender, hier nicht möglicher Analysen. Verständlich ist aber, dass die ›mentalen‹ Auswirkungen der skizzierten, oft verwirrenden Problemverknüpfungen zu den erwähnten Wahrnehmungen führen, wonach ›die Welt aus den Fugen geraten‹ sei. Neu vor allem für den ›westlichen‹ Blick ist, dass die zuvor weit entfernten ›Instabilitäten‹ und ›Unruheherde‹, die wir in anderen Weltgegenden lange Zeit mit distanziertem Blick beobachtet hatten, nun auch in die ›gesicherte‹ Welt der ›entwickelten‹ Länder eingewandert sind.

Zunehmend deutlicher wird erkennbar, dass eine isolierende Sicht die realen Zusammenhänge nicht in den Blick bekommt. Während bereits mit der Thematisierung der ›ökologischen Frage‹ die ›Welt als ganze‹ ins Blickfeld geraten war, tritt diese nun auch bei den sozialökonomischen und politischen Fragen verstärkt in den Focus. Es genügt nicht mehr, nur die für die ›entwickelten Länder‹ profitablen Folgen der ›Globalisierung‹ zu betrachten und zu genießen; auch ihre ›Schattenseiten‹ werden zunehmend unübersehbar.

All dies untergräbt lang gehegte Sicherheiten, im alltäglichen Leben wie in den grundlegenden Orientierungen. Es provoziert die Frage, wie die neuen, täglich erfahrenen, durch Interessengegensätze und Widersprüche bestimmten Erscheinungen und Entwicklungen ›einzuordnen‹ sind, wie mit ihnen ›umzugehen‹ ist, wenn sie nicht nur emotional verarbeitet, sondern auch ›vernünftig‹, also mit unserem Denken begriffen werden sollen.

Dass Denkweisen von großer Bedeutung dafür sind, wie wir an die Wirklichkeit herangehen: um uns zu orientieren, die Welt und die Vorkommnisse in ihr einzuschätzen, unser Handeln anzuleiten im Alltag wie auch in Fragen der Politik, der Kultur oder der Wissenschaft, dürfte kaum strittig sein. Strittig wird es, wenn die jeweiligen Denkweisen genauer betrachtet werden, wenn es um Grundorientierungen geht, die eine bestimmte Sichtweise auf die Welt prägen. Zu solchen Grundorientierungen gehört, wie weit wir uns mit der Erscheinungsweise der Dinge, wie sie sich uns an der Oberfläche zeigen, zufriedengeben, oder ob wir einen kritischen Blick auf die nicht so offensichtlichen, aber möglicherweise wesentlichen Verhältnisse zu werfen versuchen. Dazu gehört auch die Frage, wie wir mit Widersprüchlichem umgehen sollen, mit dem wir immer wieder konfrontiert sind.

In der Geschichte der Philosophie wurde schon vor über 2000 Jahren nach Lösungen für solche Probleme gesucht. Dabei entstand eine Denkweise, in der die wahrgenommenen Widersprüche als für die Wirklichkeit konstitutiv betrachtet und zugleich Umgangsweisen damit entwickelt wurden. Als Name für diese Denkweise entstand im alten Griechenland der Ausdruck »Dialektik«: als eine bestimmte Auffassung der Wirklichkeit wie auch als eine Methode, die Wirklichkeit zu begreifen. Damit stellte sich u. a. auch die Aufgabe, das angemessene Verhältnis zwischen den beiden gleichermaßen unverzichtbaren Denkweisen zu bestimmen: dem durch die formale Logik vorgeschriebenen widerspruchsfreien Denken zum einen, dem dialektisch genannten Denken zum andern.

Während das formallogische Denken von niemandem, der über den sog. ›gesunden Menschenverstand‹ verfügt, ernsthaft angezweifelt wird, gilt das nicht für das dialektische Denken. Darum soll hier die Frage im Zentrum stehen, was unter dialektischem Denken zu verstehen ist. Nach einer vorbereitenden Näherung ans Thema in Gestalt von ›Zugangsweisen‹ wird als eine Art Grundlegung genauer das Denken desjenigen Philosophen untersucht, durch den die Dialektik ihre bislang am höchsten entwickelte Gestalt erhielt: Hegel.

Für Hegel, der nach der Zeitenwende der Französischen Revolution in einer Welt des Umbruchs lebte, war die Philosophie »ihre Zeit in Gedanken erfasst«, die es denkend zu begreifen galt. Um Hegels als schwierig geltendes Denken nach Möglichkeit zumindest in Grundzügen nachvollziehbar zu machen, wird seine Gedankenentwicklung relativ ausführlich dargestellt. Erhofft wird mit der Klärung der Frage der Dialektik zugleich auch eine Art Einführung in diese anspruchsvollen Texte.

Der zweite große Textkomplex ist die Darstellung der Positionen von Marx und Engels unter der Fragestellung, worin deren besonderer Beitrag zum dialektischen Denken besteht, ob und wie weit sie eine gegenüber Hegel grundlegend andere – ›materialistische‹ gegenüber einer ›idealistischen‹ – Dialektik-Version entwickelt haben. Dieser Frage soll durch die entsprechend fokussierte Lektüre einiger ihrer einschlägigen Schriften und Analysen nachgegangen werden.

Die Ausführlichkeit sowohl des Hegel- wie des Marx-Engels-Teils verfolgt zugleich den Zweck, den Lesenden zentrale Texte dieser für unsere Fragestellung wichtigen Autoren nahe zu bringen – in deren eigenen Darlegungen sowie in den jeweiligen Kontexten.

Nachdem im Anschluss an den Hegel- und den Marx-Engels-Teil große Etappen der Dialektik-Debatte notgedrungen übersprungen werden mussten, wird in einem abschließenden Teil versucht, einige wenige Dialektik-Konzepte der Gegenwart zu betrachten, wobei diejenigen von Holz, Haug, Losurdo und Arndt ausgewählt wurden.

Entgegen dem mitunter vorgetragenen Argument, dialektisches Denken könne sich *nur* bei der konkreten Analyse zeigen, vermag eine ausdrückliche Darstellung dessen, was dialektisches Denken heißt, deutlicher den Reichtum dieses Denkens sowie auch seine internen strukturellen Bezüge, seine innere Systematik aufweisen, als eine Beschränkung auf jeweilige ›Anwendungsbeispiele‹. Gleichwohl bleibt die Bewährung dieses Denkens am konkreten Material die ›Nagelprobe‹ für seinen ›Gebrauchswert‹. Deshalb finden sich im Schlussteil auch einige Beispiele solcher ›Materialanalysen‹, etwa bei Haug und vor allem bei Losurdo.

Noch ein Wort zur Titelwahl »Dialektisch denken« statt »dialektisches Denken« oder einfach »Dialektik«: Die verbale statt der nominalen Form zu gebrauchen, mag das *aktive* Moment bei dieser Denkweise verdeutlichen.

Angesichts dessen, dass in den letzten Jahren (anders als noch bis in die zweite Hälfte des 20. Jahrhunderts) dialektisches Denken eher an den Rand geraten ist, geht es hier auch darum, diesem Prozess der Marginalisierung entgegenzuwirken.

Für ihre hervorragende Lektorierung und ihre produktive Kritik des Manuskripts möchte ich zum Schluss sehr herzlich Dr. Eva Bockenheimer danken, die immer wieder zu Klärungen und argumentativen Schärfungen beigetragen hat.

Richard Sorg

Dialektisch Denken

>»So, wie es ist, bleibt es nicht.«
(Brecht, Lob der Dialektik, Werke 9, 467f.)

>»Das Wahre ist das Ganze.«
(Hegel, Vorrede zur *Phänomenologie des Geistes*, Werke 3, 24)

>»Das Ganze aber ist nur das durch seine Entwicklung sich vollenden-
de Wesen. Es ist [von dem Absoluten zu sagen, daß es] wesentlich
Resultat, daß es erst am *Ende* das ist, was es in Wahrheit ist«.
(Hegel, Vorrede zur *Phänomenologie des Geistes*, Werke 3, 24)

In diesem Buch soll es um ein altes und in immer wieder neuen Anläufen
erörtertes, bis in die Gegenwart hinein umstrittenes Thema gehen: um Dialektik.

Wer etwas über den als schwierig und unklar geltenden Begriff »dialektisch« oder »Dialektik« in Erfahrung bringen möchte, wird in der Regel
in einem Philosophie-Lexikon nachschlagen oder zunächst bei Wikipedia
nachsehen. Umso mehr überrascht es, dieses Wort auch in einem Gedicht
zu finden. Zu den »Vergnügungen«, wie das 1954 entstandene Gedicht von
Bertolt Brecht überschrieben ist, wird erstaunlicherweise auch »Die Dialektik« gezählt. Wie gelangt dieser theoretische, weder poetische noch alltags-
sprachliche Begriff in die Nachbarschaft von solchen Vergnügungen wie
dem »ersten Blick aus dem Fenster am Morgen«, dem »Singen«, »Freund-
lich sein« oder dem »Wechsel der Jahreszeiten«? Folgt man der Spur, dass
sich in der Liste der Vergnügungen auch »Begreifen« findet, kann man vermuten, dass die Dialektik für Brecht offenbar auch etwas mit ›Begreifen‹
zu tun hat. Dass Begreifen Befriedigung verschaffen kann, etwa die über-
raschende Einsicht in einen Zusammenhang von Erscheinungen, die man
zuvor als getrennte sah, ist nachvollziehbar. Bekanntlich gehört ›Vergnügen

zu bereiten‹ zu den Essentials der Brecht'schen Auffassung vom Theater, einschließlich seiner sog. Lehrstücke. Ein solches Vergnügen durch das Theater entsteht, so Brecht, wenn das Publikum begreift, dass (und ggf. wie) die auf der Bühne dargestellten Verhältnisse durch menschliches Tun hervorgebracht wurden, dass es dabei oft um den Umgang mit den Widersprüchen geht, die den vorgeführten Konflikten zugrunde liegen, und dass diese Verhältnisse (zumindest der Umgang mit ihnen) auch veränderbar sind – durch Eingreifen ermöglichendes Handeln.[1]

Vorangestellt sind dem Buch drei Motti, die wie bei der Ouvertüre eines Musikstücks zentrale Themen anklingen lassen, in denen Leitmotive oder Leitorientierungen enthalten sind, die dann im weiteren Gang ›exponiert‹ und entfaltet werden sollen.

Werfen wir zunächst einen kurzen Blick auf die vorangestellten Motti für den Zugang zur Dialektik!

Das erste Motto entstammt ebenfalls einem Gedicht von Brecht: »Lob der Dialektik«, geschrieben 1932. (Brecht, Werke 9, 467f.) Es konnte nach 1933 den in der Zeit des deutschen Faschismus Verfolgten, Exilierten, Widerstand Leistenden, und den angesichts des von den Nazis großspurig verkündeten ›tausendjährigen Reiches‹ von Resignation Bedrohten Mut machen, wenn entgegen dem Augenschein gesagt wurde: »Das Sichere ist nicht sicher. Wenn die Herrschenden gesprochen haben, werden die Beherrschten sprechen« und: »So, wie es ist, bleibt es nicht«.

Verallgemeinert spricht der Satz das Entstehen und Vergehen, die Zeitlichkeit an. Freilich ist mit dem Zeitaspekt noch nicht der ganze Umfang des Problems umrissen, das mit dem Thema »Dialektik« angesprochen ist. Darum wird das erste durch ein weiteres Motto ergänzt, diesmal von Hegel: »Das Wahre ist das Ganze.« – Beide Motti scheinen auf den ersten Blick nichts miteinander zu tun zu haben. Über den Zusammenhang beider, die zwei scheinbar weit auseinander liegende Aspekte akzentuieren, wird noch zu sprechen sein.

---

1 Zum »dialektischen Theater« vgl. Wekwerth HKWM 2, 715ff.

1.
Einleitung

Nach der Entfaltung der *Problemstellung* folgen Bemerkungen über die *Vorgehensweise*. Darin sind zum einen einige *Zugänge* zum Problemfeld der Dialektik angedeutet, über die an das Thema herangeführt werden soll; zum anderen *Problematiken*, an denen die Dialektik-Frage konkretisiert werden kann.

1.1
Einführung in die Problemstellung: Über Denken

Menschen haben als soziale Wesen zu ihrem Überleben im Laufe der Evolution *Fähigkeiten und Fertigkeiten* ausgebildet, die ihnen helfen, ihre Bedürfnisse zu befriedigen, Zwecke zu setzen, Ziele zu bestimmen und sich in der Welt zu orientieren. Die in einem langen geschichtlichen Prozess der Menschwerdung und der gesellschaftlich-kulturellen Entwicklung herausgebildeten Fähigkeiten der Gattung (Phylogenese) müssen die gesellschaftlichen Individuen im Lauf ihres Lebens und Aufwachsens sich aneignen (Ontogenese), wobei dieser Prozess maßgeblich unterstützt wird durch verschiedene Sozialisationsinstanzen und Bildungsinstitutionen, die das historisch akkumulierte und tradierte Wissen und Können aufbewahren und weitergeben. Zu den Fähigkeiten, in der Welt, in Natur und Gesellschaft zurechtzukommen, gehören (neben vielen anderen wie wahrnehmungsorientierte, motorische, emotionale, soziale etc.) nicht zuletzt *kognitive* Kompetenzen, darunter diejenigen, die wir ›Denken‹ nennen.

Mit dem, was »Denken« ist, befassen sich eine Reihe von wissenschaftlichen Disziplinen: von der Psychologie bis zur Biologie und heute vor allem der Hirnphysiologie. »Denken« ist bekanntlich nicht nur ein Forschungsgegenstand diverser Einzelwissenschaften, sondern auch der Philosophie seit ihren frühesten, uns bekannten Anfängen.

Gegenstand philosophischen Fragens und Forschens war und ist vor allem der Mensch und seine Existenz in der ihn umgebenden Welt und Wirklichkeit. Von den griechischen Philosophen wurde für die Gesamtheit des Wirklichen der Terminus ›das Seiende‹ bzw. ›das Sein‹ verwendet; wir sprechen vom ›Universum‹, wenn wir den allgemeinsten Begriff für das alles umfassende ›Sein‹ oder die ›Welt‹ meinen. Hierzu gehören natürlich auch wir Menschen mit unseren Versuchen, die einzelnen Dinge und Vorgänge in der Welt, in die wir durch diverse alltägliche Praxen eingebunden sind, zu begreifen, wobei wir mitunter auch nach dieser ›Welt im ganzen‹ fragen. Die Art und Weise der Versuche, die Welt zu erschließen, sind vielfältig. Sie reichen von magischen und religiösen über ästhetisch-künstlerische bis hin zu (einzel-)wissenschaftlichen und philosophischen Zugangsweisen. Die letzteren beiden, die wissenschaftlichen und philosophischen, operieren vor allem mit den Mitteln von Verstand und Vernunft, der Ratio (griechisch: *Logos*)[2], wobei die Rationalität, wie wir heute nicht zuletzt durch die Hirnforschung genauer wissen, in die Gesamtheit unserer Emotionen und nichtrationalen Anteile eingebettet ist.[3] So wurde neben dem »Sein« auch »Denken« schon früh ebenfalls zu einem zentralen Gegenstand der Philosophie – als Teil des Seins (hier der Innenwelt der denkenden und fühlenden menschlichen Subjekte) sowie als eine Beziehung oder Tätigkeit, die als dem außerhalb von uns existierenden Sein (der ›Außenwelt‹) gegenüber stehend betrachtet wird.

Weil Denken als die vor allem rationale, vernunftgeleitete Form einer Zugangsweise zur Welt für die Philosophie wie für die Wissenschaften insgesamt den wichtigsten Weg darstellt, die Welt (das Sein und das Seiende) zu begreifen, begann schon früh ein Streit darüber, mit welcher Art des Denkens, auf welchem Weg, mit welchen Methoden man den Versuch eines angemessenen Erfassens und Erkennens der Welt beschreiten sollte. Die Antworten auf diese strittigen Fragen waren nicht zuletzt abhängig davon, wie man die Welt, die Beschaffenheit des Seins verstand, was philosophisch als Problem der *Ontologie* (der Lehre vom Sein) verhandelt wurde.

---

2   ›Vom Mythos zum Logos‹ wurde das bei den Griechen genannt, als in Europa (wenn wir hier mal von anderen Weltteilen, wie z.B. China, absehen) die Philosophie entstand im Unterschied zu dem Erzählen von mythischen Geschichten über die Welt, ihre Entstehung und die Vorgänge in ihr, wie etwa bei Homer.

3   Zur Rolle der Emotionen vgl. die hirnphysiologischen Untersuchungen z.B. von Gerhard Roth oder auch Luc Ciompi.

Zu diesen Kontroversen gehörten und gehören bis heute die – explizit oder implizit geführten – Auseinandersetzungen zwischen einer eher ›materialistischen‹ Sichtweise (Welt als Natur, die von materiellen Prozessen und Gesetzen bestimmt ist) und einer eher ›idealistischen‹ (die Welt gedeutet als letztlich von – wie immer im einzelnen gefassten – geistigen Prinzipien bestimmt).

Mit der (ontologischen) Sichtweise der Welt zwar zusammenhängend, aber in einem verwickelten Verhältnis dazu entstanden die Kontroversen über die *Erkennbarkeit* der Welt (Erkenntnistheorie oder Epistemologie) und über die genauere *Weise des Erkennens* sowie über die angemessene *Methode* des Denkens, um zu ›wahren‹ Erkenntnissen zu gelangen, Kontroversen, die ebenfalls bis heute andauern (als Wissenschaftstheorie und Methodologie verhandelt).

Zu diesen kontrovers debattierten Erkenntnisweisen oder Methoden des Denkens zählt das *dialektische* Denken. Einer der Problempunkte ist dabei, wie das dialektische im Unterschied zum *formallogischen* Denken gefasst wird. So sind in *formallogischem* Denken *Widersprüche verboten*, wohingegen diese *konstitutiv zur Dialektik* gehören; freilich hat der *Widerspruch* in beiden Denkformen eine *unterschiedliche Bedeutung*.

Was die erwähnte Materialismus-Idealismus-Kontroverse betrifft, so ist diese keineswegs deckungsgleich mit der zwischen den unterschiedlichen Erkenntnistheorien und Wissenschaftstheorien. ›Dialektiker‹ und ›Nichtdialektiker‹ gibt es in beiden ontologischen und epistemologischen Lagern. Zugerechnet zu Repräsentanten einer sog. ›idealistischen‹ Ontologie werden einerseits Hegel als Dialektiker, andererseits Kant als Kritiker der Dialektik, der diese als ›Logik des Scheins‹ bestimmte. Ebenso rangieren im Kontext einer ›materialistischen‹ Sicht der Welt sowohl Dialektiker (wie Karl Marx oder auch Hans Heinz Holz, um einen zeitgenössischen Denker zu nennen) als auch Dialektik-Kritiker (z.B. der sich materialistisch verstehende argentinisch-kanadische Physiker und Wissenschaftsphilosoph Mario Bunge[4]).

Manche Dialektik-Kritiker, wie Bunge oder Popper, bestreiten, dass dialektisches Denken überhaupt vereinbar ist mit wissenschaftlichem Denken. Im Unterschied dazu gehen wir davon aus, dass die Dialektik zu den großen menschheits- und philosophiegeschichtlichen Entdeckungen bzw.

---

4   Zu seiner Dialektik-Kritik siehe Bunge 2001.

Errungenschaften menschlichen Denkens gehört; dass sie einen Weg der Welterschließung darstellt, auf den nicht denkmodenabhängig verzichtet werden sollte, sofern und so lange ihre Einsichten nicht in Denkformen so ›aufgehoben‹ sind, dass es einer ›gesonderten Dialektik‹ ggf. nicht mehr bedarf.

1.2
Vorgehensweise

Die mögliche Produktivität dieses Denkens zu prüfen, verlangt zunächst eine Klärung dessen, was unter dialektischem Denken zu verstehen ist: ob sich bei ihm eine bestimmte Struktur erkennen lässt und worin seine hier, gleichsam als Arbeitshypothese, angenommene besondere Eignung besteht, die Vorgänge in der Welt angemessener zu begreifen als ohne diese Methode. Dabei wird unvermeidlich auch die kontroverse Debatte berührt werden, ob man neben der sog. »subjektiven« Dialektik (als Methode des Denkens) auch von einer sog. »objektiven« Dialektik (einer Dialektik in Natur und Geschichte) sprechen kann.

An welchen Problemen oder Gegenständen lässt sich im Sinne einer Annäherung an die Problematik zeigen, wie die genauere Analyse dieser Gegenstände einen Zugang zu dialektischem Denken bieten kann?

2.
Zugänge zu dialektischem Denken

Bereits in den als Motti vorausgeschickten Zitaten von Brecht und Hegel sind in komprimierter Form wesentliche Züge dieses Denkens angedeutet und zugleich zentrale Referenzen des hier zugrunde gelegten Dialektik-Verständnisses benannt. Die in ihnen zum Ausdruck kommende Betrachtung lässt sich zunächst nach zwei Gesichtspunkten unterscheiden: (1) zum einen die Betrachtung der Realität unter dem Aspekt der zeitlichen oder *diachronen* Erstreckung und Entwicklung; (2) zum anderen unter dem der Gleichzeitigkeit, der *Synchronizität* oder der Ganzheit bzw. der Totalität.

Als Zugänge zur Dialektik dürften sich darum solche Probleme eignen, die zum einen mit der Erfahrung der Veränderung oder Zeitlichkeit, zum anderen mit Fragen der – angestrebten – zureichenden Erfassung eines Sachverhalts in seinen Kontexten und Einbettungen in ›Totalitäten‹ zu tun haben.

2.1
Diachroner Aspekt: Zeit als Medium der Veränderung

»So, wie es ist, bleibt es nicht.«
(Brecht, Lob der Dialektik)

Mit dem Zeitaspekt (dem Historischen) ist die *Veränderung* des Seienden angesprochen: Dialektik als (Logik der) Bewegung und Entwicklung. Es geht um die Problematik der *Identität* und deren unvermeidliches Werden zur *Nicht-Identität*. Thematisiert wird damit auch das Problem des Neuen, der Emergenz, der Evolution.

›Realos‹ verweisen vermeintlich illusionslos auf das Gewicht der ›Faktizität‹, des Bestehenden. Um ein hübsches Beispiel aus der Opernwelt zu nennen: Im »Rheingold« von Richard Wagner sind es die Götter, die »fest im Bestehen sich wähnen«. Jedoch das Bestehende bleibt nicht so, wie es sich jetzt zeigt. Dies weiß der ›Dialektiker‹ Loge: In der für die Ewigkeit gebauten Götterburg Walhall ist bereits ›der Wurm drin‹. Und so bemerkt Loge über die in ihr neues Domizil einziehenden Götter: »Ihrem Ende eilen sie zu«.

Was man metaphorisch als ›Nagen des Zahns der Zeit‹ beschreibt, ist eine im Innern des Bestehenden arbeitende, an der Oberfläche vielfach zunächst nicht sichtbare Bewegung, bei der Differenzen und Widersprüche hervortreten; es ist die ›Lebendigkeit‹ der Dinge, ihre ›*Selbstbewegung*‹. Für Hegel, von dem später ausführlich zu sprechen sein wird, treibt das Ungenügende alles Endlichen den Prozess an und das jeweils Bestehende über sich hinaus.

Gesucht sind somit angemessene Denkformen für die sich vollziehende permanente Veränderung. Philosophen haben in diesem Zusammenhang auch über die Kategorien der Möglichkeit und Wirklichkeit nachgedacht, so z. B. Aristoteles mit seinen Unterscheidungen von *dynamis, energeia, entelecheia* oder Bloch mit seinem *Noch-nicht-sein*.[5]

Ein erstes Resultat und damit verbundene Fragen: Die uns umgebende Wirklichkeit erleben wir als eine, die in ständiger Veränderung begriffen ist, in der wir mit widersprüchlichen Phänomenen und Prozessen konfrontiert sind. Unser Versuch, sie allein mit dem ›gesunden Menschenverstand‹ und mit den Gesetzen der formalen Logik denkend zu begreifen, stößt auf Schwierigkeiten. Möglicherweise ausgelöst durch diese Probleme mag in der Philosophie eine Denkform gesucht worden sein, die der Veränderung und Widersprüchlichkeit der Realität gerecht zu werden versprach. Und so mag menschheitsgeschichtlich die Denkweise, die später als ›dialektische‹ bezeichnet wurde, gefunden oder erfunden worden sein.

---

5 Nach Aristoteles enthält die Wirklichkeit auch die Möglichkeiten, die noch nicht verwirklicht sind, aber unter bestimmten Bedingungen realisiert werden können. (Aristoteles, Physik 201 a 10. Vgl. auch Holz, Weltentwurf, 2005, 442ff, 448.) Weil alles, was ist, in stetiger Bewegung und Veränderung begriffen ist, enthält alles vorfindliche, jeweils realisierte Seiende immer auch die Möglichkeit des Anderswerdens in sich, freilich in bestimmten, gesetzmäßigen, nicht willkürlich setzbaren Grenzen und Spielräumen. Das eingreifende Handeln kann Umstände verändern, wenn es sich auf objektiv Mögliches bezieht (Ernst Bloch spricht von objektiv-realer Möglichkeit in seinem Hauptwerk »Prinzip Hoffnung«); es ist nur dann wirkungslos, wenn es sich auf objektiv Unmögliches bezieht bzw. auf ein Mögliches, dessen Verwirklichungsbedingungen (noch) nicht gegeben sind.

2.2
Synchroner Aspekt: das Systemische oder das Logische

>> Das Wahre ist das Ganze.<<
(Hegel, Vorrede zur *Phänomenologie des Geistes*)

Mit dem Ganzheits- oder Totalitätsaspekt (dem Systemischen oder dem Logischen) wird thematisiert, dass Identität zu bestimmen und festzuhalten ist nur unter Einbeziehung eines Kontextes, eines Blicks aufs Ganze, auf den ›Gesamtzusammenhang‹. Daraus folgt die Maßgabe der – versuchsweisen – ›Allseitigkeit‹, der Ganzheits- oder Totalitätsbetrachtung, statt einer Einseitigkeit oder Teilbetrachtung. Um das Ganze des jeweiligen Sachverhalts zu erfassen, müssen die Einzelteile freilich genau bestimmt und identifiziert werden. Dazu brauchen wir die formale Logik (etwa den Identitätssatz oder den Satz vom verbotenen Widerspruch) als Denkform, ist auch die Abstraktion, das Herausheben unverzichtbar, um etwas deutlich sichtbar zu machen.

(1) Um mit etwas Elementarem zu beginnen: Schon eine einfache *Definition* als Umgrenzung eines Gegenstands verweist in der positiven Bestimmung des Identischen auf das damit zugleich Negierte, Ab- bzw. Ausgegrenzte hin, auf das Andere oder Nichtidentische im Verhältnis zu dem betrachteten Etwas. Solches wird später genauer ausgeführt in Hegels Erörterungen in seiner *Wissenschaft der Logik* über »Etwas und Anderes« und über die »Grenze«. Daran lässt sich dann Charakteristisches eines dialektischen Sachverhalts zeigen.

Definieren heißt üblicherweise, etwas dadurch zu bestimmen, dass man am Einzelnen das Besondere (den Artbegriff) und das Allgemeine (den Gattungsbegriff) benennt (sowie die konkreten Eigenschaften zu erfassen sucht); genauer besehen heißt Definieren (indirekt) zugleich, das Etwas abzugrenzen gegen Anderes, das es *nicht* ist. Eine Definition als *positive* Bestimmung ist also zugleich eine *Negation* (also Affirmation und Negation, was Hegel durch den Satz des Spinoza erläutert: »*Omnis determinatio est negatio.*«). Dies bewusst zu machen, ist ein reflexiver Akt. Zugleich ist Abgrenzen gegen Anderes eine Art Bewahren des Abgegrenzten, einen ›Schutzraum‹ für es bilden (vgl. hierzu Hegel, Werke 5, 136-139).

(2) Eine Erörterung wie die über die »Grenze« verweist auf weiterreichende theoretische Fragen. Bekanntlich wird in der Systemtheorie

ein *System* u. a. dadurch bestimmt, dass es sich von einer *Umwelt* unterscheidet oder abgrenzt; dies, damit es seine Identität und Funktionalität bewahrt, sich nicht völlig auflöst in seine Umwelt. Die Verbindung zwischen dem Gedanken der »Grenze« und dem des »Systems« (als Zusammenhang), als einem »Etwas«, das sich abgrenzt von einer Umwelt, vom »Anderen«, verweist auf *Verknüpfungen zwischen Dialektik und Systemtheorie.* Dazu gehört die Frage, ob und inwiefern der Begriff des Systems Verbindungen aufweist zum Begriff ›Gesamtzusammenhang‹ (Engels) oder auch ›Totalität‹ (Hegel), Begriffe, die für die Dialektik zentral sind. (»Daß das Wahre nur als System wirklich […] ist«, so Hegel in der *Phänomenologie,* Werke 3, 28). Immerhin ist für die Dialektik das Ganze, der Zusammenhang aller Teile in diesem Ganzen zentral sowie die zwischen den Teilen (Elementen, Momenten oder Komponenten) bestehenden spezifischen Verbindungen.

(3) In der innermarxistischen Diskussion wurde die Frage des Systemischen u. a. in der DDR der 1960er Jahre im Kontext der *Kybernetik-Debatte* erörtert (siehe die Arbeiten von Georg Klaus und Heinz Liebscher) sowie gegenwärtig etwa in der *Gesellschaft für Kybernetik*[6], worauf hier nicht eingegangen werden kann.

(4) Zu nennen sind auch die *nichtmarxistischen Systemtheorie-Konzepte:* neben Niklas Luhmann etwa auch dasjenige des bereits erwähnten, hierzulande kaum bekannten argentinisch-kanadischen Physikers und Wissenschaftsphilosophen *Mario Bunge,* der in seinem umfangreichen Oeuvre einerseits einen bemerkenswerten materialistischen Philosophie-Ansatz vertritt[7], andererseits aber vehement einen ›dialektischen‹ Materialismus, wie überhaupt die Dialektik, ablehnt. Diese besitzt für Bunge auch keine heuristische Funktion, von der, wenn auch nicht in systemtheoretischen Zusammenhängen, z. B. Herbert Hörz[8] ausgeht, der als Philosoph und Physiker bereits in der DDR wirkte und sich vor kurzem auch zur Dialektikdebatte geäußert hatte.

---

6   Vgl. dazu Dittmann / Seising, 2007; ferner Fuchs-Kittowski / Piotrowski, 2004.

7   Zur Philosophie von Mario Bunge vgl. Sorg 2010 und 2011.

8   Vgl. die EWE-Debatte über Dialektik als Heuristik sowie Hörz 2009. – Zum Problem »Marxismus und Systemtheorie« vgl. z. B. Sorg 2005; sowie die in den 1970er Jahren geführte Debatte zur Systemtheorie in der Zeitschrift »Sozialistische Politik«, z. B. Camilla Warnke 1977 (a) und (b).

2.3
Verknüpfung beider Aspekte: Zeit und Totalität

> »Das Ganze aber ist nur das durch seine Entwicklung sich vollenden-
> de Wesen. Es ist [von dem Absoluten zu sagen, daß es] wesentlich
> *Resultat*, daß es erst am *Ende* das ist, was es in Wahrheit ist«
> (Hegel, Vorrede zur *Phänomenologie des Geistes*).

Worin besteht die systematische Verbindung zwischen dem ›synchronen‹ und
›diachronen‹ Aspekt des Dialektischen bzw. zwischen dem ›Systemaspekt‹
(›das Wahre als das Ganze‹) und dem ›zeitlichen Veränderungsaspekt‹ (›nichts
bleibt, wie es ist‹)? Wir beginnen (1) mit einer allgemeineren Überlegung zu
dieser Frage und konkretisieren dies dann (2) durch einen Vorgriff auf Hegel.

(1) Beide Aspekte sind dadurch verknüpft, dass die *Totalität* als sich entwickelnde zu sehen ist; es ist eine *Einheit von Struktur und Prozess*. Das als
identisch Festgehaltene bewegt sich real, und die Bestimmung der Struktur
und der Gesetze des betrachteten Sachverhalts muss zugleich die Kräfte der
Bewegung und Veränderung (das *Prozessuale*), die ihm immanenten Triebkräfte und Dynamiken der Bewegung zu erfassen suchen. Aus der Zusam-
menschau von allgemeinem *Gesetz* (den wesentlichen Eigenschaften und Beziehungen der Komponenten des Systems sowie den Systemmechanismen)
und jeweiligen (historisch-besonderen) *Bedingungen* ergibt sich das veränderte
Sosein des Ausgangssachverhalts. Dabei ist zu beachten, dass menschliches
Handeln sowohl die jeweiligen Bedingungen in bestimmten Grenzen beein-
flussen kann als auch die Gesetzmäßigkeiten, insofern als infolge veränderter
Sachverhalte, z. B. durch ein verändertes ökonomisches System, deren wesentliche Beziehungen (Gesetze) sich gleichfalls verändern; so weist z. B. eine
kapitalistische Ökonomie andere Gesetze auf als eine feudale oder sozialistische. Die *Natur* und ihre Gesetze stellen dabei den Gesamtrahmen möglicher
Spielräume von Veränderungen dar zwischen ›evolutionären‹, allmählichen
Entwicklungen (u. a. quantitativen) und abrupten, ›revolutionären‹ (u. a. qualitativen) Brüchen und Sprüngen. Denkmethodisch ist dabei jeweils die *Einheit von formal-logischer und dialektisch-logischer Betrachtung* unabdingbar[9]; auch
hier ist ›das Ganze‹ (von logischen und dialektischen Aspekten) ›das Wahre‹.

---

9   Zum Zusammenhang von Dialektik und formaler Logik vgl. auch Georg Klaus
    1970 oder auch Ruben 1972, 163ff und Ruben 1978, 70ff.

(2) Nach Hegel ließe sich die Frage der Verbindung zwischen dem ›synchronen‹ und ›diachronen‹ Aspekt des Dialektischen so beantworten: Jedes *Endliche* trägt *als Bestimmtes* die Negation (als Abgrenzung *vom* und Bezug *zum* Anderen) in sich, stellt ein *reales Widerspruchsverhältnis* dar, weil ›Etwas‹ nicht ohne seinen Gegensatz, das ›Andere‹, zu fassen ist. Da der Widerspruch ›wirkt‹, einem ›Maulwurf‹ gleich ›arbeitet‹, treibt er zur *Veränderung* dieses Endlichen, zunächst um eine zumindest *zeitweilige Bewegungs- oder Lebensform* zu finden (eine relative Ruhe) oder schließlich, wo und wenn das nicht (mehr) möglich ist, dies Endliche zu einem Ende zu bringen.

Der zentrale Punkt ist somit der *Widerspruch*, der nur begriffen werden kann, wenn man ihn in einer Totalität (einem Ganzen, einer Art ›System‹) betrachtet, in der die *gegensätzlichen Seiten*, die Komponenten oder Momente in spezifischen Beziehungen oder Verhältnissen zueinander stehen, sich widerstreiten und zugleich in einer Einheit befinden, wobei jede Seite (jedes Moment) durch die (oder das) andere ›vermittelt‹ wird, beide also *zusammengehören und gleichzeitig gegeneinander wirken*.

Von hier her ließe sich das Dialektische in einer ersten Näherung wie folgt beschreiben: Auszugehen ist von der *realen Widersprüchlichkeit der Wirklichkeit*, für deren Begreifen die *Dialektik* als die dafür *geeignete Methode* erforderlich ist: Das Dialektische ist demnach 1. der reale, objektive, unabhängig von unserer Wahrnehmung und unserem Denken sich vollziehende Prozess sowie 2. der kognitive und praktische Versuch der jeweiligen Subjekte, die realen Gegensätze in ihrer Zusammengehörigkeit (Einheit) nicht nur intellektuell zu *begreifen*, sondern eine solche *Einheit als Bewegungsform der Widersprüche* auch *praktisch aufzufinden oder herzustellen*. Insofern stellt die *objektive* Dialektik, das faktische Gegeneinander-Wirken der Gegensätze und Widersprüche, den Inhalt oder die Grundlage dar für die *subjektive* Dialektik als Methode des erkennenden Denkens.[10]

---

10   Wie wir unten im Punkt 3.2.2 sehen werden, fasst Hegel in seiner *Wissenschaft der Logik* die Logik des Seins und die des Wesens als ›objektive Logik‹, die des Begriffs als ›subjektive Logik‹.

3.
Hauptteil:
Dialektisches Denken –
historisch und systematisch

Nach der Erörterung von ›Zugängen‹ zum Dialektischen als erster Annäherung soll, nach einer kurzen historischen Skizze, versucht werden, die Frage, was unter dialektischem Denken zu verstehen ist, systematisch zu entwickeln.

3.1
Stichworte zur Geschichte dialektischen Denkens

Erste Ansätze und Frühformen von Dialektik sind bereits bei den griechischen *Vorsokratikern* zu finden, – wenn man von ebenfalls dialektikartigem Denken außerhalb des Abendlandes einmal absieht (z.B. im Taoismus Chinas). Begriff und Sache der Dialektik wurde erstmals von den klassischen griechischen Philosophen, vor allem von *Platon* und *Aristoteles* genauer gefasst, explizit bestimmt und entfaltet, die dabei die vorsokratischen Frühformen dialektischen Denkens (wie etwa bei *Heraklit*) ebenfalls einbezogen hatten.[11]

In der weiteren philosophiegeschichtlichen Entwicklung hat die Dialektik dann ein wechselhaftes Schicksal erlebt, dem am ausführlichsten Hans Heinz Holz in seiner fünfbändigen *Problemgeschichte* nachgegangen ist.[12] Folgt

---

11 Vgl. dazu u.a. auch Hegels *Vorlesungen über die Geschichte der Philosophie I* (Hegel, Werke 18); zur knappen Zusammenfassung z.B. auch Eva Bockenheimer, 2014.

12 Holz 2010.

man der Darstellung von Holz, so waren nach der Antike, dem Mittelalter und der beginnenden Neuzeit wichtige Etappen auf dem Weg der weiteren Ausarbeitung dialektischen Denkens neben der Philosophie von *Leibniz* und von *Kant* dann vor allem das Denken von *Hegel.* Bei diesem hat die Dialektik ihre bis dahin entwickelteste und, wenn man so will, klassische Gestalt gewonnen als Zentrum und innerer Motor seiner Philosophie. *Marx* und *Engels* (und nach diesen Luxemburg, Lenin, Trotzki, Bloch, Lukács, Gramsci u. a.) haben dann dialektisches Denken in veränderter Gestalt fortgeführt, indem sie, wie sie schrieben, in kritischer Anknüpfung an Hegel, dessen ›idealistische‹ in eine ›materialistische‹ Dialektik ›umstülpten‹. Zusammen mit dem nach der Oktoberrevolution von 1917 trotz aller heftigen Kontroversen erfolgten Bedeutungszuwachs des Marxismus in seinen unterschiedlichen Spielarten gewann dialektisches Denken insbesondere in seiner materialistischen Version an Einfluss bis weit in die zweite Hälfte des 20. Jahrhunderts hinein. Die Kontroversen um die Dialektik wurden dabei nicht nur in der Philosophie ausgetragen, sondern auch in Einzelwissenschaften wie z. B. der Soziologie. Hier wurde in Westdeutschland der sog. *Positivismusstreit* in den 1960er Jahren ausgefochten zwischen Kritikern der Dialektik wie ›Formallogikern‹, ›Neopositivisten‹ und ›Kritischen Rationalisten‹ (wie Popper oder Albert) auf der einen; und ›Dialektikern‹, damals vor allem im Umkreis der Kritischen Theorie der Frankfurter Schule (wie Adorno oder Habermas), auf der anderen Seite. Im Unterschied zum Osten, wo die Dialektik (auf deren Gestalt hier nicht eingegangen werden kann) zur ›offiziellen‹ Philosophie gehörte, erfuhr im Westen das Interesse an der Dialektik noch einmal einen Schub im Gefolge der 1968er-Bewegung.

Einen *Rückgang des Einflusses der Dialektik* in Philosophie und Einzelwissenschaften kann man dann ab den 1970er und 1980er Jahren verzeichnen. Zusammen mit der zunehmenden Kritik am Marxismus, gespeist u. a. durch politische Auseinandersetzungen und problematische Erfahrungen mit dem ›Real-‹ oder ›Staatssozialismus‹ (Stichwort: ›Stalinismus‹) sowie u. a. vorangetrieben durch eine mit der ›postmodernen‹ Philosophie verbundene generelle Kritik an jeder Art von ›Metaphysik‹ und ›Geschichtsphilosophie‹, wie sie nicht zuletzt im Hegelschen System repräsentiert gesehen wurde, bis hin zu einer prinzipiellen Infragestellung der Traditionen der Aufklärung mit ihren Fortschrittsauffassungen und ihrer Orientierung an Vernunft und rationaler Weltgestaltung, geriet auch dialektisches Denken ins Visier einer

solchen postmodernen ›Dekonstruktion‹. Diese Art Generalangriff verstand
sich zudem als ›Totalitarismus‹-Kritik im Feld einer Philosophie, bei der
man die theoretische Grundlage für einen daraus erwachsenden und legi-
timierten ›Totalitarismus‹ in Politik und Gesellschaft zu erblicken meinte.
Der Prozess einer Absetzbewegung des ›Zeitgeistes‹ von der Dialektik auf
breiter Front, indem für viele zusammen mit dem Marxismus auch die Dialektik kontaminiert erschien, erhielt einen weiteren mächtigen Schub durch
den Niedergang und den 1989 – 1991 schließlich erfolgten Zusammenbruch
der ›staatssozialistischen‹ Gesellschaftssysteme vor allem in Europa.

Von daher wird man den Einfluss dialektischen Denkens auf den Main-
stream heute, wenn man die behandelten Gegenstände und Kontroversen
in philosophischen und einzelwissenschaftlichen Publikationen betrachtet,
als einen eher *marginalen* einschätzen müssen.[13] Es sind gegenwärtig eher
vereinzelte Wissenschaft und Philosophie Treibende, die ausdrücklich an
der Dialektik als zentraler Denkmethode festhalten. Insofern geht es nicht
zuletzt darum, dialektisches Denken in einer Situation der Quasi-Margina-
lität dem Vergessen und der Nichtbeachtung zu entreißen und zu zeigen
versuchen, auf welche produktive und kreative Kraft des Denkens verzichtet würde, wenn man die Dialektik in den Orkus vermeintlich ›überholter
Relikte‹ der Geschichte entsorgen würde.

Exkurs:
Zur griechischen Herkunft des Wortes »Dialektik«

Reiner Winter hat die Herkunft des Wortes »Dialektik« wie folgt zusammengefasst (Winter 1996, 1f.): Das Wort, zusammengesetzt aus den Wort-
bestandteilen *día* und *légein*, hat seinen Ursprung in der frühgriechischen
Alltagssprache. Dabei bedeutet *día* als Präposition: durch, hindurch und
vermittels; als Adverb: auseinander, entzwei. Das Verb *légein* hatte zunächst
einen konkreten, praktischen Sinn: (ein)sammeln, (auf)lesen oder zusam-
menlegen, primär die manuelle Tätigkeit des Sammelns, zielgerichtetes
Aussuchen von Gegenständen, auch auswählen und auslesen. Später im
übertragenen Wortsinn bedeutet es: (auf)zählen, darlegen, erklären, aber auch

---

13 ›Eingemeindungsversuche‹ von ›Dialektik‹ in der Ratgeber- und der Manage-
    ment-Literatur bleiben hier außer Betracht.

rechnen und lesen (»einen Text lesen«: Buchstaben zusammenfassen und auslegen).

Diese Bedeutungen übertrugen sich auf das abgeleitete Substantiv *lógos*: Wort, Rede und Satz, auch Rechnung, Begründung, Gesetzmäßigkeit und »Vernünftigkeit«. Von *lógos* wurde *Logik* als Bezeichnung für die Lehre vom folgerichtigen (gesetzmäßigen) Denken hergeleitet. *dialégein* bedeutet: durchlesen, ein prüfendes, auswählendes Sammeln. Im *übertragenen* Sinne: Durchlesen von Argumenten, die »wahren« Argumente von den »falschen« sondern, überlegen und nachdenken. Man mag dabei an eine vorgestellte *griechische Polisgesellschaft* denken, in der die Wahrheitsfindung im öffentlichen Gespräch erfolgte, bei dem unterschiedliche Meinungen ausgetauscht wurden. Aus der Passivform *dialégesthai* entstand so die besondere Wortbedeutung sich besprechen, sich auseinandersetzen und diskutieren. Bei diesem Wortsinn wird die Adverbbedeutung von día, d.h. auseinander, betont. »*dia*« hat in der Bedeutung von »auseinander« und »entzweit« eine etymologische Verwandtschaft mit dem griech. Zahlwort »*dyo*« (= zwei) und geht zurück auf die indogermanische Wortwurzel »*duo*« (m) »*duai*« (w) für »zwei«.

Es entstanden ferner *diálogos* das Gespräch, die Unterredung, *dialogismós* Überlegung, Zweifel oder auch Streit, *diálektos* Redeweise, Mundart (Dialekt), *dialektikós* der im Diskutieren, in der Gesprächsführung Geübte; *dialektikáe* (*téchnae*), nach der unser Wort Dialektik gebildet ist, die Technik oder die Kunst der Unterredung, die *Diskutierkunst*. – Dies alles sind freilich vorphilosophische Bedeutungen des Wortfeldes von Dialektik.

3.2
Hegel – die ›klassische‹ Gestalt der Dialektik[14]

3.2.1 Einführendes

Auch wenn sich die Philosophie mit ›Gott und der Welt‹ befassen mag, also mit allen möglichen Bereichen und Fragen, ist für *Georg Wilhelm Friedrich Hegel* (1770–1831) ihr ›Kerngeschäft‹ die Frage nach dem für die Erkenntnis der Wirklichkeit angemessenen Denken. Um dieses, die Suche nach

---

14   Die Paginierung der Hegel-Zitate erfolgt nach der Suhrkamp-Ausgabe: »Hegel, Werke«. –Hervorhebungen stets im Original, soweit nicht anders vermerkt.

Erkenntnis mittels Denken, ging es für ihn in der gesamten Geschichte der Philosophie (vgl. Hegel, Werke 18-20), die er nach ihrem jeweiligen Beitrag oder Ertrag hierfür befragte.

In unlösbarem Zusammenhang mit den Fragen der ›Inhalte‹ der Erkenntnis über die Welt wurde, wie oben angedeutet, bereits bei den Griechen auch nach den geeigneten ›Wegen‹ oder Methoden zu dieser Erkenntnis gefragt, wofür das Denken nach dem Übergang vom ›Mythos zum Logos‹ das zentrale Mittel und ›Werkzeug‹ (›Organon‹) darstellte. Von folgenreicher Bedeutung war deshalb der erste große Versuch, dieses Organon genauer zu bestimmen, was Aristoteles mit seiner *Logik* tat. Die aristotelische Logik blieb mehr als anderthalb Jahrtausende die maßgebliche Gestalt für die formalen Strukturen und Gesetze des Denkens, im Grunde bis zu Kant und dem 18. Jahrhundert.[15] Hegel würdigt diese für die Philosophie epochale Leistung des Aristoteles, hält es aber für geboten, die traditionelle, damals überall noch fast unverändert gelehrte Logik im Licht der ›neueren Philosophie‹ zu ›überarbeiten‹. Diese ›neuere Philosophie‹ war in der Neuzeit im Kontext der gewachsenen Bedeutung der Wissenschaften, vor allem der Naturwissenschaften entstanden, oft im Gegensatz zu dem tradierten, machtgestützten religiösen Weltbild. Sie entfaltete mit der Aufklärung eine das Denken revolutionierende Schubkraft und stellte mit Descartes, Spinoza, Leibniz bis hin zum deutschen Idealismus, vor allem Kant, die zentrale Rolle des *Subjekts* und die Frage der Erkenntnisgewissheit gegen überlieferte dogmatische Setzungen in den Mittelpunkt. Damit rückte auch die Frage der Methoden, wie diese Gewissheit zu erlangen sei (vgl. Descartes' ›Abhandlung über die Methode‹), ins Zentrum des philosophischen Fragens. Als Wissenschaft im Gefolge der Aufklärung und deren Rationalitätskriterien verpflichtet, ging es nun der Philosophie um das kritische Hinterfragen der Tradition, was nicht zuletzt die herkömmliche »Metaphysik«[16] betraf.

In diesem (in Teilen auch kritisch gesehenen) zeit- und philosophiegeschichtlichen Kontext bewegt sich Hegel, auch motiviert durch die Ereignisse der Französischen Revolution. Vor diesem Hintergrund gewinnt er seine

---

15 Zum interessanten, aber umstrittenen Versuch, eine nacharistotelische Logik zu entwickeln, vgl. Gotthard Günther 1959 sowie 1976-1980, worauf hier nicht eingegangen werden kann.

16 Z. B. die von Christian Wolff (1679-1754).

eigenen Erkenntnisse – zunächst im Verbund mit den Freunden Hölderlin[17] und Schelling, dann vor allem in Auseinandersetzung mit der damals avanciertesten Philosophie, dem kritischen Idealismus Kants, sowie mit dessen Nachfolgern wie Fichte u. a. Er kam zu dem Ergebnis, dass die überlieferte Logik nicht mehr den in jüngerer Zeit gewonnenen Einsichten entsprach, diese darum eine neue Gestalt der Logik verlangten. Einen Anstoß dafür bildete die nach seinem Urteil unbefriedigende Lösung, die Kant, dessen bahnbrechende Verdienste er ansonsten immer wieder hervorhob, für bestimmte Problemfragen der Philosophie anbot, so etwa dessen Umgang mit den Antinomien und ihren Widerspruchskonstellationen. Hegel erkannte an, dass Kant diejenige Seite der Logik, die sich mit dem Problem der Widersprüche befasste, also die nach Aristoteles zu einem Schattendasein herabgesunkene ›Dialektik‹, wieder aus der Versenkung gehoben hatte. Er kritisierte aber die ungenügende Art, in der Kant das tat, der die Dialektik als »Logik des Scheins« charakterisierte und als unzulässigen Anspruch, die metaphysischen Gegenstände der Vernunft, wie das Unendliche, mit endlichen Mitteln des Verstandes erkennen zu wollen, – und das, obwohl Kant zugleich zugibt, dass die Vernunft genötigt ist, über die Verstandeserkenntnis hinauszugehen.

Hegel rehabilitierte die alte Disziplin bzw. Methode der Dialektik, stattete sie aber begrifflich-theoretisch mit einem ganz neuen methodischen Gewand aus. Was in der ›vormaligen‹ Philosophie (z. B. bei Heraklit) nur in Ansätzen von dieser Denkweise vorhanden war, arbeitete er nun zu einer systematischen, elaborierten Gestalt aus. Was wir heute mit dem Begriff *Dialektik* verbinden, ist im Wesentlichen die von Hegel erarbeitete, insofern ›klassische‹ Gestalt. Mit dem, was er als das *Dialektische* verstand, konfrontierte und kritisierte Hegel die klassische formale Logik als ungenügend und unfähig, bestimmte Konstellationen der Wirklichkeit und des Denkens zu erfassen. Die neue Gestalt einer Philosophie der Denkformen und Denkbestimmungen, welche die Beschränkungen der traditionellen Logik auflösen wollte, firmierte nun als eine dialektisch verstandene Logik.

Hegel entdeckte die Dialektik gleichsam neu und machte sie zum Zentrum seiner Philosophie, zu deren bewegender, ›lebendiger Seele‹. Weil er seine Philosophie in der Tradition der Neuzeit und der Aufklärung als

---

17 Vgl. Henrich 1967.

Wissenschaft verstand, ging es ihm um die angemessene Methode der Philosophie als Wissenschaft (daher die zentrale Bedeutung der Dialektik für ihn). Ihm war die Methode dabei kein ›Werkzeug‹, kein Denkmuster, das von außen an die untersuchten Gegenstände herangetragen wird; vielmehr zeige sie sich in der Analyse des Inhalts: Aus den Sachen selbst entwickelte er die dialektische Methode.

Diesen Neuansatz hat er – nach einer Reihe von Vorarbeiten – vor allem in seiner *Wissenschaft der Logik* (= *WdL*) vorgelegt, der sog. ›großen‹ Logik im Unterschied zur ›kleinen‹ in der *Enzyklopädie der philosophischen Wissenschaften im Grundrisse (= Enzyklopädie)*. Bereits in den *Vorreden* zu den verschiedenen Auflagen der *WdL* lassen sich zentrale Motive dieser Neuorientierung erkennen und damit Elemente dessen, was er das Dialektische nennt.

3.2.2 Das Dialektische in der *Wissenschaft der Logik*

Die *WdL* besteht aus drei Teilen (»Büchern«), untergliedert in die »objektive« und die »subjektive« Logik, wobei die »objektive« Logik die des *Seins* (Erstes Buch) und die des *Wesens* (Zweites Buch) umfasst, die »subjektive« Logik die des *Begriffs* (Drittes Buch).

3.2.2.1 Vorreden und Einleitung zur *WdL*

Die erste Auflage der »objektiven Logik« erschien 1812, die der »subjektiven Logik« 1816. Kurz vor seinem Tod war Hegel dabei, eine zweite Auflage der *WdL* herauszubringen, was ihm aber nicht mehr vollständig gelang. Lediglich die »objektive Logik« konnte noch in zweiter Auflage erscheinen, und zwar unmittelbar vor seinem Tod 1831, während die zweite Auflage der »subjektiven Logik« von ihm nicht mehr fertiggestellt werden konnte. Darum enthält die in zweiter Auflage erschienene *WdL* nur die von ihm überarbeitete *Seinslogik* und die *Wesenslogik*.

3.2.2.1.1 Vorrede zur ersten Ausgabe der *WdL* 1812

Warum er überhaupt eine Logik geschrieben habe, begründet Hegel hier damit, dass die einschneidenden Veränderungen in der »philosophische[n] Denkweise« (Hegel, Werke 5, 13), worin »der höhere Standpunkt, den das Selbstbewußtsein des Geistes in dieser Zeitperiode über sich erreicht hat«, etwa innerhalb des letzten Vierteljahrhunderts (also seit Kant), bislang sich noch nicht ausgewirkt hätten auf eine Veränderung auch der traditionellen »Gestalt der *Logik*«. Es sei dasjenige, »was vor diesem Zeitraum Metaphysik hieß, [...] sozusagen mit Stumpf und Stiel ausgerottet worden und aus der Reihe der Wissenschaften verschwunden.« Kants Lehre, »daß der *Verstand die Erfahrung nicht überfliegen dürfe*«, habe es »von der wissenschaftlichen Seite gerechtfertigt, dem spekulativen Denken zu entsagen.« Dieser »populären Lehre« komme entgegen, »daß, wie für die Erkenntnis die Erfahrung das Erste, so für die Geschicklichkeit im öffentlichen und Privatleben theoretische Einsicht sogar schädlich und Übung und praktische Bildung überhaupt das Wesentliche, allein Förderliche sei.« (Ebd. 14) So arbeiteten sich »die Wissenschaft und der gemeine Menschenverstand« in die Hände, um »den Untergang der Metaphysik zu bewirken«, sodass nun »*ein gebildetes Volk ohne Metaphysik* zu sehen« sei. Was die *Logik* angehe, sei diese nur noch ererbte Tradition, »jedoch in dieser Überlieferung immer mehr verdünnt und abgemagert [...]; der neue Geist, welcher der Wissenschaft nicht weniger als der Wirklichkeit aufgegangen ist, hat sich in ihr [der Logik] noch nicht verspüren lassen.« (Ebd. 15) Kurz: »die logische Wissenschaft, welche die eigentliche Metaphysik oder reine spekulative Philosophie ausmacht, hat sich bisher noch sehr vernachlässigt gesehen.« (Ebd. 16)

Und so trete die von ihm (Hegel) neu erarbeitete Gestalt der Logik das Erbe der Metaphysik und der spekulativen Philosophie an, während die traditionelle Logik ihre Methode von der Mathematik gewinne, also einer Formal-, statt einer inhaltlich-materialen Wissenschaft. Die Methode dieser neuen Gestalt der Logik »kann nur *die Natur des Inhalts* sein, welche sich im wissenschaftlichen Erkennen *bewegt*, indem zugleich diese *eigene Reflexion* des Inhalts es ist, *welche seine Bestimmung* selbst erst setzt und *erzeugt*.«

Es unterscheiden sich dabei die Rolle und die Tätigkeiten von Verstand und Vernunft: »Der *Verstand bestimmt* und hält die Bestimmungen fest; die *Vernunft* ist negativ und *dialektisch*, weil sie die Bestimmungen des Verstands in nichts auflöst; sie ist *positiv*, weil sie das *Allgemeine* erzeugt und das Besondere darin begreift.« Beide seien zwar in ihrer Spezifik und ihren je besonderen Funktionen unterschieden, aber nicht voneinander getrennt. Ebenso wenig sei die dialektische und negative Vernunft von der positiven Vernunft zu trennen. Vielmehr »ist die Vernunft *Geist*, der höher als beides, verständige Vernunft oder vernünftiger Verstand ist. Er ist das Negative, dasjenige, welches die Qualität sowohl der dialektischen

Vernunft als des Verstandes ausmacht; – er negiert das Einfache, so setzt
er den bestimmten Unterschied des Verstandes; er löst ihn ebensosehr
auf, so ist er dialektisch.« (Ebd. 17) Die erkennende Bewegung des Geistes
erweist das vermeintlich ›Einfache‹ und Unmittelbare als ein Zusammen-
gesetztes und Vermitteltes, als ein vom fixierenden Verstand Bestimmtes;
indem der Geist diese Fixierung wieder auflöst, ist er ›dialektisch‹. »Negativ« ist er, weil er zu abstrahieren vermag, wobei die Negativität der
Vernunft eine absolute, die des Verstandes eine bestimmte, also endliche
ist. Der Geist ist das Subjekt der Bewegung. Er bleibt dabei nicht im Negativen des Resultates stehen, »sondern ist darin ebenso positiv und hat
so das erste Einfache damit hergestellt, aber als Allgemeines, das in sich
konkret ist« (ebd.).

Während also der *Verstand* bestimmt und festhält, negiert die *Vernunft*
und ist so dialektisch. Die negative Funktion der Vernunft besteht darin,
dass sie die fixierten Bestimmungen des Verstandes auflöst; ihre positive,
dass sie das Allgemeine erzeugt, worin das Besondere inbegriffen ist. Beide
sind unverzichtbar und nicht voneinander zu trennen. Der ›Geist‹ ist somit
das Übergeordnete beider, ihre Einheit: verständige Vernunft und vernünftiger Verstand; er ist das höhere (absolute, unendliche) Negative, der Verstand das endliche, bestimmte Negative. Das vom Geist im Durchgang der
Bewegung wieder hergestellte ›Einfache‹ ist nun ein Allgemeines, genauer:
ein Konkret-Allgemeines (im Unterschied zum Abstrakt-Allgemeinen als
dem unbestimmten Anfang). Deshalb wird unter dies (Konkret-)Allgemei-
ne »nicht ein gegebenes Besonderes subsumiert, sondern in jenem Bestimmen und in der Auflösung desselben hat sich das Besondere schon mit
bestimmt.« (Ebd. 17)[18]

---

18 Die bloße *Subsumtion* eines jeweils gegebenen Besonderen unter ein Allgemeines
    ist eine Operation der *formalen Logik.* Dies Verfahren liegt auch dem gängigen
    Muster der »Erklärung«, dem sog. *Hempel-Oppenheim-Schema,* zugrunde. Dieses
    besteht aus zwei Teilen: dem durch Schließen zu erklärenden Satz (*Explanandum*)
    sowie der Erklärung (*Explanans*), die sich aus allgemeinen Gesetzesaussagen und
    (empirischen) Randbedingungen (*Antecedens*-Aussagen) als Prämissen zusammen-
    setzt. – Dies Schema wurde übrigens z. B. von Martin Mahner und Mario Bunge
    (Mahner/Bunge 2000, 102f.) kritisiert, weil es keine »Mechanismen« berücksich-
    tige, die erst eine wirkliche Erklärung, statt eine bloße Subsumtion ermögliche. In
    den ›Mechanismen‹ vollzieht sich die Bewegung – nicht des Begriffs, sondern der
    Realität, die aber durch gesetzeshafte Erklärung ›begriffen‹ wird.

Damit ist die allgemeine Struktur der Bewegung in der *Logik* charakterisiert. Diese geistige Bewegung, »die somit die immanente Entwicklung des Begriffes ist, ist die absolute Methode des Erkennens und zugleich die immanente Seele des Inhalts selbst.« Nur auf »diesem sich selbst konstruierenden Wege allein [...] ist die Philosophie fähig, objektive, demonstrierte Wissenschaft zu sein.« – Die Entsprechung von Inhalt und Form, von Sache (›Ding‹) und deren Erkenntnis, gilt übrigens auch in der ›realistischen Erkenntnistheorie‹ und in der materialistischen Ontologie: Die Methode muss dem zu erkennenden Inhalt gemäß sein.

3.2.2.1.2 Vorrede zur zweiten Ausgabe 1831

Wie schon in der *Vorrede* zur ersten nennt Hegel auch in der *Vorrede* zur zweiten Ausgabe seine Motivation für die Erarbeitung einer eigenen, neuen Gestalt dessen, was in der Tradition »Logik« hieß. Er geht jetzt aus von der zentralen Bedeutung des Denkens für den Menschen, wobei es die *Sprache* sei, in der die Denkformen zunächst »herausgesetzt und niedergelegt« (Hegel, Werke 5, 20) sind: In alles, was dem Menschen zu einem Innerlichen, einer Vorstellung wird, »was er zu dem Seinigen macht, hat sich die Sprache eingedrängt, und was er zur Sprache macht und in ihr äußert, enthält eingehüllter, vermischter oder herausgearbeitet eine Kategorie; so sehr natürlich ist ihm das Logische«.

Das Verhältnis von Denken und Sprache bestimmt Hegel so: Die Sprache enthält (implizit) Kategorien (Denkformen, das Logische); sie stellt Allgemeines dar, enthält daher auch die Denkformen oder Kategorien als die allgemeinen Formen, in denen die Gedanken (Inhalte) erscheinen. Dass uns das Logische »natürlich« (im Sinne von ›selbstverständlich‹) sei, differenziert Hegel wie folgt: Stelle »man aber die Natur überhaupt [...] dem Geistigen gegenüber, so müßte man sagen, daß das Logische vielmehr das Übernatürliche ist, welches sich in alles Naturverhalten des Menschen, in sein Empfinden, Anschauen, Begehren, Bedürfnis, Trieb eindrängt und es dadurch überhaupt zu einem Menschlichen [...] macht.« Als zum Menschlich-Kulturellen gehörend, transzendiert das Logische die (nichtmenschliche) Natur.

Es sei von Vorteil für eine Sprache, »wenn sie einen Reichtum an logischen Ausdrücken, nämlich eigentümlichen und abgesonderten, für die Denkbestimmungen selbst besitzt«, was für die deutsche Sprache charakteristisch sei. So besitzen sogar manche ihrer Wörter die weitere »Eigenheit,

verschiedene Bedeutungen nicht nur, sondern entgegengesetzte zu haben,
so daß darin selbst ein spekulativer Geist der Sprache nicht zu verkennen
ist«. Es freue das Denken, »auf solche Wörter zu stoßen und die Vereinigung
Entgegengesetzter, welches Resultat der Spekulation für den Verstand aber
widersinnig ist, auf naive Weise schon lexikalisch als *ein* Wort von den entgegengesetzten Bedeutungen vorzufinden.« (Ebd. 20f.)

Hegel nennt Beispiele für das Logische: »Das Fortschreiten insbesondere der Wissenschaften fördert z.B. durch den Gebrauch auch der »ge-
wöhnlichsten Kategorien [...] nach und nach auch höhere Denkverhältnisse
zutage« (ebd. 21) oder führt wenigstens zu größerer Aufmerksamkeit bezüglich des Gebrauchs von Kategorien. »Wenn z.B. in der Physik die Denk-
bestimmung der *Kraft* vorherrschend geworden ist, so spielt in neuerer Zeit
die Kategorie der *Polarität* [...] die bedeutendste Rolle, – die Bestimmung
von einem Unterschiede, in welchem die Unterschiedenen *untrennbar* verbunden sind« (ebd. 21); gegenüber der aus der Newtonschen Mechanik
stammenden Kategorie der Kraft ist die Polarität, eine Kategorie u.a. des
Magnetismus (und später des Elektromagnetismus) eine komplexere Denkform. – Hegel hat die Entwicklung der Naturwissenschaften seiner Zeit aufmerksam verfolgt, wie man seiner Naturphilosophie (*Enzyklopädie*, Werke 9)
entnehmen kann.

Wiewohl die logischen Gegenstände in gewisser Weise Allbekanntes
darstellen, so sei, »was *bekannt* ist, darum nicht *erkannt*« (Hegel, Werke 5,
22). Von den Denkbestimmungen machen wir mit jedem gesprochenen
Satz allenthalben Gebrauch. Über »das Verhältnis des wissenschaftlichen
Denkens zu diesem natürlichen Denken die allgemeinen Momente anzu-
geben«, solle »dieses Vorwort« dienen.

Zur geschichtlichen Entstehung des abstrahierenden Denkens schreibt
er: Es ist zunächst »als ein unendlicher Fortschritt anzusehen, daß die Formen des Denkens von dem Stoffe, in welchen sie [...] versenkt sind, befreit,
diese Allgemeinheiten für sich herausgehoben« worden sind, wie bei *Platon* und dann besonders bei *Aristoteles* geschehen; dieses Herausheben oder
Abstrahieren »gibt den Anfang des Erkennens« der Denkformen. Hegel
nennt übrigens, Aristoteles zitierend, die historisch-gesellschaftlichen Voraussetzungen für die Beschäftigung mit so etwas ›Abstraktem‹, vom alltäglichen Leben ›Herausgehobenen‹ wie der Logik: »»Erst nachdem beinahe
alles Notwendige‹ sagt Aristoteles, ›und was zur Bequemlichkeit und zum

Verkehr des Lebens gehört, vorhanden war, hat man angefangen, sich um philosophische Erkenntnis zu bemühen.‹ Es mussten also zunächst die elementarsten materiellen Bedürfnisse befriedigt sein. ›In Ägypten‹, hatte er vorher bemerkt, ›sind die mathematischen Wissenschaften früh ausgebildet worden, weil daselbst der Priesterstand früh in die Lage versetzt worden, Muße zu haben.‹[19]« (Ebd. 22f.) Das »Bedürfnis, sich mit den reinen Gedanken zu beschäftigen«, setzt also menschheitsgeschichtlich das befriedigte ›Bedürfnis der Notwendigkeit‹ voraus, insofern eine gewisse »Bedürfnislosigkeit«, zu der der Menschengeist »gekommen sein muß, der Abstraktion von dem Stoffe des Anschauens, Einbildens usf., der konkreten Interessen des Begehrens, der Triebe, des Willens, in welchem Stoffe die Denkbestimmungen eingehüllt stecken.« (Ebd. 23)

Während die Philosophie überhaupt (die Realphilosophie) es noch mit »konkreten Gegenständen« zu tun habe, zu denen Hegel auch »Gedankeninhalte« wie Gott, Natur oder Geist zählt, beschäftige sich »die Logik ganz nur mit diesen für sich in ihrer vollständigen Abstraktion« (ebd. 23). Die Kategorien dienen als Mittel, »teils als *Abbreviaturen* durch ihre Allgemeinheit [...], teils zur näheren Bestimmung und Findung der *gegenständlichen Verhältnisse*« (ebd. 24), wobei sich Hegel aber gegen den reinen Instrument-Charakter der Logik und des Denkens ausspricht.

Hier kommt Hegel auf die für die Idealismus-Frage wichtige Unterscheidung von Begriff und Sache zu sprechen (ebd. 25). Der *Begriff* eines Dings ist für ihn dessen *Wesen*, Resultat unserer Denkanstrengung; der »objektive Begriff der Dinge [ist] die Sache selbst«, über der wir nicht stehen, denn »die Sache [kann] für uns nichts anderes [sein] als unsere Begriffe von ihr«. In der Auseinandersetzung mit der ›kritischen Philosophie‹ (Kant) weist er die Ansicht zurück, »daß wir *die Gedanken* zwischen *uns* und die Sachen als Mitte stellen in dem Sinne, daß diese Mitte *uns* von den *Sachen* vielmehr abschließt« (ebd. 25f.). Dem setzt er entgegen, dass diese vermeintlich jenseits von uns befindlichen »Sachen [...] selbst Gedankendinge« sind, weshalb auch »das sogenannte Ding-an-sich« eine »leere[n] Abstraktion« darstelle. Ohne auf diesen zentralen Dissenspunkt zwischen Hegel und Kant hier genauer eingehen zu können, dürfte der Satz zustimmungsfähig sein, dass die objektiv realen Dinge, sofern gedacht, (auch) Gedanken-Dinge sind; zugleich bleiben

---

19 Vgl. hierzu Aristoteles, Metaphysik I, 2, 981b.

sie aber auch reale Dinge außerhalb unseres Denkens; als gedachte sind sie innere Repräsentationen von äußeren Gegenständen. Freilich: *Erkennen* können wir sie nur übers Denken; *erfahren* (und ihre Wirkung spüren) können wir sie aber auch über den praktischen Umgang mit ihnen, sodass nicht das Denken allein, sondern auch die materielle (›gegenständliche‹) Praxis notwendig ist, um zu Erkenntnissen über die Beschaffenheit der Dinge zu gelangen. Allerdings muss diese Erkenntnis, wenn sie mitgeteilt werden soll, wieder in Begriffen, also in ›Gedankendingen‹ formuliert werden.

Gegen die verbreitete Auffassung, die Denkbestimmungen »als äußere Formen« (ebd. 26) anzusehen, betont er, dass »das eigentümliche *Wesen*, das wahrhaft [...] *Substantielle* bei der Mannigfaltigkeit und Zufälligkeit des Erscheinens [...] der *Begriff* der Sache, *das in ihr selbst Allgemeine* ist«. Die unerlässliche Grundlage, der Begriff, das Allgemeine könne »nicht *nur* als eine gleichgültige Form, die *an* einem Inhalte sei, angesehen werden.« (Ebd. 27) Die »tiefere Grundlage ist [...] der reine Begriff, der das Innerste der Gegenstände, ihr einfacher Lebenspuls [...] ist.« Den Begriff als inneren ›Lebenspuls‹ zu fassen, zeigt die Differenz zu einem Begriffsverständnis als einem äußeren Klassifizierungsmittel. »Diese *logische* Natur, die den Geist beseelt, in ihm treibt und wirkt, zum Bewußtsein zu bringen, dies ist die Aufgabe.« – Das *Logische* ist für Hegel die Seele, *das Treibende* und Bewegende des Geistes – und damit auch in den Dingen, sofern in diesen letztlich der Geist seine vielfältigen Verkörperungen findet. Die Form, anklingend an Aristoteles' Verständnis der Form als Formierendes, erweist sich so als zentraler Inhalt.

Hegel spricht nun einen für seine Philosophie wesentlichen Punkt an: die Freiheit. Indem bewusst »der Inhalt des Treibenden heraus aus der unmittelbaren Einheit mit dem Subjekte zur Gegenständlichkeit vor dieses gebracht ist, beginnt die Freiheit des Geistes«, der ansonsten »in dem instinktweisen Wirken des Denkens, [...] in einen unendlich mannigfachen Stoff zersplittert ist.« (Ebd.) Mit der Bewusstwerdung beginnt die Freiheit – des Geistes; insofern die wichtigste Gestalt der Freiheit, weil der Geist ja die letztlich alles bestimmende Wirklichkeit und Kraft ist, der überragende Flucht- oder Zielpunkt, gemäß Hegels zentraler These: »Die Weltgeschichte ist der Fortschritt im Bewusstsein der Freiheit – ein Fortschritt, den wir in seiner Notwendigkeit zu erkennen haben.« (Hegel, Werke 12, 32)[20]

---

20   Zum Problem der Freiheit bei Hegel siehe Andreas Arndt, 2015.

Die *Logik* in nuce formuliert: »Der wichtigste Punkt für die Natur des Geistes ist das Verhältnis nicht nur dessen, was er *an sich* ist, zu dem, was er *wirklich* ist, sondern dessen, als was er *sich weiß*, dieses Sichwissen ist darum, weil er wesentlich Bewußtsein [ist], Grundbestimmung seiner *Wirklichkeit.*« (Hegel, Werke 5, 27) Hier ist der Entwicklungsgang der *Logik* und des Denkens überhaupt kurz zusammengefasst: vom *Ansich* (Seinslogik) über das *Fürsichsein,* die *Reflexion* (Wesenslogik) bis zum *Sichwissen* (Begriffslogik). Die Aufgabe der *Logik* ist es: »Diese Kategorien [...] zu reinigen und ihn [den Geist, R. S.] damit in ihnen zur Freiheit und Wahrheit zu erheben, dies ist also das höhere logische Geschäft.« (Ebd.)

Begriffe man die Denkbestimmungen »als bloße Formen, als verschieden von dem Inhalte, werden sie in einer Bestimmung stehend angenommen, die sie zu endlichen stempelt und die Wahrheit, die in sich unendlich ist, zu fassen unfähig macht.« (Ebd. 28)

Anfangs wurde es, mit Bezug auf Platon und Aristoteles, von Hegel als Fortschritt gewürdigt, Denkformen vom Stoff zu trennen und herauszuheben (1. Position). Nun, beim weiteren Nachdenken (bzw. der historischen Entwicklung des Denkens) wird es als unangemessen gekennzeichnet, Denkbestimmungen als bloße Formen zu behandeln (Negation der 1. Position). Das anfänglich Positive erweist sich als unzureichend und wird negiert, wobei aber dies Unzureichende in seiner gleichwohl relativen Berechtigung aufgehoben und aufbewahrt bleibt. Kritisiert wird die »Kahlheit der bloß formellen Kategorien«, die auf die »einfache Grundbestimmung« der *Identität* hinauslaufe. Die traditionelle (und formale) Logik, so Hegel, will die ›Identität‹ (Eindeutigkeit) sichern durch den Identitätssatz und den Satz der Widerspruchsfreiheit, was eine unzureichende Gestalt der Logik darstelle, die über Tautologisches nicht hinausführe. Ebenso seien »die Regeln des Schließens« (ebd. 29), so sehr sie ihre relative Geltung im Feld der Erkenntnis haben, unzureichend, indem sie »nur eine Richtigkeit der Erkenntnisse, nicht die Wahrheit betreffen.« – Wahrheit oder das Wahre ist immer das Ganze (Totalität). Für uns als Erkennende ist sie ein notwendig anzustrebendes Ziel, wenn auch eines unabschließbaren Prozesses des Begreifens, der mit Unendlichkeit verknüpft ist. Um aber nicht in die Falle der ›schlechten Unendlichkeit‹ zu geraten, wird Hegel später den ›wahren‹ Begriff der Unendlichkeit entwickeln (siehe dazu ebd. 149ff.), wobei das Unendliche und das Endliche selbst wieder zwei zusammengehörige Mo-

mente darstellen, dessen eines Moment, das Unendliche, das andere, das
Endliche, übergreift; das erste Moment (das Unendliche) ist sowohl Teil wie
Ganzes, das mithin sich als Teil übergreift.

»Die Unvollständigkeit dieser Weise, das Denken zu betrachten [näm-
lich bloß auf Richtigkeit, statt auf Wahrheit zu orientieren, R.S.], [...] ist
allein dadurch zu ergänzen, daß nicht bloß das, was zur äußeren Form
gerechnet zu werden pflegt, sondern der Inhalt mit in die denkende Betrachtung gezogen wird.« Die Form, die Denkform, wird sich später, in der
›subjektiven Logik‹, als der *Begriff* erweisen, als der Prozess des Begreifens,
also als zentraler Inhalt. »Mit dieser Einführung des Inhalts in die logische
Betrachtung sind es nicht die *Dinge*, sondern die *Sache*, der *Begriff* der Dinge,
welcher Gegenstand wird.« – Als ›Sache‹ bezeichnet Hegel, wie oben schon
erwähnt, nicht die Dinge, sondern den ›Begriff der Dinge‹.

Angesichts der Vielfalt der Begriffe und Sachen stellt zum einen der
Begriff »als Allgemeines, die unermeßliche Abbreviatur gegen die Einzelheit der Dinge« dar, wie sie »dem unbestimmten Anschauen und Vorstellen
vorschweben«; zum anderen »aber ist *ein* Begriff sogleich [...] *der* Begriff
an ihm selbst«. In jedem einzelnen Begriff von etwas ist *der* Begriff als das
Allgemeine präsent, der Gesamtprozess des Begreifens. Der Begriff »ist nur
einer und ist die substantielle Grundlage« (ebd. 29f.). Der Begriff im Singular
ist die Totalität, der Gesamtzusammenhang; zugleich ist er »ein *bestimmter*
Begriff, welche Bestimmtheit an ihm das ist, was als Inhalt erscheint; die
Bestimmtheit des Begriffs aber ist eine Formbestimmung [eine jeweilige
Gestalt und Verkörperung, R.S.] dieser substantiellen Einheit, ein Moment
der Form als Totalität, *des Begriffes selbst*, der die Grundlage der bestimmten
Begriffe ist.« (Ebd. 30)

Der Begriff, verstanden als Prozess des Begreifens, ist das Ganze, die Einheit, die in sich die einander widerstreitenden und zugleich zusammengehö-
rigen Momente oder Formbestimmungen, Verkörperungen enthält. Der Begriff »wird nicht sinnlich angeschaut oder vorgestellt; er ist nur Gegenstand,
Produkt und Inhalt *des Denkens* und die an und für sich seiende Sache, der
Logos, die Vernunft dessen, was ist, die Wahrheit dessen, was den Namen
der Dinge führt« (ebd. 30). Das Logische ist als der Logos die gesetzmäßige
Struktur allen Seins, wenn man gesetzmäßig als vernünftig versteht; daher
ist das Logische weit mehr als etwas bloß Formelles, es ist, wie es gegen
Ende der *Begriffslogik* heißt, »alle Wahrheit« (Werke 6, 549).

Im Blick auf das Unverständnis und auf die Ablehnung, die besonders der Anfang seiner *Logik* erfahren hatte, moniert Hegel, dass die Kritiker die Maßstäbe ihrer Kritik nicht selbst als voraussetzungsvoll und als vermittelte zu reflektieren und anzuerkennen bereit seien. Und was schließlich die oft beklagte schwierige Verständlichkeit seiner *Logik* betreffe, so habe er sich »die freie Muße« gewünscht, die *Logik* »siebenundsiebzigmal durchzuarbeiten« (Werke 5, 33). So aber musste er sich, wie er beklagt, mit dem vorliegenden, zugegebenermaßen verbesserungsfähigen Ergebnis begnügen.

3.2.2.1.3 Einleitung
In der Einleitung geht es (1) um den »allgemeinen Begriff der Logik« sowie (2) um die »allgemeine Einteilung der Logik«.

(1) Womit, fragt Hegel, soll in der *Wissenschaft der Logik* angefangen werden? In jeder anderen Wissenschaft »ist der Gegenstand, den sie behandelt, und die wissenschaftliche Methode voneinander unterschieden; so wie auch der Inhalt nicht einen absoluten Anfang macht, sondern von anderen Begriffen abhängt und um sich herum mit anderem Stoffe zusammenhängt.« (Hegel, Werke 5, 35) Die Logik jedoch »kann keine dieser Formen der Reflexion oder Regeln und Gesetze des Denkens voraussetzen, denn sie machen einen Teil ihres Inhalts selbst aus« und müssen als solche erst begründet werden. »Nicht nur aber die Angabe der wissenschaftlichen Methode, sondern auch der *Begriff* selbst der *Wissenschaft* überhaupt gehört zu ihrem Inhalte, und zwar macht er ihr letztes Resultat aus« (ebd.). Er kann also nicht vorab, sondern erst nach dem Vollzug der ganzen Abhandlung bestimmt werden. »Gleichfalls ihr Gegenstand, das *Denken* oder bestimmter das *begreifende Denken*, wird wesentlich innerhalb ihrer abgehandelt; der Begriff desselben erzeugt sich in ihrem Verlaufe und kann somit nicht vorausgeschickt werden.« (Ebd.)

Was den ›bisherigen Begriff der Logik‹ betrifft, so beruht der »auf der im gewöhnlichen Bewußtsein ein für allemal vorausgesetzten Trennung des *Inhalts* der Erkenntnis und der *Form* derselben, oder der *Wahrheit* und der *Gewißheit*. Es wird [...] vorausgesetzt, daß der Stoff des Erkennens als eine fertige Welt außerhalb des Denkens an und für sich vorhanden, daß das Denken [...] als eine Form äußerlich zu jener Materie hinzutrete, [...] erst daran einen Inhalt gewinne und dadurch ein reales Erkennen werde.« (Ebd. 36f.)

Materie (Gegenstand) und Form (Denken) werden gewöhnlich voneinander geschiedenen Sphären zugerechnet, und der Gegenstand »bleibt als ein Ding an sich schlechthin ein Jenseits des Denkens.« (Ebd. 37) – Wieder steht hier Kants von Hegel kritisierte Auffassung im Hintergrund.

Diese Ansichten, so Hegel kritisch, stellen »Vorurteile« dar, die unzulässig »in die Vernunft übertragen« werden, und er bricht eine Lanze für die »ältere Metaphysik« (ebd. 38), gemäß der »das, was durchs Denken von und an den Dingen erkannt werde, das allein an ihnen wahrhaft Wahre sei, somit nicht sie [die Dinge, R. S.] in ihrer Unmittelbarkeit, sondern sie [...] als Gedachte. [...] Diese Metaphysik hielt somit dafür, daß das Denken und die Bestimmungen des Denkens nicht ein den Gegenständen Fremdes, sondern vielmehr deren Wesen sei [...], daß das Denken in seinen immanenten Bestimmungen und die wahrhafte Natur der Dinge ein und derselbe Inhalt sei.« (Ebd.)

Entgegen diesen Positionen der traditionellen Metaphysik dominiere in der gegenwärtigen Philosophie »der abstrahierende und damit trennende Verstand [...], der in seinen Trennungen beharrt. Gegen die Vernunft gekehrt, beträgt er sich als *gemeiner Menschenverstand* und macht seine Ansicht geltend, daß die Wahrheit auf sinnlicher Realität beruhe«. Nach dieser Auffassung, hinter der wieder Kant steht, sei die »Vernunft [...] darauf eingeschränkt, nur subjektive Wahrheit, nur die Erscheinung zu erkennen«. Allerdings habe diese Wendung der Philosophie das Vorwärtsweisende »in der Einsicht von dem *notwendigen Widerstreite* der Bestimmungen des Verstandes mit sich selbst« (ebd. 39). – Zum Charakteristikum der Reflexion gehöre es, »über das konkrete Unmittelbare *hinaus*zugehen und dasselbe zu *bestimmen* und zu *trennen*. Aber sie muß *ebensosehr* über diese ihre *trennenden* Bestimmungen *hinausgehen* und sie zunächst *beziehen*. Auf dem Standpunkte dieses Beziehens tritt der Widerstreit derselben hervor. Dieses Beziehen der Reflexion gehört an sich der Vernunft an; die Erhebung über jene Bestimmungen, die zur Einsicht des Widerstreits derselben gelangt, ist der große negative Schritt zum wahrhaften Begriffe der Vernunft.« (Ebd.)[21]

---

21 Hier wird sich später Marx in seiner *Einleitung zur Kritik der politischen Ökonomie*, in der das *Aufsteigen vom Abstrakten zum Konkreten* als die angemessene wissenschaftliche Methode charakterisiert wird, als Schüler Hegels erweisen: Vom *Real-Konkreten* als Unmittelbarem, noch nicht begriffenen auszugehen; es zu bestimmen und zu *analysieren mittels* vorgenommener Trennungen oder *Unterscheidungen* und dabei den

Obwohl die ›neuere Philosophie‹ (gemeint ist hier wieder vor allem die Kantsche) mit dieser Einsicht in den Widerstreit nach Hegel einen wichtigen Schritt gemacht, ist dieser dennoch nicht hinreichend, weil sie dem Irrtum unterliegt, »als ob die Vernunft es sei, welche in Widerspruch mit sich gerate«, dabei verkennend, »daß der Widerspruch eben das Erheben der Vernunft über die Beschränkungen des Verstandes und das Auflösen derselben ist.« (Ebd.)

Kant hatte gezeigt, dass die Verstandesformen, angewandt auf die (unendlichen) Gegenstände der Metaphysik bzw. auf die ›Dinge an sich‹, zu Widersprüchen (Antinomien) führen. Hegel dagegen betont: »Wenn unsere *Welt*vorstellung sich auflöst, indem die Bestimmungen des Unendlichen und Endlichen auf sie übertragen werden, so ist noch mehr der *Geist* selbst, welcher sie beide in sich enthält, ein in sich selbst Widersprechendes, ein sich Auflösendes.« (Ebd. 40) Die kritisierten Denkformen seien einfach »aus der subjektiven Logik geradezu aufgenommen; so daß [nicht] von einer Ableitung ihrer [...] als subjektiv-logischer Formen, noch weniger aber von der dialektischen Betrachtung derselben die Rede war.« (Ebd. 40f.)

Der Mangel der herkömmlichen Logik liege in der Art, wie die logischen Formen betrachtet und behandelt werden. »Indem sie als feste Bestimmungen auseinanderfallen und nicht in organischer Einheit zusammengehalten werden, sind sie tote Formen und haben den Geist in ihnen nicht wohnen, der ihre lebendige konkrete Einheit ist.« Dagegen sei die logische Vernunft selbst »das Substantielle oder Reelle, das alle abstrakten Bestimmungen in sich zusammenhält und ihre gediegene, absolut-konkrete Einheit ist.« (Ebd. 41f.) Darum sei, wie schon in den Vorreden betont, die herkömmliche Logik neu zu fassen.

Zur Erneuerung der ›herkömmlichen Logik‹ bezieht sich Hegel auf die dazu in der *Phänomenologie des Geistes* geleistete Vorarbeit als der Voraussetzung, von der dann die *Logik* ausgeht. In der *Phänomenologie* ging es um die Darstellung des geschichtlichen Werdens des Bewusstseins als erscheinender Geist: von der ›sinnlichen Gewißheit‹ bis zum ›absoluten Wissen‹. Durch die Aufhebung der jeweils mangelhaften Gestalten des Bewusstseins hindurch

---

Widerstreit der Getrennten, aber aufeinander Bezogenen zu gewahren; durch *Synthese* sich über jene Bestimmungen und Trennungen zu erheben und zur Einsicht in die *Zusammengehörigkeit des Widerstreitenden* zu gelangen und damit schließlich zum *Ganzen* des nunmehr begriffenen Konkreten als einem *Geistig-Konkreten*.

findet der Weg des empirischen Wissens als Bewegung von der Erscheinung zum Wesen sein Ziel und wird zum ›reinen Wissen‹. Von dieser gewonnenen Voraussetzung als Resultat der *Phänomenologie* ausgehend, werden dann die ›reinen Wesenheiten‹ oder Kategorien in ihrer ›immanenten‹ Entwicklung dargestellt, worin der Gegenstand oder Inhalt der *Logik* besteht.[22]

Das aus dem Gang der *Phänomenologie* hervorgegangene »absolute Wissen ist die *Wahrheit* aller Weisen des Bewußtseins, weil, wie jener Gang desselben es hervorbrachte, nur in dem absoluten Wissen die Trennung des *Gegenstandes* von der *Gewißheit seiner selbst* vollkommen sich aufgelöst hat und die Wahrheit dieser Gewißheit sowie diese Gewißheit der Wahrheit gleich geworden ist.« (Ebd. 43) Das »objektive Denken«, wonach der Gedanke »*ebensosehr die Sache an sich selbst ist*«, ist »der *Inhalt* der reinen Wissenschaft. Sie [...] entbehrt so wenig der Materie zu einer wirklichen und wahren Erkenntnis, daß ihr Inhalt vielmehr allein das absolute Wahre oder, wenn man sich noch des Worts Materie bedienen wollte, die wahrhafte Materie ist – eine Materie aber, der die Form nicht ein Äußerliches ist, da diese Materie vielmehr der reine Gedanke, somit die absolute Form selbst ist.« (Ebd. 43f.) Die Form ist dem Inhalt, der ›Materie‹, nicht äußerlich, sondern – so könnte man sagen – deren wesentliche, gesetzmäßige Struktur. »Die Logik ist sonach als das System der reinen Vernunft, als das Reich des reinen Gedankens zu fassen. *Dieses Reich ist die Wahrheit, wie sie ohne Hülle an und für sich selbst ist.*« (Ebd. 44) Hegel fährt dann provozierend, gleichsam augenzwinkernd fort: »Man kann sich deswegen ausdrücken, daß dieser Inhalt *die Darstellung Gottes* ist, *wie er in seinem ewigen Wesen vor der Erschaffung der Natur und eines endlichen Geistes ist.*« – ›Gott‹, so könnte man interpretieren, wird hier als der *Geist* gedacht oder als die am Ende der *Begriffslogik* näher erläuterte ›absolute Idee‹, die sich in vielfältigen Gestalten verkörpert oder entäußert in dem, was in religiösen Termini ›Schöpfung‹ heißt, also in allen Gestalten des Seins.

---

22 Die *Phänomenologie des Geistes* war nach dem ursprünglichen Plan Hegels als ›erster Teil des *Systems der Wissenschaft*‹ gedacht, gefolgt von einem zweiten Teil, »welcher die Logik und die beiden realen Wissenschaften der Philosophie, die Philosophie der Natur und die Philosophie des Geistes, enthalten sollte« (ebd. 18), ein Vorhaben, das dann der Sache nach in Gestalt der *Enzyklopädie* realisiert war. Geändert hat er seinen ursprünglichen Plan insofern, als er die *Logik* nun als eigenständiges Werk herausbrachte, gleichsam als »die erste Folge zur Phänomenologie des Geistes«.

Anaxagoras habe zuerst gesagt, »daß der *Nus, der Gedanke*, das Prinzip der Welt, daß das Wesen der Welt als der Gedanke zu bestimmen ist«, und »damit den Grund zu einer Intellektualansicht des Universums gelegt, deren reine Gestalt *die Logik* sein muß.« – Hierin kann man den *Grundgedanken des Idealismus* formuliert sehen.

Gegen die Vorstellung, dass »die Wahrheit etwas Handgreifliches sein müsse« und dass die »platonischen Ideen [...] gleichsam existierende Dinge, aber in einer andern Welt oder Region seien, außerhalb welcher die Welt der Wirklichkeit sich befinde und eine von jenen Ideen verschiedene [...] Substantialität habe«, betont Hegel: »Die Platonische Idee ist nichts anderes als das Allgemeine oder bestimmter der Begriff des Gegenstandes; nur in seinem Begriffe hat etwas Wirklichkeit; insofern es von seinem Begriffe verschieden ist, hört es auf, wirklich zu sein, und ist ein Nichtiges« (ebd. 44). Und »insofern gesagt wird, daß *Verstand, daß Vernunft in der gegenständlichen Welt ist*, daß der Geist und die Natur *allgemeine Gesetze* habe, nach welchen ihr Leben und ihre Veränderungen sich machen, so wird zugegeben, daß die Denkbestimmungen ebensosehr objektiven Wert und Existenz haben.« (Ebd. 45)

Die seit Aristoteles unverändert geltende Logik bedürfe »einer totalen Umarbeitung [...]; denn ein zweitausendjähriges Fortarbeiten des Geistes muß ihm ein höheres Bewußtsein über sein Denken und über seine reine Wesenheit in sich selbst verschafft haben.« (Ebd. 46) Veränderungsbedürftig sei nicht nur die bisherige Logik, sondern die Philosophie überhaupt, die bisher »ihre Methode noch nicht gefunden« habe (ebd. 48) und die es jetzt zu entwickeln gelte, wobei »die Methode [...] das Bewußtsein über die Form der inneren Selbstbewegung ihres Inhalts« sei. (Ebd. 49)

Die Art und Weise der Gewinnung der Denkbestimmungen (des »Systems der Begriffe«) als dialektischer Prozess einer wachsenden, stufenweisen Anreicherung der Bestimmungen über die bestimmte Negation und Aufhebung des Negierten, wird aus dem Folgenden deutlich: »Das Einzige, *um den wissenschaftlichen Fortgang zu gewinnen* [...], ist die Erkenntnis des logischen Satzes, daß das Negative ebensosehr positiv ist oder daß das sich Widersprechende sich nicht in Null, in das abstrakte Nichts auflöst, sondern wesentlich nur in die Negation seines *besonderen* Inhalts, oder daß eine solche Negation nicht alle Negation, sondern *die Negation der bestimmten Sache*, die sich auflöst, somit bestimmte Negation ist; daß also im Resultate wesentlich das enthalten ist, woraus es resultiert [...]. Indem das Resultierende, die Negation, *bestimmte* Negation ist, hat sie einen *Inhalt*. Sie ist ein neuer Begriff, aber der höhere, reichere Begriff als der vorhergehende; denn sie ist um dessen Negation oder Entgegengesetztes reicher geworden, enthält ihn also, aber auch mehr als ihn, und ist die Einheit seiner und seines Entgegengesetzten. – In diesem Wege hat sich das System der Begriffe überhaupt zu bilden« (ebd. 49). Die hier entwickelte Methode sei »von ihrem Gegenstande und Inhalte nichts Unterschiedenes [...];[...] es ist der Inhalt in sich, *die Dialektik, die er an ihm selbst hat*, welche ihn fortbewegt.« (Ebd. 50) Der Gang dieser Methode »ist der Gang der Sache selbst.« Der Begriff entwickelt sich durch das in ihm enthaltene *Negative*: »dies macht das wahrhaft Dialektische aus.« (Ebd. 51)

Hegel holt die Dialektik aus ihrem Schattendasein in der traditionellen Logik (als Disputieranweisungen etc.) heraus und macht sie zur zentralen methodischen Operation des Entwicklungsgangs der Logik. »Die *Dialektik*, die als ein abgesonderter Teil der Logik betrachtet und in Ansehung ihres Zwecks und Standpunkts, man kann sagen, gänzlich verkannt worden ist, erhält dadurch eine ganz andere Stellung.« Dies geschieht vor allem durch eine Neubestimmung der Negation, des Negativen.[23]

Kant habe, was »unter die größten seiner Verdienste« zähle, »die Dialektik höher gestellt [...], indem er ihr den Schein von Willkür nahm, den sie nach der gewöhnlichen Vorstellung hat, und sie als *ein notwendiges Tun der Vernunft* darstellte.« (Ebd. 52) Denn die Dialektik hatte bis dahin den Ruf, »daß sie ein falsches Spiel spiele und ihre ganze Kraft allein darauf beruhe, daß sie den Betrug verstecke; daß ihre Resultate nur erschlichen und ein subjektiver Schein seien.« Zwar verdienen »Kants dialektische Darstellungen in den Antinomien der reinen Vernunft [...] kein großes Lob; aber die allgemeine Idee, die er zugrunde gelegt und geltend gemacht hat, ist die *Objektivität des Scheins* und *Notwendigkeit des Widerspruchs*, der zur *Natur* der Denkbestimmungen gehört [...]. Es ist dies Resultat, in *seiner positiven Seite aufgefaßt*, nichts anderes als die innere *Negativität* derselben, als ihre sich selbst bewegende Seele, das Prinzip aller natürlichen und geistigen Lebendigkeit überhaupt.« Zu kritisieren sei freilich, daß bei der abstrakt-negativen Seite des Dialektischen stehengeblieben wird mit dem Resultat, daß die Ver-

---

23   Vgl. dazu Henrich 1975.

nunft unfähig sei, das Unendliche zu erkennen. – Gleichwohl bleibt für Kant der Versuch, so weit wie möglich die letztlich unendlichen Bedingungen für ein Ding oder Ereignis zu erforschen, ein ›Postulat‹ der Vernunft.

Hegel erläutert: »In diesem Dialektischen, wie es hier genommen wird, und damit in dem Fassen des Entgegengesetzten in seiner Einheit oder des Positiven im Negativen besteht *das Spekulative.* Es ist die wichtigste, aber für die noch ungeübte, unfreie Denkkraft schwerste Seite.« – Das Spekulative ist das eigentlich Theoretische, das geistige Vermögen zu abstrahieren und zu synthetisieren, im Gegensatz zur empirischen Wahrnehmung.[24] Die ersten Schritte zum Spekulativen sind, »sich vom sinnlich-konkreten Vorstellen und vom Räsonieren loszureißen«, sich »im abstrakten Denken zu üben, Begriffe in ihrer *Bestimmtheit* festzuhalten und aus ihnen erkennen zu lernen.« (Ebd. 52f.) Eine Darstellung der Logik zu diesem Zweck hätte zunächst eine Art propädeutische Funktion, »ohne sich auf das Dialektische einzulassen.« (Ebd. 53) Sie würde immerhin »dazu dienen, das abstrakte, obzwar nicht das spekulative Denken zu üben«, würde »das Bild eines methodisch geordneten Ganzen geben, obgleich die Seele des Gebäudes, die Methode, die im Dialektischen lebt, nicht selbst darin erschiene.«

Was den Gesichtspunkt der *»Bildung und das Verhältnis des Individuums zur Logik«* betrifft, so ist diese Wissenschaft »etwas anderes für den, der zu ihr und den Wissenschaften überhaupt erst hinzutritt, und etwas anderes für den, der von ihnen zu ihr zurückkommt.« (Ebd.) Der Anfänger »findet in der Logik zunächst ein isoliertes System von Abstraktionen, das, auf sich selbst beschränkt, nicht über die anderen Kenntnisse und Wissenschaften übergreift« (ebd. 53f.) und, »gehalten gegen den Reichtum der Weltvorstellung«, den die anderen Wissenschaften vermitteln, nur »in der farblosen, kalten Einfachheit ihrer reinen Bestimmungen« (ebd. 54) sich darbietet. »Erst aus der tieferen Kenntnis der anderen Wissenschaften erhebt sich für den subjektiven Geist das Logische als ein nicht nur abstrakt Allgemeines, sondern als das den Reichtum des Besonderen in sich fassende Allgemeine«.

»Das System der Logik ist das Reich der Schatten, die Welt der einfachen Wesenheiten, von aller sinnlichen Konkretion befreit.« (Ebd. 55) – In

---

24   Für Hans Heinz Holz besteht das Spekulative darin, das Ganze als den von Widersprüchen bestimmten ›transempirischen Gesamtzusammenhang‹ zu begreifen (vgl. unten den Holz-Teil).

Platons Höhlengleichnis sind die ›Schatten‹ eine Metapher für die sinnlichen Dinge, die gegenüber den Ideen eine geringere Seinshaftigkeit besitzen; bei Hegel sind die Schatten die abstrakten Allgemeinbegriffe, die in
der dialektischen Selbstbewegung des Logischen sich als vorwärtstreibende
Kräfte und schließlich als die reichsten, alles umfassenden Begriffe erweisen: als Idee. Diese ist bei Hegel, wie am Schluss der *Begriffslogik* dargestellt, Resultat des Prozesses des Begreifens; bei Platon scheint sie in ihrem
Gegenüber zu den Sinnendingen als das eigentlich Wirkliche und Wahre
vorausgesetzt zu werden.

Didaktisch gesehen, diene das Studium der logischen »Wissenschaft,
der Aufenthalt und die Arbeit in diesem Schattenreich« der Bildung des
Bewusstseins. Dies dadurch, dass der Gedanke zur »Macht« werde, »die
sonstige Mannigfaltigkeit der Kenntnisse und Wissenschaften in die vernünftige Form aufzunehmen, sie in ihrem Wesentlichen zu erfassen und
festzuhalten, das Äußerliche abzustreifen und auf diese Weise aus ihnen
das Logische auszuziehen [herauszuheben, R. S.] – oder, was dasselbe ist,
die vorher durch das Studium erworbene abstrakte Grundlage des Logischen mit dem Gehalte aller Wahrheit zu erfüllen und ihm den Wert eines
Allgemeinen zu geben, das nicht mehr als ein Besonderes neben anderem
Besonderen steht, sondern über alles dieses übergreift und dessen Wesen,
das Absolut-Wahre ist.« (Ebd. 55f.) – Dieses reiche, konkrete Allgemeine
übergreift sowohl das Allgemeine als abstrakten Sonderbereich (die bloß
formale Logik), als auch das Besondere, die mannigfaltigen konkreten Bereiche der Natur und der Gesellschaft. Das »übergreifende Allgemeine« ist
(so u. a. für Hans Heinz Holz wie auch für Josef König[25]) eine entscheidende
Grundstruktur von Hegels Logik und Dialektik.

(2) Am Schluss der *Einleitung* skizziert Hegel die »Allgemeine Einteilung der
Logik« als ›retrospektiven‹ Überblick, weil das Resultat schon bekannt ist.
Durch den Gang der *Phänomenologie* wurde die Subjekt-Objekt-Einheit, die
Einheit von Denken und Sein gewonnen. »Dies sind sonach die beiden *Momente*, welche im Logischen enthalten sind. Aber sie werden nun als *untrennbar* seiend gewußt; dadurch allein, daß sie zugleich als *unterschiedene* (jedoch
nicht für sich seiende) gewußt werden, ist ihre Einheit nicht abstrakt, tot,

---

25   Vgl. König 1978.

unbewegend, sondern konkret.« (Ebd. 57) – Das ›reine Wissen‹ (Beginn der *Logik*) ist auch das ›absolute Wissen‹ (Ende der *Phänomenologie*). ›Rein‹ heißt: gereinigt von allen Formen der Entäußerung; ›absolut‹ dagegen: gelöst von allen Besonderungen und zugleich diese als Gewusste mit enthaltend. Beide Begriffe (›rein‹ und ›absolut‹) stellen einerseits den größten Gegensatz dar, andererseits aber auch eine Identität. Beide oszillieren, ›scheinen‹ ineinander.[26]

Die Einheit (Identität) von Denken und Sein ist zugleich Element ([Teil-] Moment), in welchem der Unterschied sich (heraus)entwickelt, sich ›setzt‹: »Identität von Identität und Nichtidentität« (vgl. ebd. 74). Mit der gewonnenen konkreten Einheit »sind die früher […] für sich *seienden* Bestimmungen, wie ein Subjektives und Objektives oder auch Denken und Sein oder Begriff und Realität, […] *nun* […] in ihrer Einheit, zu *Formen* herabgesetzt« (ebd. 57f.), zu Formbestimmungen oder Momenten.

Zur Gliederung der Logik: »Die Logik wäre hiernach zunächst in die Logik des *Begriffs als Seins* und des Begriffs *als Begriffs* oder […] in die *objektive* und *subjektive* Logik einzuteilen«, also in die *Objektseite* und in die *Subjektseite*, entsprechend den beiden in der Logik enthaltenen, unterschiedenen, aber ungetrennten Momenten.

Gemäß der Einheit des Begriffs und damit der Untrennbarkeit seiner Bestimmungen »müssen diese ferner auch, insofern sie *unterschieden*, […] wenigstens in *Beziehung* aufeinander stehen. Es ergibt sich daraus eine Sphäre der *Vermittlung*, der Begriff als System der *Reflexionsbestimmungen* […]. Dies ist *die Lehre von dem Wesen*, die zwischen der Lehre vom Sein und der vom Begriff inmitten steht.« Diese gehört noch zur *objektiven* Logik, insofern, als

---

26 Die Figur der untrennbaren und zugleich unterschiedenen Einheit erinnert an die Diskussion im Rahmen des Konzils von Nicaea. In der im Jahr 325 beim ersten Weltkonzil der christlichen Kirchen im römischen Reich verabschiedeten Formel des Nicaenum wird der Widerspruch der Zwei-Naturen-Lehre Christi, zugleich Mensch und Gott zu sein, gefasst als »unvermischt und ungeschieden«. – Bei Hegel finden sich immer wieder Denk-Figuren aus der Theologie, z.B. aus der Inkarnationslehre, wonach Gott Mensch wurde, entsprechend der Hegelschen Idee, dass der Geist (die Idee) sich entäußert und verkörpert, z.B. als *subjektiver* Geist im Denken des menschlichen Subjekts, als *objektiver* Geist in der Natur sowie in der Gesellschaft, hier in den Gestalten der »Sittlichkeit«: Familie, Gesellschaft, Staat (vgl. Hegel, Werke 7, 292ff.). Das Benutzen einer solchen Metapher ist dabei zu unterscheiden von einer Identifizierung mit den (hier theologischen) Inhalten des Herkunftskontextes.

das Wesen zwar bereits das Innere ist, aber »dem Begriffe der Charakter des *Subjekts* ausdrücklich vorzubehalten ist.« (Ebd. 58)

Nachdem Hegel noch einmal seine Kritik an *Kant* wiederholt hat (ebd. 60), würdigt er die Kantische Philosophie als wichtige philosophie-geschichtliche Etappe. »Für den wirklichen Fortschritt der Philosophie aber war es notwendig, daß das Interesse des Denkens auf die Betrachtung der formellen Seite, des Ich, des Bewußtseins als solchen, d. i. der abstrakten Beziehung eines subjektiven Wissens auf ein Objekt, gezogen, daß die Er-kenntnis der *unendlichen Form*, d. i. des Begriffs, auf diese Weise eingeleitet wurde. Um jedoch diese Erkenntnis zu erreichen, mußte jene endliche Be-stimmtheit, in der die Form als Ich, Bewußtsein ist, noch abgestreift werden. Die Form, so in ihre Reinheit herausgedacht, enthält es dann in sich selbst, sich zu *bestimmen*, d. i. sich Inhalt zu geben, und zwar denselben in seiner Notwendigkeit, – als System der Denkbestimmungen.« (Ebd. 61)

Der vollständige Begriff wäre das Ganze der unendlichen Zahl der mög-lichen Einzelbestimmungen; er hat somit das Unendliche (Absolute) zum Gegenstand. Als Gesamt aller wirklichen und möglichen Bestimmungen wäre er *notwendig* (*Notwendigkeit* verstanden als das Ganze alles auch nur Möglichen, wobei nichts ›außen vor‹ bleibt), und er wäre zugleich ein *Sys-tem*, eine in sich geschlossene, gegliederte Struktur. – »Formell« meint die subjektive Seite (Ich, Bewusstsein) oder auch die Gestalt und Bewegungs-oder Erscheinungs*form* des Geistes (z. B. Denken). – Die Denkbestimmun-gen als *formelle* Momente (Bewusstsein) werden zum *Inhalt*, und zwar zum wesentlichen, nicht willkürlichen Inhalt.

Für Hegel tritt die objektive Logik, also die des Seins und des Wesens, »an die Stelle der vormaligen *Metaphysik*, als welche das wissenschaftliche Gebäude über die Welt war, das nur durch *Gedanken* aufgeführt sein sollte.« Oder, bezogen auf die »letzte Gestalt der Ausbildung dieser Wissenschaft«, der Metaphysik, ist es die *Ontologie*, an deren Stelle die objektive Logik tritt, »der Teil jener Metaphysik, der die Natur des *Ens* überhaupt erforschen soll-te; das Ens begreift sowohl *Sein* als *Wesen* in sich«. – »Alsdann aber begreift die objektive Logik auch die übrige Metaphysik insofern in sich, als diese mit den reinen Denkformen die besonderen, zunächst aus der Vorstellung genommenen Substrate, die Seele, die Welt, Gott, zu fassen suchte und die *Bestimmungen des Denkens* das *Wesentliche* der Betrachtungsweise ausmach-ten. Aber die Logik betrachtet diese Formen frei von jenen Substraten, den

Subjekten der *Vorstellung*, und ihre Natur und Wert an und für sich selbst.« –
»Die objektive Logik ist daher die wahrhafte Kritik« (ebd. 62) der tradi-
tionellen Metaphysik, die Kritik jener »aus der Vorstellung genommenen
Substrate«. Die objektive Logik ersetzt mithin die frühere Metaphysik, die
Welt als Gedankengebäude oder die Ontologie, das *Ens* (Sein + Wesen); sie
tut das mittels der reinen Denkformen.

»*Die subjektive Logik* ist die Logik des *Begriffs*, – des Wesens, das seine
Beziehung auf ein Sein oder seinen Schein aufgehoben hat und in seiner
Bestimmung nicht äußerlich mehr, sondern das freie selbständige, sich in
sich bestimmende Subjektive oder vielmehr das *Subjekt* selbst ist.« Die Bedeutung des Subjekts in Einheit mit der Objektivität gehört zugleich zum
Zentralbegriff »Geist«: in der Vorrede zur *Phänomenologie* spricht Hegel von
der ›Substanz als Subjekt‹ (Werke 3, 23), womit die neuzeitliche Subjekt-
und Gewissheitsperspektive, beginnend mit Descartes, philosophiehisto-
risch fortgeführt wird.

Die »Einteilung« endet mit dem zusammenfassenden Überblick: »Die
Logik zerfällt also zwar überhaupt in *objektive* und *subjektive* Logik; bestimm-
ter aber hat sie die drei Teile: I. *Die Logik des Seins*, II. *die Logik des Wesens* und
III. *die Logik des Begriffs*.« (Ebd. 62)

3.2.2.2 Zur Seinslogik

3.2.2.2.1 Womit muss der Anfang der Wissenschaft gemacht werden?

Da die *Logik* im Hegelschen Sinn auch die Funktion einer Grundlegung der
Philosophie hat, stellt sich die Frage, wie mit dieser grundlegenden oder
›reinen Wissenschaft‹ zu beginnen ist, da nichts vorausgesetzt werden soll,
was dann seinerseits wieder begründet oder ›abgeleitet‹ werden müsste.
Dieses Problem behandelt Hegel in diesem Abschnitt.[27]

Gleich zu Beginn wird das Dialektische thematisiert, wenn es heißt:
»Der Anfang der Philosophie muß entweder ein *Vermitteltes* oder *Unmittelbares* sein« (ebd. 65), doch lässt sich zeigen, »daß er weder das eine noch
das andere sein könne«. Hier geht es um den *logischen* Anfang, »entweder
als Resultat auf vermittelte oder als eigentlicher Anfang auf unmittelbare

---

27   In der Hegelforschung gibt es eine lange Debatte über das Problem des Anfangs
     der *Logik*, vgl. z. B. Henrich 1963.

Weise.« (Ebd. 66) Hegel betont jedoch, »daß es Nichts *gibt*, nichts im Himmel oder in der Natur oder im Geiste oder wo es sei, was nicht ebenso die
Unmittelbarkeit enthält als die Vermittlung, so daß sich diese beiden Bestimmungen als *ungetrennt* und *untrennbar* und jener Gegensatz sich als ein
Nichtiges zeigt.« In jedem logischen Satz kommen »die Bestimmungen der
Unmittelbarkeit und der Vermittlung und also die Erörterung ihres Gegensatzes und ihrer Wahrheit« vor.

Was bedeutet »Unmittelbarkeit« bei diesem ›voraussetzungslosen‹
Grundlegungsversuch, den die *WdL* darstellt? – Die einfache Unmittelbarkeit ist »das *reine Sein*. Wie das *reine* Wissen nichts heißen soll als das Wissen
als solches, ganz abstrakt, so soll auch reines Sein nichts heißen als das *Sein*
überhaupt; Sein, sonst nichts, ohne alle weitere Bestimmung und Erfüllung.
[...] Soll aber keine Voraussetzung gemacht, der Anfang selbst *unmittelbar* genommen werden, [...] muß der Anfang *absoluter* oder, was hier gleichbedeutend ist, abstrakter Anfang sein; er darf so *nichts voraussetzen*, muß durch nichts
vermittelt sein noch einen Grund haben [...] Er muß daher schlechthin *ein*
Unmittelbares sein oder vielmehr nur *das Unmittelbare* selbst.« (Ebd. 68f.) Er
kann dann »keinen Inhalt enthalten, denn dergleichen wäre Unterscheidung
[...], somit eine Vermittlung. Der Anfang ist also das *reine Sein*.«

Damit ergibt sich die »Einsicht, daß das Absolut-Wahre ein Resultat sein
müsse, und umgekehrt, daß ein Resultat ein erstes Wahres voraussetzt, das
aber, weil es Erstes ist, objektiv betrachtet nicht notwendig und nach der
subjektiven Seite nicht erkannt ist« (ebd. 69). Im Folgenden werden von
Hegel Überlegungen vorweggenommen, die dann im Schlusskapitel der
Logik (»Die absolute Idee«) wieder aufgenommen und ausgeführt werden.
So, wenn Hegel der Auffassung zustimmt, »daß das Vorwärtsschreiten in
der Philosophie vielmehr ein Rückwärtsgehen und Begründen sei, [...] daß
das Vorwärtsgehen ein *Rückgang* in den *Grund*, zu dem *Ursprünglichen* und
Wahrhaften ist, von dem das, womit der Anfang gemacht wurde, abhängt
und in der Tat hervorgebracht wird. [...] Dies Letzte, der Grund[28], ist denn
auch dasjenige, aus welchem das Erste hervorgeht, das zuerst als Unmittelbares auftrat.« (Ebd. 70)

Auch die folgende Text-Passage stellt einen Vorgriff auf die genauere
Erläuterung im Schlusskapitel der *Begriffslogik* dar: Der absolute Geist wird

---

28   Zur Kategorie »Grund« siehe die *Wesenslogik*, Hegel, Werke 6, 80ff.

erkannt als die konkrete und höchste Wahrheit alles Seins, »als am *Ende der Entwicklung* sich mit Freiheit entäußernd und sich zur Gestalt eines *unmittelbaren* Seins [der Natur, R. S.] entlassend, – zur Schöpfung einer Welt sich entschließend, welche alles das enthält, was in die Entwicklung, die jenem Resultate vorangegangen, fiel und das durch diese umgekehrte Stellung mit seinem Anfang in ein von dem Resultate als dem Prinzip Abhängiges verwandelt wird.« Hier wird wieder die Einheit von Resultat und Grund betont. Das Wesentliche für die Wissenschaft (der Logik) ist, so fährt Hegel fort, »daß das Ganze derselben ein Kreislauf in sich selbst ist, worin das Erste auch das Letzte und das Letzte auch das Erste wird.« Es ist dies ein Zirkel oder genau genommen eine spiralenförmige Annäherung, eine Selbstexplikation. Durch den Fortgang wird der Anfang »ein Vermitteltes, und die Linie der wissenschaftlichen Fortbewegung macht sich damit *zu einem Kreise*.« (Ebd. 71) – Zugleich ergibt sich, dass das noch Unentwickelte, Inhaltslose des Anfangs »noch nicht wahrhaft erkannt wird und daß erst die Wissenschaft, und zwar in ihrer ganzen Entwicklung, seine vollendete, inhaltsvolle und erst wahrhaft begründete Erkenntnis ist.« (Ebd.)

Also: Das »*reine Sein*, dies Absolut-Unmittelbare« ist »ebenso absolut Vermitteltes.« (Ebd. 72) Aber es muss ebenso »in der Einseitigkeit, das Rein-Unmittelbare zu sein, genommen werden, *eben weil* es hier als der Anfang ist.« Als ein Bestimmtes enthielte es ein *Anderes* zu einem Ersten. »Es liegt also in der *Natur des Anfangs selbst*, daß er das Sein sei und sonst nichts.« – Das *absolute Wissen* (der *Phänomenologie*) ist ins *reine Sein* (der *Logik*) zusammengefallen, in die Einheit von Wissen und Objekt, ins nicht bestimmte Positive, Sein.

Deutlich wird, wie schwer es Hegel fällt, einen voraussetzungslosen Anfang zu denken. Marx und Engels werden später in der *Deutschen Ideologie* sich sarkastisch über die »voraussetzungslosen Deutschen« (MEW 3, 28 und 20) äußern und einen solchen ›voraussetzungslosen‹ Versuch einer grundlegenden Kritik unterziehen, bezogen freilich dort nicht auf die Philosophie, sondern auf den materiellen Lebensprozess, der auch die Voraussetzung für das Philosophieren darstellt.

Verfolgen wir den Versuch, einen voraussetzungslosen Anfang zu machen, noch etwas weiter. Man könnte auch die Auffassung haben, das reine Sein sei noch zu voraussetzungsreich, man müsse also mit der Vorstellung von einem bloßen Anfang als solchem anfangen. In dieser Vorstellung ist enthalten: »Es ist noch Nichts, und es soll Etwas werden. Der Anfang ist nicht das reine Nichts, sondern ein Nichts, von dem Etwas ausgehen soll; das Sein ist also auch schon im Anfang enthalten. Der Anfang enthält also beides, Sein und Nichts; ist die Einheit von Sein und Nichts« (Hegel, Werke 5, 73). Der Anfang »ist ein Nichtsein, das auf das Sein als auf ein Anderes bezogen ist; das Anfangende *ist* noch nicht; es geht erst dem Sein zu. Der Anfang enthält also das Sein als ein solches, das sich von dem Nichtsein entfernt oder es aufhebt, als ein ihm Entgegengesetztes.« (Ebd.) Der schwierige Versuch, Boden unter die Füße zu bekommen, geht weiter: »Ferner aber *ist* das, was anfängt, schon; ebensosehr aber *ist* es auch noch *nicht.* Die Entgegengesetzten, Sein und Nichtsein, sind also in ihm in unmittelbarer Vereinigung; oder er [der Anfang, R. S.] ist ihre *ununterschiedene Einheit.*« (Ebd. 73f.)

Endlich zeigt sich Licht am Ende des Tunnels: »Die Analyse des Anfangs gäbe somit den Begriff der Einheit des Seins und des Nichtseins – oder, in reflektierterer Form, der Einheit des Unterschieden- und des Nichtunterschiedenseins – oder der Identität der Identität und Nichtidentität.« Dieser Begriff, also die »Identität der Identität und Nichtidentität« könnte, so Hegel, »als die erste, reinste, d. i. abstrakteste Definition des Absoluten angesehen werden« (ebd. 74), ein Absolutes, das im Fortgang der weiteren Bestimmungen immer reicher und konkreter wird.

Zugleich bedeutet das für das Problem des Anfangs, »daß das, womit der Anfang zu machen ist, nicht ein Konkretes, nicht ein solches sein kann, das eine Beziehung *innerhalb seiner selbst* enthält. Denn [...] ein solches, das ein Erstes *und* ein Anderes in sich ist, enthält bereits ein Fortgegangensein. Was den Anfang macht, der Anfang selbst, ist daher als ein Nichtanalysierbares, in seiner einfachen unerfüllten Unmittelbarkeit, also *als Sein*, als das ganz Leere zu nehmen.« (Ebd. 75) Den Anfang als »das ganz Leere zu nehmen« macht zugleich die Schwierigkeit aus, ihn überhaupt zu denken.

Das bedeutet auch: »Was [...] vom Ewigen oder Absoluten im *Anfange* der Wissenschaft *da ist*, dies kann nichts anderes sein als erste, unmittelbare, einfache Bestimmung.« (Ebd. 78) Es gehe darum zu zeigen, »wie solches Absolute in das *denkende* Wissen und in das Aussprechen dieses Wissens eintritt.« Das »Einfache, das sonst keine weitere Bedeutung hat, dies Leere ist also schlechthin der Anfang der Philosophie.« – Es wurde bereits gesagt, welche Mühe es Hegel bereitet, das Problem des Anfangs angemessen darzustellen, daher das immer wieder neue Anheben und Kreisen der Argumentation, weil es so schwer oder kaum möglich ist, das Zugleich der gegensätzlichen Seiten eines Verhältnisses zu fassen, z.B. von Sein und Nichts, unmittelbar und vermittelt etc. Darum ist das Dialektische, das nur als Bewegung zu beschreiben ist, nicht in einem Satz zu fassen, wie später in der *Begriffslogik* ausgeführt wird.

Die Struktur der *Seinslogik*, überschrieben mit »Allgemeine Einteilung des Seins«, fasst Hegel abschließend so zusammen: »Das Sein ist *zuerst* gegen Anderes überhaupt bestimmt; *Zweitens* ist es sich innerhalb seiner selbst bestimmend; *Drittens* ist es die abstrakte Unbestimmtheit und Unmittelbarkeit, in der es der Anfang sein muß.« (Ebd. 79) Diese drei Bestimmungen, die in den drei großen Abschnitten der *Seinslogik* abgehandelt werden, kennzeichnet er »I. als *Bestimmtheit* als solche; *Qualität*; II. als *aufgehobene* Bestimmtheit; *Größe, Quantität*; III. als *qualitativ* bestimmte *Quantität*; Maß.« (Ebd. 80) Die Qualität ist »als die *unmittelbare* Bestimmtheit, die erste und mit ihr der Anfang zu machen.« (Ebd. 81)

3.2.2.2.2 Sein, Nichts, Werden

Den ersten Abschnitt der *Seinslogik* »Bestimmtheit (Qualität)« beginnt Hegel mit der berühmten Passage über »Sein, Nichts, Werden«, die in der Geschichte der Hegel-Forschung zu vielfachen Interpretationen veranlasste. Hegel gibt hier, anknüpfend an die vorausgehende Passage über das ›Anfangen‹, eine vertiefende Antwort auf die Frage, womit man bei der Wissenschaft der Logik als einem Grundlegungsversuch den Anfang zu machen hat, wenn nichts vorausgesetzt werden soll, die Kategorien noch keine Bestimmung enthalten sollen. Dieser Abschnitt stellt zugleich die Art und Weise der dialektischen Bewegung dar.

Dadurch, dass die elementaren Ausgangsbegriffe »Sein« und »Nichts« gänzlich unbestimmt sind, gehen sie in ihrer ›Bedeutung‹ ständig ineinander über: Das reine Sein erweist sich als Nichts, und dieses, weil gleichfalls unbestimmt, als dasselbe wie das reine Sein, da beide qua Unbestimmtheit nicht voneinander zu unterscheiden sind. Es bleibt allein dieses *Übergehen* oder Übergegangensein, die »*Bewegung* des unmittelbaren Verschwindens des Einen in dem Anderen« (ebd. 83). Aus diesem Oszillieren oder Schaukelspiel ist dann ein neuer Begriff hervorgegangen: das *Werden*. Das »Werden« ist das Resultat aus dem Gegeneinander von (reinem) Sein und (reinem) Nichts, bildet damit die Einheit der beiden, in der beide Seiten negiert und zugleich aufgehoben sind. Weil es sich bei dieser Einheit der Gegensätze von Sein und Nichts um den fundamentalen Anfang der Logik handelt, enthalten alle folgenden, konkreteren, bestimmteren Kategorien diesen aufgehobenen Gegensatz in sich, weshalb Hegel schreiben kann, »*daß es nirgend im Himmel und auf Erden etwas gebe, was nicht beides, Sein und Nichts, in sich enthielte*« (ebd. 86). Die Negation wie die Position (das Affirmative), die Nichtidentität und die Identität sind somit in jedem Seienden enthalten, ein jedes hat damit das Werden, die Bewegung, den Motor der Veränderung in sich.

Damit ist die *Grundform des Dialektischen* gefasst. »Da nunmehr diese Einheit von Sein und Nichts als erste Wahrheit ein für allemal zugrunde liegt und das Element von allem Folgenden ausmacht, so sind außer dem Werden selbst alle ferneren logischen Bestimmungen: Dasein, Qualität, überhaupt alle Begriffe der Philosophie, Beispiele dieser Einheit.« (Ebd. 86) Werde dies nicht richtig aufgefasst, führe das wie beim »gewöhnlichen Bewusstsein« zu folgenschweren »Verwirrungen«, indem etwa »das Bewußtsein zu solchem abstrakten logischen Satze Vorstellungen von einem konkreten Etwas mitbringt und vergißt, daß von einem solchen nicht die Rede ist, sondern nur von den reinen Abstraktionen des Seins und Nichts« (ebd. 87). Verkenne man, dass es sich beim angestrebten voraussetzungslosen Anfang der Logik (des Philosophierens überhaupt) um reine Abstraktionen handelt und mache man »ein bestimmtes Sein und bestimmtes Nichts daraus«, so als ob es dasselbe wäre, »ob ich bin oder nicht bin, ob dieses Haus ist oder nicht ist, ob diese hundert Taler[29] in meinem Vermögenszustand sind oder nicht«, komme es zu sinnlosen Aussagen. Denn anders als bei diesem voraussetzungslosen Anfang mit dem ›reinen‹, d. h. von allen Bestimmungen ›gereinigten‹ Sein, gelte für alle mit bestimmten Inhalten ausgestattete Seiende, dass sie immer in *Beziehungen* stehen mit anderen: »Ein bestimmtes, ein endliches Sein ist ein solches, das sich auf anderes bezieht; es ist ein Inhalt, der im Verhältnisse der Notwendigkeit mit anderem Inhalte, mit der ganzen Welt steht.« Jedes bestimmte Seiende stellt einen Schnittpunkt von Beziehungen dar, steht in einem Kontext letztlich »mit der ganzen Welt«, ohne den es nicht begriffen werden kann.

---

29   Hegel spielt hier auf Kants Beispiel aus dessen Widerlegung des ontologischen Gottesbeweises an: *Kritik der reinen Vernunft*, B 627.

Dieser zentrale Gedanke finde sich auch in der Philosophiegeschichte: »In Rücksicht des wechselbestimmenden Zusammenhangs des Ganzen konnte die Metaphysik die [...] Behauptung machen, daß, wenn ein Stäubchen zerstört würde, das ganze Universum zusammenstürzte.«[30] Setze man dagegen ein bestimmtes Dasein voraus, »so ist dies Dasein, weil es *bestimmtes* ist, in mannigfaltiger Beziehung auf anderen Inhalt; es ist für dasselbe nicht gleichgültig, ob ein gewisser anderer Inhalt, mit dem es in Beziehung steht, ist oder nicht ist; denn nur durch solche Beziehung ist es wesentlich das, was es ist.« (Ebd. 88) Die erste, allgemeinste Gestalt eines bestimmten Seins ist im Entwicklungsgang der *Logik* das »*Dasein*«: »Erst das *Dasein* enthält den realen Unterschied von Sein und Nichts, nämlich ein *Etwas* und ein *Anderes.*« (Ebd. 90) (Mehr dazu weiter unten!)

Bereits hier (wie dann öfters in der *WdL*) verweist Hegel darauf, dass der im Anfangsabschnitt über Sein, Nichts, Werden formulierte widersprüchliche Sachverhalt, – der dem ›gewöhnlichen Bewusstsein‹ Schwierigkeiten bereitet, weil er eine Bewegung auszudrücken versucht –, wesentlich deshalb zu Missverständnissen führen kann, weil er in der Form eines *Urteils* formuliert ist. Er betont, was in seiner *Begriffslogik* dann genauer ausgeführt wird, »daß der Satz, in *Form eines Urteils*, nicht geschickt ist, spekulative Wahrheiten auszudrücken« (ebd. 93), und fährt fort: »Das Urteil ist eine *identische* Beziehung zwischen Subjekt und Prädikat; es wird dabei davon abstrahiert, daß das Subjekt noch mehrere Bestimmtheiten hat als die des Prädikats, sowie davon, daß das Prädikat weiter ist als das Subjekt. Ist nun aber der Inhalt spekulativ, so ist auch das *Nichtidentische* des Subjekts und Prädikats wesentliches Moment, aber dies ist im Urteile nicht ausgedrückt.« Daraus resultiere das »paradoxe und bizarre Licht, in dem vieles der neueren Philosophie [vor allem die Hegelsche, R. S.] den mit dem spekulativen Denken nicht Vertrauten erscheint«. Das Nichtidentische im Urteil S = P (Subjekt gleich Prädikat) ist das, was S und P zusätzlich zu dem in ihnen identisch Gesetzten enthalten. Deshalb ist das »Spekulative« (= das »Ganze« als Bewegung von Widersprüchen betrachtet oder das »Dialektische«

---

30 Notabene: Man könnte fragen, ob ein solches »Stäubchen« als Gedanke in der modernen Chaos-Theorie im sog. Schmetterlingseffekt wieder auftaucht, wonach in komplexen, nichtlinearen dynamischen Systemen kleine Abweichungen in den Anfangsbedingungen gewaltige, sich selbst verstärkende Folgewirkungen haben können.

als das »Fassen des Entgegengesetzten in seiner Einheit«, ebd. 52) nicht
durch ein Urteil (die Identität von S und P) auszudrücken, weil es auch
noch das Nichtidentische enthält. Werde diesem Mangel abzuhelfen versucht, indem man den entgegengesetzten Satz hinzufügt, dann entstehe ein
weiterer Mangel dadurch, dass diese Sätze unverbunden sind. Sie stellen
den Inhalt »nur in einer Antinomie« dar, »während doch ihr Inhalt sich
auf ein und dasselbe bezieht und die Bestimmungen, die in den zwei Sätzen ausgedrückt sind, schlechthin vereinigt sein sollen, – eine Vereinigung,
welche dann nur als eine *Unruhe* zugleich *Unverträglicher*, als *eine Bewegung*
ausgesprochen werden kann. Das gewöhnlichste Unrecht, welches spekula-
tivem Gehalte angetan wird, ist, ihn einseitig zu machen, d. i. den einen der
Sätze nur, in die er aufgelöst werden kann, herauszuheben.« (Ebd. 94) – Als
ein »unglückliches Wort« erscheint Hegel auch der Ausdruck »Einheit«, der
aus der Beziehung einer der ›äußerlichen Reflexion‹ entspringenden Vergleichung resultiere, welche die »abstrakte Dieselbigkeit« ausdrücke. »Für
Einheit würde daher insofern besser nur *Ungetrenntheit* und *Untrennbarkeit*
gesagt; aber damit ist das *Affirmative* der Beziehung des Ganzen nicht ausgedrückt.« (Ebd. 94)

In den erläuternden vier »Anmerkungen« geht Hegel auf die diversen,
auch in der Philosophiegeschichte auftauchenden Argumentationen ein, die
im Unterschied zur von Hegel ausdrücklich gewählten Voraussetzungslo-
sigkeit, Abstraktheit und ›Reinheit‹ der Ausgangskategorien (wie Sein und
Nichts) stets irgendwelche Formen von Bestimmtheiten zugrunde legen. So
kritisiert Hegel z. B. die Kantische Antinomie über die Endlichkeit oder Unendlichkeit der Welt in Raum und Zeit: »Es geht aus dem Bisherigen hervor, welche Bewandtnis es mit der Dialektik gegen den *Anfang der Welt*, auch
deren Untergang hat, wodurch die *Ewigkeit* der Materie erwiesen werden
sollte, d. i. mit der Dialektik gegen *das Werden*, Entstehen oder Vergehen
überhaupt. [...] Jene einfache gewöhnliche Dialektik beruht auf dem Festhalten des Gegensatzes von Sein und Nichts« (ebd. 109), statt deren Einheit
zugrunde zu legen. Gehe man von der »absoluten Geschiedenheit des Seins
vom Nichts« aus, dann ist »der Anfang oder das Werden allerdings etwas
Unbegreifliches; denn man macht eine Voraussetzung, welche den Anfang
oder das Werden aufhebt, das man doch *wieder* zugibt, und dieser Widerspruch, den man selbst setzt und dessen Auflösung [man] unmöglich macht,
heißt das *Unbegreifliche*.« (Ebd. 110) Dies »Räsonnement, das die falsche Vo-

raussetzung der absoluten Getrenntheit des Seins und Nichtseins macht und bei derselben stehenbleibt, ist nicht *Dialektik*, sondern *Sophisterei* zu nennen. Denn Sophisterei ist ein Räsonnement aus einer grundlosen Voraussetzung, die man ohne Kritik und unbesonnen gelten läßt; Dialektik aber nennen wir die höhere vernünftige Bewegung, in welche solche schlechthin getrennt Scheinende durch sich selbst, durch das, was sie sind, ineinander übergehen, die Voraussetzung [ihrer Getrenntheit] sich aufhebt. Es ist die dialektische immanente Natur des Seins und Nichts selbst, daß sie ihre Einheit, das Werden, als ihre Wahrheit zeigen.« (Ebd. 111)

Halten wir fest: Ein wichtiges Resultat dieser Erläuterungen von Hegel ist seine Bestimmung von *Dialektik* als die »vernünftige [statt nur verstandesmäßige] Bewegung«, worin »schlechthin getrennt Scheinende durch sich selbst […] ineinander übergehen und ihre Getrenntheit sich aufhebt.«

Nachdem Hegel ausführlich die »Einheit des Seins und Nichts« erläutert und gegen Missverständnisse abgegrenzt hat, behandelt er am Schluss des ersten Kapitels die Unterpunkte »Momente des Werdens« sowie »Aufheben des Werdens«. In der Einheit von Sein und Nichts sind beide »als Verschwindende, nur als *Aufgehobene*. Sie sinken von ihrer zunächst vorgestellten *Selbständigkeit* zu *Momenten* herab, *noch unterschiedenen*, aber zugleich aufgehobenen.« (Ebd. 112) (Zur Erläuterung: »Selbständig« ist etwas, das für sich bestehen kann; verliert es diesen Status, wird es zum »Moment« herabgesetzt, das als solches nicht selbständig existieren kann. So sind z.B. der Plus- und der Minus-Pol bei einem Magneten »Momente«, weil beide nicht getrennt voneinander existieren können.) Das Werden als Übergehen von Sein in Nichts und Nichts in Sein ist in gedoppelter Bestimmung zu sehen: als *Entstehen und Vergehen*. Jedes von beiden Momenten »hebt sich an sich selbst auf und ist an ihm selbst das Gegenteil seiner.« Im Werden sind Sein und Nichts »nur als Verschwindende« (ebd. 113), zugleich beruht es »auf dem Unterschiede derselben. Es widerspricht sich also in sich selbst, weil es solches in sich vereint, das sich entgegengesetzt ist; eine solche Vereinigung aber zerstört sich.«

Damit, in dieser Bewegung der Aufhebung, wird die nächste logische Kategorie, eine neue Einheit, ein weiteres Ganzes hervorgebracht: Das Resultat »ist die zur ruhigen Einfachheit gewordene Einheit des Seins und Nichts. Die ruhige Einfachheit aber ist *Sein*, jedoch ebenso nicht mehr für sich, sondern als Bestimmung des Ganzen. Das Werden so [als] Übergehen in die Einheit des Seins und Nichts, welche als *seiend* ist oder die Gestalt der einseitigen *unmittelbaren* Einheit dieser Momente hat, ist *das Dasein*.« Mit der neu hervorgegangenen Kategorie des Daseins wird nun das anfängliche reine Sein zum bestimmten Sein als einem neuen Ganzen. Diese neu gewonnene Einheit ist freilich insofern »*einseitig*«, als nun das Moment des Seins das Übergreifende darstellt, während das Nichts sozusagen in dies übergreifende Sein inkorporiert und ›zum Moment herabgesetzt‹ ist. Es wirkt dort nun als möglicher ›Unruheherd‹ untergründig weiter und hält den weiteren Prozess in Gang. Dieser realisiert sich in den folgenden Denkbestimmungen, die ihrerseits daraus hervorgehen, dass ein neu entstandener Gegensatz wieder in einer neu gefundenen Einheit zur zeitweiligen ›Ruhe‹ gelangt, in einer neuen ›Bewegungsform des Widerspruchs‹, sei es in einem neuen, komplexeren Begriff, sei es in einer neuen realen Gestalt.

Das *Aufheben* ist, wie Hegel in einer weiteren Anmerkung betont, »einer der wichtigsten Begriffe der Philosophie, eine Grundbestimmung, die schlechthin allenthalben wiederkehrt, deren Sinn bestimmt aufzufassen und besonders vom Nichts zu unterscheiden ist.« (Ebd. 113) Denn: »Was sich aufhebt, wird dadurch nicht zu Nichts. Nichts ist das *Unmittelbare*; ein Aufgehobenes dagegen ist ein *Vermitteltes*, es ist das Nichtseiende, aber als *Resultat*, das von einem Sein ausgegangen ist; es hat daher die *Bestimmtheit, aus der es herkommt, noch an sich.*« Ebd. 113f.)

»Aufheben« habe sprachlich den doppelten Sinn von aufbewahren, *erhalten* und zugleich von aufhören lassen, *ein Ende machen*. »Das Aufbewahren selbst schließt schon das Negative in sich, daß etwas seiner Unmittelbarkeit und damit einem den äußerlichen Einwirkungen offenen Dasein entnommen wird, um es zu erhalten. – So ist das Aufgehobene ein zugleich Aufbewahrtes, das nur seine Unmittelbarkeit verloren hat, aber darum nicht vernichtet ist.« (Ebd. 114) Und weiter: »Etwas ist nur insofern aufgehoben, als es in die Einheit mit seinem Entgegengesetzten getreten ist; in dieser näheren Bestimmung als ein Reflektiertes kann es passend *Moment* genannt werden.« (Ebd. 114) Sein und Nichts waren im Werden »Entstehen und Vergehen; im Dasein als einer anders bestimmten Einheit sind sie wieder anders bestimmte Momente. Diese Einheit bleibt nun ihre Grundlage, aus der sie nicht mehr zur abstrakten Bedeutung von Sein und Nichts heraustreten.« (Ebd. 115)

Innerhalb der Betrachtung des »Daseins überhaupt« als bestimmtem Sein wird die »Qualität« und dann das »Etwas« als Daseiendes konkreter bestimmt.

3.2.2.2.3 Das Dasein

Nachdem in der begrifflich-dialektischen Bewegung der voraussetzungslose, unvermittelte Anfang mit dem unbestimmten Sein und Nichts in die neu gewonnene Kategorie des Werdens als deren Einheit aufgehoben wurde, hat der Gegensatz von Sein und Nichtsein in der Kategorie des *Daseins* als *bestimmtem Sein* eine neue ›Form‹ gefunden, worin sich dieser Gegensatz ›bewegen‹ kann. Damit wird ein neuer, nun aber vermittelter Anfang für die weitere Bewegung gemacht.

Als seiende Bestimmtheit ist das Dasein *Qualität*. Hegel skizziert den weiteren Gang wie folgt: »Durch seine Qualität ist *Etwas* gegen ein *Anderes*, ist *veränderlich* und *endlich*, nicht nur gegen ein Anderes, sondern an ihm schlechthin negativ bestimmt. Diese seine Negation dem endlichen Etwas zunächst gegenüber ist das *Unendliche*, der abstrakte Gegensatz, in welchem diese Bestimmungen erscheinen, löst sich in die gegensatzlose Unendlichkeit, in das *Fürsichsein* auf. Die Abhandlung des Daseins hat so die drei Abteilungen: A. das *Dasein als solches*, B. *Etwas und Anderes*, die *Endlichkeit*, C. die *qualitative Unendlichkeit*.« (Ebd. 115) – Hier soll es im Folgenden vor allem um das Verhältnis von ›Etwas und Anderes‹ gehen.

Als Qualität hat das Dasein als bestimmtes Sein sowohl die Bestimmung als *Realität* wie als *Negation*; damit ist es »in sich reflektiert«; »und als solches gesetzt ist es *Etwas*, Daseiendes.« (Ebd. 116) Aus dem Werden, der Vermittlung, hervorgegangen, hat es als neuer einfacher Anfang die Form von einem *Unmittelbaren*, von dem wieder als einem neuen Ersten ausgegangen wird. »Es ist zunächst in der einseitigen Bestimmung des *Seins*«, während das Nichtsein, die Negation, so in das Sein aufgenommen ist, »daß das konkrete Ganze in der Form des Seins [...] die *Bestimmtheit* als solche« (ebd.) ausmacht. Das enthaltene Moment des Nichtseins macht sich also als Bestimmung geltend.

»Das *Ganze* ist gleichfalls in der Form, d.i. *Bestimmtheit* des Seins – denn Sein hat im Werden sich gleichfalls nur ein Moment zu sein gezeigt – ein aufgehobenes, negativ-bestimmtes; aber so ist es *für uns in unserer Reflexion*, noch nicht *gesetzt* an ihm selbst.« (Ebd. 116) – Zur Erläuterung: Was an einem Begriff »gesetzt« (d. h. explizit gemacht) ist, gehört zum (jeweils erreichten) Inhalt des Begriffs; was noch nicht »gesetzt« ist, erst zu unserer Reflexion, ist noch nicht ›abgeleitet‹. »Daß das Ganze, die Einheit des Seins und des Nichts, in der *einseitigen Bestimmtheit* des Seins sei, ist eine äußerliche Reflexion; in der Negation aber, im Etwas und *Anderen* usf. wird sie dazu kommen, als *gesetzte* zu sein.« (Ebd. 117) Erst die Negation (im Verhältnis Etwas-Anderes) macht die Bestimmtheit (im Sein) zu einer ›gesetzten‹.

Das Dialektische lässt sich, wie oben schon angedeutet, am Beispiel des *Definierens* zeigen: Die zentrale Bedeutung des Negativen, der Negation für die Hegelsche Philosophie und für die Dialektik verdeutlicht der folgende Satz: »Die Bestimmtheit ist die Negation als affirmativ gesetzt, – ist der Satz des Spinoza: *Omnis determinatio est negatio.* Dieser Satz ist von unendlicher Wichtigkeit« (ebd. 121). Jede Bestimmung (determinatio) oder Definition vollzieht sich über eine Negation: Negiert oder ausgegrenzt wird alles, was nicht zu dem Definierten gehört. Dieses wird durch Abgrenzung nach außen zugleich gleichsam ›eingezäunt‹, um das Innere, das Eingegrenzte überhaupt in seiner Identität ›positiv‹ bestimmen zu können und damit auch zunächst einmal zu bewahren. Dass dann im weiteren Verlauf bewusst gemacht werden muss, dass diese unvermeidliche Eingrenzung zugleich eine Ausgrenzung von allem anderen ist, gehört zu der Erkenntnisbewegung, die das Ganze als das Wahre erfassen will, also eingedenk sein muss, dass zum Ganzen auch das Ausgegrenzte, das Andere gehört.

Hegel verdeutlicht den Satz des Spinoza auch in Bezug auf das Individuum: »Das Individuum ist Beziehung auf sich dadurch, daß es allem anderen Grenzen setzt; aber diese Grenzen sind damit auch Grenzen seiner selbst, Beziehungen auf Anderes, es hat sein Dasein nicht in ihm selbst.« (Ebd.) Auch für das Individuum gilt: Sich von anderem abzugrenzen, heißt auch, sich einzugrenzen, sich Grenzen setzen. Aber als begrenztes ist es auch von Anderen und Anderem abhängig, »hat sein Dasein nicht in ihm selbst«. Diesen Gedanken wird später Marx in seinen *Feuerbachthesen* aufgreifen, wenn es ihm um das konkrete Verhältnis von Individuum und Gesellschaft geht: »[D]as menschliche Wesen ist kein dem einzelnen Individuum inwohnendes Abstraktum. In seiner Wirklichkeit ist es das ensemble der gesellschaftlichen Verhältnisse.« (MEW 3, 5ff.) – Diese Gedanken werden im folgenden Abschnitt »c. Etwas« (Hegel, Werke 5, 122ff.) weiter ausgeführt.

Zum Abschnitt »Etwas«: Das Dasein *ist*, hat Realität, zugleich ist es als Qualität bestimmt, abgegrenzt von Anderem. Dieser Unterschied, den es in Gestalt der Realität und der Negation an sich hat, ist zugleich aufgehoben: Es ist *Daseiendes, Etwas*. Ein ›Etwas‹ entstand, nachdem das anfängliche Unmittelbare (Sein) dadurch ›negiert‹ wurde, indem es zu seiner abgrenzenden Bestimmung des ›Anderen‹ bedurfte. Bei dieser (ersten) Negation wird aber nicht stehen geblieben, sondern diese wird gleichfalls negiert (›Negation der Negation‹), um zu etwas ›Positivem‹, einem Reellen oder Bestimmten, zu einem Besonderen zu gelangen. Hegels Erläuterung zu dem Etwas lautet: »Das Etwas ist die *erste Negation der Negation*, als einfache seiende Beziehung auf sich. Dasein, Leben, Denken usf. bestimmt sich wesentlich zum *Daseienden, Lebendigen, Denkenden* (Ich) usf. Diese Bestimmung ist von der höchsten Wichtigkeit, um nicht bei dem Dasein, Leben, Denken usf. [...] als Allgemeinheiten stehenzubleiben.« (Ebd. 123) Vom Allgemeinen (Dasein überhaupt) muss zum Besonderen (Daseienden etc.) weitergegangen werden, um etwas Reales zu sein.

Für den weiteren Gang in der *Logik*, für die ja, wie bereits in den *Vorreden* deutlich wurde, der Gegensatz des Objektiven und des Subjektiven aufgehoben werden soll in einer Einheit, die später in der *Begriffslogik* als *Idee* ausgeführt wird, ist wichtig, wie hier die Bewegung hin zum Subjekt angedeutet und vorbereitet wird. Hegel schreibt, den Gedanken vom Etwas als der ersten Negation der Negation fortführend: »Das Negative des Negativen ist als *Etwas* nur der Anfang des Subjekts, – das Insichsein nur erst ganz unbestimmt. Es bestimmt sich fernerhin zunächst als Fürsichseiendes und so fort, bis es erst im Begriff die konkrete Intensität des Subjekts erhält. Allen diesen Bestimmungen liegt die negative Einheit mit sich zugrunde. Aber dabei ist die Negation als *erste*, als Negation *überhaupt* wohl zu unterscheiden von der zweiten, der Negation der Negation, welche die konkrete, *absolute* Negativität, wie jene erste dagegen nur die *abstrakte* Negativität ist.« (Ebd. 123f.) Die erste (einfache) Negation nennt er die ›abstrakte Negativität‹, die zweite, die Negation der Negation (= NdN), die ›absolute Negativität‹.

»*Etwas* ist *seiend* als die Negation der Negation; denn diese ist das Wiederherstellen der einfachen Beziehung auf sich« (ebd. 124), diese Beziehung auf sich meint die Identität, die Unmittelbarkeit. Zugleich gilt: »[A]ber ebenso ist damit Etwas die *Vermittlung seiner mit sich selbst*. Schon in dem Einfachen des Etwas, dann noch bestimmter im Fürsichsein, Subjekt usf. ist die

Vermittlung seiner mit sich selbst vorhanden, bereits auch im Werden nur die ganz abstrakte Vermittlung; die Vermittlung mit *sich* ist im Etwas *gesetzt*, insofern es als einfaches *Identisches* bestimmt ist.« Das Moment der Vermittlung »befindet sich überall und allenthalben, in jedem Begriffe.«

Das *Daseiende* als Negatives des Etwas bestimmt ist ein *Anderes.* »Das Etwas als Werden ist ein Übergehen, dessen Momente selbst Etwas sind und das darum *Veränderung* ist«.

Es folgt der Abschnitt »Die Endlichkeit«, eingeleitet durch den Teil »Etwas und Anderes«, der jetzt genauer betrachtet werden soll.

3.2.2.2.4 Endlichkeit. Etwas und Anderes

Die folgenden Passagen bereiten einige Verständnisschwierigkeiten. Auf solche hatte übrigens Hegel selbst, bezogen auf seine *Logik* insgesamt, am Ende seiner Vorrede zur zweiten Auflage hingewiesen. Bekanntlich gibt es seit Hegels Tod unzählige Interpretationsversuche und Debatten zu seiner *Logik,* die hier weithin unberücksichtigt bleiben müssen. Es kann darum nicht der Anspruch erhoben werden, einen zureichenden erläuternden Kommentar solcher ›sperriger‹ Passagen zu geben. Sie gleichwohl zu zitieren, halten wir trotz der Verständnisschwierigkeiten für sinnvoll, um Hegels Argumentation zusammenhängend vorzustellen. Denn sie sind von exemplarischer Bedeutung für das, was er die »dialektische Bewegung« nennt. Versuchen wir also, den Text wenigstens in Auszügen nachzuzeichnen und, wenn möglich, in seinen Grundzügen zu verstehen.

Zunächst gibt Hegel eine kurze Übersicht über die folgenden Unterabschnitte: Es beginnt mit a) »Etwas und Anderes«: Beide »sind zunächst gleichgültig gegeneinander« (ebd. 125). Aber das Andere ist, aus seiner eigenen Perspektive gesehen, auch ein Etwas. »Etwas ist *an sich* gegen sein *Sein-für-Anderes«,* d.h. sein Bezogensein auf Anderes. Aber die Bestimmtheit gehört wesentlich zu ihm und ist b) »dessen *Bestimmung«*; diese geht in »*Beschaffenheit«* über, welche die »*Grenze* des Etwas ausmacht«; diese ist c) »die immanente Bestimmung des Etwas«; und dieses ist »das *Endliche«.*

Während zuvor, in der ›ersten Abteilung‹, das *Dasein* überhaupt und die Momente seiner Entwicklung betrachtet wurden, Qualität und Etwas, also seine affirmative Bestimmung, geht es in dieser Abteilung um »die negative Bestimmung, die im Dasein liegt, welche dort nur erst Negation überhaupt, *erste* Negation war, nun aber zu dem Punkte des *Insichseins* des Etwas, zur

Negation der Negation bestimmt ist.« – Das »Insichsein« könnte man mit »wesentlicher Identität« übersetzen. – Dieser komprimierte Überblick wird nun von Hegel genauer ausgeführt.

a. Etwas und ein Anderes

Etwas und Anderes sind beide Daseiende oder *Etwas*; zugleich ist ebenso jedes ein *Anderes*. »Beide sind sowohl als *Etwas* als auch als *Anderes* bestimmt, hiermit *dasselbe*, und es ist noch kein Unterschied derselben vorhanden.« (Ebd. 126)

Der nächste Argumentationsschritt lautet: »Dasein als solches ist Unmittelbares, Beziehungsloses; oder es ist in der Bestimmung des *Seins*. Aber Dasein als das Nichtsein in sich schließend ist *bestimmtes*, in sich verneintes Sein und dann zunächst Anderes, – aber weil es sich in seiner Verneinung zugleich auch erhält, nur *Sein-für-Anderes*« (ebd. 127), also Bezogensein, genauer: Es ist »als Beziehung auf sich *gegen* seine Beziehung auf Anderes, als Gleichheit mit sich gegen seine Ungleichheit. Ein solches Sein ist *Ansichsein*.« (Ebd. 128)

Sein-für-Anderes und Ansichsein, Bezogensein auf Anderes und Bezogensein auf sich als sich erhaltend gegen Anderes, machen die beiden Seiten, »die *zwei Momente* des Etwas aus. Es sind *zwei Paare* von Bestimmungen, die hier vorkommen: 1. *Etwas* und *Anderes*; 2. *Sein-für-Anderes* und *Ansichsein*. Die ersteren enthalten die Beziehungslosigkeit ihrer Bestimmtheit; Etwas und Anderes fallen auseinander. Aber ihre Wahrheit ist ihre Beziehung; das Sein-für-Anderes und das Ansichsein sind daher jene Bestimmungen als *Momente* eines und desselben gesetzt, als Bestimmungen, welche Beziehungen sind und in ihrer Einheit, in der Einheit des Daseins bleiben. Jedes selbst enthält damit an ihm zugleich auch sein von ihm verschiedenes Moment.« (Ebd.)

Das ursprüngliche reine Sein und reine Nichts wurden durch ihre Aufhebung in die Einheit des Werdens, in das Dasein, genauer bestimmt als Entstehen und Vergehen, das Sein im Etwas nun als *Ansichsein*. Als Beziehung auf sich (Identität) ist Sein »jetzt nicht mehr unmittelbar, sondern Beziehung auf sich nur als Nichtsein des Andersseins (als in sich reflektiertes Dasein). – Ebenso ist Nichtsein als Moment des Etwas in dieser Einheit des Seins und Nichtseins nicht Nichtdasein überhaupt, sondern Anderes und bestimmter nach der *Unterscheidung* des Seins von ihm zugleich *Beziehung* auf sein Nichtdasein, Sein-für-Anderes.« (Ebd.)

Das *Ansichsein* ist somit beides: negative Beziehung auf das Nichtdasein, indem es das Anderssein außer ihm hat und demselben entgegen ist; zugleich hat es das Nichtsein auch selbst an ihm; denn es selbst *ist das Nichtsein* des Seins-für-Anderes. »Beide Momente sind Bestimmungen eines und desselben, nämlich des Etwas.« (Ebd. 129)

Es geht in der *Logik* immer um die dialektische Bewegung des *Sichbestimmens* des Begriffs. Je nach den drei Sphären (Sein, Wesen, Begriff) unterscheidet sich die Art dieser Bewegung. Anders als in der *Sphäre des Wesens*, wo die Bewegung durch die Reflexion und das »*Setzen*« (gemeint ist: aus einem »Grund« hervorbringen, siehe dazu die *Wesenslogik, Werke 6, 25ff*) vorangetrieben wird, ist in der *Sphäre des Seins* das *Sichbestimmen* des Begriffs, weil nur erst *an sich* geschehend, ein »*Übergehen*«.

Die Differenz in der Bewegungsform der Sphären wird von Hegel noch weiter erläutert: Auch »die reflektierenden Bestimmungen des Seins, wie Etwas und Anderes oder das Endliche und Unendliche, ob sie gleich wesentlich aufeinander hinweisen oder als Sein-für-Anderes sind, gelten als *qualitative* für sich bestehend; das *Andere ist*, das Endliche gilt ebenso als *unmittelbar seiend* und für sich feststehend wie das Unendliche; ihr Sinn erscheint als vollendet auch ohne ihr Anderes.« (Ebd. 131) Dagegen gilt für die *Sphäre des Wesens*: »Das Positive und Negative hingegen, Ursache und Wirkung, sosehr sie auch als isoliert seiend genommen werden, haben zugleich keinen Sinn ohne einander; es ist *an ihnen selbst* ihr Scheinen ineinander, das Scheinen seines Anderen in jedem, vorhanden.« – In das Wort »Scheinen« spielt das Reflektiertwerden (aus der *Wesenslogik*) hinein, ein Ausdruck des Zusammengehörens statt des vollständigen Getrenntseins. – Im Fortgange der Herausbildung und Entwicklung des Begriffs gilt es, »immer wohl zu unterscheiden, was noch *an sich* und was *gesetzt* ist, wie die Bestimmungen als im Begriffe und wie sie als gesetzt oder als seiend-für-Anderes sind. Es ist dies ein Unterschied, der nur der dialektischen Entwicklung angehört, den das metaphysische Philosophieren, worunter auch das kritische gehört, nicht kennt«. – Mit dem ›kritischen Philosophieren‹ ist Kant gemeint.

b. Bestimmung, Beschaffenheit und Grenze

Das Verhältnis von ›Etwas und Anderes‹ wird nun begrifflich weiter ausdifferenziert.

(1) »Die Bestimmung ist die affirmative Bestimmtheit als das Ansichsein, dem das Etwas in seinem Dasein gegen seine Verwicklung mit Anderem, wovon es bestimmt würde, gemäß bleibt [...]. Es *erfüllt* seine Bestimmung, insofern die weitere Bestimmtheit, welche zunächst durch sein Verhalten zu Anderem mannigfaltig erwächst, seinem Ansichsein gemäß, seine Fülle wird.« (Ebd. 132) – Es geht um die Verwirklichung der in ihm (seinem Ansichsein) enthaltenen Möglichkeiten, wobei die »Fülle«, die Erfüllung der Bestimmung, der entfaltete Beziehungsreichtum zu Anderem und Anderen wäre, deren ›Aneignung‹. Aber selbst die *Bestimmung* des Menschen als denkende Vernunft »ist wieder nur *an sich* als ein *Sollen*« (ebd. 133).

(2) Im Unterschied zur Erfüllung des Ansichseins gehört zur Bestimmtheit auch »äußerliches Dasein des Etwas, das auch *sein* Dasein ist, aber nicht seinem Ansichsein angehört«, also die faktischen, aber nicht wesentlichen Eigenschaften. Diese tatsächliche, nicht wesentliche Seite des Bestimmtwerdens durch ein Anderes, was »als etwas Zufälliges« erscheint, nennt Hegel »*Beschaffenheit*«.

Das Etwas und das Andere stehen in einer verwickelten Beziehung zueinander, indem sich beide begrenzen und zugleich bestimmen. »Es ist *eine* Bestimmtheit derselben, welche sowohl mit dem Insichsein [der Identität, R. S.] der Etwas identisch [ist], als Negation der Negation, als auch, indem diese Negationen als andere Etwas gegeneinander sind, sie aus ihnen selbst zusammenschließt und ebenso voneinander, jedes das Andere negierend, abscheidet, – die *Grenze*.« (Ebd. 135)

(3) *Sein-für-Anderes* oder das Bezogensein aufeinander »ist unbestimmte, affirmative Gemeinschaft von Etwas mit seinem Anderen; in der Grenze hebt sich das *Nichtsein*-für-Anderes hervor, die qualitative Negation des Anderen« (ebd. 135f.). Die Entwicklung dieses Begriffs zeigt sich »als Verwicklung und Widerspruch« (ebd. 136). Die »Grenze als in sich reflektierte Negation des Etwas« enthält »die Momente des Etwas und des Anderen«. – Die verwickelte Beziehung des Etwas und des Anderen in Bezug auf die ›Grenze‹ wird weiter ausdifferenziert:

α) »Etwas [...] hat eine Grenze zunächst als gegen Anderes: sie ist das Nichtsein des Anderen, nicht des Etwas selbst; es begrenzt in ihr sein Anderes. –

Aber das Andere ist selbst ein Etwas überhaupt; die Grenze also, welche das
Etwas gegen das Andere hat, ist auch Grenze des Anderen als Etwas, Grenze desselben, wodurch es das erste Etwas als *sein* Anderes von sich abhält,
oder ist ein *Nichtsein jenes Etwas*; so ist sie nicht nur Nichtsein des Anderen,
sondern des einen wie des anderen Etwas, somit des *Etwas* überhaupt.« Das
Etwas ist durch seine Grenze »*das, was es ist*, hat *in ihr seine Qualität*.« Die
Grenze ist die einfache oder »die *erste* Negation, das Andere aber zugleich
die Negation der Negation, das Insichsein des Etwas«, dessen wesentliche
Bestimmtheit. »Etwas ist also die Grenze gegen anderes Etwas, aber es hat
sie *an ihm selbst* und ist Etwas durch die Vermittlung derselben, die ebensosehr sein Nichtsein ist. Sie ist die Vermittlung, wodurch Etwas und Anderes
sowohl ist als *nicht ist*.« (Ebd. 136)

Die Grenze ist eine zentrale Kategorie: Sie grenzt das Andere (das andere Etwas) vom ersten Etwas ab, negiert jenes; zugleich aber gewinnt das
Etwas dadurch, durch die Negation und Aufhebung des Anderen, seine
eigene affirmative Bestimmtheit. Sein positives Sosein lässt sich nur durch
die negierende Abgrenzung von dem, was es nicht ist (das Andere) bestimmen. Es gibt also keinen unmittelbaren Zugriff auf das Etwas, vielmehr
nur einen vermittelten, vermittelt über das negierte Andere. (Wenn man
nach einem Beispiel für die vermittelte Beziehung sucht, kann man etwa
an die Beziehung Herr-Knecht aus der *Phänomenologie* denken.) Damit ist
eine Grundstruktur des Dialektischen deutlich geworden: Zum Positiven
oder Affirmativen gelange ich nur über den ›Umweg‹ oder die Vermittlung,
durch eine Negation. Dieser Weg oder diese Bewegung ist das, was Hegel
unter Dialektik versteht. Hegel erläutert das noch weiter:

β) »Insofern nun Etwas in seiner Grenze *ist* und *nicht ist* […], so fällt das
Nichtdasein und das Dasein des Etwas außereinander. Etwas hat sein Dasein *außer* (oder, wie man es sich auch vorstellt, *innerhalb*) seiner Grenze; ebenso ist auch das Andere, weil es Etwas ist, außerhalb derselben.«
(Ebd. 137) Die Grenze »ist die *Mitte zwischen* beiden, in der sie aufhören. Sie
haben das *Dasein jenseits* voneinander und *von ihrer Grenze*; die Grenze als
das Nichtsein eines jeden ist das Andere von beiden.«

Hegel veranschaulicht diese »Verschiedenheit des Etwas von seiner
Grenze« durch ein Beispiel aus der Geometrie: So »erscheint die *Linie* als
Linie nur außerhalb ihrer Grenze, des Punktes; die *Fläche* als Fläche außer-

halb der Linie; der *Körper* als Körper nur außerhalb seiner begrenzenden Fläche.« Aus dieser Denkbewegung heraus ist nun die neue Kategorie (hier die ›Grenze‹) explizit geworden:

γ) Das zunächst unmittelbare Etwas und Andere »ist nun gesetzt mit der Bestimmtheit als Grenze, in welcher beide sind, was sie sind, unterschieden voneinander.« Die Grenze ist »ihre *gemeinschaftliche* Unterschiedenheit, die Einheit und Unterschiedenheit derselben, wie das Dasein. Diese doppelte Identität beider, das Dasein und die Grenze, enthält dies, daß das Etwas sein Dasein nur in der Grenze hat und daß, indem die Grenze und das unmittelbare Dasein beide zugleich das Negative voneinander sind, das Etwas, welches nur in seiner Grenze ist, ebensosehr sich von sich selbst trennt und über sich hinaus auf sein Nichtsein weist und dies als sein Sein ausspricht und so in dasselbe übergeht.« (Ebd. 137f.)

Diejenige Bestimmung, »daß Etwas das, was es ist, nur in seiner Grenze ist« (ebd. 138), wird wieder an dem geometrischen Beispiel erläutert: »So ist also der *Punkt* nicht nur so Grenze der *Linie*, daß diese in ihm nur aufhört und sie als Dasein außer ihm ist, – die *Linie* nicht nur so Grenze der *Fläche*, daß diese in der Linie nur aufhört, ebenso die *Fläche* als Grenze des *Körpers*. Sondern im Punkte *fängt* die Linie auch *an*; er ist ihr absoluter Anfang; auch insofern sie als nach ihren beiden Seiten unbegrenzt oder, wie man es ausdrückt, als ins Unendliche verlängert vorgestellt wird, macht der Punkt ihr *Element* aus, wie die Linie das Element der Fläche, die Fläche das des Körpers. Diese *Grenzen* sind *Prinzip* dessen, das sie begrenzen«. – Ein ›Prinzip‹ ist hier das, was etwas konstituiert.

Das Dialektische wird weiter wie folgt erläutert: »Die andere Bestimmung ist die Unruhe des Etwas in seiner Grenze, in der es immanent ist, der *Widerspruch* zu sein, der es über sich selbst hinausschickt. So ist der Punkt diese Dialektik seiner selbst, zur Linie zu werden, die Linie die Dialektik, zur Fläche, die Fläche die, zum totalen Raume zu werden. Von Linie, Fläche und ganzem Raum wird eine zweite Definition so gegeben, daß durch die *Bewegung* des Punktes die Linie, durch die Bewegung der Linie die Fläche entsteht usf. […] Daß Punkt, Linie, Fläche, für sich, sich widersprechend, Anfänge sind, welche selbst sich von sich abstoßen, und der Punkt somit aus sich durch seinen Begriff in die Linie übergeht, *sich an sich bewegt* und sie entstehen macht usf., – liegt in dem Begriffe der dem Etwas immanenten Grenze.« (Ebd.)

Das Resultat dieser Bewegung und damit die neu hervorgegangene Kategorie: »Etwas mit seiner immanenten Grenze gesetzt als der Widerspruch seiner selbst, durch den es über sich hinausgewiesen und getrieben wird, ist das *Endliche*.« (Ebd. 139)

c. Die Endlichkeit

Das bisherige Ergebnis war, dass die Bestimmtheit oder Qualität des Etwas seine Grenze, also ein Negatives, ist. »Aber diese Negation entwickelt, so daß der Gegensatz seines Daseins und der Negation als ihm immanenter Grenze selbst das Insichsein des Etwas und dieses somit nur Werden an ihm selbst sei, macht seine Endlichkeit aus.« (Ebd. 139) Dinge werden deshalb als endlich bezeichnet, weil »das Nichtsein ihre Natur, ihr Sein ausmacht.« Indem die endlichen Dinge sich negativ auf sich selbst beziehen, sind sie über ihr Sein hinaus. Die Wahrheit ihres Seins ist ihr *Ende*. Das »Sein der endlichen Dinge als solches ist, den Keim des Vergehens als ihr Insichsein zu haben; die Stunde ihrer Geburt ist die Stunde ihres Todes.« (Ebd. 140) – Interessant ist nun die ›Janusköpfigkeit‹ der endlichen Dinge, die sich im Satz zeigt, dass sie mit ihrem negativen Bezug auf sich, dass sie ›enden‹, zugleich ›über sich hinaus‹ sind, hinaus auf etwas Nicht-Endliches zu, auf das Unendliche, was hier schon begrifflich vorbereitet wird.

a. Die Unmittelbarkeit der Endlichkeit

Dass die Bestimmung der endlichen Dinge ihr Ende ist, ist für Hegel kein Anlass, damit die weitere Bewegung zum Stillstand zu bringen. Deshalb kritisiert er die Fixierung dieser Einsicht: »es ist vielmehr das Verweigern, sich zu seinem Affirmativen, dem Unendlichen hin affirmativ bringen, mit ihm sich verbinden zu lassen« (ebd. 140). Damit aber ist »alle Versöhnung mit seinem Anderen, dem Affirmativen, dadurch abgeschnitten.« Diese Fixierung und damit das Ende der Bewegung geht auf das Konto des darum zu kritisierenden Verstandesdenkens. »Der Verstand verharrt in dieser Trauer der Endlichkeit, indem er das Nichtsein zur Bestimmung der Dinge, es zugleich unvergänglich und absolut macht. Ihre Vergänglichkeit könnte nur in ihrem Anderen, dem Affirmativen, vergehen; so trennte sich ihre Endlichkeit von ihnen ab; aber sie ist ihre unveränderliche, d. i. nicht in ihr Anderes, d. i. nicht in ihr Affirmatives übergehende Qualität; so ist sie

ewig.« (Ebd.) Ein problematisches Verharren, weil es die lebendige Bewegung zum Stillstand zu bringen versucht!

Hier beginnt nun die Verabsolutierung der Endlichkeit zu kippen.
Denn dass »das Endliche absolut sei, solchen Standpunkt wird sich freilich
irgendeine Philosophie [...] nicht aufbürden lassen wollen; vielmehr ist das
Gegenteil ausdrücklich in der Behauptung des Endlichen vorhanden; das
Endliche ist das Beschränkte, Vergängliche [...]. Aber es kommt darauf
an, ob in der Ansicht *beim Sein der Endlichkeit* beharrt wird, die *Vergänglichkeit* bestehen bleibt, oder ob die *Vergänglichkeit* und das *Vergehen vergeht.*«
(Ebd. 140f.) – Mit dem zwar unvermeidlichen Ende des Individuums ist
aber nicht das Ende des Lebendigen als solchem besiegelt. Hier gilt es,
über das individuelle Ende hinauszudenken. – Der Verstand behauptet,
»daß das Endliche mit dem Unendlichen unverträglich und unverein-
bar sei, das Endliche dem Unendlichen schlechthin entgegengesetzt sei.«
(Ebd. 141) Damit aber wäre die Bewegung wieder an den Ausgangspunkt
zurückgeworfen, mit dem die Logik den Anfang gemacht hatte: »Sollte
aber das Endliche nicht im Affirmativen vergehen, sondern sein Ende als
das *Nichts* gefaßt werden, so wären wir wieder bei jenem ersten, abstrakten
Nichts, das selbst längst vergangen ist.«

Aber mit einer solchen Verabsolutierung des Endlichen, »das Endliche
stehe perennierend dem Unendlichen entgegen, das an sich Nichtige *sei*, und es
sei *als* an sich Nichtiges«, werde Widersprüchliches behauptet. »Dies ist zum
Bewußtsein zu bringen; und die Entwicklung des Endlichen zeigt, daß es an
ihm als dieser Widerspruch in sich zusammenfällt, aber ihn dahin wirklich
auflöst, nicht daß es nur vergänglich ist und vergeht, sondern daß das Vergehen, das Nichts, nicht das Letzte ist, sondern vergeht.« (Ebd. 141f.) Hegel bestärkt diesen Gedanken später durch den ›wahren Begriff der Unendlichkeit‹
(ebd. 149ff.): In der Gegensatzbeziehung von Endlichkeit und Unendlichkeit
sei diese zwar auch Moment und Teil, aber dasjenige, was das Moment der
Endlichkeit *übergreift*; das Unendliche ist also sowohl Teil wie Ganzes.

Bezogen auf die individuelle Endlichkeit, unsere Sterblichkeit, können
diese Hegelschen Gedanken dazu anregen, die individuelle Endlichkeit
nicht als ein Letztes zu nehmen; ansonsten wäre es unerklärbar, warum
Menschen im Eintreten für überindividuelle Ziele ihr individuelles Leben
aufs Spiel setzen, wofür es übrigens nicht erforderlich ist, dieses ›Hinaus‹
übers individuelle Endliche religiös zu deuten. Zudem könnte die hier von

Hegel angesprochene Dialektik des Endlichen und Unendlichen (›daß das Vergehen vergeht‹) dem ›dialektisch‹ zu nennenden Gedanken eines endlichen und zugleich unendlichen Universums, Problempunkt der Kantischen Antinomien wie auch der gegenwärtigen kosmologischen Diskussion in der Physik einen Denkweg öffnen.

β. Die Schranke und das Sollen

In diesem Abschnitt geht es darum, die im Begriff des endlichen Etwas enthaltenen Momente noch weiter zu differenzieren.

Von der *Bestimmung* (als ›Soll-Zustand‹) und der *Beschaffenheit* (als ›Ist-Zustand‹) war schon die Rede. Indem »das Anderssein als *Grenze*, selbst als Negation der Negation, bestimmt ist, so ist das dem Etwas immanente Anderssein als die Beziehung der beiden Seiten gesetzt, und die Einheit des Etwas mit sich, dem sowohl die Bestimmung als die Beschaffenheit angehört […] Die eigene Grenze des Etwas, so von ihm als ein Negatives, das zugleich wesentlich ist, gesetzt, ist nicht nur Grenze als solche, sondern *Schranke.«* (Ebd. 142f.) Die Grenze ist »das Gemeinschaftliche des Etwas und des Anderen, auch Bestimmtheit des *Ansichseins* der Bestimmung als solcher. Dieses Ansichsein hiermit ist als die negative Beziehung auf seine von ihm auch unterschiedene Grenze, auf sich als Schranke, *Sollen.«* (Ebd. 143)

Die schwierige Gedankenführung sei hier im Sinne eines Zwischenergebnisses noch mal kurz zusammengefasst: (1) Die Grenze, die jedes Etwas an ihm hat, ist seine Endlichkeit, sein Ende. (2) Die Bestimmung ist das Ansich, das Innere, Wesen oder Soll-Zustand; die Beschaffenheit ist das umfassende Sosein, der faktische Ist-Zustand, Hinweis auf Anderssein. (3) Die Grenze von Etwas als wesentlich gesetzt, als Qualität, wird zur Schranke. – Die Grenze ist das Verbindende des Etwas und des Anderen. Das Ansichsein (Wesen oder Inneres) stößt sich ab von seiner ›Außenhaut‹, der Grenze, und wird so ein Sollen: Das Ansich wird zum Anspruch (Soll), der auch realisiert zu werden beansprucht; er geht übers faktische Sosein (Ist), die Beschaffenheit, hinaus.

Damit, dass die Grenze am Etwas Schranke sei, »muß es zugleich in sich selbst *über sie hinausgehen«* (ebd. 143). Indem die Grenze »in der *Bestimmung* selbst als Schranke ist, geht Etwas damit *über sich selbst* hinaus.« Das Sollen drückt ein Wesen aus und zugleich dessen Nichtsein (Nicht-Ist). Oder anders ausgedrückt: »Was sein soll, *ist* und *ist* zugleich *nicht.«* (Ebd. 143) Zwischenergebnis: »Das Endliche hat sich so als die Beziehung seiner Bestimmung auf seine Grenze bestimmt; jene ist in dieser Beziehung *Sollen*, diese ist *Schranke*. Beide sind so Momente des Endlichen, somit beide selbst endlich«.

»Die Schranke des Endlichen ist nicht ein Äußeres, sondern seine eigene Bestimmung ist auch seine Schranke; und diese ist sowohl sie selbst als auch Sollen; sie ist das Gemeinschaftliche beider oder vielmehr das, worin beide identisch sind« (ebd. 144), das übergreifende Allgemeine.

Als Sollen geht aber das Endliche über seine Schranke *hinaus*; insofern ist seine durch Negation gewonnene Bestimmtheit auch aufgehoben und qua Negation der Negation zu einem Positiven (Ansichsein) geworden, weshalb gesagt werden kann: »seine Grenze ist auch nicht seine Grenze.« (Ebd. 144) Zusammengefasst heißt es dann: »Als *Sollen* ist somit Etwas *über seine Schranke erhaben*, umgekehrt aber hat es nur *als Sollen* seine Schranke. Beides ist untrennbar. Etwas hat insofern eine Schranke, als es in seiner Bestimmung die Negation hat, und die Bestimmung ist auch das Aufgehobensein der Schranke.«

Versuchen wir noch mal eine Erläuterung: Die Bestimmung ist das Sollen; in der Bestimmung ist die Grenze Schranke. Das Endliche ist qua *Bestimmung* (Wesen, Ansich) ein *Sollen* und hat qua faktisch begrenzter *Beschaffenheit* eine *Schranke*; es ist bestimmt und beschränkt. Das Ansich (das Positive) setzt sich zum Sollen herab, das das Nichtsein in sich hat (das Soll ist ungleich dem Ist).

In einer Anmerkung spricht Hegel den Zusammenhang dieser Überlegungen mit den Moralitätsdebatten, ausgelöst durch die Kantische Philosophie, an, worauf wir hier nicht weiter eingehen wollen. (Ebd. 145) Wichtig aber für den Übergang zum Unendlichen heißt es dann: »Im Sollen beginnt das Hinausgehen über die Endlichkeit, die Unendlichkeit [...] als der Progreß ins Unendliche«.

Im Zusammenhang mit der *Schranke* und dem *Sollen* rügt Hegel Vorurteile: So die Rede von den »Schranken des Denkens, der Vernunft usf.« Die hier anzutreffende Behauptung, dass über die Schranke nicht hinausgegangen werden könne, verkenne, »daß darin selbst, daß etwas als Schranke bestimmt ist, darüber bereits hinausgegangen ist. Denn eine Bestimmtheit, Grenze ist als Schranke nur bestimmt im Gegensatz gegen sein Anderes überhaupt als gegen sein *Unbeschränktes*, das Andere einer Schranke ist eben das *Hinaus* über dieselbe.« (Ebd. 145) Nur für einen Stein, da er nicht denke und empfinde, sei seine Beschränktheit keine Schranke. »Enthält aber eine Existenz den Begriff nicht bloß als abstraktes Ansichsein, sondern als für sich seiende Totalität, als Trieb, als Leben, Empfindung, Vorstellen usf., so vollbringt sie selbst aus ihr dies, über die Schranke hinaus zu sein und hinauszugehen. Die Pflanze geht über die Schranke, als Keim zu sein, ebenso über die, als Blüte, als Frucht, als Blatt zu sein, hinaus; der Keim wird entfaltete Pflanze, die Blüte verblüht usf. Das Empfindende in der Schranke des Hungers, Durstes usf. ist der Trieb, über diese Schranke hinauszugehen, und vollführt dies Hinausgehen.« (Ebd. 146) Und kritisch gegen jene Leugnung des ›Hinausgehens‹ argumentiert er:»Die Vernunft aber, das Denken, sollte nicht über die Schranke hinausgehen können, – sie, die das *Allgemeine* [ist], das für sich über *die*, d.i. über *alle* Besonderheit hinaus ist, nur das Hinausgehen über die Schranke ist.«

γ. Übergang des Endlichen in das Unendliche

»Das Sollen für sich enthält die Schranke und die Schranke das Sollen. Ihre Beziehung aufeinander ist das Endliche selbst, das sie beide in seinem Insichsein enthält. Diese Momente seiner Bestimmung sind sich qualitativ entgegengesetzt; die Schranke ist bestimmt als das Negative des Sollens und das Sollen ebenso als das Negative der Schranke. Das Endliche ist so der Widerspruch seiner in sich; es hebt sich auf, vergeht.« Weil das Negative die *Bestimmung* des Endlichen ist, so »ist das Endliche in dem Vergehen nicht vergangen; es ist zunächst nur ein *anderes* Endliches geworden, welches aber ebenso das Vergehen als Übergehen in ein anderes Endliches ist, und so fort etwa ins *Unendliche*.« (Ebd. 148) Zugleich »hat das Endliche in seinem Vergehen [...] sein Ansichsein erreicht. [...] Jedes seiner Momente enthält eben dies Resultat; das Sollen geht über die Schranke, d.i. über sich selbst hinaus; über es hinaus aber oder sein Anderes ist nur die Schranke selbst. Die Schranke aber weist über sich selbst unmittelbar hinaus zu seinem Anderen, welches das Sollen ist; dieses aber ist die selbe Entzweiung des *Ansichseins* und des *Daseins* wie die Schranke [...] Diese *Identität mit sich*, die Negation der Negation, ist affirmatives Sein, so das Andere des Endlichen, als welches die erste Negation zu seiner Bestimmtheit haben soll; – jenes Andere ist *das Unendliche*.« (Ebd. 148f.)

Es soll hier nicht diskutiert werden, ob das Unendliche überzeugend von Hegel ›abgeleitet‹ wurde.[31] Skizziert sei kurz noch der zusammenfassende

---

31   Zweifel daran haben Autoren wie z.B. Andreas Arndt angemeldet (siehe dazu unten).

Überblick, den Hegel im Abschnitt »Die Unendlichkeit« gibt, bevor wir dann die *Seinslogik* verlassen und noch einen Blick auf die *Wesenslogik* werfen, auf die Passage über den Widerspruch, einen für sein Dialektik-Verständnis zentralen Textteil.

3.2.2.2.5 Die Unendlichkeit

Es wurde oben schon gesagt, dass für Hegel das ›Absolute‹, also das ›Ganze‹ als Einheit von sich Widersprechendem, am Beginn wie am Ende der *Logik* steht, freilich inhaltlich stark unterschieden: Am Anfang ist es gänzlich abstrakt und arm an Bestimmungen, am Ende aber konkret, weil reich an Bestimmungen. Auf dem langen Weg der Entwicklung des Begriffs reichert sich das Absolute also immer mehr an. Und jede erreichte Zwischenetappe in Gestalt einer neuen, komplexeren Kategorie stellt eine jeweils neu gewonnene ›Definition des Absoluten‹ dar, so auch die Kategorie der Unendlichkeit.

»Das Unendliche in seinem einfachen Begriff kann zunächst als eine neue Definition des Absoluten angesehen werden; es ist als die bestimmungslose Beziehung-auf-sich gesetzt als *Sein* und *Werden*. [...] Das Unendliche aber gilt schlechthin für absolut, da es ausdrücklich als Negation des Endlichen bestimmt ist« (ebd. 149).

Damit ist zwar »das Unendliche nicht schon [...] der Beschränktheit und Endlichkeit entnommen«. Aber worauf es hier ankommt, ist, »den wahrhaften Begriff der Unendlichkeit von der schlechten Unendlichkeit, das Unendliche der Vernunft von dem Unendlichen des Verstandes zu unterscheiden; doch letzteres ist das *verendlichte* Unendliche, und es wird sich ergeben, daß, eben indem das Unendliche vom Endlichen rein und entfernt gehalten werden soll, es nur verendlicht wird.« Das Unendliche ist a) »das Affirmative als Negation des Endlichen; b) es ist aber damit in *Wechselbestimmung* mit dem *Endlichen* und ist das abstrakte, *einseitige Unendliche*; c) das Sichaufheben dieses Unendlichen wie des Endlichen als *ein* Prozeß – ist das *wahrhafte Unendliche*.«

Zum Abschluss dieses Teils sei noch kurz auf die Unterscheidung zwischen dem »schlechten« und dem »wahrhaften Unendlichen« eingegangen, das sich im Abschnitt »c) Die affirmative Unendlichkeit« findet (ebd. 156ff.): »Nur das Schlecht-Unendliche ist das *Jenseits*, weil es *nur* die Negation des als *real* gesetzten Endlichen ist, – so ist es die abstrakte, erste Negation; *nur* als negativ bestimmt, hat es nicht die Affirmation des *Daseins* in ihm; festgehalten als nur Negatives, *soll* es sogar *nicht da*, soll unerreichbar sein. Diese Unerreichbarkeit ist aber nicht seine Hoheit, sondern sein Mangel, welcher seinen letzten Grund darin hat, daß das Endliche als solches *als seiend* festgehalten wird. Das Unwahre ist das Unerreichbare; und es ist einzusehen, daß solches Unendliche das Unwahre ist. – Das Bild des Progresses ins Unendliche ist die gerade *Linie*, an deren beiden Grenzen nur das Unendliche [ist] und immer nur ist, wo sie – und sie ist Dasein – nicht ist, und die zu diesem ihrem Nichtdasein, d. i. ins Unbestimmte *hinausgeht;* als wahrhafte Unendlichkeit, in sich zurückgebogen, wird deren Bild der *Kreis*, die sich erreicht habende Linie, die geschlossen und ganz gegenwärtig ist, ohne *Anfangspunkt* und *Ende*.« (Ebd. 164)

Im Abschnitt »Der Übergang« heißt es: »Die Natur des spekulativen Denkens [...] besteht allein in dem Auffassen der entgegengesetzten Momente in ihrer Einheit. Indem jedes, und zwar faktisch, sich an ihm zeigt, sein Gegenteil an ihm selbst zu haben und in diesem mit sich zusammenzugehen, so ist die affirmative Wahrheit diese sich in sich bewegende Einheit, das Zusammenfassen beider Gedanken, ihre Unendlichkeit, – die Beziehung auf sich selbst, nicht die unmittelbare, sondern die unendliche.« (Ebd. 168) Das Spekulative ist für Hegel das positiv Dialektische oder Vernünftige, wie das auch in der *Enzyklopädie* § 79 und § 82 ausgeführt wird.

Zentral für Hegels Verständnis des Unendlichen (wie vice versa auch des Endlichen) ist es, das Unendliche und Endliche in ihrer widerspruchsvollen Einheit zu sehen, nicht als getrennt sich Gegenüberstehende; denn das wäre nur das Schlechtunendliche. Vielmehr ist seine Antwort diese, »daß es nicht ein Unendliches *gibt*, das *vorerst* unendlich ist und das nachher erst endlich zu werden, zur Endlichkeit herauszugehen nötig habe, sondern es ist für sich selbst schon ebensosehr endlich als unendlich.« (Ebd. 170) Als getrennte gedacht hat weder solches Endliches noch solches Unendliches Wahrheit. Vielmehr verhält es sich so, »daß in dem einen die Bestimmung des anderen liegt, die einfache Einsicht in diese ihre Untrennbarkeit haben, heißt sie begreifen; *diese Untrennbarkeit ist ihr Begriff.*« Es ist zu sagen, »daß das Unendliche ewig zur Endlichkeit herausgegangen, daß es schlechthin nicht *ist*, sowenig als das reine *Sein*, allein für sich, ohne sein Anderes *an ihm selbst* zu haben. [...] Diese *Einheit* des Unendlichen und Endlichen und deren *Unterscheidung* sind dasselbe Untrennbare als die Endlichkeit und Unendlichkeit.« (Ebd. 171)

In der Anmerkung 2 äußert sich Hegel zum *Idealismus* und zum Begriff des *Ideellen,* eine Stelle, die wieder einige Interpretationsschwierigkeiten bereitet. Er schreibt:»Der Satz, daß das *Endliche ideell ist,* macht den *Idealismus* aus. Der Idealismus der Philosophie besteht in nichts anderem als darin, das Endliche nicht als ein wahrhaft Seiendes anzuerkennen. Jede Philosophie ist wesentlich Idealismus oder hat denselben wenigstens zu ihrem Prinzip, und die Frage ist dann nur, inwiefern dasselbe wirklich durchgeführt ist. [...] Eine Philosophie, welche dem endlichen Dasein als solchem wahrhaftes, letztes, absolutes Sein zuschriebe, verdiente den Namen Philosophie nicht« (ebd. 172).

Ein solches ideelles, grundlegendes, die Welt konstituierendes ›Prinzip‹ stellt z. B. das Wasser bei Thales oder das Atom bei Demokrit dar. Diese sind »*Gedanken,* Allgemeine, Ideelle, nicht Dinge, wie sie sich unmittelbar vorfinden, d. i. in sinnlicher Einzelheit«. Es handle sich nicht um real-empirische, sondern um »gesetzte, d. i. ideelle«, eben ›Gedankendinge‹, ein von Hegel bereits in seiner Vorrede zur 2. Aufl. der *Logik* gebrauchter Ausdruck, mit dem er kritisch Kants ›Ding an sich‹ bezeichnete (ebd. 26). »Indem vorhin das Prinzip das Allgemeine, das *Ideelle* genannt worden, wie noch mehr der Begriff, die Idee, der Geist *Ideelles* zu nennen ist und dann wiederum die einzelnen sinnlichen Dinge als *ideell* im Prinzip, im Begriffe, noch mehr im Geiste als aufgehoben sind, so ist dabei auf dieselbe Doppelseite vorläufig aufmerksam zu machen, die bei dem Unendlichen sich gezeigt hat, nämlich daß das eine Mal das Ideelle das Konkrete, Wahrhaftseiende ist, das andere Mal aber ebensosehr seine Momente das Ideelle, in ihm Aufgehobene sind, in der Tat aber nur das eine konkrete Ganze ist, von dem die Momente untrennbar sind.« (Ebd. 172)

Die etwas verwirrend erscheinende Charakterisierung des ›Ideellen‹ klärt sich auf, wenn man das Ideelle als *übergreifendes Allgemeines* versteht: In der Beziehung des Reellen (des Empirischen) zum Ideellen (des Reellen als Gedachten) ist das Ideelle einerseits *Moment,* andererseits das *Ganze,* das beide Momente übergreift: das Reelle und sich selbst – gemäß der oben schon erwähnten Formel von der ›Identität der Identität und Nicht-Identität‹. Es ist also sowohl Besonderes (Moment) wie Allgemeines (Übergreifendes). Da für Hegel nur das Denken, der Geist, das Wesen der Dinge, ihren Begriff, zu fassen vermag, kann er dann fortsetzen:»In der Tat ist der Geist der eigentliche *Idealist* überhaupt; in ihm, schon wie er empfin-

dend, vorstellend, noch mehr insofern er denkend und begreifend ist, ist
der Inhalt nicht als sogenanntes *reales Dasein*; in der Einfachheit des Ich
ist solches äußerliches Sein nur aufgehoben, es ist *für mich*, es ist *ideell* in
mir.« Aber dieser bloß »subjektive Idealismus [...] geht nur auf die *Form*
der Vorstellung, nach der ein Inhalt der meinige ist; diese Form wird im
systematischen Idealismus der Subjektivität als die einzig wahrhafte, die
ausschließende gegen die Form der Objektivität oder Realität, des *äußerlichen Daseins* jenes Inhalts behauptet.« Ein solcher bloß formeller Idealismus, »indem er den *Inhalt* des Vorstellens oder Denkens nicht beachtet,
welcher im Vorstellen oder Denken dabei ganz in seiner Endlichkeit bleiben kann«, ist verzichtbar, weil er nicht über die Endlichkeit hinausführt.
(Ebd. 173)[32]

Auf »Das Fürsichsein«, das sich anschließende dritte Kapitel des Abschnitts »Bestimmtheit (Qualität)« der *Seinslogik*, kann hier nicht mehr eingegangen werden, wiewohl hier Weiteres zur Frage des Ideellen und der
Idealität angesprochen wird (vgl. dazu auch die *Enzyklopädie*, §91, 95 und
96, Hegel, Werke 8). Auch die zwei weiteren Abschnitte der *Seinslogik* »Die
Größe« (Quantität) und »Das Maß« können hier nicht dargestellt werden.
Als zweiter Teil der »objektiven Logik« folgt die Wesenslogik.

3.2.2.3 Zur Wesenslogik. Der Widerspruch

Nachdem bislang die Spuren des Dialektischen bei Hegel in einigen ausgewählten Passagen der *Seinslogik* gesucht wurden, soll in der *Wesenslogik*
der Abschnitt über den »Widerspruch« genauer betrachtet werden, bevor
dann schließlich auf das Schlusskapitel der *Logik* »Die absolute Idee« eingegangen wird, das zur *Begriffslogik* zählt. Vorbereitend seien kurz die zum
Widerspruchskapitel hinführenden Passagen skizziert, ohne sie ausführlicher zu interpretieren, allenfalls sofern sie für das Dialektische als relevant
erscheinen.

---

32   Der Begriff des Unendlichen spielt bekanntlich auch in der Mathematik eine wich-
      tige Rolle. Diesen Aspekt im Verhältnis von Unendlichem und Endlichem könnte
      man deshalb auch an der Infinitesimal- und Differenzialrechnung diskutieren (vgl.
      zu mathematisch-naturwissenschaftlichen Aspekten z.B. Renate Wahsner 2002
      und 2011): Wenn der Kreisumfang zwecks Berechnung zerlegt wird in tendenziell
      unendlich viele, immer kleinere gerade Strecken, so erreicht man als Limes oder
      Grenzwert des Umfangs des Kreises diesen als Strecke; ein Berechnungsmodus
      von Kurven.

3.2.2.3.1 Allgemeines zur Wesenslogik

Die *Wesenslogik* beginnt mit dem Satz: »Die *Wahrheit* des *Seins* ist das *Wesen*.« (Hegel, Werke 6, 13) Die Bestimmungen, wie sie in der *Seinslogik* vorgenommen wurden, entsprechen also noch nicht den Anforderungen des *Begriffs*. Insofern steht das Wesen »zwischen *Sein* und *Begriff* und macht die Mitte derselben und seine Bewegung den *Übergang* vom Sein in den Begriff aus.« (Ebd. 15) Die allgemeine Bestimmung des Wesens ist, »die *erste Negation des Seins* zu sein. Seine Bewegung besteht darin, die Negation oder Bestimmung an ihm zu setzen, dadurch sich *Dasein* zu geben und das als unendliches Fürsichsein zu werden, was es an sich ist.« (Ebd.) Mit dem ›unendlichen Fürsichsein‹ kommt das Subjekt ins Spiel, das die *objektiven* Bestimmungen des Seins (das Ansichsein) nun auch *reflektierend in subjektiv bewusste* (Fürsichsein) und schließlich *begriffene* Bestimmungen (Anundfürsichsein) zu überführen hat, was dann in der *Begriffslogik* ausgeführt wird. »Denn der Begriff ist das Absolute, wie es in seinem Dasein absolut oder an und für sich ist.« (Ebd.)

Hegel beginnt wie immer mit einem knappen Überblick über die abzuhandelnden Teile: »Das Wesen *scheint* zuerst *in sich selbst* oder ist *Reflexion*; zweitens *erscheint* es; drittens *offenbart* es sich. Es setzt sich in seiner Bewegung in folgende Bestimmungen: I. als *einfaches*, ansichseiendes Wesen in seinen Bestimmungen innerhalb seiner; II. als heraustretend in das Dasein oder nach seiner Existenz und *Erscheinung*; III. als Wesen, das mit seiner Erscheinung eins ist, *als Wirklichkeit*.« (Ebd. 16)

Das Wesen, so heißt es im ersten Abschnitt »Das Wesen als Reflexion in ihm selbst«, ist *Resultat* der Bewegung des Seins. Es ist »das an und für sich aufgehobene Sein; es ist nur *Schein*, was ihm gegenübersteht« (ebd. 17), wobei der Schein »das eigene Setzen des Wesens« (ebd.) ist. »Das Wesen ist *erstens Reflexion*. Die Reflexion bestimmt sich; ihre Bestimmungen sind ein Gesetztsein, das zugleich Reflexion-in-sich ist; es sind *zweitens* diese *Reflexionsbestimmungen* oder die *Wesenheiten* zu betrachten. *Drittens* macht sich das Wesen, als die Reflexion des Bestimmens in sich selbst, zum *Grunde* und geht in die *Existenz* und *Erscheinung* über.«

Nach dem ersten Kapitel »Der Schein« behandelt das zweite Kapitel die »Wesenheiten oder die Reflexionsbestimmungen«: »Die Reflexion ist das *Scheinen des Wesens in sich selbst*. Das Wesen [...] ist eine Bewegung durch unterschiedene Momente [...]. Aber es scheint in diese seine Momente; sie sind daher selbst in sich reflektierte Bestimmungen. Das Wesen ist *zuerst* einfache Beziehung auf sich selbst, reine *Identität.* [...] *Zweitens:* die eigentliche Bestimmung ist der *Unterschied,* und zwar teils als äußerlicher oder gleichgültiger Unterschied, die *Verschiedenheit* überhaupt, teils aber als entgegengesetzte Verschiedenheit oder als *Gegensatz. Drittens:* als *Widerspruch* reflektiert sich der Gegensatz in sich selbst und geht in seinen *Grund* zurück.« (Ebd. 35f.)

Anders als die Qualität in der Sphäre des Seins hat die Reflexionsbestimmung ihr Anderssein (die Beziehung auf Anderes, die Negation) in die Einheit von Etwas und Anderes zurückgenommen. Sie ist so *unendliche* Beziehung auf sich; *endlich* wäre die Beziehung auf ein Anderes.

Nach der Bestimmung der »Identität« als »einfache Negativität des Seins an sich«, die »dasselbe als das Wesen« (ebd. 39) sei, heißt es im Abschnitt »Der Unterschied«: »Der Unterschied ist das Ganze und sein eigenes *Moment,* wie die Identität ebensosehr ihr Ganzes und ihr Moment ist. – Dies ist als die wesentliche Natur der Reflexion und als *bestimmter Urgrund aller Tätigkeit und Selbstbewegung* zu betrachten.« (Ebd. 46) – Das lässt sich so verstehen: *Unterschied* wie *Identität* sind als *Reflexions*bestimmungen sowohl das Ganze wie auch ein Moment des Ganzen. Der Unterschied umfasst die Einheit des Unterschieds und der Identität; Entsprechendes gilt für die Identität, ebenso auch für das Absolute, das sich selbst und das Nicht-Absolute umfasst. Es ist die für Hegel wichtige dialektische Figur des *übergreifenden Allgemeinen.*

Als weitere Reflexionsbestimmung wird die »*Verschiedenheit*« betrachtet: »Das Unterschiedene *besteht* als gegeneinander gleichgültig Verschiedenes, weil es identisch mit sich ist, weil die Identität seinen Boden und Element ausmacht; oder das Verschiedene ist das, was es ist, eben nur in seinem Gegenteile, der Identität.« (Ebd. 48) Und: »Die Verschiedenheit, deren *gleichgültige* Seiten ebensosehr schlechthin nur *Momente* als einer negativen Einheit sind, ist der *Gegensatz.*« (Ebd. 52) – Indirekt gegen Kant gerichtet betont Hegel die konstitutive Rolle des *Widerspruchs,* der nicht nur »in die subjektive oder äußere Reflexion geschoben« werden dürfe: »Die gewöhnliche Zärtlichkeit für die Dinge aber, die nur dafür sorgt, daß diese sich nicht widersprechen, vergißt hier wie sonst, daß damit der Widerspruch nicht aufgelöst, sondern nur anderswohin, in die subjektive oder äußere Reflexion geschoben wird und daß diese in der Tat die beiden Momente,

welche durch diese Entfernung und Versetzung als bloßes *Gesetztsein* ausgesprochen werden, als aufgehobene und aufeinander bezogene in *einer* Einheit enthält.« (Ebd. 55)

Vor dem »*Widerspruch*« wird die Reflexionsbestimmung »*Gegensatz*« betrachtet: »Im Gegensatze ist die *bestimmte Reflexion,* der Unterschied vollendet. Er ist die Einheit der Identität und der Verschiedenheit; seine Momente sind in *einer* Identität verschiedene; so sind sie *entgegengesetzte.* Die
Identität und der *Unterschied* sind die Momente des Unterschiedes innerhalb seiner selbst gehalten; sie sind *reflektierte* Momente seiner Einheit.«
(Ebd. 55) Zum Gegensatzpaar ›positiv-negativ‹ heißt es: »Das Positive und
das Negative sind so die selbständig gewordenen Seiten des Gegensatzes.
[...] Jedes bezieht sich auf sich selbst nur als sich beziehend auf sein Anderes. [...] So sind sie *Entgegengesetzte* überhaupt; oder *jedes* ist nur das Entgegengesetzte des Anderen [...]. Jedes ist so überhaupt *erstens, insofern das*
Andere ist [...]. *Zweitens*: es ist, *insofern das Andere nicht ist*; es ist durch das
Nichtsein des Anderen das, was es ist [...]. – Dieses beides ist aber die *eine*
Vermittlung des Gegensatzes überhaupt, in der sie überhaupt nur *Gesetzte*
sind.« (Ebd. 57) – Am Beispiel positiv-negativ – er könnte auch oben-unten,
rechts-links etc. nehmen – zeigt Hegel die Untrennbarkeit und Zusammengehörigkeit bestimmter Polaritäten, sozusagen eine ›Hinführung‹ zum dialektischen Denken.

3.2.2.3.2 Der Widerspruch

Zu den Reflexionsbestimmungen gehört auch die des *Widerspruchs,* einer
der zentralen Begriffe der Dialektik. Wie wird er von Hegel bestimmt?

»Der *Unterschied* überhaupt enthält seine beiden Seiten als *Momente*; in
der *Verschiedenheit* fallen sie *gleichgültig* auseinander; im *Gegensatze* als solchem sind sie Seiten des Unterschiedes, eines nur durchs andere bestimmt,
somit nur Momente; aber sie sind ebensosehr bestimmt an ihnen selbst,
gleichgültig gegeneinander und sich gegenseitig ausschließend: die *selbstän-*
digen Reflexionsbestimmungen. Die eine ist das *Positive,* die andere das *Nega-*
tive, aber jene als das an ihm selbst Positive, diese als das an ihm selbst
Negative. Die gleichgültige Selbständigkeit für sich hat jedes dadurch, daß
es die Beziehung auf sein anderes Moment an ihm selbst hat; so ist es der
ganze in sich geschlossene Gegensatz. – Als dieses Ganze ist jedes vermittelt
durch sein Anderes mit sich und *enthält* dasselbe. [...] Indem die selbständige

Reflexionsbestimmung in derselben Rücksicht, als sie die andere enthält und dadurch selbständig ist, die andere ausschließt, so schließt sie in ihrer Selbständigkeit ihre eigene Selbständigkeit aus sich aus [...]. Sie ist so der *Widerspruch*.« (Ebd. 64f.)

Er fährt fort: »Der Unterschied überhaupt ist schon der Widerspruch *an sich*; denn er ist die *Einheit* von solchen, die nur sind, insofern sie *nicht eins* sind, – und die *Trennung* solcher, die nur sind als *in derselben Beziehung* getrennte. Das Positive und Negative aber sind der *gesetzte* Widerspruch, weil sie als negative Einheiten selbst das Setzen ihrer [sind] und darin jedes das Aufheben seiner und das Setzen seines Gegenteils ist.« (Ebd. 65)

Die weitere Bewegung zeigt, dass der Widerspruch sich auflöst: »In der sich selbst ausschließenden Reflexion, die betrachtet wurde, hebt das Positive und das Negative jedes in seiner Selbständigkeit sich selbst auf; jedes ist schlechthin das Übergehen oder vielmehr das sich Übersetzen seiner in sein Gegenteil. Dies rastlose Verschwinden der Entgegengesetzten in ihnen selbst ist die *nächste Einheit*, welche durch den Widerspruch zustande kommt; sie ist die *Null*.« (Ebd. 67) Die »Null« dürfte ausdrücken, dass die zunächst selbständigen *Bestimmungen* des Positiven und Negativen sich als nichtselbständige erweisen.

Der aufgelöste Widerspruch ist »der Grund, das Wesen als Einheit des Positiven und Negativen. [...] Der Gegensatz und sein Widerspruch ist daher im Grunde sosehr aufgehoben als erhalten.« (Ebd. 69) Die Einheit tritt dadurch hervor, »daß die selbständigen Entgegengesetzten jedes sich selbst aufhebt und sich zu dem Anderen seiner macht, somit zugrunde geht« (ebd. 70).

In den angehängten drei Anmerkungen erläutert Hegel den schwierigen, zuvor systematisch entwickelten Gedankengang durch Beispiele. (Ähnlich verfährt er übrigens auch in der *Enzyklopädie*, wo man oft erst durch die Erläuterungen den Haupttext versteht.)

In *Anmerkung 1* heißt es: »*Das Positive und Negative ist dasselbe.* Dieser Ausdruck gehört der *äußeren Reflexion* an, insofern sie mit diesen beiden Bestimmungen eine *Vergleichung* anstellt.« (Ebd. 70) Es gehe aber bei dem Verständnis der Reflexionsbestimmungen nicht um »eine äußere Vergleichung«, sondern darum, »was ihre eigene Reflexion ist. An dieser aber hat es sich gezeigt, daß jedes wesentlich das Scheinen seiner im Anderen und selbst das Setzen seiner als des Anderen ist.«

Entgegen dem ›vorstellenden‹ Denken, das diese Unterschiedenen »als fest einander gegenüber« annimmt, dürfte schon das einfache ›reflektierende‹ Denken »wahrnehmen, daß, wenn etwas als positiv bestimmt worden, indem man nun von dieser Grundlage weitergeht, sich dasselbe unmittelbar unter der Hand in Negatives verkehrt hat und umgekehrt das negative Bestimmte in Positives, daß das reflektierende Denken sich in diesen Bestimmungen verwirrt und sich widersprechend wird.« (Ebd.) Auch »für die äußere Reflexion« sei leicht festzustellen, »daß fürs erste das Positive nicht ein unmittelbar Identisches ist, sondern teils ein Entgegengesetztes gegen das Negative, und daß es nur in dieser Beziehung Bedeutung hat, also das Negative selbst *in seinem Begriffe* liegt, teils aber, daß es an ihm selbst die sich auf sich beziehende Negation des bloßen Gesetztseins oder des Negativen, also selbst die *absolute Negation* in sich ist. – Ebenso das Negative, das dem Positiven gegenübersteht, hat nur Sinn in dieser Beziehung auf dies sein Anderes; es enthält also dasselbe *in seinem Begriffe*. Das Negative hat aber auch ohne Beziehung auf das Positive ein *eigenes Bestehen*; es ist mit sich identisch; so ist es aber selbst das, was das Positive sein sollte.« (Ebd. 71)

Am Ende der ersten Anmerkung heißt es dann resümierend: »Es ist eine der wichtigsten Erkenntnisse, diese Natur der betrachteten Reflexionsbestimmungen, daß ihre Wahrheit nur in ihrer Beziehung aufeinander und damit darin besteht, daß jede in ihrem Begriffe selbst die andere enthält, einzusehen und festzuhalten; ohne diese Erkenntnis läßt sich eigentlich kein Schritt in der Philosophie tun.« (Ebd. 73)

In *Anmerkung 2* wird auf das Unzureichende des für die formale Logik zentralen Satzes vom ausgeschlossenen Dritten eingegangen, dabei aber hervorgehoben, dass er etwas Wichtiges enthalte, auch wenn er normalerweise nicht entsprechend verstanden werde: »Dieser Satz enthält *zuerst,* daß alles ein *Entgegengesetztes* ist, ein entweder als positiv oder als negativ *Bestimmtes.* – Ein wichtiger Satz, der darin seine Notwendigkeit hat, daß die Identität in Verschiedenheit und diese in Entgegensetzung übergeht.« (Ebd. 73)

In der sehr ausführlichen *Anmerkung 3,* einer Art Schlüsselstelle, folgen dann einige für das Dialektik-Verständnis zentrale Aussagen:

»Wenn nun die ersten Reflexionsbestimmungen, die Identität, die Verschiedenheit und die Entgegensetzung, in einem Satze aufgestellt worden, so sollte noch vielmehr diejenige, in welche sie als in ihre Wahrheit überge-

hen, nämlich *der Widerspruch*, in einem Satz gefaßt und gesagt werden: ›Alle
Dinge sind an sich selbst widersprechend‹, und zwar in dem Sinne, daß dieser Satz gegen die übrigen vielmehr die Wahrheit und das Wesen der Dinge
ausdrücke. – Der Widerspruch, der an der Entgegensetzung hervortritt, ist
nur das entwickelte Nichts, das in der Identität enthalten ist und in dem
Ausdrucke vorkam, daß der Satz der Identität *nichts* sage. Diese Negation
bestimmt sich weiter zur Verschiedenheit und zur Entgegensetzung, welche
nun der gesetzte Widerspruch ist.« (Ebd. 74f.)

Dann folgt eine zentrale Kritik der üblichen Logik und des vorstellenden Denkens: »Es ist aber eines der Grundvorurteile der bisherigen Logik
und des gewöhnlichen Vorstellens, als ob der Widerspruch nicht eine so
wesenhafte und immanente Bestimmung sei als die Identität; ja, wenn von
Rangordnung die Rede und beide Bestimmungen als getrennte festzuhalten
wären, so wäre der Widerspruch für das Tiefere und Wesenhaftere zu nehmen. Denn die Identität ihm gegenüber ist nur die Bestimmung des einfachen Unmittelbaren, des toten Seins; er aber ist die Wurzel aller Bewegung
und Lebendigkeit; nur insofern etwas in sich selbst einen Widerspruch hat,
bewegt es sich, hat Trieb und Tätigkeit.« (Ebd. 75)

Behauptet werde nun, »*daß es nichts Widersprechendes gebe*«, sodann werde der Widerspruch »in die subjektive Reflexion geschoben«, schließlich
werde sein Vorhandensein mit dem Argument bestritten, »das *Widersprechende* könne nicht *vorgestellt* noch *gedacht* werden«, es handle sich vielmehr
um »eine Abnormität und vorübergehenden Krankheitsparoxysmus«.
(Ebd.) Dagegen Hegel: »Er ist aber ferner nicht bloß als eine Abnormität
zu nehmen, die nur hier und da vorkäme, sondern ist das Negative in seiner wesenhaften Bestimmung, das Prinzip aller Selbstbewegung« (ebd. 76).
Selbst die »äußerliche sinnliche Bewegung« zeige: »Es bewegt sich etwas
nur, nicht indem es in diesem Jetzt hier ist und in einem anderen Jetzt dort,
sondern indem es in einem und demselben Jetzt hier und nicht hier, indem
es in diesem Hier zugleich ist und nicht ist. Man muß den alten Dialektikern
[z. B. Zenon und die Eleaten, R. S.] die Widersprüche zugeben, die sie in
der Bewegung aufzeigen, aber daraus folgt nicht, daß darum die Bewegung
nicht ist, sondern vielmehr, daß die Bewegung der *daseiende* Widerspruch
selbst ist.« (Ebd.)

»Ebenso ist die innere, die eigentliche Selbstbewegung, *der Trieb* überhaupt [...] nichts anderes, als daß Etwas *in sich selbst* und der Mangel, *das*

Negative seiner selbst, in einer und derselben Rücksicht ist. Die abstrakte Identität mit sich ist noch keine Lebendigkeit, sondern daß das Positive an sich
selbst die Negativität ist, dadurch geht es außer sich und setzt sich in Veränderung. Etwas ist also lebendig, nur insofern es den Widerspruch in sich
enthält, und zwar diese Kraft ist, den Widerspruch in sich zu fassen und
auszuhalten. Wenn aber ein Existierendes nicht in seiner positiven Bestimmung zugleich über seine negative überzugreifen und eine in der anderen
festzuhalten, den Widerspruch nicht in ihm selbst zu haben vermag, so ist
es nicht die lebendige Einheit selbst, nicht Grund, sondern geht in dem
Widerspruche zugrunde. – Das *spekulative Denken* besteht nur darin, daß das
Denken den Widerspruch und in ihm sich selbst festhält« (ebd.).

Insbesondere bei Verhältnisbestimmungen wird der Widerspruch deutlich: »Wenn in der Bewegung, dem Triebe und dergleichen der Widerspruch in die *Einfachheit* dieser Bestimmungen für das Vorstellen verhüllt ist,
so stellt sich hingegen in den *Verhältnisbestimmungen* der Widerspruch unmittelbar dar. Die trivialsten Beispiele – von oben und unten, rechts und links,
Vater und Sohn und so fort ins Unendliche – enthalten alle den Gegensatz
in Einem. Oben *ist*, was *nicht* unten ist; oben ist bestimmt nur dies, nicht
unten zu sein, und *ist* nur, *insofern* ein unten ist, und umgekehrt; in der einen
Bestimmung liegt ihr Gegenteil. Vater ist das Andere des Sohnes und Sohn
das Andere des Vaters, und jedes ist nur als dies Andere des Anderen; und
zugleich ist die eine Bestimmung nur in Beziehung auf die andere; ihr Sein
ist *ein* Bestehen. Der Vater ist außer der Beziehung auf Sohn [sic, R. S.] auch
etwas für sich; aber so ist er nicht Vater, sondern ein Mann überhaupt;
wie oben und unten, rechts und links auch […] außer der Beziehung etwas
sind, aber nur Orte überhaupt. – Die Entgegengesetzten enthalten insofern
den Widerspruch, als sie in derselben Rücksicht sich negativ aufeinander
beziehende oder sich *gegenseitig aufhebende* und gegeneinander *gleichgültige*
sind.« (Ebd. 77)

Das Vorstellen habe »allenthalben den Widerspruch zu seinem Inhalte,
kommt aber nicht zum Bewußtsein desselben; es bleibt äußerliche Reflexion«; die »hält diese beiden Bestimmungen einander äußerlich gegenüber
und hat *nur sie*, nicht aber das *Übergehen*, welches das Wesentliche ist und
den Widerspruch enthält, im Sinne.« (Ebd. 77f.) »Die *denkende* Vernunft
aber spitzt sozusagen den abgestumpften Unterschied des Verschiedenen,
die bloße Mannigfaltigkeit der Vorstellung, zum *wesentlichen* Unterschiede,

zum *Gegensatze* zu. Die Mannigfaltigen werden erst auf die Spitze des Widerspruchs getrieben regsam und lebendig gegeneinander und erhalten in ihm die Negativität, welche die inwohnende Pulsation der Selbstbewegung und Lebendigkeit ist.« (Ebd. 78)

Hegels Resümee: »Es ist überhaupt aus der Betrachtung der Natur des Widerspruchs hervorgegangen, daß es für sich noch sozusagen kein Schaden, Mangel oder Fehler einer Sache ist, wenn an ihr ein Widerspruch aufgezeigt werden kann. Vielmehr jede Bestimmung, jedes Konkrete, jeder Begriff ist wesentlich eine Einheit unterschiedener und unterscheidbarer Momente, die durch den *bestimmten, wesentlichen Unterschied* in widersprechende übergehen. [...] Das Ding, das Subjekt, der Begriff ist nun eben diese negative Einheit selbst; es ist ein an sich selbst Widersprechendes, aber ebensosehr der *aufgelöste Widerspruch*; es ist *der Grund*, der seine Bestimmungen enthält und trägt.« (Ebd. 78f.) [...] »Die endlichen Dinge in ihrer gleichgültigen Mannigfaltigkeit sind daher überhaupt dies, widersprechend an sich selbst, *in sich gebrochen zu sein und in ihren Grund zurückzugehen.*« (Ebd. 79) »Im gewöhnlichen Schließen erscheint das *Sein* des Endlichen als Grund des Absoluten; darum weil Endliches *ist*, ist das Absolute. Die Wahrheit aber ist, daß darum, weil das Endliche der an sich selbst widersprechende Gegensatz, weil es *nicht ist*, das Absolute ist. In jenem Sinne lautet der Satz des Schlusses so: ›Das *Sein* des Endlichen ist das Sein des Absoluten‹; in diesem Sinne aber so: ›Das *Nichtsein* des Endlichen ist das *Sein* des Absoluten‹.« (Ebd. 79f.)

Damit verlassen wir die *Wesenslogik* und gehen über zur *Begriffslogik*, um dort weiter zu verfolgen, wie Hegel das Dialektische in der Behandlung der »Absoluten Idee« fasst.

3.2.2.4 Zur Begriffslogik. Das Dialektische im Schlusskapitel der *Wissenschaft der Logik*: Die absolute Idee

Zur Klärung der Frage, was Hegel unter »Dialektik« bzw. unter dem »Dialektischen« versteht, haben wir bislang die *Vorreden* und *Einleitung* zur WdL durchgesehen sowie ausgewählte Teile der *Seinslogik* und der *Wesenslogik*. Aus dem dritten Teil der *WdL*, der *Begriffslogik*, soll nun das Schlusskapitel, »Die absolute Idee«, betrachtet werden. In diesem wird von Hegel ausdrücklich die Dialektik als diejenige *Methode* behandelt, die er nicht nur seiner *Logik*, sondern seiner Philosophie insgesamt zugrunde legte. Nach

Hegel ist diese Methode allein geeignet, den vollständigen »Begriff« zu erfassen. Dieser gehöre, wie auch die »Idee«, das »Absolute«, das »Wahre«
oder der »Geist«, zu den »höchsten Gegenständen« einer »spekulativen
Philosophie«, wobei das *Spekulative* für ihn bekanntlich die Sphäre der Vernunft darstellt, welche die der Empirie und des Verstandes »transzendiert«.
Bereits in den *Vorreden* hatte Hegel betont, dass die ›Vorarbeit‹ für sein
System in der *Phänomenologie des Geistes* (Werke 3) geleistet wurde. Darin
wurden die (systematisch-historisch zu deutenden) »Gestalten des Bewusstseins« als Stufen des Erkenntnisprozesses nacheinander vorgeführt und gezeigt, wie sie aufgrund ihres jeweiligen immanenten Mangels über sich hin-
ausgetrieben wurden und wie das Bewusstsein in diesem Erfahrungsprozess
die Phasen von der »sinnlichen Gewissheit« bis zum »absoluten Wissen«
durchlaufen hat. Mit diesem war das Ende der *Phänomenologie* erreicht und
zugleich der neue Anfang und Ausgangspunkt für die *WdL* gewonnen, die
nun als Resultat der *Phänomenologie* das »Wissen« zum Thema hat. Und wie
in der *Phänomenologie* der Gang durch die *Bewusstseinsgestalten* erfolgte, so in
der *WdL* durch die *Wissensformen*.

Auch hier erweisen sich die stufenweise gewonnenen Wissensformen
jeweils als unzureichend, treiben in dem immanenten Prozess des Begreifens über sich hinaus zu immer reicheren, umfassenderen, komplexeren
Formen. Nachdem dieser Prozess die Sphären des *Seins* und des *Wesens,* also
die »objektive« Logik, durchlaufen hat, erfolgt der Übergang in die »subjektive« Logik, in die Sphäre des *Begriffs,* in »das Reich der *Subjektivität* oder
der *Freiheit*« (Werke 6, 240).

Der höchste oder »adäquate« Begriff, der im Gang der *WdL* erreicht
wird, ist die »Idee«. Hierbei knüpft Hegel an die philosophische Tradition
seit Platon, insbesondere aber an Kant an, der die Ideen (z.B. des »Unbedingten«) im Zusammenhang mit dem Vernunftbegriff erörtert: Nach Kant
können die Ideen, weil sie über die Sphäre der Erscheinungen und des Verstandes hinausgehen, nicht Gegenstand der Erkenntnis, des Begreifens sein;
sie stellen aber notwendige »Regulative« der Vernunft dar.[33]

---

33 Bezogen z.B. auf die Idee des Unbedingten schreibt Kant: Der transzendentale
    Vernunftbegriff geht »auf die absolute Totalität in der Synthesis der Bedingungen«
    (Kritik der reinen Vernunft, B 380f.) und endigt beim »Unbedingten« (B 382).
    Dieses, da kein möglicher Gegenstand der Erfahrung, soll dem Verstand lediglich
    »die Richtung auf eine gewisse Einheit« vorschreiben, »von der der Verstand kei-

Der Begriff der *Idee* steht bei Hegel in dieser Tradition: einerseits der klassischen Metaphysik, andererseits der damals zeitgenössischen Transzendental- oder Subjektphilosophie, die nach Descartes mit Kant einen Höhepunkt erreichte und durch Fichte und Schelling sowie Hölderlin (vgl. dazu z. B. Henrich 2010, 9ff.) eine Fortsetzung fand, womit sich Hegel dann bei der Erarbeitung seiner eigenen Position auseinandersetzte.

Die »Idee« ist für Hegel das »Vernünftige«, die »Totalität« oder die »Einheit des Begriffs und der Objektivität«, das »Wahre« (Hegel, Werke 6, 462f; SW Logik II, 408). Auf sie läuft die Lehre vom Begriff zu über die drei Stufen (die drei Abschnitte der »subjektiven Logik«): 1. Die Subjektivität, 2. Die Objektivität und 3. Die Idee. Der 3. und letzte Abschnitt gliedert sich in drei Kapitel: 1. Das Leben, 2. Die Idee des Erkennens, 3. Die absolute Idee.

Die »absolute Idee« hat sich als Resultat erwiesen aus der Synthese der jeweils für sich noch mangelhaften »Idee des Wahren« (Erkennen als theoretisches Tun) und der »Idee des Guten« (praktisches, an normativen Zielen orientiertes Handeln). Die »absolute Idee« besteht demnach in der »Identität der theoretischen und der praktischen« Tätigkeiten der Vernunft (Werke 6, 548), des subjektiven (individuellen) wie objektiven (kollektiv-gesellschaftlichen) Geistes. »Die absolute Idee als der vernünftige Begriff [...] ist [...] einerseits die Rückkehr zum *Leben*; aber sie hat diese Form ihrer

---

nen Begriff hat« (B 383) und »die darauf hinausgeht, alle Verstandeshandlungen, in Ansehung eines jeden Gegenstands, in ein *absolutes Ganzes* zusammenzufassen. Daher ist der objektive Gebrauch der reinen Vernunftbegriffe jederzeit *transzendent*«, indessen der Gebrauch der Verstandesbegriffe »*immanent* sein muß«, weil auf mögliche Erfahrung eingeschränkt. Der Verstand wird durch die *transzendentalen Ideen* als reine Vernunftbegriffe veranlasst, alle seine Synthesishandlungen in ein absolutes Ganzes, Unbedingtes zusammenzufassen. (Ebd.) – Kant nennt solche »transzendentalen Ideen, sofern sie die absolute Totalität in der Synthesis der Erscheinungen betreffen, *Weltbegriffe*, teils wegen eben dieser unbedingten Totalität, worauf auch der Begriff des Weltganzen beruht, der selbst nur eine Idee ist, teils weil sie lediglich auf die Synthesis der Erscheinungen, mithin die empirische, gehen« (B 434). Im »Anhang zur transzendentalen Dialektik« (B 670ff.) spricht Kant vom »regulativen Gebrauch der Ideen der reinen Vernunft«: Anders als die Begriffe des Verstandes, die, gestützt auf Erfahrung, Erkenntnisse erlauben (wenn auch begrenzte), gilt dies für die transzendentalen Ideen. Missversteht man diese so, »sind es bloß vernünftelnde (dialektische) Begriffe. Dagegen aber haben sie einen vortrefflichen und unentbehrlich notwendigen regulativen Gebrauch, nämlich den Verstand zu einem gewissen Ziele zu richten« (B 672); die Ideen haben also eine *regulative* Funktion.

Unmittelbarkeit ebensosehr aufgehoben und den höchsten Gegensatz in sich. Der Begriff ist nicht nur *Seele*, sondern freier subjektiver Begriff, der für sich ist und daher die *Persönlichkeit* hat, – der praktische, an und für sich bestimmte, objektive Begriff, der als Person undurchdringliche, atome [unteilbare, R. S.] Subjektivität ist, der aber ebensosehr nicht ausschließende Einzelheit, sondern für sich *Allgemeinheit* und *Erkennen* ist und in seinem Anderen *seine eigene* Objektivität zum Gegenstande hat. Alles Übrige ist Irrtum, Trübheit, Meinung, Streben, Willkür und Vergänglichkeit; die absolute Idee allein ist *Sein*, unvergängliches *Leben, sich wissende Wahrheit*, und ist *alle Wahrheit.*« (Ebd. 549) Hier geht es, wie das Pathos der Formulierungen zeigt, nicht um irgendetwas, sondern um das Höchste der Philosophie (»alle Wahrheit«).

Im Folgenden wird der Argumentationsgang dieses letzten Kapitels der *WdL* »Die absolute Idee« eng am Text entlang nachgezeichnet und kommentiert. Es wird dabei sporadisch, gleichsam im Vorgriff Bezug genommen auf die an Hegel anschließenden Problemstellungen von Karl Marx, wie das bisweilen auch in den vorangehenden Kapiteln schon geschah.

Die »absolute Idee« wird von Hegel so umfassend gedacht, dass er schreibt, sie sei »der einzige Gegenstand und Inhalt der Philosophie« (ebd. 549). Wohl habe die Philosophie »mit Kunst und Religion denselben Inhalt und denselben Zweck; aber sie ist die höchste Weise, die absolute Idee zu erfassen, weil ihre Weise, die höchste, der Begriff ist.« Ihre Weise ist die des vernünftigen Begreifens, diejenige der Kunst die der »Anschauung« und der Religion die der »Vorstellung«. »Die logische Idee ist sie selbst in ihrem reinen Wesen, wie sie in einfacher Identität in ihren Begriff eingeschlossen und in das *Scheinen* in einer Formbestimmtheit noch nicht eingetreten ist.« (Ebd. 550) – Die Idee erscheint in verschiedenen Formen, z. B. als Natur oder als Geist, in der Logik oder in der Kunst. »Scheinen« bedeutet »Erscheinen«, »Durchscheinen«; das Wesen erscheint in einer jeweiligen Gestalt oder Form. Zunächst aber ist die Idee (oder die Denkbestimmungen), Gegenstand der *Logik*, noch nicht ins »Scheinen in einer Formbestimmtheit« eingetreten, noch nicht in realen Gestalten verkörpert.

Die Methode als höchste »Kraft« und »Trieb« der Vernunft

Die Methode wird wie folgt eingeführt: Die Logik stellt die »Selbstbewegung der absoluten Idee« dar. Diese hat »nur dies zu ihrem Inhalt, daß die

Formbestimmung ihre eigene vollendete Totalität, der reine Begriff ist. Die *Bestimmtheit* der Idee und der ganze Verlauf dieser Bestimmtheit nun hat den Gegenstand der logischen Wissenschaft ausgemacht, aus welchem Verlauf die absolute Idee selbst *für sich* hervorgegangen ist; für sich aber hat sie sich als dies gezeigt, daß die Bestimmtheit nicht die Gestalt eines *Inhalts* hat, sondern schlechthin als *Form*, daß die Idee hiernach als die schlechthin *allgemeine Idee* ist. Was also hier noch zu betrachten kommt, ist somit nicht ein Inhalt als solcher, sondern das Allgemeine seiner Form, – d. i. die *Methode*.« (Ebd. 550) – Dies Allgemeine der Form, in dem sich jeder denkbare Inhalt manifestiert und bewegt, ist die Methode. Sie ist der ›Bewegungsraum‹, die Weise oder der Weg der Selbst-Bewegung von Inhalten.

»Die *Methode* kann zunächst als die bloße *Art und Weise* des Erkennens erscheinen, und sie hat in der Tat die Natur einer solchen. [...] Die Methode ist daraus als *der sich selbst wissende, sich* als das Absolute, sowohl Subjektive als Objektive, *zum Gegenstande habende Begriff*, somit als das reine Entsprechen des Begriffs und seiner Realität, als eine Existenz, die er selbst ist, hervorgegangen.« (Ebd. 551) Als die Bewegung des *Begriffs* ist die Methode »deswegen als die ohne Einschränkung allgemeine, innerliche und äußerliche Weise und als die schlechthin unendliche Kraft anzuerkennen, welcher kein Objekt, insofern es sich als ein äußerliches, der Vernunft fernes und von ihr unabhängiges präsentiert, Widerstand leisten, gegen sie von einer besonderen Natur sein und von ihr nicht durchdrungen werden könnte«, ein Satz, in dem sich der grenzenlose Erkenntnisoptimismus artikuliert. »Sie ist darum die *Seele und Substanz,* und irgend etwas ist nur begriffen und in seiner Wahrheit gewußt, als es der *Methode vollkommen unterworfen* ist; sie ist die eigene Methode jeder Sache selbst, weil ihre Tätigkeit der Begriff ist.« Sie ist »sowohl die Art und Weise des Erkennens, des *subjektiv* sich wissenden Begriffs, als die *objektive* Art und Weise oder vielmehr die *Substantialität der Dinge,* – d. h. der Begriffe, insofern sie der *Vorstellung* und der *Reflexion* zunächst als *Andere* erscheinen.« Die Methode bildet die Einheit der beiden Momente des Begriffs, des subjektiven und des objektiven: der *subjektiven Erkenntnisfunktion* und der *objektiven Bewegungsform* für die Inhalte. *Begreifen* heißt, die »Bewegung des Begriffs« [= Methode] nachzuvollziehen. Sie »ist darum die höchste *Kraft* oder vielmehr die *einzige* und absolute *Kraft* der Vernunft nicht nur, sondern auch ihr höchster und einziger *Trieb, durch sich selbst in allem sich selbst* zu finden und zu erkennen.« (Ebd. 552)

Hegel fährt fort: »Hiermit ist *zweitens* auch der *Unterschied* der *Methode von dem Begriffe als solchem*, das *Besondere* derselben, angegeben. Wie der Begriff für sich betrachtet wurde, erschien er in seiner Unmittelbarkeit; die *Reflexion* oder *der ihn betrachtende Begriff* fiel in *unser* Wissen. Die Methode ist dies Wissen selbst, für das er nicht nur als Gegenstand, sondern als dessen eigenes, subjektives Tun ist, als das *Instrument* und Mittel der erkennenden Tätigkeit, von ihr unterschieden, aber als deren eigene Wesenheit.« (Ebd. 552)

Die Methode ist der Begriff, zugleich auch unterschieden von ihm. Sie ist »unser Wissen« von ihm, insofern Instrument und erkennende Tätigkeit – also subjektives Mittel im Unterschied zu ihm als objektivem Gegenstand. In beiden jedoch ist die Idee, der Begriff als Identisches, aber in verschiedener Gestalt bzw. Hinsicht. Die Methode ist somit 1. der Begriff und seine Bewegung als *Gegenstand*; 2. *der Begriff als* das Instrument und *Mittel der Erkenntnis*. Die Einheit der beiden als Extreme verstandenen Seiten (Momente) ist das Wissen um ihre Zusammengehörigkeit: der Begriff als Gegenstand wie als Mittel, die Einheit beider Seiten, die Identität von Erkenntnismittel und Erkenntnisgegenstand, als unterschiedene, aber zusammengehörige.

Was er unter Methode versteht, erläutert Hegel nun weiter, indem er, analog zum Beginn der *Logik*, auf das Problem des *Anfangs* eingeht: 1. Der Anfang als unbestimmter (Unmittelbares, abstrakt Allgemeines, Sein), 2. als Heraustreten der Differenz: »Das, was die Methode hiermit ausmacht, sind die Bestimmungen des Begriffes selbst und deren Beziehungen [...] als Bestimmungen der Methode. – Es ist dabei *erstens* von dem *Anfange* anzufangen. [...] Weil er der Anfang ist, ist sein Inhalt ein *Unmittelbares*, aber ein solches, das den Sinn und die Form *abstrakter Allgemeinheit* hat.« (Ebd. 553) Er ist zwar etwas *»Vorgefundenes«*, aber »nicht ein Unmittelbares der *sinnlichen Anschauung* oder der *Vorstellung*, sondern des *Denkens*, das man wegen seiner Unmittelbarkeit auch ein übersinnliches, *innerliches Anschauen* nennen kann.«

Worin liegt der Unterschied? »Das Unmittelbare der sinnlichen Anschauung ist ein *Mannigfaltiges* und *Einzelnes*. Das Erkennen ist aber begreifendes Denken, sein Anfang daher auch *nur im Elemente des Denkens*, – ein *Einfaches* und *Allgemeines*. – [...] In der Tat ist diese *erste* Allgemeinheit eine *unmittelbare* und hat darum ebensosehr die Bedeutung des *Seins*; denn das Sein ist eben diese abstrakte Beziehung auf sich selbst« (ebd. 553f.), das keiner anderen Ableitung bedarf, denn abgeleitet wäre es kein Unmittelbares mehr, sondern »eine *Vermittlung*, die mehr als ein bloßer Anfang ist.« Die Forderung, das Sein abzuleiten (zu »monstrieren«), meint in Wirklichkeit die »*Realisierung des Begriffs* überhaupt, [...] welche nicht im *Anfange* selbst liegt, sondern vielmehr das Ziel und Geschäft der ganzen weiteren Entwicklung des Erkennens ist.«

Die ›Realisierung des Begriffs‹, d. h. sein Werden zu einem reichen Konkreten mit vielen Bestimmungen, kann erst Resultat des gesamten Erkenntnisprozesses sein. – Immer wieder stoßen wir in der *WdL* auf Grundgedanken, wie sie später für den Hegel-Schüler Karl Marx und dessen Methodik von zentraler Bedeutung sind, auch hier beim Problem des Anfangs, wie das in den *Grundrissen* beim »Aufsteigen vom Abstrakten zum Konkreten« ausgeführt ist. Marx hat dort z. B. »die Bevölkerung« als den abstrakten, noch unbegriffenen Anfang oder Ausgangspunkt genannt.

»Der Anfang hat somit für die Methode keine andere Bestimmtheit als die, das Einfache und Allgemeine zu sein; dies ist selbst die *Bestimmtheit*, wegen der er mangelhaft ist.« (Ebd. 554f.) Aus dem »Mangelhaften« entspringt der Antrieb zum Fortschreiten, um den Mangel, hier die »Unbestimmtheit«, zu beheben. »Die Allgemeinheit ist der reine, einfache Begriff, und die Methode als das Bewußtsein desselben weiß, daß die Allgemeinheit nur Moment und der Begriff in ihr noch nicht an und für sich bestimmt ist.« (Ebd. 555) Da die Methode aber »die objektive, immanente Form ist, so muß das Unmittelbare des Anfangs *an ihm selbst* das Mangelhafte und mit dem *Triebe* begabt sein, sich weiterzuführen.« Nun wissen wir jedoch: »Das Allgemeine gilt aber in der absoluten Methode nicht als bloß Abstraktes, sondern als das objektiv Allgemeine, d. h. das *an sich* die *konkrete Totalität* [ist, R. S.], aber die[se] noch nicht *gesetzt*, noch nicht *für sich* ist. Selbst das abstrakte Allgemeine als solches, im Begriffe, d. i. nach seiner Wahrheit betrachtet, ist nicht nur das *Einfache*, sondern als *Abstraktes* ist es schon *gesetzt* als mit einer *Negation* behaftet.« (Ebd.)

Die (erst an sich seiende) konkrete Totalität des Allgemeinen als Anfang ist noch nicht an den Tag gekommen (›gesetzt‹), noch nicht separat erkennbar (›für sich‹). Es ist als Mangelhaftes (Abstraktes) aber bereits mit Negativem behaftet, das die Bewegung antreibt (›Trieb‹), den Mangel zu beseitigen, das Bedürfnis nach dem erfüllten, reichen Ganzen zu befriedigen. – Beim Dialektischen geht es somit auch um einen Antrieb zur Über-

windung eines Mangels, sichtbar in den Widersprüchen, die zum ›Aktiv-
werden‹ veranlassen.

Hegel rekapituliert: »Vorhin wurde das Anfangende als das Unmittelbare bestimmt; die *Unmittelbarkeit des Allgemeinen* ist dasselbe, was hier als das
Ansichsein ohne *Fürsichsein* ausgedrückt ist. – Man kann daher wohl sagen,
daß mit dem *Absoluten* [d. h. dem, wiewohl noch unbegriffenen, Ganzen, der
Totalität des Prozesses, R. S.] aller Anfang gemacht werden müsse, so wie
aller Fortgang nur die Darstellung desselben ist, insofern das *Ansichseiende*
der Begriff ist. Aber darum, weil es nur erst *an sich* ist, ist es ebensosehr *nicht*
das Absolute, noch der gesetzte Begriff, auch nicht die Idee; denn diese sind
eben dies, daß das *Ansichsein* nur ein abstraktes, einseitiges Moment ist. Der
Fortgang [...] besteht vielmehr darin, daß das Allgemeine sich selbst bestimmt und *für sich* das Allgemeine, d. i. ebensosehr Einzelnes und Subjekt
ist. Nur in seiner Vollendung ist es das Absolute.« (Ebd. 555f.) Es muss alles
umfassen: das Allgemeine wie das Einzelne.

»Es kann daran erinnert werden, daß der Anfang, der *an sich* konkrete
Totalität ist, als solcher auch *frei* sein [d. h. nicht abhängig von Anderem,
von Bedingungen, die ihn zu einem Bedingten, Vermittelten machen würden, R. S.] und seine Unmittelbarkeit die Bestimmung eines *äußerlichen Daseins* haben kann; der *Keim des Lebendigen* und der *subjektive Zweck* überhaupt
haben sich als solche Anfänge gezeigt, beide sind daher selbst *Triebe*. Das
Nicht-Geistige und Nicht-Lebendige dagegen ist der konkrete Begriff nur
als *reale Möglichkeit*, [...] ist noch kein Subjekt, das als solches sich auch in
seiner wirklichen Realisierung erhält.« (Ebd. 556) – D. h. die »reale Möglichkeit«, eine realisierte Wirklichkeit zu werden, ist erst nur etwas Inneres,
noch nicht nach außen in die vollendete Totalität herausgesetzt, die objektiv
und subjektiv, Substanz und Subjekt, somit ›Geist‹ ist.

»Verständige« und »vernünftige« Methode – analytisch und synthetisch

Die *konkrete Totalität*, welche an sich (wenn auch noch nicht ›gesetzt‹) »den
Anfang macht, hat als solche in ihr selbst den Anfang des Fortgehens und
der Entwicklung. Sie ist als Konkretes *in sich unterschieden*, wegen ihrer *ersten
Unmittelbarkeit* aber sind die ersten Unterschiedenen zunächst *Verschiedene*.
[...] – Diese Reflexion ist die erste Stufe des Weitergehens, – das Hervortreten der *Differenz*, das Urteil, das *Bestimmen* überhaupt. [...] Das verständige endliche Erkennen verfährt so dabei, daß es von dem Konkreten das,

was es bei dem abstrahierenden Erzeugen jenes Allgemeinen weggelassen,
nun ebenso äußerlich wieder aufnimmt. Die absolute Methode dagegen
verhält sich nicht als äußerliche Reflexion, sondern nimmt das Bestimmte
aus ihrem Gegenstande selbst, da sie selbst dessen immanentes Prinzip und
Seele ist.« (Ebd. 556f.) (Zu den unterschiedlichen Arten der Reflexion, der
»setzenden«, »äußeren« und der »bestimmenden«, siehe die Wesenslogik,
Werke 6, 24ff.)

»Die Methode des absoluten Erkennens ist insofern *analytisch*. Daß sie
die weitere Bestimmung ihres anfänglichen Allgemeinen ganz allein in ihm
findet, ist die absolute Objektivität des Begriffes, deren Gewißheit sie ist.
– Sie ist aber ebensosehr *synthetisch*, indem ihr Gegenstand [...] durch die
Bestimmtheit, die er in seiner Unmittelbarkeit und Allgemeinheit selbst hat,
als ein *Anderes* sich zeigt.« (Ebd. 557) – ›Analytisch‹ ist sie, weil Ausdruck
der Selbstbewegung; ›synthetisch‹, weil der Gegenstand in seiner Selbstbewegung in ein Anderes übergeht.

Worin besteht die ›Synthese‹ beim *endlichen* und worin die beim *unendlichen*, absoluten *Erkennen*? – Es handelt sich hier um einen anderen Begriff von *analytisch* und *synthetisch* als bei Kant, wenn auch an dessen Unterscheidungen anknüpfend. Bei Kant bringt die Synthese im synthetischen
Urteil etwas Neues, neu Erkanntes hinzu (z.B. neue Prädikate), das vorher
noch nicht im analytischen Urteil über das Satzsubjekt, den Gegenstand,
enthalten war. Dagegen macht die Hegelsche Synthese des absoluten Erkennens etwas explizit, was bereits implizit (›an sich‹) im Gegenstand, dem
anfänglichen Konkreten, enthalten war und nun durch das »Fortbestimmen
des Begriffs« in seinen vielfältigen Momenten herausgearbeitet, ›gesetzt‹
wird. Neu ist die durch die Begriffsarbeit sichtbar gemachte, insofern neue
Erscheinungsform, nämlich das Aufzeigen des Reichtums der Bestimmungen des Konkreten (des Gegenstands), das sich jetzt im Unterschied zum
anfänglichen Abstrakt-Allgemeinen als das Konkrete oder Konkret-Allgemeine zeigt. Das anfängliche bloß Innere und Mögliche (Ansich) wird
zu einem Äußeren, einem Realisierten, in die Existenz getretenen Wirklichen. Es handelt sich also um einen wirklichen Entwicklungsprozess des
Allgemeinen, und da die verschiedenen Entwicklungsstufen jeweils neue
Bestimmungen sind, kann die Methode im Ganzen auch als synthetisch
bezeichnet werden – denn aus der Entwicklung geht jeweils etwas Neues
hervor. Als materiellen Prozess betrachtet ist das herausgearbeitete Neue

insofern wirklich neu, als die neuen Eigenschaften und Erscheinungsformen (z. b. der Metamorphosen des Werts im *Kapital*) nur deshalb durch
einen empirischen Forschungs- und Entdeckungsprozess erkannt werden
konnten, weil sie sich *historisch real* entwickelt haben (z. b. von der *einfachen*
zur *kapitalistischen* Warenproduktion); oder weil das in einem bestimmten
Arbeitsgegenstand (z. b. einem Baumstamm) steckende potenzielle Produkt, etwa ein Tisch, als der im Kopf antizipierte Zweck oder Plan als ideelle Vorwegnahme (vgl. MEW 23, 192) durch die materielle Bearbeitung des
materiellen Gegenstands realisiert wird, dabei dessen immanenten Gesetzmäßigkeiten und den konkreten Bedingungen folgend, die gegebenenfalls
zur Veränderung des Plans oder Entwurfs nötigen.

Die Dialektik

Auf der ›Bühne‹ des Finales der *WdL* folgt nun der ausdrückliche Auftritt
der Dialektik: »Dieses sosehr synthetische als analytische Moment des
Urteils, wodurch das anfängliche Allgemeine aus ihm selbst als das *Andere
seiner* sich bestimmt, ist das *dialektische* zu nennen.« (Hegel, Werke 6, 557)
    Eine Differenz zwischen ›idealistischer‹ und ›materialistischer‹ Dialektik
könnte man in der Tatsache sehen, dass nach Hegel das Allgemeine *sich
selbst* bestimmt, weil es die Idee, das Absolute, der ›Demiurg des Wirklichen‹ ist, wie Marx später kritisch anmerken wird (der ›Geist‹ als die erste
und letzte Instanz). (Vgl. MEW 23, 27) Während von Materialisten diese
Selbstbestimmung und Selbstentwicklung der *Idee* später übersetzt (›umge-
stülpt‹) wurde in die Selbstbewegung der *Materie*, der materiellen Prozesse,
ohne äußere Intervention – weder ›Gott‹ noch vorausbestimmtes ›Schicksal‹ (allerdings unter der Mitwirkung der gesellschaftlichen Menschen als
Naturkraft insbesondere bei gesellschaftlich-kulturellen Prozessen). Eine
solche ›materialistische‹ Übersetzung oder ›Umstülpung‹ kann sich insofern gerechtfertigt sehen, als das Gemeinsame, die Entsprechung zu Hegels
Idealismus, im Konzept der *Selbstbewegung* besteht, d. h. in der Entwicklung
der Dinge nach ihren eigenen, inneren Gesetzen. Und der gesellschaftliche
Mensch kann seine ›frei‹ gesetzten Zwecke nur realisieren, sofern er die
objektiven Gesetze erkennt, ihnen folgt und sie für sich nutzt.
    Hegel schaltet hier einen Blick auf die Geschichte der Dialektik ein: »Die
Dialektik ist eine derjenigen alten Wissenschaften, welche in der Metaphysik
der Modernen und dann überhaupt durch die Popularphilosophie sowohl

der Alten als der Neueren am meisten verkannt worden. Von *Platon* sagt Diogenes Laertios, wie Thales der Urheber der Naturphilosophie, Sokrates der Moralphilosophie, so sei Platon der Urheber der dritten zur Philosophie gehörigen Wissenschaft, der *Dialektik* gewesen […]. Man hat die Dialektik oft als eine *Kunst* betrachtet, als ob sie auf einem subjektiven *Talente* beruhe und nicht der Objektivität des Begriffes angehöre.« (Ebd. 557f.)

Für Hegel geht es bei der Dialektik also nicht bloß um eine *subjekti-ve* Methode der Erkenntnis, sondern um ein *objektives* Strukturelement. Dies ist wichtig festzuhalten im Blick auf den bis heute andauernden Streit zwischen denen, die allenfalls eine ›subjektive Dialektik‹ als eine nur für den menschlich-gesellschaftlichen Bereich zugestandene ›Denkmethode‹ akzeptieren, und denen, die darüber hinaus für eine ›objektive Dialektik‹ plädieren, unter Einbeziehung der nichtmenschlichen Natur. Die Beschrän-kung auf die ›subjektive Dialektik‹ geht auf Georg Lukács zurück (vor allem auf sein Buch *Geschichte und Klassenbewusstsein* von 1923) und wird, dem frühen Lukács nachfolgend, vehement insbesondere von der »Kritischen Theorie« der »Frankfurter Schule« vertreten. Das Plädoyer auch für eine ›objektive Dialektik‹ kann sich auf Friedrich Engels und dessen *Dialektik der Natur* (MEW 20) berufen, in dessen Nachfolge zunächst Lenin und in der zeitgenössischen Philosophie dann vor allem Hans Heinz Holz steht, der mit Engels den »Gesamtzusammenhang« (von Natur und menschlicher Geschichte) als Gegenstand der Dialektik begreift und dies mit einer diffe-renzierten Fassung des Widerspiegelungstheorems verknüpft (vgl. hierzu unten den Holz-Teil).

Angesichts dessen, dass die Dialektik nach Platon in ihrer Bedeutung verkannt worden sei, wird die Kantische Philosophie von Hegel gelobt »als ein unendlich wichtiger Schritt […], daß die Dialektik wieder als der Ver-nunft notwendig anerkannt worden« (Hegel, Werke 6, 558), obgleich Kants Resultat – Dialektik als ›Logik des Scheins‹ (siehe *Kritik der reinen Vernunft*, B 86ff oder B 349ff) zu brandmarken – von Hegel verworfen wird (vgl. zum Dialektikverständnis Kants ausführlich Holz 2010, Bd. IV, 251-363; ferner u. a. Arndt 2008, 38-40).

Zu dem wechselhaften Umgang mit der Dialektik seit den alten Grie-chen schreibt Hegel: »Die Folgerung nun, die aus solcher Dialektik gezogen wird, ist überhaupt der *Widerspruch* und die *Nichtigkeit* der aufgestellten Be-hauptungen. Dies kann aber in doppeltem Sinne statthaben: entweder im objektiven Sinne, daß der *Gegenstand*, der solchermaßen sich in sich selbst widerspreche, sich aufhebe und nichtig sei[34] – dies war z.B. die Folgerung der Eleaten, nach welcher z.B. der Welt, der Bewegung, dem Punkte die *Wahrheit* abgesprochen wurde –, oder aber im subjektiven Sinne, daß *das Erkennen mangelhaft sei*. Unter der letzteren Folgerung wird nun entweder verstanden, daß es nur diese Dialektik sei, welche das Kunststück eines falschen Scheines vormache. Dies ist die gewöhnliche Ansicht des sogenannten gesunden Menschenverstandes, der sich an die *sinnliche* Evidenz und die *gewohnten Vorstellungen* und *Aussprüche* hält« (Hegel, Werke 6, 558f.), wonach die Dialektik das »Feste wankend zu machen suche und dem Laster Gründe an die Hand zu geben lehre [...]. [...] Oder aber das Resultat der subjektiven Nichtigkeit betrifft nicht die Dialektik selbst, sondern vielmehr das Erkennen, wogegen sie gerichtet ist, – und im Sinne des Skeptizismus, ingleichen der Kantischen Philosophie, das *Erkennen überhaupt*. (Ebd. 559) – Hegel spielt damit u.a. auf Kants These an, wonach wir nur die ›Erscheinungen‹, nicht aber die ›Dinge an sich‹ zu erkennen vermöchten.

Überhaupt skizziert Hegel hier die von Anfang an in der Philosophiegeschichte sich durchhaltende Kritik an der Dialektik. »Das Grundvorurteil hierbei ist, daß die Dialektik *nur ein negatives Resultat* habe«. (Ebd.) Indirekt antizipiert Hegel hier zum Teil schon die Dialektik-Kritik im 20. Jahrhundert, so etwa die von Popper, der befindet: Wird der Widerspruch – er meint den formallogischen – zugelassen, ist jede Behauptung möglich, somit alles Gesagte nichtig, negativ. (Vgl. Popper 1965) Hegel spricht hingegen vom objektiven, in der Sache selbst liegenden Widerspruch. Er würdigt in diesem Zusammenhang nochmals das »unendliche[s] Verdienst der Kantischen Philosophie, [...] den Anstoß zur Wiederherstellung der Logik und Dialektik, in dem Sinne der Betrachtung der *Denkbestimmungen an und für sich*, gegeben zu haben. [...] sie sind der wahrhafte Gegenstand und Inhalt der Vernunft« (Hegel, Werke 6, 559f).

Nur die Denkbestimmungen oder den Geist als alleinigen, wahrhaften Gegenstand der Vernunft anzusehen, könnte man wieder als eine idealistische Konzeption verstehen. Sofern aber mit jenen Bestimmungen die objektiven, gesetzmäßigen Strukturen und Beziehungen der Gegenstände

---

34 Vgl. dazu auch Hegels Ausführungen zur »Endlichkeit« in der Seinslogik, wonach alles Endliche ›endet‹, nichtig ist, weil es den Widerspruch in sich hat: Werke 5, 139ff.

gemeint sind, ist dies natürlich in der Tat der Gegenstand des vernünftigen
Erkennens. – Hier, wie oft, zeigt sich bei Hegel, der am Begreifen der Wirklichkeit orientiert ist, ein ›impliziter Materialismus‹, gekleidet in ein ›idealistisches Gewand‹. Ansonsten ließe sich weder die Marxsche Anknüpfung an
Hegel – aller Polemik zum Trotz – verstehen, noch die von Lenin, der die
Hegelsche *Logik* als Verstehensvoraussetzung für Marx' *Kapital* bezeichnet
hatte (vgl. LW 38, 170).

Das »Übergehen« oder: die Flüssigkeit der Kategorien

Hegel verweist darauf, dass alle als fixe vorausgesetzten abstrakten Bestimmungen der Dialektik unterliegen. »So sind alle als fest angenommenen
Gegensätze, wie z. B. Endliches und Unendliches, Einzelnes und Allgemeines, nicht etwa durch eine äußerliche Verknüpfung in Widerspruch, sondern sind, wie die Betrachtung ihrer Natur gezeigt, vielmehr an und für sich
selbst das Übergehen; die Synthese und das Subjekt, an dem sie erscheinen,
ist das Produkt der eigenen Reflexion ihres Begriffs. [...] [Es ist] der Begriff,
der sie selbst ins Auge faßt, als ihre Seele sie bewegt und ihre Dialektik
hervortut.« (Hegel, Werke 6, 560)

Ihre *Dialektik* ist die Bewegung des Begriffs, der sich durch seine immanente ›Seele‹, angetrieben durch seinen anfänglichen Mangel als bloßes Inneres (Ansich) herausentwickelt zum entäußerten, realisierten, vollendeten,
sich wissenden Ganzen der Idee als Prozess. Die scheinbar festen Gegensätze (endlich-unendlich etc.) sind in Wahrheit ein *Übergehen*, eine Bewegung.
Will man z. B. das Endliche fixieren, wird es zum Unendlichen, und umgekehrt. Dieses Übergehen, das Prozesshafte auch der Kategorien macht das
Dialektische aus und mit ihm zugleich das Schwierige und das »Ärgernis«
der Dialektik (vgl. MEW 23, 27f.).

Hegel fährt fort: »Dies ist nun selbst der vorhin bezeichnete Standpunkt,
nach welchem ein allgemeines Erstes, *an und für sich betrachtet*, sich als das
Andere seiner selbst zeigt. Ganz allgemein aufgefaßt, kann diese Bestimmung so genommen werden, daß hierin das zuerst *Unmittelbare* hiermit als
Vermitteltes, bezogen auf ein Anderes, oder daß das Allgemeine als ein Besonderes gesetzt ist. Das *Zweite*, das hierdurch entstanden, ist somit das *Negative*
des Ersten und, indem wir auf den weiteren Verlauf zum voraus Bedacht
nehmen, das *erste Negative*. Das Unmittelbare ist nach dieser negativen Seite
in dem Anderen *untergegangen*, aber das Andere ist wesentlich nicht das *leere*

Negative, das *Nichts,* das als das gewöhnliche Resultat der Dialektik genommen wird, sondern *es ist das Andere des Ersten,* das *Negative des Unmittelbaren;* also ist es bestimmt als das *Vermittelte, –* enthält überhaupt die *Bestimmung des Ersten* in sich. Das Erste ist somit wesentlich auch im Anderen *aufbewahrt* und *erhalten. –* Das Positive in *seinem* Negativen, dem Inhalt der Voraussetzung, im Resultate festzuhalten, dies ist das Wichtigste im vernünftigen Erkennen« (Hegel, Werke 6, 561).

Das *Negative* des somit (durch das Andere) bestimmten Positiven ist der *Inhalt des* als Voraussetzung und Anfang betrachteten *Positiven.* Das Positive, z. B. das Sein, das Etwas etc. in *seinem* (ihm zugehörigen) Negativen *(bestimmte* Negation), z. B. das Nichts, das Andere etc., festzuhalten, ist von entscheidender Wichtigkeit für das vernünftige, d. h. dialektische Erkennen. Die Vernünftigkeit dieser methodischen Forderung zeige schon die einfachste Reflexion.

In der Bewegung, in der das Erste, das Unmittelbare, sich als ein Vermitteltes erwiesen hat, stellt dieses Vermittelte zunächst nun selbst wieder ein Unmittelbares dar, wenn man von ihm aus den Fortgang nimmt. Das Negative des Ersten ist einfach sein Anderes, das zunächst auch allein als Anderes vorhanden ist. Wer treibt den Prozess voran? Nach Hegel ist es der Begriff selbst, jedenfalls solange er noch mangelhaft entwickelt ist. Diesem Mangel abzuhelfen, dient unsere Reflexion, unser Nachdenken.

»Weil nun auch das Erste im Zweiten *enthalten* und dieses die Wahrheit von jenem ist, so kann diese Einheit als ein Satz ausgedrückt werden, worin das Unmittelbare als Subjekt, das Vermittelte aber als dessen Prädikat gestellt ist, z. B. *das Endliche ist unendlich. Eins ist Vieles, das Einzelne ist das Allgemeine.*« (Ebd.) – ›Wahrheit‹ meint hier, dass dieses durch Reflexion als das Wesentliche dieser Beziehung zwischen dem Ersten und dem Zweiten bestimmt und evident gemacht wurde, z. B. ist die Wahrheit des Etwas sein Anderes, d. h. das Etwas kann gar nicht ohne das Andere gedacht werden. Dieser Zusammenhang kann, wenn er formallogisch fixiert wird, ein verwirrendes Ergebnis zeitigen.

Das Einzelne wird durch die Negation ›vermittelt‹, also bestimmt über (bzw. durch) das Allgemeine, das sich als Prädikat, als Eigenschaft des Einzelnen darstellt; es geht nicht ohne Rückbezug auf das Allgemeine. Daran scheiterte schon die ›sinnliche Gewissheit‹ in der *Phänomenologie,* als das einzelne »Hier« oder »Dieses« bestimmt werden sollte, denn die Sprache kann nur Allgemeines ausdrücken. Ohne Zuhilfenahme des Allgemeinen – z. B. sprachlicher Ausdrücke – kann das Einzelne gar nicht gefasst werden. In seiner Einzigartigkeit kann das Einzelne allenfalls *gemeint*, vielleicht auch gefühlt, nicht aber *mitgeteilt* werden. – Das ›ist‹ (z. B. in dem Satz »das Einzelne ist das Allgemeine«) muss so gelesen werden: ›es erweist sich bei genauerem Hinsehen als‹.

»Die inadäquate Form solcher Sätze und Urteile aber fällt von selbst in die Augen. Bei dem *Urteile* ist gezeigt worden, daß seine Form überhaupt und am meisten die unmittelbare des *positiven* Urteils unfähig ist, das Spekulative und die Wahrheit in sich zu fassen.« (Ebd. 561f.)

Weil das Urteil, der Satz, die Subjekt-Prädikat-Beziehung, etwas nur *einseitig*, immer nur eine Bestimmung, eine Seite eines Verhältnisses, nur eine Phase eines Prozesses festhalten kann, ist es nicht in der Lage, das »Spekulative« (= das Wahre als das Ganze), d. h. den ganzen Prozess, zu fassen. Daher könne das Dialektische (bzw. das Spekulative) nicht in einer Aussage, einem Satz gefasst werden, sondern nur in der Darstellung des Gesamtprozesses, dessen Momente, Seiten, Phasen einander widersprechen, sich gegenseitig negieren und dennoch in ihm eine Einheit bilden.

Das Dialektische als eine Verhältnisbestimmung mittels Negation: Definieren des Etwas durch sein Anderes

Der Prozess der Begriffsbestimmung als vermittelt-vermittelndes Vorgehen hat es mit Beziehungen und Verhältnissen zu tun: »Die zweite Bestimmung, die *negative* oder *vermittelte*, ist ferner zugleich die *vermittelnde*. Zunächst kann sie als einfache Bestimmung genommen werden, aber ihrer Wahrheit nach ist sie eine *Beziehung* oder *Verhältnis*; denn sie ist das Negative, *aber des Positiven*, und schließt dasselbe in sich.« (Ebd. 562)

Weil das Negative ein Bestimmtes ist, nämlich das Negative des Positiven, enthält es dieses in sich. Indem das Etwas das Andere von sich ausschließt, sich von ihm abgrenzt, enthält es implizit dies Andere. Dies gilt für jede Definition. So besagt etwa der Satz »Der Lohnabhängige ist *nicht* der Kapitaleigner«, dass Ersterer als solcher nur definiert werden kann im Verhältnis zu Letzterem. Lohnarbeit allein kann gar nicht definiert werden; man braucht dazu immer das ›Andere‹, das Kapital als Korrelat zur Lohnarbeit, das Negative oder Negierte des zu Definierenden. Es handelt sich um eine *Verhältnisbestimmung*, hier zwischen Kapital und Arbeit. Genauso drückt

z. B. der ›Wert‹ im *Kapital* ein *Verhältnis* der Warenproduzenten aus, was aber diesen, bedingt durch den *Fetischismus* der Ware, als dinghafte Eigenschaft erscheint, statt als soziales Verhältnis erkannt zu werden (siehe dazu Genaueres unten im Marx-Teil).

Nach Hegel ist nun die zweite Bestimmung, das *negierte* Positive, »also das *Andere* nicht als von einem, wogegen sie gleichgültig ist – so wäre sie kein Anderes, noch eine Beziehung oder Verhältnis –, sondern das *Andere an sich* selbst [am Ausgangs-Positiven, R. S.], das *Andere eines Anderen*; darum schließt sie *ihr* eigenes Anderes in sich und ist somit *als der Widerspruch* die *gesetzte Dialektik ihrer selbst*« (ebd.), d. h. die Dialektik der zweiten Bestimmung.

Die zweite Bestimmung, das Andere von jenem ersten Etwas, ist als Vermitteltes zugleich ein *Vermittelndes*: Es vermittelt, ermöglicht die Definition, die Bestimmung des Etwas. – Indem es das Erste überhaupt erst zu begreifen erlaubt, und zwar unter Bezugnahme auf *sein* Zweites, sein Anderes, erweist es sich als ein dem Ersten Widersprechendes, als Widerspruch, womit die notwendige Bewegung ans Licht getreten ist, ausgehend vom Ersten über das Zweite, als negiertes Erstes, als dem Ersten Widersprechendes, aber als Bedingung dafür, das Erste zu begreifen. Diese Bewegung, dieser Prozess der Vermittlung durch den Widerspruch ist die *Dialektik*, die nun ›gesetzt‹, explizit geworden ist, und zwar die Dialektik ›ihrer selbst‹, nämlich die Dialektik der zweiten Bestimmung, des sowohl Vermittelten wie Vermittelnden, das ein Verhältnis, eine Beziehung darstellt.

Einfacher geht es leider nicht, wenn man etwas angemessen bestimmen und begreifen will. Nehmen wir ein weiteres Beispiel (ein ähnliches bringt Hegel im Widerspruchskapitel der *Wesenslogik*, Werke 6, 77): Für die Bestimmung des Vaters (Erstes, ein Etwas) bedarf es des Sohnes (Zweites, *sein* Anderes) als Vermittelndes, zur Klärung des Ersten Notwendiges. Den Vater gibt es nur in der Beziehung auf seine Kinder. Ohne z. B. den Sohn (oder die Tochter) ist er auch kein Vater. Es ist dieser *Prozess des* Bestimmens oder *Begreifens mittels Negation als vermittelnder Operation*, der von Hegel *Dialektik* genannt wird: An unserem Beispiel geht der Prozess vom noch unbegriffenen Status ›Vater‹ aus und führt zur ›Negation‹ des Vaters (seiner ›Selbständigkeit‹) durch sein konstitutives Korrelat (seine Söhne oder Töchter); negiert wird die Selbständigkeit des Vater-Status, denn es gibt ihn nicht ohne seine Kinder.

Damit ist der Prozess jedoch nicht abgeschlossen, vielmehr sind nur seine ersten beiden Phasen dargestellt. Die dann folgende dritte Bestimmung, den Vater als Vater, nunmehr als begriffenen, in neuer (vermittelter) relativer oder relationaler Selbständigkeit zu betonen (damit seine Identität), verlangt eine erneute Negation (die Negation der Negation), nunmehr diejenige der Kinder; denn wir wollen begreifen, wer oder was der Vater als solcher ist. Wir haben den Vater in seiner (relativ selbständigen) Identität bestimmt im Durchgang durch die Vermittlung oder Negation in Gestalt der Kinder. Diese als wieder negierte, weil wir ja den Vater als Vater bestimmen möchten, bleiben aber im Resultat, in der Einheit und Totalität des Gesamtprozesses, als ›aufgehobene‹ erhalten. – Die Vermittlung zwischen dem Ausgangsetwas und seiner Negation gewinnt als Ergebnis die angemessene Definition (eine Bestimmung durch Abgrenzung, die sich als solche weiß). *Dialektik* ist also *ein Vermittlungsdienst*, um etwas zu begreifen, was dies ›in Wahrheit ist‹. Vermitteln kann man nur zwischen (mindestens) zweien, die in einer Beziehung stehen.

Um den Unterschied zur *formalen Logik* zu verdeutlichen, wäre die Spezifik dieser Art des Widerspruchs genau zu bestimmen: Worin besteht der Widerspruch z. B. zwischen Etwas und *seinem* Anderen? In dessen konstitutiver Notwendigkeit, um das Etwas überhaupt begreifen zu können! Diese Art des *Widerspruchs* ist also die kognitive Voraussetzung dafür (ob auch die existenzielle, real existierende, wäre gesondert zu prüfen), das Etwas soweit zu bestimmen, dass man darüber überhaupt Sätze bilden kann, für die dann z. B. die formallogisch gebotene Widerspruchsfreiheit gilt. Somit ist der *dialektische Widerspruch* in gewisser Hinsicht die Voraussetzung für die Überprüfung der inhaltlichen Richtigkeit bzw. Wahrheit auch von formallogisch möglichen Sätzen, wie z. B. dem, ›der Vater hat sein Anderes in seiner Frau oder seiner Mutter‹, eine falsche Aussage, denn dem Subjekt sind hier falsche Prädikate zugeordnet, weil der Vater nicht durch seine Frau oder Mutter, sondern durch seine Kinder definiert wird.

Das Dialektische als Setzen des Unterschieds und der Zusammengehörigkeit (Einheit) der sich widersprechenden Seiten (Momente)

Das Dialektische hat in den jeweiligen Phasen der Begriffsbestimmung eine unterschiedliche Funktion; daher auch der Unterschied in den Formen der Negation[35], z. B. zum einen den Unterschied, zum anderen die Einheit zu

---

35   Henrich 1975, 245-256; Pippin 2016, 191-219.

setzen. »Weil das Erste oder Unmittelbare der Begriff *an sich*, daher auch nur *an sich* das Negative ist, so besteht das dialektische Moment bei ihm darin, daß der *Unterschied*, den es *an sich* enthält, in ihm gesetzt wird. Das Zweite hingegen ist selbst das *Bestimmte*, der *Unterschied* oder Verhältnis; das dialektische Moment besteht bei ihm daher darin, die *Einheit* zu setzen, die in ihm enthalten ist.« (Ebd. 562)

Das Dialektische, Weitertreibende besteht *beim Unmittelbaren* (Ersten) darin, dass überhaupt der Unterschied (als Voraussetzung für die Bestimmung) offenbar oder bewusstgemacht wird; *beim Vermittelten* (Zweiten), das selbst bereits den Unterschied darstellt (das Andere als Korrelat des Etwas), besteht das Dialektische darin, die implizite (an sich seiende) Einheit beider (des Ersten und des Zweiten) an den Tag zu bringen. In allen Phasen (hier deren zwei) des Prozesses ist *das Dialektische das Weitertreibende* (der ›Trieb‹ oder die ›*Triebkraft*‹), besitzt aber in beiden eine unterschiedliche Funktion oder ›Aufgabe‹: im ersten Fall, den Unterschied überhaupt zu setzen, um den Bestimmungsprozess in Gang zu bringen: einfache oder erste Negation; im zweiten Fall, es nicht beim Unterschied zu belassen, sondern zur Einheit des Unterschiedenen weiter zu gehen: zweite oder Negation der Negation (NdN), Aufhebung als neues, d.h. ›belehrtes‹, reicheres, vermitteltes Positives.

Wie viele Phasen hat der Prozess? – Betrachtet man nur die Rolle des Negativen, hat der Prozess zwei Phasen; betrachtet man dagegen den Gesamtprozess (einschließlich des Anfangs bzw. Ausgangspunkts), hat er drei Phasen. – Das Weitergehen zum (neuen) Positiven (NdN) ist nötig, weil man auf dem Negativen nicht stehen bleiben kann, sondern gleichsam immer wieder festen Boden unter den Füßen sucht. Die Unsicherheit des Schreitens soll jeweils in eine neue Sicherheit münden: Den Fuß heben, um einen Schritt zu tun, bedeutet Unsicherheit, einen Schwebe- oder Zwischenzustand. Der Fuß muss wieder, aber (möglichst) ein Stück weiter, auf dem Boden aufsetzen, was neue Sicherheit bietet usf. Ohne Schreiten, d.h. ohne zeitweilige Unsicherheit und Inkaufnahme von Risiken, kein Fortschreiten, sondern Stehenbleiben, Stagnation.

»Wenn deswegen das Negative, Bestimmte, das Verhältnis, Urteil und alle unter dies zweite Moment fallenden Bestimmungen nicht für sich selbst schon als der Widerspruch und als dialektisch erscheinen, so ist es bloßer Mangel des Denkens, das seine Gedanken nicht zusammenbringt. Denn das

Material, die *entgegengesetzten* Bestimmungen in *einer Beziehung*, sind schon *gesetzt* und für das Denken vorhanden«, nämlich für das vernünftige, auf den Inhalt (›Material‹) bezogene Denken. Anders das »formelle«, d.h. formallogische, bloß verstandesmäßige, vom Inhalt absehende Denken: »Das formelle Denken aber macht sich die Identität zum Gesetze [den Identitäts- satz A = A., R.S.], läßt den widersprechenden Inhalt, den es vor sich hat, in die Sphäre der Vorstellung [d.h. in ein nicht abgeleitetes, willkürliches ›Gedanken-Bild‹, R.S.], in Raum und Zeit herabfallen, worin das Wider- sprechende im Neben- und Nacheinander *außereinander* gehalten wird und so ohne die gegenseitige Berührung vor das Bewußtsein tritt. Es macht sich darüber den bestimmten Grundsatz, daß der Widerspruch nicht denkbar sei [so das formallogische Widerspruchsverbot: A≠B, R.S.]; in der Tat aber ist das Denken des Widerspruchs das wesentliche Moment des Begriffes. Das formelle Denken denkt denselben auch faktisch, nur sieht es sogleich von ihm weg und geht von ihm in jenem Sagen nur zur abstrakten Negation über.« (Ebd. 562f.)

Wesentlich für das vernünftige Denken ist das Denken des Wider- spruchs, der Gleichzeitigkeit des sich Widerstreitens der verschiedenen, entgegengesetzten Momente oder Seiten, statt diese gemäß den Vorgaben der formalen Logik in ein Neben- und Nacheinander aufzulösen, damit den Prozess zu fixieren und somit zu verfehlen. Einem solchen, bloß ›formellen‹ Denken fehlt die weitertreibende, lebendige Kraft.

Der Gesamtprozess des Begreifens durchläuft, wie bereits vermerkt, drei Phasen: 1. Das *Unmittelbare* als Ausgang, *als Anfang* (das Ausgewählte, Ge- gebene, das zu Begreifende). Um es zu bestimmen, wird der an sich enthal- tene Unterschied gesetzt (Erstes oder formelles Negatives, vgl. ebd. 564). 2. Das Unmittelbare ist im Zuge dieser Bestimmung und Negation des anfäng- lichen Unbestimmten damit zum *Vermittelten* geworden, zu einem *Verhältnis*, einer Beziehung. Um dieses Verhältnis, das aus (mindestens) zwei Seiten besteht, zu begreifen, wird im weiteren Fortgang die Einheit der beiden Sei- ten, die an sich schon vorhanden war, nun gesetzt (Zweites Negatives oder »absolute Negativität«). 3. Das Resultat dieses Setzens der Einheit oder Zu- sammengehörigkeit beider Seiten durch die Negation des ersten Negativen ist ein *neues, zweites Unmittelbares*, die Herstellung einer erneuten einfachen Allgemeinheit (ein neuer Ausgangspunkt für weiteres, differenzierteres Be- greifen), nun aber angereichert durch die Erfahrungen des Prozesses, d.h.

durch die aufgehobenen, aber erhaltenen, sich widerstreitenden Momente (*Negation der Negation* als Setzung eines neuen Positiven). In Kurzfassung: 1. das Unmittelbare; 2. das erste Negative: Setzen des Unterschieds, des Widerspruchs; 3. das zweite Negative: Aufheben des Widerspruchs und Herstellen der Einheit. – Der »Begriff« als Vorgang des Begreifens ist eine *Prozesskategorie*, nicht bloß eine Strukturkategorie (untergliedert in Allgemeines, Besonderes und Einzelnes); er ist eine *dynamische, in sich bewegte Struktur.*

Der »Wendungspunkt in der Bewegung des Begriffs« – Subjektivität als Freiheit oder Subjektivität und Negativität

»Die betrachtete Negativität macht [in der Suhrkamp-Ausgabe fälschlich: »nacht«; in GW 12, 246 richtig, R. S.] nun den *Wendungspunkt* der Bewegung des Begriffes aus.« (Werke 6, 563) Der Wendungspunkt ist die Mitte zwischen dem ersten und dem zweiten Unmittelbaren, das vermittelnde Zwischenglied, das treibende oder das Bewegungsmoment, also beide Negative zusammen. »Sie ist der *einfache Punkt der negativen Beziehung* auf sich, der innerste Quell aller Tätigkeit, lebendiger und geistiger Selbstbewegung, die dialektische Seele, die alles Wahre an ihm selbst hat, durch die es allein Wahres ist; denn auf dieser Subjektivität allein ruht das Aufheben des Gegensatzes zwischen Begriff und Realität und die Einheit, welche die Wahrheit ist.« (Ebd.)

Was ist die *Subjektivität?* Ist sie die Negativität? – Das Subjekt, z. B. Fichtes Ich, kann alles wegdenken, negieren, sodass – in der Einbildung – nur das reine Ich oder Subjekt bleibt, das mit seiner geistigen *Aktivität* sowohl alles in Frage stellen, wie auch eine reiche, innere Welt denkend erschaffen kann. Es ist die von den Vertretern des Idealismus angenommene *Freiheit* im Sinne von Un-Bedingtheit. Subjektivität und Negativität gehören hier zusammen. – Der Gegensatz zwischen Begriff und Realität ist, so ein materialistischer Einwand, nur deshalb – scheinbar – aufgehoben, weil sich alles im *Innenraum des Denkens* abspielt.[36] Auch die Objekte sind *gedachte* Objekte, nicht real existierende. Allerdings betont der Realist Hegel immer die Notwendigkeit der Verwirklichung, der Entäußerung, weil ›das Wesen erscheinen muss‹, um vollendet zu werden. Dieses realistische Herangehen an die

---

36 So auch die Deutung von Römpp 2008.

behandelten Gegenstände zeigt sich in seiner Realphilosophie, z.B. in der *Rechtsphilosophie* oder in der *Ästhetik.* (Überhaupt ist methodisch zu unterscheiden zwischen dem, was jemand programmatisch verkündet, z.B. Hegel in den *Vorreden* zur *WdL,* und dem, was er faktisch tut, etwa in vielen Partien der *Logik* selbst, wo sich gleichsam das Reale dem Forschenden aufdrängt.[37])

Hegel fährt fort: »Das *zweite* Negative, das Negative des Negativen, zu dem wir gekommen, ist jenes Aufheben des Widerspruches, aber ist sowenig als der Widerspruch ein *Tun einer äußerlichen Reflexion,* sondern das *innerste, objektivste Moment* des Lebens und Geistes, wodurch ein *Subjekt, Person, Freies* ist.«

Gerade das »zweite Negative«, das Aufheben des Widerspruchs, ist Ausdruck und zugleich Existenzbedingung des Subjekts als freier Person. Daher das überschwängliche Pathos Hegels, wenn er von dieser ›negativen Kraft‹ des Denkens spricht, dem nichts Widerstand zu leisten vermag (so ebd. 551). Es gibt für ihn keine unüberwindliche Grenze im Prozess des Begreifens, eben weil dieses sich im Innenraum, auf der Bühne des – subjektiven wie objektiven – Geistes abspielt.

»Ableiten« des Anfangs und »Aufheben« der Inhalte: Erweiterung der Methode zum System (Totalität)

Der neue Gegenstand für das Erkennen ist das *Resultat,* das *Konkrete,* das es nun genauer, in der Vielfalt seiner Bestimmungen, zu begreifen gilt, nachdem es als ein in sich vermitteltes, d.h. die gegensätzlichen Momente als aufgehobene in sich enthaltendes Ganzes verstanden worden ist. »Hier ist es erst, wo der *Inhalt* des Erkennens als solcher in den Kreis der Betrachtung eintritt, weil er nun als abgeleiteter der Methode angehört. Die Methode selbst erweitert sich durch dies Moment zu einem *Systeme*« (ebd. 567).

Indem der zunächst nur formale Ausgangspunkt, der zunächst unbestimmte Anfang ›abgeleitet‹, bestimmt wird, gewinnt er einen Inhalt, womit

---

37   Dies gilt, um eine andere Wissenschaft, etwa die Soziologie, zu betrachten, z.B. auch für Max Weber und den Unterschied zwischen seinen methodologischen Reflexionen zum einen und seiner Materialanalyse zum andern, z.B. in seiner Religionssoziologie. Im ersten Fall wendet er sich gegen die historisch-materialistische Gesellschafts- und Geschichtsbetrachtung, im zweiten folgt er faktisch weithin genau dieser – ausdrücklich abgelehnten – Methode: So kommt die im ›Haupteingang‹ abgewiesene Wirklichkeit durch die ›Hintertür‹, quasi den Eingang für das ›arbeitende Dienstpersonal‹, wieder herein.

sich die Methode zu einem System, einem Ganzen mit interagierenden Teilen erweitert.

Dass der Anfang »nicht als Unmittelbares, sondern als Vermitteltes und Abgeleitetes genommen werden soll«, kann »als die Forderung des unendlichen *rückwärtsgehenden* Progresses im Beweisen und Ableiten erscheinen«, ein *regressus ad infinitum,* einmündend in die von Hegel kritisierte ›schlechte‹ Unendlichkeit‹ (vgl. Werke 5, 149 und 156ff.). Jedoch: »Es ist schon oft gezeigt worden, daß der unendliche Progreß überhaupt der begrifflosen Reflexion angehört; die absolute Methode, die den Begriff zu ihrer Seele und Inhalt hat, kann nicht in denselben führen.« (Werke 6, 567f.) Das »Resultat ist ebensosehr die aufgehobene Bestimmtheit, somit auch die Wiederherstellung der ersten Unbestimmtheit, in welcher sie angefangen. Dies leistet sie als *ein System der Totalität.«*

Der Kontext ist die Abgrenzung der Methode von der des unendlichen Progresses bei der Setzung eines Anfangs. *Einerseits:* Die im Resultat durch die Methode gewonnene Bestimmtheit ist dasjenige Moment, wodurch sie – als Vermittlung mit sich – den Anfang zu einem vermittelten macht. *Andererseits* (›umgekehrt‹): Diese Vermittlung verläuft durch jene Bestimmtheit. Sie (die Bestimmtheit) geht durch einen Inhalt als ein (nur) scheinbares Anderes ihrer selbst zu ihrem Anfang in der Weise zurück, dass sie nicht nur den Anfang (nun als einen bestimmten) wiederherstellt, sondern die Bestimmtheit aufgehoben und die erste, anfängliche Unbestimmtheit wiederhergestellt hat, nun aber auf einem höheren, reicheren, reflektierteren Niveau des Begreifens (Rückkehr zu einem neuen Positiven oder Unmittelbaren höherer Ordnung oder reicherer Bestimmtheit). Dies tut die Methode als ein System der Totalität.

Zur ›Aufhebung‹ der Inhalte im Fortbestimmen des Begriffs als wachsende Anreicherung schreibt Hegel: »Die Bestimmtheit, welche Resultat war, ist [...] selbst ein neuer Anfang; indem er von seinem vorhergehenden durch eben diese Bestimmtheit unterschieden ist, so wälzt sich das Erkennen von Inhalt zu Inhalt fort. Fürs erste bestimmt sich dies Fortgehen dahin, daß es von einfachen Bestimmtheiten beginnt und die folgenden immer *reicher und konkreter* werden. Denn das Resultat enthält seinen Anfang, und dessen Verlauf hat ihn um eine neue Bestimmtheit bereichert. [...] Der Begriff in der absoluten Methode *erhält* sich in seinem Anderssein, das Allgemeine in seiner Besonderung, in dem Urteile und der Realität; es

erhebt auf jede Stufe weiterer Bestimmung die ganze Masse seines vorhergehenden Inhalts und verliert durch sein dialektisches Fortgehen nicht nur
nichts, noch läßt es etwas dahinten, sondern trägt alles Erworbene mit sich
und bereichert und verdichtet sich in sich.« (Ebd. 569)

Der hier skizzierte Prozess der *Aufhebung* führt durch die Negation hindurch zugleich zu einem wachsenden inhaltlichen Reichtum. (So ist, wie
unten im Marx-Teil ausgeführt wird, etwa der grundlegende Marxsche
Wertbegriff in allen reicheren, komplexeren Kapitalformen enthalten.) Die
Dialektik als vernünftige, ›absolute Methode‹ nimmt die im Fortgang des ne-
gierenden, begrenzenden (Etwas) und ausweitenden (Anderes) Bestimmens
und Begreifens durchlaufenen, jeweils neu gesetzten und dann zum Moment
herabgesetzten Inhalte als aufgehobene mit sich. Sie finden alle ihren Platz
im ›Pantheon‹ des Systems der Totalität, des Gesamtprozesses, bei dem
nichts verloren geht. So wird dieses Gesamt des dynamischen, historisch-logischen Systems immer umfassender. Der Fluchtpunkt wäre dann das Ganze
der Welt und der Geschichte, als Gesamtzusammenhang, als System, in dem
jedes Teil oder Moment seinen Platz, seine Funktion, seine Bedeutung hat.
Damit wäre ›realisiert‹, was Kant als *Postulat* der reinen Vernunft bezeichnete, nämlich nach tendenziell allen Bedingungen für ein zu erkennendes Ding
zu *suchen*. Das gesuchte, aber für uns Endliche unerreichbare Ganze der Bedingungen wäre das Unbedingte, Gegenstand der Metaphysik.

Dieser Prozess der inhaltlichen Anreicherung durch Aufhebung hat auch
»die zweite, negative oder dialektische Seite« (ebd. 569): »Jede neue Stufe
des *Außersichgehens*, d.h. der *weiteren Bestimmung*, ist auch ein Insichgehen,
und die größere *Ausdehnung* [ist] ebensosehr *höhere Intensität*.« Der Umfang
des Begriffs, die *Extension*, ebenso wie sein Bedeutungsreichtum, die *Inten-
sion*, nimmt von Stufe zu Stufe zu. »Das Reichste ist daher das Konkreteste
und *Subjektivste* [›subjektiv‹ wieder im Sinne der ›negativen‹, erkennenden
Tätigkeit des Geistes, dem nichts widerstehen kann, R.S.], und das sich in
die einfachste Tiefe Zurücknehmende das Mächtigste und Übergreifendste.
Die höchste, zugeschärfteste Spitze ist die *reine Persönlichkeit*, die allein durch
die absolute Dialektik, die ihre Natur ist, ebensosehr *alles in sich befaßt* und
hält, weil sie sich zum Freisten macht, – zur Einfachheit, welche die erste
Unmittelbarkeit und Allgemeinheit ist.« (Ebd. 570)

›Freiheit‹ ist aus der neuen Bewegung des deutschen Idealismus seit
Kant zu bestimmen, gegen die traditionelle Metaphysik. Bei Hegel kul-

miniert das in der Forderung, die ›Substanz‹ auch ›als Subjekt‹ zu verstehen (vgl. die Vorrede der *Phänomenologie des Geistes,* Werke 3, 22f.). – Im zentralen Freiheitspathos, das auch in Hegels berühmter These »Die Weltgeschichte ist der Fortschritt im Bewußtsein der Freiheit – ein Fortschritt, den wir in seiner Notwendigkeit zu erkennen haben« (Werke 12, 32) zum Ausdruck kommt, spiegelt sich sozialgeschichtlich der antifeudale Kampf des sich emanzipierenden Bürgertums, vermittelt durch das philosophische ›Gedankenmaterial‹.

»Auf diese Weise ist es, daß jeder Schritt des *Fortgangs* im Weiterbestimmen, indem er von dem unbestimmten Anfang sich entfernt, auch eine *Rückannäherung* zu demselben ist, daß somit das, was zunächst als verschieden erscheinen mag, das *rückwärtsgehende Begründen* des Anfangs und das *vorwärtsgehende Weiterbestimmen* desselben, ineinanderfällt und dasselbe ist«, womit die Methode »sich hiermit in einen Kreis schlingt« (Werke 6, 570).

Die Methode ist als *Kreis* statt als Gerade gedacht! Denn als *Gerade* ginge sie immer weiter, sei es begründend zurück (in den Grund, ins Wesen), sei es fortbestimmend (des Begriffs) nach vorn, und verstrickte sich notgedrungen im unendlichen Regress bzw. Progress; als *Kreis* gedacht, kann beim Erkenntnisprozess von jeder Stelle aus in den Kreis eingetreten werden, wobei dann ›nur‹ das vorhandene Komplexitätsniveau der jeweils erreichten Stufe bzw. der Einstiegsstufe zu beachten ist; es gibt keinen zeitlichen oder sonstigen unbedingten Anfang, sondern jeder solche Anfang lässt sich immer als ein vermittelter aufzeigen.

»Auch die Methode der Wahrheit weiß den Anfang als ein Unvollkommenes, weil er Anfang ist, aber zugleich dies Unvollkommene überhaupt als ein Notwendiges, weil die Wahrheit nur das Zu-sich-selbst-Kommen durch die Negativität der Unmittelbarkeit ist.« (Ebd. 571) Wahrheit bedarf stets des Vermittlungsprozesses (Negativität gegenüber dem Einseitigen, Fixierten, sich zum Absoluten aufblähenden Positionieren), der Berücksichtigung der ganzen Bewegung.

»Vermöge der aufgezeigten Natur der Methode stellt sich die Wissenschaft als einen [so in GW 12, 252 statt »ein«, R. S.] in sich geschlungenen *Kreis* dar, in dessen Anfang, den einfachen Grund, die Vermittlung das Ende zurückschlingt; dabei ist dieser Kreis ein *Kreis von Kreisen;* denn jedes einzelne Glied, als Beseeltes der Methode, ist die Reflexion in-sich [so in GW 12, 252 statt »Reflexion-in-sich«, R. S. – Zur ›Rückkehr in sich‹ als Anfang vgl. genauer die *Wesenslogik*.], die, indem sie in den Anfang zurückkehrt, zugleich der Anfang eines neuen Gliedes ist. [...] So ist denn auch die Logik in der absoluten Idee zu dieser einfachen Einheit zurückgegangen, welche ihr Anfang ist; die reine Unmittelbarkeit des Seins [...] ist die durch [...] die Aufhebung der Vermittlung zu ihrer entsprechenden Gleichheit mit sich gekommene Idee. Die Methode ist der reine Begriff, [...] die *einfache Beziehung auf sich*, welche *Sein* ist. Aber es ist nun auch *erfülltes* Sein, der sich *begreifende Begriff*, das Sein als die *konkrete*, ebenso schlechthin *intensive* Totalität.« (Werke 6, 571f.) Die Methode ist sowohl der *reine* wie der *erfüllte* Begriff, das beziehungs- und bedeutungsreiche Ganze des Erkenntnisprozesses. – In der Idee hat »die *logische Wissenschaft* ihren eigenen Begriff erfasst«. [...] Ferner »ist diese Idee noch logisch, sie ist in den reinen Gedanken eingeschlossen, die Wissenschaft nur des göttlichen *Begriffs*.« (Ebd.)

Was ist hier mit dem ›göttlichen Begriff‹ gemeint? Einen Hinweis für dessen Deutung finden wir in der *Einleitung* zur *WdL*. Dort wurde die *Logik* charakterisiert als »System der *reinen* Vernunft, als das Reich des *reinen* Gedankens« (Hervorhebung von R. S.), weshalb man sich auch so ausdrücken könne, dass ihr »Inhalt *die Darstellung Gottes* ist, *wie er in seinem ewigen Wesen vor der Erschaffung der Natur und eines endlichen Geistes ist*.« (Werke 5, 44) Das Logische ist ›rein‹, also *vor* der Verbindung mit dem Empirischen, mit der Realphilosophie. Aber die bloß logische Idee ist noch ein Mangel, denn die Vollendung setzt die Entäußerung und Verwirklichung voraus. Die volle Bestimmtheit des Begriffs ist seine Wirklichkeit, die Wesen und Erscheinung als Einheit verkörpert.

»Weil die reine Idee des Erkennens insofern in die Subjektivität eingeschlossen ist, ist sie *Trieb*, diese aufzuheben, und die reine Wahrheit wird als letztes Resultat auch der *Anfang einer anderen Sphäre und Wissenschaft*« (Werke 6, 572f.)*:* der Übergang in die Natur- und Geist-Philosophie. »Indem die Idee sich nämlich als absolute *Einheit* des reinen Begriffs und seiner Realität setzt, somit in die Unmittelbarkeit des *Seins* zusammennimmt, so ist sie als die *Totalität* in dieser Form – *Natur*.« (Ebd. 573) ›Totalität‹ meint die vollendete, abgeschlossene Form oder Gestalt, die alle durchlaufenen Formen zwar enthält, nun aber nicht mehr als selbständige, sondern als relationierte, herabgesetzt zu ›Momenten‹.

Entscheidend ist nun, dass die »reine Idee [...] absolute *Befreiung*« ist. »Das Übergehen ist also hier vielmehr so zu fassen, daß die Idee sich selbst *frei entläßt*, ihrer absolut sicher und in sich ruhend.« (Ebd.) Sie geht ›aus freiem Entschluss‹ weiter zur Entäußerung in Gestalt der Natur. »Dieser nächste Entschluß der reinen Idee, sich als äußerliche Idee [als Natur, R. S.] zu bestimmen, setzt sich aber damit nur die Vermittlung, aus welcher sich der Begriff als freie, aus der Äußerlichkeit in sich gegangene Existenz emporhebt, *in der Wissenschaft des Geistes* seine Befreiung durch sich vollendet und den höchsten Begriff seiner selbst in der logischen Wissenschaft als dem sich begreifenden reinen Begriffe findet.« (Ebd.)

Die Entäußerung in die Natur ist eine Sphäre der ›Vermittlung‹, die immer auch Negativität ist und die weiterdrängt zur neuen Unmittelbarkeit und Positivität, als die sich dann der Geist (in der Geist-Philosophie) erweisen wird. Der Geist erkennt sich selbst in der absoluten Idee, im absoluten Begriff.

Damit beendet Hegel sein großes Werk der *Logik*. Der weitere Weg der ›Idee‹ und von Hegels philosophischem System-Programm, zusammengefasst in der *Enzyklopädie* (Werke 8-10), ist vorgezeichnet: Nach dem Durchgang durch die Philosophie der Natur (Werke 9) wird dann in der Philosophie des Geistes (Werke 10), die das Feld des Gesellschaftlich-Kulturellen durchmisst, zugleich ein neuer Anlauf zur *Logik* begonnen, nun aber material erfüllt. Das »Reich der Schatten, die Welt der einfachen Wesenheiten, von aller sinnlichen Konkretion befreit« (Werke 5, 55), wird verlassen mit dem Eintritt in die bunte, sonnenhelle Welt der Realphilosophie, in der die erarbeiteten logischen Denkformen nun das kategoriale, gleichsam ›anatomische‹ Gerüst bilden, welches die konkreten Analysen der Wirklichkeit strukturiert.

Das Verständnis des Dialektischen bei Hegel ließe sich weiter erhellen durch die Einbeziehung der einschlägigen Teile der *Enzyklopädie*, insbesondere der §§ 79-82. Vor allem aber dürfte die Untersuchung seiner realphilosophischen Schriften Gewinn versprechen für die Frage, wie die dialektische Methode bei der Analyse des konkreten Materials der realen Erscheinungen und Prozesse von Hegel ›angewandt‹ wurde. Auf all dies muss hier verzichtet werden. Unten im Teil »Aktuelle Konzepte« werden immerhin einige Beispiele dafür gebracht, wie in realphilosophischen Analysen ein produktiver Gebrauch von der Dialektik gemacht werden kann.

Wollte man der Erwartung entsprechen, abschließend noch einmal das Hegelsche Dialektik-Verständnis ›zusammenzufassen‹, käme das dem Ver-

such gleich, den dargestellten Prozess des Begreifens noch einmal vorzuführen. Denn konstitutiv ist eben die gesamte Bewegung: Der Ausgang von
einem scheinbar unmittelbaren, abstrakten, weil unbestimmten Anfang, der
dann über je bestimmte Negationen zunehmend vermittelt und konkretisiert wird, indem jeweilige ›Zwischenlösungen‹ als Bewegungsformen der
auftretenden Widersprüche gesucht werden, ›ruhige Zwischenstationen‹,
von denen dann der Prozess des Begreifens in Richtung auf das ›Ganze‹
weitergetrieben wird.

3.2.2.5 Bertolt Brecht über die Schwerverständlichkeit von Hegel

Abschließend soll noch kurz eine Überlegung von Brecht zur Schwerver-
ständlichkeit Hegels genannt werden, die zugleich einen Übergang darstellen kann für den folgenden Teil: das Dialektik-Verständnis von Marx und
Engels. Bekanntlich wurde von Anbeginn die ›Schwierigkeit‹ und ›Dunkelheit‹ der Hegelschen Texte, insbesondere der *Logik*, moniert. Eine besondere Deutung dafür schlägt Bertolt Brecht vor, wenn er schreibt: »Die
Bourgeoisie produziert als ihre größte philosophische Leistung eine Dialektik. Diese […] Revolutionsphilosophie erfährt ihren großartigsten Ausbau (durch Hegel) in einer Zeit, wo die Bourgeoisie […] bereits mit der
Schlichtung der Interessengegensätze beschäftigt ist, dem Abstoppen der
Entwicklung, während sie noch immer gezwungen ist, ihre [antifeudale,
R. S.] Revolution zu vervollständigen.« Der »Ausbau der Dialektik durch
Hegel erfolgt« in einer widersprüchlichen Situation: »unter dem Zwang für
die Bourgeoisie, mehr und mehr Proletariat zu produzieren und mehr und
mehr seine drohende Emanzipation zu verhindern. […] Die Dunkelheit der
Hegelschen Sprache ist die Dunkelheit einer Geheimsprache. […] [Das]
Bürgertum ist ein schlechter, ein gehemmter Referent der Dialektik. Der
bessere Referent, durch seine Lage, ist das Proletariat.« (Brecht, Gesammelte Werke 20, 150f.) In der großen Fortsetzungsgeschichte der Dialektik hat
Brecht damit, wie immer man seine Deutung im Einzelnen beurteilen mag,
den mit Marx und Engels begonnenen Übergang in eine ›materialistische
Dialektik‹ markiert.

Vor diesem ›Übergang‹ sei ein kurzer, erläuternder Hinweis erlaubt:
Wir mussten uns hier auf die *Wissenschaft der Logik* beschränken (noch dazu
auf kleine Auszüge daraus). Dabei ist es unstrittig, dass eine Einbeziehung
auch von Hegels ›realphilosophischen‹ Arbeiten, etwa der *Grundlinien der*

Philosophie des Rechts (Werke 7) oder der dreibändigen *Vorlesungen über die Ästhetik* (Werke 13-15), ein weitaus reicheres Bild seines Dialektik-Verständnisses ermöglichen würde. Mit dieser unvermeidlichen Eingrenzung müssen wir zudem in Kauf nehmen, dass die Darstellung der Auseinandersetzung von Marx und Engels mit der Hegelschen Dialektik nicht zuletzt deshalb unzureichend bleiben muss, weil beide sich neben der *Logik* vor allem auch an Hegels Realphilosophie, insbesondere an der *Rechtsphilosophie* ›abgearbeitet‹ haben, die von uns nicht eigens thematisiert werden konnte. Das schränkt ein Urteil darüber ein, wie weit die entsprechende Marx-Engelssche Kritik an Hegel berechtigt ist oder nicht. Das Aussparen von Hegels Realphilosophie schränkt auch die Möglichkeit ein, die Beziehung zwischen den ›reinen‹ begrifflichen Strukturen der *Logik* und dem Gebrauch dieser Begriffe bei der Analyse empirischer Gegenstände von Einzelwissenschaften wie etwa der Politischen Ökonomie genauer zu bestimmen.

3.3
Marx-Engels-Teil

Da dies Buch keine Philosophiegeschichte ist, wird die philosophiehistorische Situation nach Hegels Tod 1831 hier nicht dargestellt. Bekanntlich spaltete sich Hegels Anhängerschaft in die sog. Alt- oder Rechtshegelianer einerseits (z. B. Karl Rosenkranz oder der liberale Rechtsphilosoph Eduard Gans, den Marx in Berlin gehört hatte) und in die Jung- oder Linkshegelianer andererseits (wie Ludwig Feuerbach, David Friedrich Strauss, Bruno Bauer oder Arnold Ruge). Zu Beginn gehörten auch Marx und Engels zu den Junghegelianern. Ihre eigene Position entwickelten sie in Auseinandersetzung mit diesen, und z. T. über diese vermittelt mit Hegel.

3.3.1 Marx
Auch wenn Marx mit Engels zeitlebens eng kooperierte und mit ihm nicht nur politisch, sondern auch in Theorie- und Methodenfragen in ständigem Austausch stand, ist es dennoch sinnvoll, beide in ihrem Dialektik-Verständnis zunächst getrennt zu betrachten. Wir beginnen mit *Karl Marx* (1818 – 1883).

Ohne Zweifel ist es Hegel, der für Marx in der Frage der Dialektik den entscheidenden Bezugspunkt darstellt, auch wenn er sich immer wieder mit

starken Worten von ihm abgrenzt. Marx sieht das philosophiegeschicht-
lich Revolutionäre an der Konzeption seines ›Lehrers‹ darin, dass mit dessen Philosophie ein begrifflich-theoretisch-methodisches Instrumentarium
vorliegt, das es erlaubt, die Welt als geschichtliche, und zwar als eine von
inneren Widersprüchen bewegte zu begreifen. Dies steht verbreiteten Vorstellungen entgegen, wonach, oft kombiniert mit dualistischen Denkweisen,
die Wirklichkeit und die bestehenden gesellschaftlichen Zustände als letztlich unveränderliche, unhistorische gelten. Insoweit bekennt sich Marx ausdrücklich zu Hegels dialektischer Denkmethode. Er kritisiert aber, was er
dessen ›idealistische‹ Auffassung des Prozesscharakters der Realität nennt –
mit dem *Geist* als zentralem Akteur der Geschichte, womit die entscheidende Basis in den materiellen Prozessen der (nichtmenschlichen wie menschlichen) *Natur* verkannt werde. – Was es mit diesem ›Idealismus‹-Vorwurf
gegen Hegel auf sich hat, wird zu prüfen sein.

Für Marx ergibt sich so das Programm, das ›Rationelle‹ in Hegels Denken aufzunehmen, das ›idealistisch Verkehrte‹ aber ›materialistisch umzu-
kehren‹. Der ›reife‹ Marx formuliert sein Verhältnis zur Hegelschen Dialektik im Nachwort zur 2. Auflage des *Kapital* so: »Meine dialektische Methode
ist der Grundlage nach von der Hegelschen nicht nur verschieden, sondern
ihr direktes Gegenteil. Für Hegel ist der Denkprozeß, den er sogar unter
dem Namen Idee in ein selbständiges Subjekt verwandelt, der Demiurg
des Wirklichen, das nur seine äußere Erscheinung bildet. Bei mir ist umgekehrt das Ideelle nichts andres als das im Menschenkopf umgesetzte und
übersetzte Materielle.« (MEW 23, 27) Er fährt fort: »Die mystifizierende
Seite der Hegelschen Dialektik habe ich vor beinah 30 Jahren, zu einer Zeit
kritisiert, wo sie noch Tagesmode war. [...] Die Mystifikation, welche die
Dialektik in Hegels Händen erleidet, verhindert in keiner Weise, daß er ihre
allgemeinen Bewegungsformen zuerst in umfassender und bewußter Weise
dargestellt hat. Sie steht bei ihm auf dem Kopf. Man muß sie umstülpen, um
den rationellen Kern in der mystischen Hülle zu entdecken.«

Die Fortsetzung des Zitats macht deutlich, worin für Marx sein Verständnis von Dialektik im Unterschied zu einer vermeintlich ›idealistisch-
mystifizierenden‹ Auffassung besteht: »In ihrer mystifizierten Form ward
die Dialektik deutsche Mode, weil sie das Bestehende zu verklären schien.
In ihrer rationellen Gestalt ist sie dem Bürgertum und seinen doktrinären
Wortführern ein Ärgernis und ein Greuel, weil sie in dem positiven Ver-

ständnis des Bestehenden zugleich auch das Verständnis seiner Negation, seines notwendigen Untergangs einschließt, jede gewordne Form im Flusse der Bewegung, also auch nach ihrer vergänglichen Seite auffaßt, sich durch nichts imponieren läßt, ihrem Wesen nach kritisch und revolutionär ist.« (Ebd. 27f.)

In seinem Verhältnis zu Hegel lassen sich verschiedene Phasen unterscheiden, wobei seine Hauptkritik – Hegels ›Idealismus‹ – sich durchgehalten hat. Es fragt sich, wie weit er seinen Anspruch, sein Programm, eine ›materialistische‹ Dialektik gegen die ›idealistische‹ Hegels zu entwickeln, eingelöst hat, vor allem aber wie er in seinen eigenen theoretischen Arbeiten (und nicht zuletzt – ohne dass hier darauf im einzelnen eingegangen werden kann – in seinem praktisch-politischen Handeln) dialektisches Denken praktiziert hat.

Die vor allem in neueren Forschungen (z. B. von Andreas Arndt oder von Sahra Wagenknecht) unterschiedenen Phasen des Marxschen Umgangs mit Hegel und mit der Dialektik im Besonderen kann man unterteilen 1. in die der Frühschriften und 2. in die späteren, vor allem dann die Arbeiten zur Politischen Ökonomie. Wenn man will, kann man dazwischen noch eine Zeit des Übergangs identifizieren, beginnend etwa mit den *Feuerbachthesen*.

3.3.1.1 Frühschriften

In den *Frühschriften*, z. B. in der Schrift *Zur Kritik der Hegelschen Rechtsphilosophie. Kritik des Hegelschen Staatsrecht* (1843) und in den *Ökonomisch-philosophischen Manuskripten* (1844), kritisiert Marx Hegels Philosophie vor allem aus der Perspektive der Junghegelianer und Feuerbachs. Beide Arbeiten blieben Fragment und wurden von Marx nie publiziert, möglicherweise weil er sie unbefriedigend fand.[38] Eine Veränderung lässt sich später im Kontext von Marx' *Studien zur politischen Ökonomie* feststellen, wozu u. a. Andreas Arndt geforscht und publiziert hat.

Auf die genauere Analyse der *Frühschriften* muss hier verzichtet werden.[39] Eine solche hätte insbesondere die Marxsche Auseinandersetzung

---

38 Auf Marx' Hegelrezeption in den Manuskripten beschränkt sich die Arbeit von Wagenknecht.

39 Zu verweisen ist auf die zahlreichen Studien dazu, von den neueren insbesondere auf die von Sahra Wagenknecht und Andreas Arndt.

mit der Hegelschen Rechtsphilosophie zu thematisieren. Demgegenüber
soll hier der Schwerpunkt auf die späteren Schriften von Marx gelegt werden. Wir beschränken uns darum auf wenige Bemerkungen zu dieser frühen Phase.

So sehr sich Marx die Religionskritik Feuerbachs zu eigen macht und
die Religion als ›verkehrtes Weltbewußtsein‹ einer ›verkehrten Welt‹ begreift, ist doch seine dialektische Sicht der Religion bemerkenswert, wenn
er in der 1844 publizierten Einleitung *Zur Kritik der Hegelschen Rechtsphilosophie* schreibt: »Das *religiöse* Elend ist in einem der *Ausdruck* des wirklichen
Elends und in einem die *Protestation* gegen das wirkliche Elend« (MEW 1,
378), womit er den Doppelcharakter der Religion erfasst, worin ihm z. B.
auch Engels folgt. Dass insgesamt gesehen die Kritik des jungen Marx Hegels Position nicht gerecht wird, da sie u. a. noch stark bestimmt ist von
dem Feuerbachschen Konzept eines ungeschichtlichen, insofern abstrakten
Menschen (als Gattungswesen), das zeigen etwa die Studien von Wagenknecht und von Arndt, worauf hier nur verwiesen wird. Gleichwohl finden
sich z. B. in den *Ökonomisch-philosophischen Manuskripten* (MEW Ergänzungs-
band 1, 465-588) bemerkenswerte Einsichten, die Marx insbesondere aus
der Lektüre der *Phänomenologie* als der »wahren Geburtsstätte und dem Geheimnis der Hegelschen Philosophie« (ebd. 571) gewonnen hat, etwa über
die Rolle der Arbeit, so wenn er schreibt: »Das Große an der Hegelschen
›Phänomenologie‹ und ihrem Endresultate – der Dialektik der Negativität als dem bewegenden und erzeugenden Prinzip – ist also einmal, dass
Hegel die Selbsterzeugung des Menschen als einen Prozess fasst, die Ver-
gegenständlichung als Entgegenständlichung, als Entäußerung und als Aufhebung dieser Entäußerung, dass er also das Wesen der Arbeit fasst und
den gegenständlichen Menschen, wahren, weil wirklichen Menschen, als
Resultat seiner eignen Arbeit begreift.« (Ebd. 574) Marx hat hier Hegels
über Feuerbach hinausweisende Bedeutung darin gesehen, dass er den
Menschen als praktisch-tätiges, sich damit selbst hervorbringendes Wesen
begreift, und dies als geschichtlich werdendes, wobei die zentrale Rolle der
Kategorie der Arbeit und der historische Charakter des menschlichen Wesens eine Einheit bilden (vgl. Wagenknecht, ebd. 18). Die Bedeutung dieses
›Lernergebnisses‹ aus der frühen Hegellektüre wird auch nicht durch Marx'
problematische Behauptung gemindert, dass Hegel die Arbeit nur als abs-
trakt-geistige, den Menschen als reines Gedankenwesen, als ›Selbstbewusst-

sein‹, und die Geschichte als Denkprozess fasse, insofern eine Verkehrung der tatsächlichen Verhältnisse, von Subjekt und Objekt vornehme, ein Argument, das auch Feuerbach in seiner Religionskritik vorträgt.

Im versuchten Nachweis eines inneren Zusammenhangs zwischen abstraktem Menschenbild und ›unkritischem Positivismus‹ liege, so Wagenknecht, ein Schwerpunkt der Marxschen Hegelkritik in den »Manuskripten« (Wagenknecht 24). Dagegen zeige eine genauere Analyse, dass, anders als die junghegelianische Kritik unterstellt, das Selbstbewusstsein bei Hegel keineswegs für das Wesen des Menschen steht, sondern eine spezifische Stufe menschlicher Bewusstseinsentwicklung bezeichnet, in der sich der Mensch seiner als abstrakt isoliertem Einzelnem bewusst wird (ebd. 40). Wagenknechts Resümee lautet: Der junge Marx argumentiert wesentlich im Sinne Feuerbachs, indem er der realen Gesellschaft und Politik abstrakte Postulate entgegenstellt. Er entwickelt die Fragen nicht konkret-historisch, vermittelt sie nicht mit den realen Verhältnissen, wie er das in seinen späteren Arbeiten tut, sondern setzt sie als Imperative, als bloße Umkehrungen dem Gegebenen entgegen. (Vgl. ebd. 162)

Eine Überwindung der Beschränkungen der *Manuskripte* und einen Übergang zu Marx' späteren Positionen sieht Wagenknecht (ebd. 201) dann in den *Thesen über Feuerbach* (1845) und in der *Deutschen Ideologie* (1845/46), Einsichten, die dann weiter konkretisiert wurden in der *Einleitung zur Kritik der politischen Ökonomie* (1859), besonders im Methodenkapitel (vgl. MEW 13, 615ff.).

In einem Brief an Engels vom 16.1.1858 merkt Marx an, dass er Hegels *Logik* wieder »durchgeblättert« und dass er »große Lust« habe, irgendwann auf ein paar Seiten das »*Rationelle* an der Methode, die H[egel] entdeckt, aber zugleich mystifiziert hat, dem gemeinen Menschenverstand zugänglich zu machen« (MEW 29, 260), wozu er aber nicht mehr gekommen ist. Aufschlussreiches zur Methode findet sich auch in den *Theorien über den Mehrwert.* Marx kritisiert dort die rein analytische Methode der klassischen Nationalökonomie, ohne dass die besonderen Formen der Wertsubstanz entwickelt würden. Deutlich wird, dass sich das Methodenkonzept des reifen Marx wesentlich auf die Methode Hegels gründet. – Die spätere Hegel-Rezeption von Marx im Kontext der politischen Ökonomie wird vor allem durch die Arbeiten von Arndt weiter vertieft (siehe dazu auch den *Arndt-Teil*).

3.3.1.2 Schriften im Übergang zur Politischen Ökonomie

Wir beschränken uns hier auf drei Texte, die Marx zwischen 1845 und 1852 geschrieben hat, also zwischen den eigentlichen Frühschriften und den späteren Arbeiten zur Politischen Ökonomie.

3.3.1.2.1 *Thesen über Feuerbach* (1845)

In den der Selbstverständigung dienenden, von ihm nicht publizierten elf Thesen über Feuerbach (MEW 3, 5-7) fasst Marx in komprimierter Form seine Kritik an dem Feuerbachschen Materialismus zusammen und skizziert in Abgrenzung zu diesem sein gleichermaßen theoretisches wie praktisches Programm des ›neuen Materialismus‹. Die Thesen zeigen sein dialektisches Herangehen und stellen indirekt zugleich eine Referenz zu Hegel dar.

So hebt Marx in *These 1* gegen Feuerbach die aktive, tätige Seite in seinem Verständnis der Wirklichkeit hervor: Er bestimmt die Praxis als gegenständliche, materielle, revolutionäre Tätigkeit und würdigt damit bei aller Kritik an Hegels Idealismus die von diesem hervorgehobene Rolle des tätigen Subjekts gegenüber Feuerbachs Betonung der bloß sinnlichen Anschauung. (Vgl. ebd.)

Bestimmte Entgegensetzungen, so *These 3,* wonach zunächst die Menschen (durch Erziehung) verändert werden müssten, bevor die Verhältnisse verändert werden könnten – oder auch umgekehrt –, gelten ihm als undialektisch, denn beide abstrakt gefassten Extreme bilden eine Einheit in der revolutionären Praxis, in der die Verhältnisse und die Menschen zugleich verändert werden bzw. sich verändern. (Vgl. ebd.) In der 1845–1846 zusammen mit Engels verfassten »Deutschen Ideologie« kehrt dieser Gedanke z. B. auch wieder in der Dialektik von Verhalten und Verhältnissen (vgl. MEW 3, 423).

Das verkehrte Bewusstsein in Gestalt der von Feuerbach diagnostizierten »religiösen Selbstentfremdung« müsse, so *These 4,* aus der real verkehrten Welt, aus deren »Sichselbstwidersprechen« erklärt, »in ihrem Widerspruch verstanden« (MEW 3, 6) werden; und weil die Verdopplung der Welt in der Religion aus der Widersprüchlichkeit der weltlich-gesellschaftlichen Grundlage resultiert, genügt es nicht, diese als den Kern von jener bloß zu entlarven. Vielmehr müsse diese Grundlage praktisch revolutioniert werden, wozu das Denken allein – auch das ›richtige‹ – nicht ausreicht; es müsse sich vielmehr mit materiellen Kräften verbinden. – Dieser Gedanke

taucht auch in der Einleitung *Zur Kritik der Hegelschen Rechtsphilosophie* auf:
»[D]ie materielle Gewalt muß gestürzt werden durch materielle Gewalt«,
was dann eine bemerkenswerte erläuternde Fortsetzung erfährt, wenn es
heißt: »[A]llein auch die Theorie wird zur materiellen Gewalt, sobald sie
die Massen ergreift.« (MEW 1, 385)

Gegen Feuerbach betont Marx in *These 6*: »das menschliche Wesen ist
kein dem einzelnen Individuum inwohnendes Abstraktum. In seiner Wirklichkeit ist es das ensemble der gesellschaftlichen Verhältnisse.« (MEW 3,
6) Im Ausdruck »in seiner Wirklichkeit« klingt der zentrale Gedanke Hegels an, dass das Wesen erscheinen, sich realisieren muss, nicht im innerlichen ›Ansich‹ bleiben kann. Gegen eine ungeschichtlich-ungesellschaft-
liche Betrachtungsweise betont Marx, dass das ›menschliche Wesen‹ nicht
eine abstrakte ›Natur des Menschen‹ darstellt, sondern zu verstehen ist als
die Gesamtheit der jeweils historisch konkret bestimmten gesellschaftlichen
Beziehungen. Marx begreift es als das Ganze der aufeinander bezogenen,
wirkenden gesellschaftlichen Individuen, die in ihrem Wirken bestimmte
Verhältnisse und reale Produkte hervorbringen. Es sind die gesellschaftlichen Individuen, die dieses Ganze konstituieren, das wiederum die einzelnen Individuen prägt sowie den Rahmen ihres Handelns bestimmt.

These 10 betont die neue Universalität: »Der Standpunkt des alten Materialismus ist die bürgerliche Gesellschaft; der Standpunkt des neuen die
menschliche Gesellschaft, oder die gesellschaftliche Menschheit.« (Ebd. 7)
Die Perspektive des ›neuen Materialismus‹ ist nicht partikulär (z. B. bürger-
lich), sondern auf die Menschheit insgesamt bezogen, womit Hegels ›Das
Wahre ist das Ganze‹ eine neue Facette gewinnt.

Marx' skizzierter Entwurf für sein Selbstverständnis endet mit der pointiert formulierten *These 11,* der Quintessenz für einen ›tätigen‹, statt bloß
kontemplativen Materialismus: »Die Philosophen haben die Welt nur verschieden *interpretiert*; es kömmt drauf an, sie zu *verändern.*« (Ebd.) Weil das
bloße Interpretieren eine Tätigkeit des Denkens ist, das als solches die Welt
noch nicht materiell verändert, müsse die praktische, revolutionäre Tätigkeit hinzukommen. Diese bedarf freilich, um wirksam zu sein, der zutref-
fenden Analyse durch das Denken, somit auch der ›Interpretation‹ (was
selbstverständlich vorausgesetzt ist). Denn der Verzicht aufs Interpretieren
und Verstehen der Widersprüche wäre ansonsten selbst wieder eine Einseitigkeit, die dem dialektischen Charakter der Thesen widerspräche, für

welche die Einheit von Objektivem und Subjektivem, von Materiellem und Ideellem, von Begreifen und Handeln konstitutiv ist.

3.3.1.2.2 *Das Elend der Philosophie* (1847)

Diese Schrift ist eine Antwort auf Proudhons 1846 erschienenes Buch *Philosophie des Elends*. Da dieser bei seiner Darstellung der politischen Ökonomie sich u. a. auch auf Hegels Dialektik bezieht, kommt Marx in der Kritik des Proudhon-Buches nebenher auch auf Hegel zu sprechen, ohne dass dieser im Zentrum steht. »Ganz sicher hat Herr Proudhon den Franzosen einen Schreck einjagen wollen, indem er ihnen quasi Hegelsche Phrasen an den Kopf warf. Wir haben also mit zwei Männern zu tun: zuerst mit Herrn Proudhon und dann mit Hegel.« (MEW 4, 126)

Der Text trägt zwar nicht viel bei zur Klärung des Problems, wie Marx damals zu Hegel und zu dessen dialektischer Methode stand. Und die Hegel-Kritik, die hier eher beiläufig erfolgt, da im Zentrum Proudhon steht, unterscheidet sich nicht wesentlich von derjenigen, die Marx in seinen frühen Arbeiten übt. Davon abgesehen liegt aber die Stärke des Textes darin, dass Marx hier schon sehr weitgehend die Elemente seiner (mit Engels geteilten) historisch-materialistischen Geschichtsauffassung skizziert sowie Grundlegendes zur politischen Ökonomie.

Er wirft Proudhon vor, dass er – statt von der Analyse auszugehen – schematisch die Abstraktionen der Hegelschen Kategorien benutze, wonach »jedes Ding sich als logische Kategorie darstellt« (ebd. 127). Und: »Hat man erst in den logischen Kategorien das Wesen aller Dinge gefunden, so bildet man sich ein, in der logischen Formel der Bewegung die *absolute Methode* zu finden, die nicht nur alle Dinge erklärt, sondern die auch die Bewegung der Dinge umfaßt.« (Ebd. 128) Zur ›absoluten Methode‹ bringt Marx ein vermeintliches Zitat aus Hegels *Logik*, wobei er hier offenbar eine Passage aus deren Schlusskapitel über die Methode paraphrasiert, wenn er schreibt: »Die Methode ist die absolute, die einzige, die höchste, unendliche Kraft, der kein Ding widerstehen kann. Sie ist die Tendenz der Vernunft, sich selbst in jedem Dinge wiederzufinden, wiederzuerkennen.« (Ebd.) Als Beleg nennt Marx dort: »*Logik*«, Bd. III, 320-321 (vgl. dazu Hegel, Werke 6, 551f.).

Marx fährt fort: »Was Hegel für die Religion, das Recht etc. getan hat, sucht Herr Proudhon für die politische Ökonomie zu tun.« (MEW 4, 128)

Dabei persifliert er die vermeintlichen Hegelschen Auffassungen: »Was ist somit diese absolute Methode? Die Abstraktion der Bewegung. Was ist die Abstraktion der Bewegung? Die Bewegung im abstrakten Zustande. Was ist die Bewegung im abstrakten Zustande? Die rein logische Formel der Bewegung oder die Bewegung der reinen Vernunft. Worin besteht die Bewegung der reinen Vernunft? Sich zu setzen, sich sich selbst entgegenzusetzen, und schließlich wieder sich mit sich selbst in eins zu setzen, sich als These, Antithese, Synthese zu formulieren, oder schließlich sich zu setzen, sich zu negieren und ihre Negation zu negieren.« (Ebd.) »Aber, einmal dahin gelangt, sich als These zu setzen, spaltet sich diese These, indem sie sich selbst entgegenstellt, in zwei widersprechende Gedanken, in Positiv und Negativ, in Ja und Nein. Der Kampf dieser beiden gegensätzlichen, in der Antithese enthaltenen Elemente bildet die dialektische Bewegung.« (Ebd. 128f.)

Bis jetzt, so Marx, habe er sich nur mit der »Dialektik Hegels auseinandergesetzt; wir werden später sehen, wie Herr Proudhon es fertigbringt, sie auf das kläglichste Maß herunterzubringen.« (Ebd. 129) Und Hegel karikierend heißt es dann: »So ist für Hegel alles, was geschehen ist und noch geschieht, genau das, was in seinem eigenen Denken vor sich geht.« Wer so vorgehe, glaube, »die Welt mittelst der Bewegung des Gedankens konstruieren zu können, während er nur die Gedanken, die in jedermanns Kopf sind, systematisch rekonstruiert und nach der absoluten Methode klassifiziert.« (Ebd. 130) Proudhon »stellt als echter Philosoph die Dinge auf den Kopf und sieht in den wirklichen Verhältnissen nur die Fleischwerdung jener Prinzipien, jener Kategorien«. Jedoch: Die Kategorien sind »ebensowenig ewig wie die Verhältnisse, die sie ausdrücken. Sie sind *historische, vergängliche, vorübergehende Produkte.*«

Und weiter: »Sehen wir nunmehr, welchen Änderungen Herr Proudhon die Dialektik Hegels unterwirft, sobald er sie auf die politische Ökonomie anwendet.« (Ebd. 131) Proudhons Versuch kritisierend, ›gute und schlechte Seiten‹ der kapitalistischen Ökonomie voneinander zu trennen, schreibt Marx zutreffend: »Was die dialektische Bewegung ausmacht, ist gerade das Nebeneinanderbestehen der beiden entgegengesetzten Seiten, ihr Widerstreit und ihr Aufgehen in eine neue Kategorie. Sowie man sich nur das Problem stellt, die schlechte Seite auszumerzen, schneidet man die dialektische Bewegung entzwei.« (Ebd. 133) Bei aller nebenbei geübten Hegelkritik moniert Marx immer wieder bei Proudhon, dass dieser in seinem *opus* unter

das Niveau der Hegelschen Dialektik zurückfalle (so z. B. in der 5. Bemerkung: »Die Dialektik des Herrn Proudhon schlägt der Dialektik Hegels ein
Schnippchen«, ebd. 134).

In der 7. Bemerkung zeigt Marx dann positiv, wie man die Darstellung
der politischen Ökonomie angehen müsse, wobei er Elemente anführt, die
dann später im bekannten *Vorwort zur Kritik der politischen Ökonomie* zusammengefasst sind (vor allem MEW 13, 8f.). Er schreibt: Solange der Kapitalismus noch nicht voll entwickelt ist, seien dessen theoretische Kritiker »nur
Utopisten, die, um den Bedürfnissen der unterdrückten Klassen abzuhelfen,
Systeme ausdenken und nach einer regenerierenden Wissenschaft suchen.
Aber in dem Maße, wie die Geschichte vorschreitet und mit ihr der Kampf
des Proletariats sich deutlicher abzeichnet, haben sie nicht mehr nötig, die
Wissenschaft in ihrem Kopfe zu suchen; sie haben nur sich Rechenschaft
abzulegen von dem, was sich vor ihren Augen abspielt, und sich zum Organ
desselben zu machen. [...] Von diesem Augenblick an wird die Wissenschaft
bewußtes Erzeugnis der historischen Bewegung, und sie hat aufgehört, dok-
trinär zu sein, sie ist revolutionär geworden.« (MEW 4, 143)

Gegen Ende des Textes, wo es um das Bewusstwerden des Proletariats
im Blick auf seine Klassenlage geht, greift Marx auf die Hegelschen Kategorien des ›an sich‹ und ›für sich‹ zurück: »Die ökonomischen Verhältnisse haben zuerst die Masse der Bevölkerung in Arbeiter verwandelt. Die
Herrschaft des Kapitals hat für diese Masse eine gemeinsame Situation,
gemeinsame Interessen geschaffen. So ist diese Masse bereits eine Klasse
gegenüber dem Kapital, aber noch nicht für sich selbst. In dem Kampf
[...] findet sich diese Masse zusammen, konstituiert sie sich als Klasse für
sich selbst. Die Interessen, welche sie verteidigt, werden Klasseninteres-
sen. Aber der Kampf von Klasse gegen Klasse ist ein politischer Kampf.«
(Ebd. 180f.) Die historische Perspektive werde dann über die Klassengesell-
schaft hinausführen: »Die arbeitende Klasse wird im Laufe der Entwicklung
an die Stelle der alten bürgerlichen Gesellschaft eine Assoziation setzen,
welche die Klassen und ihren Gegensatz ausschließt, und es wird keine
eigentliche politische Gewalt mehr geben, weil gerade die politische Gewalt
der offizielle Ausdruck des Klassengegensatzes innerhalb der bürgerlichen
Gesellschaft ist.« (Ebd. 182)

Der Text endet wie folgt: »Nur bei einer Ordnung der Dinge, wo es
keine Klassen und keinen Klassengegensatz gibt, werden die *gesellschaftli-*

chen Evolutionen aufhören, *politische Revolutionen* zu sein. Bis dahin«, so Marx, indem er seine Arbeit mit einem Zitat von George Sand[40] aus deren Einleitung zu ihrem historischem Roman »Jean Ziska« beschließt, »wird am Vorabend jeder allgemeinen Neugestaltung der Gesellschaft das letzte Wort der sozialen Wissenschaft stets lauten: ›Kampf oder Tod; blutiger Krieg oder das Nichts. So ist die Frage unerbittlich gestellt.‹« (Ebd.)

3.3.1.2.3 *Der achtzehnte Brumaire des Louis Bonaparte* (1852)

Es geht in dem Text um die Ereignisse in Frankreich im Zusammenhang mit dem Staatsstreich Napoleons III. Aus dem Komplex von diversen mit- und gegeneinander agierenden politischen, sozialökonomischen und ideologischen Kräften und Strömungen versucht Marx, die einzelnen ›Fäden‹ dieses Knäuels heraus zu präparieren, ihre Veränderungen im zeitlichen Verlauf der krisenhaften Lage in der Wechselwirkung mit den anderen ›Vektoren‹ im Parallelogramm der Kräfte zu verfolgen und so ein strukturiertes Gesamtbild der widersprüchlichen Konstellation zu zeichnen. Durch die genaue Bestimmung der einzelnen Momente und deren Interagieren wird schließlich die Gesamtsituation als das ›Konkret-Allgemeine‹ in ihrer Besonderheit und Dynamik begreiflich. Methodisch betrachtet ist das Vorgehen von Marx ein ›Aufsteigen vom Abstrakten zum Konkreten‹: von den einzelnen, für sich betrachtet ›abstrakten‹ Momenten (den gesellschaftlichen Kräften und Institutionen) ausgehend, skizziert er ihr Zusammenwirken mit den übrigen Momenten. Faktisch, wenn auch nicht ausdrücklich, demonstriert Marx hier die dialektische Analyse einer konkreten gesellschaftlichen Kräftekonstellation. Werfen wir einige kurze Blicke auf diese Analyse!

Zum Einstieg wird Hegel zitiert, der irgendwo bemerkt habe, »daß alle großen weltgeschichtlichen Tatsachen und Personen sich sozusagen zweimal ereignen.[41] Er hat vergessen, hinzuzufügen: das eine Mal als Tragödie,

---

40   George Sand (1804-1876), die eigentlich Amantine Aurore Lucile Dupin de Francueil hieß, war eine französische Schriftstellerin, die sich in ihren Publikationen und durch ihre Lebensweise für sozialkritische und für – aus heutiger Sicht – ›feministische‹ Ziele einsetzte. So publizierte sie unter einem Männernamen, trug männliche Kleidung und nahm das Recht auf sexuelle Freiheit für sich in Anspruch; sie rebellierte gegen die den Frauen im 19. Jahrhundert durch die Ehe als Institution auferlegten Beschränkungen, und sie forderte die gleichberechtigte Teilhabe aller Klassen an den gesellschaftlichen Gütern.

41   Vgl. Hegels Vorlesungen über die Philosophie der Geschichte, Werke 12, 380.

das andere Mal als Farce.« (MEW 8, 115) Marx fährt dann fort, indem er am
Einzelnen und Besonderen der damaligen Situation Allgemeines aufzeigt
und damit Elemente eines ›Historisch-Logischen‹: »Die Menschen machen
ihre eigene Geschichte, aber sie machen sie nicht aus freien Stücken, nicht
unter selbstgewählten, sondern unter unmittelbar vorgefundenen, gegebenen und überlieferten Umständen.« Den Einstiegssatz von der ›Farce‹ und
von den historischen Kostümierungen erläutert er so: »Die Tradition aller
toten Geschlechter lastet wie ein Alp auf dem Gehirne der Lebenden. Und
wenn sie eben damit beschäftigt scheinen, sich und die Dinge umzuwälzen,
noch nicht Dagewesenes zu schaffen, gerade in solchen Epochen revolu-
tionärer Krise beschwören sie ängstlich die Geister der Vergangenheit zu
ihrem Dienste herauf, entlehnen ihnen Namen, Schlachtparole, Kostüm,
um in dieser altehrwürdigen Verkleidung und mit dieser erborgten Sprache
die neue Weltgeschichtsszene aufzuführen.« (Ebd.)

Der zeitliche Rahmen der damaligen Situation in Frankreich erstreckt
sich vom Februar 1848 bis zum 2. Dezember 1851 (ebd. 120); an späterer
Stelle (ebd. 192ff.) werden die Hauptereignisse und ihre Entwicklung nochmal ausführlicher aufgelistet. Seinen Blick richtet Marx immer wieder vor
allem auf die Brüche und Widersprüche. So schreibt er etwa: »Jeder Para-
graph der Konstitution enthält [...] seine eigene Antithese, sein eignes Über-
und Unterhaus in sich, nämlich in der allgemeinen Phrase die Freiheit, in
der Randglosse die Aufhebung der Freiheit.« (Ebd. 127) Und: Die Periode
vom Mai 1849 bis zum Dezember 1851, »die Lebensdauer der *konstitutionellen oder parlamentarischen Republik,* [...] umfaßt das bunteste Gemisch schrei-
ender Widersprüche: Konstitutionelle, die offen gegen die Konstitution
konspirieren, Revolutionäre, die eingestandenermaßen konstitutionell sind,
eine Nationalversammlung, die allmächtig sein will und stets parlamenta-
risch bleibt; eine Montagne, die im Dulden ihren Beruf findet und durch
die Prophezeiung künftiger Siege ihre gegenwärtige Niederlagen pariert;
Royalisten, die [...] durch die Situation gezwungen werden, die feindlichen
Königshäuser, denen sie anhängen, im Auslande, und die Republik, die sie
hassen, in Frankreich zu halten; [...] eine Republik, die nichts anderes ist als
die zusammengesetzte Infamie zweier Monarchien, der Restauration und
der Julimonarchie«. Er diagnostiziert »Gegensätze, die sich selbst periodisch
nur auf die Höhe zu treiben scheinen, um sich abzustumpfen und zusam-
menzufallen, ohne sich auflösen zu können« (ebd. 135f.).

Die verwirrende Oberfläche der Ereignisse verhüllt die wesentlichen Triebkräfte: »Vor einer nähern Betrachtung der Situation und der Parteien verschwindet indes dieser oberflächliche Schein, der den *Klassenkampf* und die eigentümliche Physiognomie dieser Periode verschleiert. [...] Was also diese Fraktionen auseinanderhielt, es waren keine sogenannten Prinzipien, es waren ihre materiellen Existenzbedingungen, zwei verschiedene Arten des Eigentums, es war der alte Gegensatz von Stadt und Land, die Rivalität zwischen Kapital und Grundeigentum.« (Ebd. 138f.) Dass die maßgebenden Widersprüche dabei vielfach von allerlei Zufälligem überlagert werden, gehört zur Eigenart historischer Ereignisse: »Daß gleichzeitig alte Erinnerungen, persönliche Feindschaften, Befürchtungen und Hoffnungen, Vorurteile und Illusionen, Sympathien und Antipathien, Überzeugungen, Glaubensartikel und Prinzipien sie an das eine oder das andere Königshaus banden, wer leugnet es?« (Ebd. 139)

Es sind konkrete Einzelanalysen, auf deren Basis Marx theoretische Verallgemeinerungen entwickelt: »Auf den verschiedenen Formen des Eigentums, auf den sozialen Existenzbedingungen erhebt sich ein ganzer Überbau verschiedener und eigentümlich gestalteter Empfindungen, Illusionen, Denkweisen und Lebensanschauungen. Die ganze Klasse schafft und gestaltet sie aus ihren materiellen Grundlagen heraus und aus den entsprechenden gesellschaftlichen Verhältnissen. Das einzelne Individuum, dem sie durch Tradition und Erziehung zufließen, kann sich einbilden, daß sie die eigentlichen Bestimmungsgründe und den Ausgangspunkt seines Handelns bilden.« [...] Noch mehr als »im Privatleben« müsse man, »in geschichtlichen Kämpfen die Phrasen und Einbildungen der Parteien von ihrem wirklichen Organismus und ihren wirklichen Interessen, ihre Vorstellungen von ihrer Realität unterscheiden.« (Ebd. 139)

So charakterisiert er die sich neu herausbildende Sozial-Demokratie: »Den sozialen Forderungen des Proletariats ward die revolutionäre Pointe abgebrochen und eine demokratische Wendung gegeben, den demokratischen Ansprüchen des Kleinbürgertums die bloß politische Form abgestreift und ihre sozialistische Pointe herausgekehrt. So entstand die *Sozial-Demokratie*. [...] Der eigentümliche Charakter der Sozial-Demokratie faßte sich dahin zusammen, daß demokratisch-republikanische Institutionen als Mittel verlangt werden, nicht um zwei Extreme, Kapital und Lohnarbeit, beide aufzuheben, sondern um ihren Gegensatz abzuschwächen und in

Harmonie zu verwandeln.« (Ebd. 141) Man könne dabei feststellen: »der Demokrat, weil er das Kleinbürgertum vertritt, also eine *Übergangsklasse*, worin die Interessen zweier Klassen sich zugleich abstumpfen, dünkt sich über den Klassengegensatz überhaupt erhaben.« (Ebd. 144)

In der Darstellung der Klassenkonstellation wird u. a. der Widerspruch zwischen dem materiellen und dem politischen Interesse der Bourgeoisie skizziert (ebd. 150ff.). »So war die französische Bourgeoisie durch ihre Klassenstellung gezwungen, einerseits die Lebensbedingungen einer jeden, also auch ihrer eigenen parlamentarischen Gewalt zu vernichten, andererseits die ihr feindliche Exekutivgewalt unwiderstehlich zu machen.« (Ebd. 151) Und: »Die Bourgeoisie hatte die richtige Einsicht, daß alle Waffen, die sie gegen den Feudalismus geschmiedet, ihre Spitzen gegen sie selbst kehrten, daß alle Bildungsmittel, die sie erzeugt, gegen ihre eigne Zivilisation rebellierten [...]. Sie begriff, daß alle sogenannten bürgerlichen Freiheiten und Fortschrittsorgane ihre *Klassenherrschaft* zugleich an der gesellschaftlichen Grundlage und an der politischen Spitze angriffen und bedrohten, also ›sozialistisch‹ geworden waren.« (Ebd. 153)

Vor dem Hintergrund der Faschismuserfahrungen des 20. Jahrhunderts bot der *18. Brumaire* für manche einen Bezugspunkt bei den Diskussionen über den sog. Bonapartismus, über Formen einer verselbständigten Staatsgewalt und über die Rolle und soziale Zusammensetzung der Schlägertruppen, auf die sich entsprechende reaktionäre Bewegungen stützten und stützen. Thematisiert wird dies Problem bei der Analyse der *»Gesellschaft des 10. Dezember«* (ebd. 160), der Organisation, auf die Napoleon III bei seinem Staatsstreich zurückgriff, wobei Marx den nicht unproblematischen Begriff des *Lumpenproletariats*[42] verwendet: »Diese Gesellschaft datiert vom Jahre

---

42 Zum Hintergrund: 1848 war zur Niederschlagung des Pariser Juniaufstands durch Dekret die »Mobilgarde« geschaffen worden, die Marx entsprechend kennzeichnete. Im *Kapital* (1867) taucht der Begriff »Lumpenproletariat« bei der detaillierten Beschreibung des Pauperismus auf und bezeichnet dort Deklassierte, die aus dem Milieu und Zusammenhang der Arbeiterklasse herausgefallen sind, bestehend aus »Vagabunden, Verbrechern, Prostituierten, kurz dem eigentlichen Lumpenproletariat« (MEW 23, 673), negativ konnotiert durch die teilweise Nähe zum kriminellen Milieu. Engels knüpft in einer Vorbemerkung von 1870 zu seiner Arbeit »Der deutsche Bauernkrieg« an die im 18. Brumaire gebrauchte Verwendung des Begriffs an, wenn er vom Lumpenproletariat als dem »Abhub der verkommenen Subjekte aller Klassen« (MEW 7, 536) spricht: »Dies Gesindel ist absolut käuflich und absolut zudringlich.« Die französischen Arbeiter hätten mit Recht »sich diese Bande vom

1849. Unter dem Vorwande, eine Wohltätigkeitsgesellschaft zu stiften, war das Pariser Lumpenproletariat in geheime Sektionen organisiert worden, jede Sektion von einem bonapartistischen Agenten geleitet, an der Spitze ein bonapartistischer General.«[43] Damit »bildete Bonaparte den Stock der Gesellschaft vom 10. Dezember. [...] Dieser Bonaparte, der sich als *Chef des Lumpenproletariats* konstituiert, der hier allein in massenhafter Form die Interessen wiederfindet, die er persönlich verfolgt, der in diesem Auswurf, Abfall, Abhub aller Klassen die einzige Klasse erkennt, auf die er sich unbedingt stützen kann, er ist der wirkliche Bonaparte, der Bonaparte sans phrase. [...] In seiner Gesellschaft vom 10. Dezember sammelt er 10000 Lumpenkerls, die das Volk vorstellen müssen« (ebd. 160f.).

Abgesehen von denen, aus welchen sich diese Schlägertruppe rekrutierte, sieht Marx die reale soziale Massenbasis von Napoleon III in den französischen Parzellenbauern: »Erst unter dem zweiten Bonaparte scheint sich der Staat völlig verselbständigt zu haben. [...] Und dennoch schwebt die Staatsgewalt nicht in der Luft. Bonaparte vertritt eine Klasse, und zwar die zahlreichste Klasse der französischen Gesellschaft, die *Parzellenbauern*.« (Ebd. 197f.)

Es folgt dann eine glänzende Analyse dieser sozialen Schicht der Parzellenbauern, die einerseits eine Klasse, andererseits keine Klasse bilden: »Insofern Millionen von Familien unter ökonomischen Existenzbedingungen leben, die ihre Lebensweise, ihre Interessen und ihre Bildung, von denen der andern Klassen trennen und ihnen feindlich gegenüberstellen, bilden sie eine Klasse. Insofern ein nur lokaler Zusammenhang unter den Parzellenbauern besteht, die Dieselbigkeit ihrer Interessen keine Gemeinsamkeit,

---

Hals« gehalten. »Jeder Arbeiterführer, der diese Lumpen als Garde verwendet oder sich auf sie stützt, beweist sich schon dadurch als Verräter an der Bewegung« (ebd.). Siehe dazu und zur Kritik an diesem Begriff bei Sozialarbeitenden: Sorg, Kapitalismus und Soziale Arbeit, in: UTOPIE kreativ, H. 194 (Dezember 2006), 1096-1108.

43 Im einzelnen setzte sich diese Gruppierung, wie Marx detailliert auflistet, wie folgt zusammen: »Neben zerrütteten Roués [Wüstlingen] mit zweideutigen Subsistenzmitteln von zweideutiger Herkunft, neben verkommenen und abenteuernden Ablegern der Bourgeoisie Vagabunden, entlassene Soldaten, entlassene Zuchthaussträflinge, entlaufene Galeerensklaven, Gauner, Gaukler, Lazzaroni, Taschendiebe, Taschenspieler, Spieler, Maquereaus [Zuhälter], Bordellhalter, Lastträger, Literaten, Orgeldreher, Lumpensammler, Scherenschleifer, Kesselflicker, Bettler, kurz, die ganze unbestimmte, aufgelöste, hin- und hergeworfene Masse, die die Franzosen la bohème nennen« (ebd. 160f.).

keine nationale Verbindung und keine politische Organisation unter ihnen
erzeugt, bilden sie keine Klasse.« (Ebd. 198)

Die präzise soziologische Analyse erleichtert es, das widersprüchliche,
faktisch reaktionäre politische Verhalten dieser Bevölkerungsgruppe zu verstehen: »Sie sind daher unfähig, ihr Klasseninteresse im eigenen Namen,
sei es durch ein Parlament, sei es durch einen Konvent geltend zu machen.
Sie können sich nicht vertreten, sie müssen vertreten werden. Ihr Vertreter
muß zugleich als ihr Herr, als eine Autorität über ihnen erscheinen, als eine
unumschränkte Regierungsgewalt, die sie vor den andern Klassen beschützt
und ihnen von oben Regen und Sonnenschein schickt. Der politische Einfluß der Parzellenbauern findet also darin seinen letzten Ausdruck, daß die
Exekutivgewalt sich die Gesellschaft unterordnet.« (Ebd. 198f.)

Als das schließliche Resultat stellte sich dann heraus: »Mit der fortschreitenden Zerrüttung des Parzelleneigentums bricht das auf ihm aufgeführte
Staatsgebäude zusammen. [...] So rief die französische Bourgeoisie nach
dem coup d'état: Nur noch der Chef der Gesellschaft vom 10. Dezember
kann die bürgerliche Gesellschaft retten!« (Ebd. 203f.) Bonaparte als die
verselbständigte Macht der Exekutivgewalt habe dabei eine widersprüchliche Aufgabe zu erfüllen, welche »die Widersprüche seiner Regierung [er-
klärt], das unklare Hinundhertappen, das bald diese, bald jene Klasse zu
gewinnen, bald zu demütigen sucht und alle gleichmäßig gegen sich auf-
bringt« (ebd. 205).

Wie weit Marx die damalige Situation im Einzelnen historisch zutreffend
dargestellt hat, ist hier nicht zu untersuchen. Es geht um den methodischen
Ansatz, aus dem Mit- und Gegeneinander der verschiedenen gesellschaftlichen Kräfte ein Gesamtbild zu erarbeiten, also eine konkrete dialektische
Analyse zu versuchen.

3.3.1.3 Schriften zur Politischen Ökonomie

Der zentrale Gegenstand der Arbeit des reifen Marx war die politische
Ökonomie: die wissenschaftliche Analyse der kapitalistischen Produktionsweise. Nach jahrelangen Recherchen und nach einigen Vorarbeiten – wie
vor allem die 1857 geschriebene, aus dem handschriftlichen Nachlass 1903
erstmalig in »Die Neue Zeit« veröffentlichten *Einleitung [zur Kritik der politischen Ökonomie]; die* »Grundrisse der Kritik der politischen Ökonomie
(Rohentwurf)« von 1857–1858, die allerdings erst posthum 1939 in Moskau

publiziert wurden; das 1859 veröffentlichte Werk *Zur Kritik der politischen Ökonomie*; ferner das 1862–1863 verfasste, ebenfalls erst posthum 1905–1910 als »Theorien über den Mehrwert« publizierte Manuskript – hat er schließlich die Ergebnisse seiner ökonomischen Forschungen dargestellt in dem dreibändigen Werk »Das Kapital. Kritik der politischen Ökonomie«, dessen erster Band 1867 erschienen ist, während der zweite Band 1885 und der dritte Band 1894 erst nach Marx' Tod von Engels herausgebracht wurden (alle im Hamburger Verlag von Otto Meissner). Im Folgenden beschränken wir uns auf die Betrachtung des ersten Bandes des *Kapital* sowie auf einige Passagen aus dem dritten Band.

Methodisch unterscheidet Marx bekanntlich in der *Einleitung zur Kritik der politischen Ökonomie* von 1857 die Vorgehensweise in der *Darstellung* von derjenigen in der *Forschung*. Die Darstellung als »Aufsteigen vom Abstrakten zum Konkreten« beginnt mit einem Ausgangsabstraktum und nähert sich durch immer reichere, konkretere Bestimmungen schrittweise dem Gegenstand an als einem schließlich begriffenen Ganzen, das als begrifflich formulierte ›Gedankentotalität‹ etwas ›Ideelles‹ darstellt und deshalb vom historisch-realen gesellschaftlichen Ganzen zu unterscheiden ist. (Vgl. MEW 13, 631ff.) In Kurzform fasst Marx dann im bereits erwähnten Nachwort zur 2. Auflage des *Kapital* dieses methodische Vorgehen nochmal zusammen: »Die Forschung hat den Stoff sich im Detail anzueignen, seine verschiednen Entwicklungsformen zu analysieren und deren innres Band aufzuspüren. Erst nachdem diese Arbeit vollbracht, kann die wirkliche Bewegung entsprechend dargestellt werden. Gelingt dies und spiegelt sich nun das Leben des Stoffs ideell wider, so mag es aussehn, als habe man es mit einer Konstruktion a priori zu tun.« (MEW 23, 27)

3.3.1.3.1 Dialektisches in *Kapital I*

Was unser Vorgehen im Folgenden betrifft, so versuchen wir das *Kapital* gewissermaßen in einer ›doppelten Perspektive‹ oder ›mit vier Augen‹ zu lesen: zum einen immanent mit denen von Marx; zum anderen zugleich auch mit den Augen Hegels und seinen dialektischen Begriffsbestimmungen.

Kapitel 1-2: Die Ware als Widerspruchsverhältnis

Der erste Satz des *Kapital* lautet: »Der Reichtum der Gesellschaften, in welchen kapitalistische Produktionsweise herrscht, erscheint als eine ›ungeheure Warensammlung‹, die einzelne Ware als seine Elementarform. Unsere Untersuchung beginnt daher mit der Analyse der Ware.« (Ebd. 49) Im Zuge seiner ökonomischen *Forschungen* hat Marx mit der ›Ware‹ die elementare Zellenform entdeckt, in der sich der Reichtum bürgerlich-kapitalistischer Gesellschaften darstellt. Die genauere Analyse ergibt dann, dass die Ware einen Doppelcharakter hat: sie besteht aus einem stofflichen Körper, dem Gebrauchswert, und einem gesellschaftlichen Verhältnis, dem Wert, erscheinend jeweils in einem bestimmten Austauschverhältnis oder Tauschwert. Die Ware als ein Widerspruchsverhältnis bildet daher das Ausgangsabstraktum. Dessen Analyse gibt den Weg der *Darstellung* vor: detailliert und der wachsenden Komplexität folgend werden die Metamorphosen und Erscheinungsformen dieses gesellschaftlichen Verhältnisses untersucht, das der Wert darstellt, über das Geld bis zum Kapital in seinen vielfältigen Aspekten und Erscheinungsformen, wobei der zu begreifende Gegenstand, die kapitalistische Produktionsweise, sich immer konkreter abzeichnet. Der Form nach lehnt sich dabei Marx in seiner Vorgehensweise an die dialektische Methode an, wie sie Hegel in seiner *Logik* als Entwicklung und Fortbestimmen des Begriffs praktiziert; dem Inhalt nach sind aber die jeweils konkreteren Bestimmungen letztlich empirisch aus der historisch sich entwickelnden Realität gewonnen.

Dass Marx im *Kapital* der Hegelschen Methode folgt, wenn auch in spezifischer Differenz, wurde in der Forschung zum einen bestritten, zum anderen immer wieder nachzuweisen versucht.[44] Ohne auf diese Debatten näher eingehen zu können, soll hier an einigen Beispielen bzw. Textpassagen gezeigt werden, wie Marx im *Kapital* die dialektische Begrifflichkeit und Methode nutzt.

Beginnend mit dem bereits erwähnten Eingangskapitel des *Kapital* zeigt Marx, wie der Widerspruch, den die Ware darstellt als eine Einheit von stofflichem ›Äußeren‹ und gesellschaftsformationsspezifischem ›Inneren‹, jeweils eine Lösungsform findet, in der er sich zeitweilig bewegen kann, deren jeweilige Mängel aber den Prozess weitertreiben. Diese Bewegungsformen des Widerspruchs sind ›historisch-real‹ betrachtet (entdeckt als Er-

---

44   Dies nicht nur in der deutschsprachigen, z. B. Haug 2005 oder Haug 2013, sondern
     z. B. auch in der angelsächsischen Literatur wie etwa Arthur 2002. Vgl. dazu auch
     Hoff 2009, 238-252, der einen Überblick über die internationale Debatte gibt zum
     Verhältnis der Marxschen Kritik der politischen Ökonomie zu Hegels Philosophie.

gebnisse der politökonomischen Forschungstätigkeit) Weiterentwicklungen der Warenproduktion von der einfachen zur kapitalistischen; ›logisch‹ betrachtet (in der systematischen Darstellung jener Ergebnisse) stellen sie als Fortentwicklungen des einfachen Grundverhältnisses immer komplexere Formen des Widerspruchsverhältnisses dar. (Auf die bis heute anhaltende Debatte über das Verhältnis von ›Logischem‹ und ›Historischem‹ soll hier nicht weiter eingegangen werden.)

Die Analyse der Warenform fortführend, heißt es im Abschnitt »Das Ganze der einfachen Wertform«: »Die Ware ist Gebrauchswert oder Gebrauchsgegenstand und ›Wert‹. Sie stellt sich dar als dies Doppelte, was sie ist, sobald ihr Wert eine eigne, von ihrer Naturform verschiedene Erscheinungsform besitzt, die des Tauschwerts, und sie besitzt diese Form niemals isoliert betrachtet, sondern stets nur im Wert- oder Austauschverhältnis zu einer zweiten, verschiedenartigen Ware.« (Ebd. 75)

Kategorien wie ›Gegensatz‹ oder ›Wesen und Erscheinung‹ aufgreifend, die Hegel in seiner *Wesenslogik* entfaltet hat, heißt es dann: »Der in der Ware eingehüllte innere Gegensatz von Gebrauchswert und Wert wird also dargestellt durch einen äußeren Gegensatz, d. h. durch das Verhältnis zweier Waren, worin die eine Ware, *deren* Wert ausgedrückt werden soll, unmittelbar nur als Gebrauchswert, die andre Ware hingegen, *worin* Wert ausgedrückt wird, unmittelbar nur als Tauschwert gilt. Die einfache Wertform einer Ware ist also die einfache Erscheinungsform des in ihr enthaltenen Gegensatzes von Gebrauchswert und Wert.« (Ebd. 75f.) Marx unterscheidet bei der einfachen Wertform also zwischen dem in der Ware eingehüllten »inneren Gegensatz«, dem von Gebrauchswert und Wert, und dem »äußeren Gegensatz«, dem Verhältnis zweier Waren, in welcher die beiden Seiten des Gegensatzes ausgedrückt werden.

Es ist die Mangelhaftigkeit der Wertform, die den Prozess, die Metamorphose der Ware (logisch: die Begriffsentwicklung) weiter treibt zum Geld (zur Geldware) und schließlich zum Kapital.

Im Abschnitt »Der Fetischcharakter der Ware und sein Geheimnis« zeigt sich, wie produktiv es für die Erkenntnis der Ware ist, sie als ein *Verhältnis* zu betrachten: Der sinnlich-übersinnliche, »mystische Charakter der Ware« entspringt weder aus ihrem Gebrauchswert noch aus dem Inhalt der Wertbestimmungen, sondern daraus, dass unter bestimmten gesellschaftlichen Verhältnissen Arbeitsprodukte die Form der Ware annehmen. Das

›Geheimnis‹ der Ware lüftend schreibt Marx: »Das Geheimnisvolle der Warenform besteht also einfach darin, daß sie den Menschen die gesellschaftlichen Charaktere ihrer eignen Arbeit als gegenständliche Charaktere der Arbeitsprodukte selbst, als gesellschaftliche Natureigenschaften dieser Dinge zurückspiegelt, daher auch das gesellschaftliche Verhältnis der Produzenten zur Gesamtarbeit als ein außer ihnen existierendes gesellschaftliches Verhältnis von Gegenständen. Durch dies Quidproquo werden die Arbeitsprodukte Waren, sinnlich übersinnliche oder gesellschaftliche Dinge. [...] Es ist nur das bestimmte gesellschaftliche Verhältnis der Menschen selbst, welches hier für sie die phantasmagorische Form eines Verhältnisses von Dingen annimmt.« (Ebd. 85f.)

Hier wie dann auch im weiteren Fortgang wird als ein Charakteristikum seines Vorgehens die Verknüpfung von Real- und Bewusstseinsanalyse deutlich. Aus der ›Verkehrtheit‹ der kapitalistischen Produktionsverhältnisse resultiert die verkehrte Widerspiegelung dieser Verhältnisse im Bewusstsein der Menschen, wobei diese scheinhafte Spiegelung einen ›gegenständlichen‹ oder ›objektiven Schein‹ darstellt – wieder eine Kategorie aus Hegels *Wesenslogik*. Es ist die Verselbständigung und Verdinglichung eines sozialen Verhältnisses, die Marx »den Fetischismus [nennt], der den Arbeitsprodukten anklebt, sobald sie als Waren produziert werden, und der daher von der Warenproduktion unzertrennlich ist.« (Ebd. 87) Der Fetischismus, das scheinbare Eigenleben der Ware, ist ihr für die Wahrnehmung unsichtbarer gesellschaftlicher Charakter und resultiert daraus, dass sie in einem spezifischen gesellschaftlichen Zusammenhang steht, dass sie produziert wird nach einem allgemeinen, gesellschaftlichen Maß (die gesellschaftliche Arbeitszeit) und für einen allgemeinen sozialen Zusammenhang, den Austausch auf dem Markt.

Im Bewusstsein der Waren produzierenden und austauschenden Menschen wird der doppelte gesellschaftliche Charakter ihrer Privatarbeiten in den Erscheinungsformen widergespiegelt, welche die Privatarbeiten im Austausch, in der Zirkulationssphäre, annehmen, nicht aber in der Gestalt, wie sie tatsächlich in der Produktionssphäre als Teil der gesellschaftlichen Gesamtarbeit verausgabt werden. Diese Fixierung auf die Zirkulationssphäre rührt daher, dass diese Sphäre für die in kapitalistischen Produktionsverhältnissen Agierenden die wesentliche ist. Alles andere (insbesondere die Produktion von Gebrauchswerten) ist gleichsam ein notwendiges Übel für das ›Eigentliche‹, das auf dem Markt geschieht: der Tausch und die Realisierung des in den Waren enthaltenen Werts, der zuvor nur ein potenzielles Sein besaß, jetzt aber ›in klingender Münze‹ zum Leben erwacht. Verborgen ist ihnen, »daß die unabhängig voneinander betriebenen, aber als naturwüchsige Glieder der gesellschaftlichen Teilung der Arbeit allseitig voneinander abhängigen Privatarbeiten fortwährend auf ihr gesellschaftlich proportionelles Maß reduziert werden, weil sich in den zufälligen und stets schwankenden Austauschverhältnissen ihrer Produkte die zu deren Produktion gesellschaftlich notwendige Arbeitszeit als regelndes Naturgesetz gewaltsam durchsetzt, wie etwa das Gesetz der Schwere, wenn einem das Haus über dem Kopf zusammenpurzelt.« (Ebd. 89)

Während die wissenschaftliche Analyse »mit den fertigen Resultaten des Entwicklungsprozesses« beginnt, den »Mystizismus der Warenwelt« zu entschleiern, haben für die in diesen Verhältnissen alltäglich handelnden Menschen die Erscheinungsformen »die Festigkeit von Naturformen des gesellschaftlichen Lebens« (ebd. 90). Es ist dann insbesondere die Geldform, »welche den gesellschaftlichen Charakter der Privatarbeiten und daher die gesellschaftlichen Verhältnisse der Privatarbeiter sachlich verschleiert, statt sie zu offenbaren.« (Ebd.) Diese Formen bilden die Kategorien der bürgerlichen Ökonomie: »gesellschaftlich gültige, also objektive Gedankenformen für die Produktionsverhältnisse dieser historisch bestimmten gesellschaftlichen Produktionsweise, der Warenproduktion.« – ›Objektive Gedankenformen‹ sind die logischen Kategorien auch bei Hegel (vgl. *Enzyklopädie I*, § 24, Werke 8, 80f.), und zwar solche des Denkprozesses, bei Marx als gedankliche Widerspiegelungen realer Verhältnisse und Prozesse.

Kapitel 3-4: Bewegungsformen des Widerspruchs
Im 3. Kapitel »Das Geld und die Warenzirkulation« setzt Marx, in der Betrachtung des Formwechsels der Ware, die Widerspruchsanalyse fort: »Man sah, daß der Austauschprozeß der Waren widersprechende und einander ausschließende Beziehungen einschließt. Die Entwicklung der Ware hebt diese Widersprüche nicht auf, schafft aber die Form, worin sie sich bewegen können. Dies ist überhaupt die Methode, wodurch sich wirkliche Widersprüche lösen.« Marx erläutert das an einem Beispiel aus der Physik bzw. der Astronomie: »Es ist z.B. ein Widerspruch, daß ein Körper beständig in einen andern fällt und ebenso beständig von ihm wegfliegt. Die Ellipse

ist eine der Bewegungsformen, worin dieser Widerspruch sich ebensosehr verwirklicht als löst.« (Ebd. 118f.) Im Unterschied zu einer rein logisch-begrifflichen Entwicklung werden Widersprüche in der Realität dadurch (zeitweilig) gelöst, daß sie eine *reale Bewegungsform* finden.

Nach der Betrachtung der Ware und des Geldes geht es um die »Verwandlung von Geld in Kapital«: »Die Warenzirkulation ist der Ausgangspunkt des Kapitals. Warenproduktion und entwickelte Warenzirkulation, Handel, bilden die historischen Voraussetzungen, unter denen es entsteht. Welthandel und Weltmarkt eröffnen im 16. Jahrhundert die moderne Lebensgeschichte des Kapitals. [...] [B]etrachten wir nur die ökonomischen Formen, die dieser Prozeß erzeugt, so finden wir als sein letztes Produkt das Geld. Dies letzte Produkt der Warenzirkulation ist die erste Erscheinungsform des Kapitals.« (Ebd. 161)

Die weitere Analyse hat es dann mit dem Problem zu tun, dass Kapital »nicht aus der Zirkulation entspringen«, aber »ebensowenig aus der Zirkulation nicht entspringen [kann]. Es muß zugleich in ihr und nicht in ihr entspringen.« (Ebd. 180) Wie wird dieser Widerspruch gelöst?

Zur Entstehung von Kapital ist eine Ware nötig, deren Gebrauchswert die Beschaffenheit besitzt, Quelle von Wert zu sein. Diese Ware findet sich in Gestalt der Arbeitskraft, dem Vermögen der Arbeitenden, freilich erst unter spezifischen historischen Bedingungen, dann nämlich wenn genügend ›freie Lohnarbeiter‹ auf dem Arbeitsmarkt vorhanden sind, um ihre Arbeitskraft zum Verkauf gegen Lohn anzubieten.

Wieder zeigt sich hier die Verknüpfung von Logischem und Historischem: ›Kapital‹, die neue Kategorie der *logischen* Darstellung der Metamorphosen des Werts, ist zugleich eine *real-historische* Kategorie. Das Verhältnis von Geldbesitzer und Arbeiter, der jenem seine Arbeitskraft für die Produktion von Wert verkauft, »ist offenbar selbst das Resultat einer vorhergegangenen historischen Entwicklung« (ebd. 183). Dies verallgemeinert Marx zu der These: »Auch die ökonomischen Kategorien, die wir früher betrachtet, tragen ihre geschichtliche Spur. Im Dasein des Produkts als Ware sind bestimmte historische Bedingungen eingehüllt.« (Ebd.)

Einerseits zeigt sich hier eine Differenz zur Darstellung der logischen Kategorien bei Hegel, der die Begriffsentwicklung in der *Logik* ausdrücklich als ›reine‹ Denkbestimmungen versteht, frei von Empirischem und Historischem. Andererseits ging es Marx hier nicht um die historische Unter-

suchung als solche (»Eine solche Untersuchung lag jedoch der Analyse der
Ware fern.« [Ebd. 184]), sondern um die systematische Darstellung ihrer
Entwicklung, worin wiederum die Analogie zur Hegelschen *Logik* begründet ist. Diese Nähe und zugleich Differenz zu Hegel zeichnet Marx' Vorgehen aus.

Kapitel 5-7: Der Widerspruch zwischen Naturbedingungen und historisch
wechselnder gesellschaftlicher Form der Arbeit sowie von Materiellem und Ideellem
Das 5. Kapitel »Arbeitsprozeß und Verwertungsprozeß« bietet wieder ein
eindrucksvolles Beispiel der dialektischen Methode, wenn Marx den Doppelcharakter der Arbeit in ihren zwei Momenten analysiert: ›Austauschprozess mit der Natur‹ zu sein und zugleich etwas Gesellschaftliches: ›Verwer-
tungsprozess‹ als für die bürgerlich-kapitalistische Gesellschaftsformation
spezifische Form der Verausgabung der Arbeit. Bevor der Verwertungspro-
zess in seinen vielgestaltigen Aspekten (z. B. die Produktion von relativem
und absolutem Mehrwert etc.) analysiert wird, erfolgt zunächst ein abstrakt-
allgemeiner Blick auf die ›Arbeit‹: als »zweckmäßige Tätigkeit zur Herstellung von Gebrauchswerten, Aneignung des Natürlichen für menschliche
Bedürfnisse, allgemeine Bedingung des Stoffwechsels zwischen Mensch
und Natur, ewige Naturbedingung des menschlichen Lebens und daher
unabhängig von jeder Form dieses Lebens, vielmehr allen seinen Gesell-
schaftsformen gleich gemeinsam« (ebd. 198).

Bemerkenswert ist, dass für den ›Materialisten‹ Marx der *materielle*
Arbeitsprozess nicht denkbar ist ohne seine *ideelle* Seite: »Am Ende des
Arbeitsprozesses kommt ein Resultat heraus, das beim Beginn desselben
schon in der Vorstellung des Arbeiters, also schon ideell vorhanden war.«
(Ebd. 193) Die antizipierte Idee oder der Plan des Produkts wird durch
den materiell-gegenständlichen Prozess der Produktion schrittweise ›mate-
rialisiert‹, ausgehend vom Rohmaterial, z. B. vom Holz eines Baumstamms
bis zum fertigen Tisch. Die Idee ist der ›gesetzte Zweck‹, den der Arbeiter,
selber eine Naturmacht, in der Natur realisiert.

Auch bei Hegel beginnt der Prozess mit einem ›rohen‹, d. h. noch nicht
oder wenig bestimmten Ausgangspunkt, der dann durch die ›Bearbeitung‹,
die Reflexion, durch zunehmend reichere Bestimmungen (›Bearbeitungs-
schritte‹) konkretisiert wird bis zum vollendeten Begriff, Resultat der dem
Denkprozess immanenten Bewegung und Entwicklung der Kategorien. Der

›absoluten Idee‹ als Gipfelpunkt der Hegelschen *Logik* entspricht bei Marx, wenn man so will, die (angestrebte) vollendete Darstellung der kapitalistischen Produktionsweise als gesellschaftlicher Totalität; genau genommen der bürgerlich-kapitalistischen Gesellschaftsformation als ganzer, wozu laut dem von Marx freilich nicht mehr realisierten Plan außer den drei bzw. vier Kapitalbänden (mit den *Mehrwerttheorien* als ›viertem‹ Band) auch Gegenstände wie der Außenhandel, der Staat, die Klassen etc. gehören sollten.

Eine weitere Verbindung zu Hegel kann man auch in der Bedeutung der *Subjektivität* sehen. Diese spielt in Hegels *Begriff* als der Einheit von Objektivität und Subjektivität eine zentrale Rolle; für Marx ist sie in Gestalt der *menschlichen Praxis als aktivem Moment* wichtiges Unterscheidungsmerkmal für den ›neuen Materialismus‹ in Abgrenzung von dem ›alten‹, ›passiven‹, dem von Feuerbach und den französischen Materialisten des 18. Jahrhunderts. Diese von Marx insbesondere seit den *Feuerbachthesen* (siehe oben Punkt 3.3.1.2.1) betonte tätige oder Praxisseite verdankt sich der ›idealistischen‹ Philosophie Hegels, was Marx bereits in der frühen Auseinandersetzung mit Hegels *Phänomenologie* und deren Herausarbeitung der Rolle der Arbeit würdigt (so in den *Ökonomisch-philosophischen Manuskripten*).

Kapitel 8-10: Lösung von Interessen-Antinomien
durch Kampf und Gewalt – durch historisch-reale Praxis
Eine weitere Lösungsform von Widersprüchen im Kapitalismus wird im 8. Kapitel »Der Arbeitstag« erörtert. Marx zeigt darin, dass es bezogen auf die Mehrarbeit keine eindeutige Grenze des Arbeitstages gibt, die Begrenzung vielmehr vom praktischen Kampf der Kontrahenten abhängig ist. Dabei stoßen die entgegenstehenden ›Rechte‹ bzw. Interessen des Käufers (Unternehmer) und der Verkäufer der Arbeitskraft (Lohnabhängige) aufeinander. »Es findet hier also eine Antinomie statt, Recht wider Recht, beide gleichmäßig durch das Gesetz des Warenaustausches besiegelt.«

Wie wird diese Antinomie aufgelöst? Marx' Antwort: »Zwischen gleichen Rechten entscheidet die Gewalt.« (Ebd. 249) – So ist auch die ›Gewalt‹ eine mögliche Form, wie ein Widerspruch real gelöst werden kann. Der Kampf um den Arbeitstag bringt somit wieder ein historisches Element in die Kapitalbewegung hinein, die nicht allein aus der logischen Bewegung folgt. »Und so stellt sich in der Geschichte der kapitalistischen Produktion die Normierung des Arbeitstags als Kampf um die Schranken des Arbeitstags dar – ein Kampf zwischen dem Gesamtkapitalisten, d.h. der Klasse der Kapitalisten, und dem Gesamtarbeiter, oder der Arbeiterklasse.« (Ebd.) Immer wieder verweist Marx, so z.B. auch im 9. Kapitel (»Rate und Masse des Mehrwerts«), auf die diversen inneren Widersprüche, die in der kapitalistischen Produktionsweise gesetzmäßig auftreten: »Die absolute Schranke des durchschnittlichen Arbeitstags, der von Natur immer kleiner ist als 24 Stunden, bildet eine absolute Schranke für den Ersatz von vermindertem variablen Kapital durch gesteigerte Rate des Mehrwerts oder von verringerter exploitierten Arbeiteranzahl durch erhöhten Exploitationsgrad der Arbeitskraft.« (Ebd. 323) Marx fährt fort: »Dies handgreifliche zweite Gesetz ist wichtig zur Erklärung vieler Erscheinungen, entspringend aus der später zu entwickelnden Tendenz des Kapitals, die von ihm beschäftigte Arbeiteranzahl oder seinen variablen in Arbeitskraft umgesetzten Bestandteil soviel als immer möglich zu reduzieren, im Widerspruch zu seiner andren Tendenz, die möglichst große Masse von Mehrwert zu produzieren. Umgekehrt. Wächst die Masse der verwandten Arbeitskräfte oder die Größe des variablen Kapitals, aber nicht verhältnismäßig zur Abnahme in der Rate des Mehrwerts, so sinkt die Masse des produzierten Mehrwerts.« (Ebd. 323f.)

Auch bei der Einbeziehung von historischen Momenten findet sich bisweilen eine Würdigung Hegels, z.B.: »Der Geld- oder Warenbesitzer verwandelt sich erst wirklich in einen Kapitalisten, wo die für die Produktion vorgeschoßne Minimalsumme weit über dem mittelaltrigen Maximum steht. Hier, wie in der Naturwissenschaft, bewährt sich die Richtigkeit des von Hegel in seiner ›Logik‹ entdeckten Gesetzes, daß bloß quantitative Veränderungen auf einem gewissen Punkt in qualitative Unterschiede umschlagen.« (Ebd. 327)[45]

Eine weitere historische Voraussetzung in der Entwicklung der kapitalistischen Produktionsweise betrifft die Höhe der erforderlichen Kapitalsumme. »Das Minimum der Wertsumme, worüber der einzelne Geld- oder Warenbesitzer verfügen muß, um sich in einen Kapitalisten zu entpuppen, wechselt auf verschiednen Entwicklungsstufen der kapitalistischen Produk-

---

45 Hier wie in der Anm. 205a findet sich, wie öfters im Kapital, eine Bestätigung der auch von Engels vertretenen Position, dass es auch in der Natur dialektisch zugeht (Anm. 205a: »Die in der modernen Chemie angewandte, von Laurent und Gerhardt zuerst wissenschaftlich entwickelte Molekulartheorie beruht auf keinem andren Gesetze.« [Zusatz zur 3. Ausgabe])

tion und ist, bei gegebner Entwicklungsstufe, verschieden in verschiednen Produktionssphären, je nach ihren besondren technischen Bedingungen. [...] Dies veranlaßt teils Staatssubsidien an solche Private, wie in Frankreich zur Zeit Colberts und wie in manchen deutschen Staaten bis in unsre Epoche hinein, teils die Bildung von Gesellschaften mit gesetzlichem Monopol für den Betrieb gewisser Industrie- und Handelszweige – die Vorläufer der modernen Aktiengesellschaften.«[46] (Ebd. 327f.)

Damit werden bereits die Schranken des kapitalistischen Eigentums vor dem Hintergrund bestimmter produktionstechnischer Erfordernisse angesprochen, wenn angesichts des Vergesellschaftungsgrades der Produktion ein bestimmtes Kapitalminimum erforderlich ist, das oft die Möglichkeiten eines Einzelkapitals überschreitet, weshalb z. B. der Staat oder große Kapitalzusammenschlüsse wie Aktiengesellschaften als Kapitalbeschaffer auftreten (z. B. damals beim Eisenbahnbau).

Wieder Bezug nehmend auf das Hegelsche Begriffspaar von Wesen und Erscheinung schreibt Marx: »Die allgemeinen und notwendigen Tendenzen des Kapitals sind zu unterscheiden von ihren Erscheinungsformen«, von der »Art und Weise, wie die immanenten Gesetze der kapitalistischen Produktion in der äußern Bewegung der Kapitale erscheinen, sich als Zwangsgesetze der Konkurrenz geltend machen und daher als treibende Motive dem individuellen Kapitalisten zum Bewußtsein kommen« (ebd. 335). Daher gelte: »Wissenschaftliche Analyse der Konkurrenz ist nur möglich, sobald die innere Natur des Kapitals begriffen ist, ganz wie die scheinbare Bewegung der Himmelskörper nur dem verständlich, der ihre wirkliche, aber sinnlich nicht wahrnehmbare Bewegung kennt.« (Ebd.) Die Konkurrenz ist nicht das Wesen der Kapitalbewegung, vielmehr nur die wahrnehmbare Oberflächenerscheinung der Gesetze des Kapitals.

Kapitel 11 und 17: Die kapitalistische Realität
und ihre Widerspiegelung in den Köpfen und Kategorien
Im 11. Kapitel »Kooperation« zeigt Marx, wie der isolierende, beschränkte statt ganzheitliche Blick des Kapitalisten die gesellschaftliche Produktivkraft der Arbeit verkennt. Die Kooperation der Arbeiter, der »kombinierte Ge-

---

46   In der sich anschließenden Zusammenfassung spricht Marx analog zu Hegel von
     »weitren *Fortbestimmungen* des Kapitals« (ebd. 328. – Hervorhebung von R. S.).

samtarbeiter« (ebd. 359), stellt eine gesteigerte Produktivkraft dar, die dem
Kapital nichts kostet, weil ja nur die einzelne Arbeitskraft bezahlt wird, nicht
ihre Kombination mit ihrem Effekt. Es entsteht so der Schein, als besitze das
Kapital diese gesellschaftliche Produktivkraft von sich aus (ebd. 353).[47]

Wie schon erwähnt, ist ein wesentliches Charakteristikum von Marx'
Vorgehensweise im *Kapital* die Verknüpfung der Analyse der ökonomischen
Realität und deren Widerspiegelung in den Köpfen und in den verwendeten Kategorien. Dass den verkehrten Verhältnissen irrige oder ›imaginäre
Ausdrücke‹ entspringen, gilt nicht nur für den Fetischismus der Ware. Auch
die Rede vom ›Wert der Arbeit‹ in der bürgerlichen Politischen Ökonomie
gehört dazu (vgl. das 17. Kapitel: »Verwandlung von Wert resp. Preis der
Arbeitskraft in Arbeitslohn«). Solche ›imaginäre Ausdrücke‹ machen sich an
den »Erscheinungsformen wesentlicher Verhältnisse« fest (ebd. 559). Dabei
sei doch in allen Wissenschaften bekannt, dass »in der Erscheinung die Dinge sich oft verkehrt darstellen«. Für das Verhältnis von Erscheinungsformen
und wesentlichem Verhältnis als deren verborgenem Hintergrund gelte, so
die erkenntnistheoretische Verallgemeinerung von Marx: »Die ersteren reproduzieren sich unmittelbar spontan, als gang und gäbe Denkformen, der
andre muß durch die Wissenschaft erst entdeckt werden. (ebd. 564)

Kapitel 22: Auswirkungen der Gesetze der Warenproduktion: Widerspruch von
Form und Inhalt, Umschlag von Quantität in Qualität, Schein und Sein
Im 22. Kapitel »Verwandlung von Mehrwert in Kapital« lässt sich bei der
immanenten Entwicklung des Akkumulationsprozesses u. a. auch der Widerspruch von Form und Inhalt studieren: Im Zuge der Akkumulation, verstanden als »Anwendung von Mehrwert als Kapital oder Rückverwandlung
von Mehrwert in Kapital« (ebd. 605), »schlägt offenbar das auf Warenproduktion und Warenzirkulation beruhende Gesetz der Aneignung oder Gesetz des Privateigentums durch seine eigne, innere, unvermeidliche Dialektik in sein direktes Gegenteil um.«[48] (ebd. 609)

---

47   Im 12. Kapitel (»Teilung der Arbeit und Manufaktur«) würdigt Marx angesichts
      der Verkrüppelungen im Gefolge der Arbeitsteilung, in Anm. 74 Hegels »ketzeri-
      sche Ansichten über die Teilung der Arbeit« und zitiert aus dessen Rechtsphiloso-
      phie: »›Unter gebildeten Menschen kann man zunächst solche verstehn, die alles
      machen können, was andre tun‹« (ebd. 385).

48   In Anm. 23, S. 610, spricht Marx vom ›dialektischen Umschlag‹.

Dieser qualitative Umschlag zeige sich wie folgt: »Der Austausch von
Äquivalenten, der als die ursprüngliche Operation erschien, hat sich so
gedreht, daß nur zum Schein ausgetauscht wird, indem erstens der gegen
Arbeitskraft ausgetauschte Kapitalteil selbst nur ein Teil des ohne Äquivalent angeeigneten fremden Arbeitsproduktes ist und zweitens von seinem
Produzenten, dem Arbeiter, nicht nur ersetzt, sondern mit neuem Surplus
ersetzt werden muß.« Damit, dass sich das Verhältnis ›gedreht‹ habe, werde
das Verhältnis des Austausches zwischen Kapitalist und Arbeiter »nur ein
dem Zirkulationsprozeß angehöriger Schein, bloße Form, die dem Inhalt
selbst fremd ist und ihn nur mystifiziert. Der beständige Kauf und Verkauf
der Arbeitskraft ist die Form. Der Inhalt ist, daß der Kapitalist einen Teil der
bereits vergegenständlichten fremden Arbeit, die er sich unaufhörlich ohne
Äquivalent aneignet, stets wieder gegen größeres Quantum lebendiger
fremder Arbeit umsetzt.« (Ebd.) Während ursprünglich das Eigentumsrecht
und seine Legitimationsgrundlage auf eigne Arbeit gegründet erschien, erscheint jetzt das Eigentum auf Seite des Kapitalisten »als das Recht, fremde
unbezahlte Arbeit oder ihr Produkt, auf Seite des Arbeiters als Unmöglich-
keit, sich sein eignes Produkt anzueignen. Die Scheidung zwischen Eigentum und Arbeit wird zur notwendigen Konsequenz eines Gesetzes, das
scheinbar von ihrer Identität ausging.« (Ebd. 610)

Freilich: »Sosehr die kapitalistische Aneignungsweise also den ursprünglichen Gesetzen der Warenproduktion ins Gesicht zu schlagen scheint, so
entspringt sie doch keineswegs aus der Verletzung, sondern im Gegenteil
aus der Anwendung dieser Gesetze.« Das Gesetz wird nicht gebrochen,
vielmehr erhält es »nur Gelegenheit, sich dauernd zu betätigen.« (Ebd. 611)

Zur inneren Logik dieser Produktionsweise gehört, dass die Protago-
nisten nicht das Ganze in den Blick nehmen, sondern an den vereinzel-
ten Vorgängen kleben bleiben. So kommen dadurch irrige Auffassungen
zustande, dass man nur ein einzelnes Austauschverhältnis zwischen einem
Verkäufer und einem Käufer betrachtet. Gegenüber einer solchen isolierten
und fixierten Betrachtung stellt sich die Sache klarer dar, »wenn wir die
kapitalistische Produktion im ununterbrochnen Fluß ihrer Erneuerung betrachten und statt des einzelnen Kapitalisten und des einzelnen Arbeiters
die Gesamtheit, die Kapitalistenklasse und ihr gegenüber die Arbeiterklasse
ins Auge fassen.« (Ebd. 612) Allerdings lege eine solche Betrachtung einen
Maßstab an, »der der Warenproduktion total fremd ist.« (Ebd.)

Marx sieht den materiellen Grund für die abstrakte Betrachtung der Verhältnisse durch die in ihnen Agierenden, für die eingeschränkte Fähigkeit, die Gesellschaft als Totalität und als geschichtliche zu begreifen, also für die kognitiven Erkenntnisschranken u. a. in der Vereinzelung durch die Gesetze der Warenproduktion und des Austausches. Eine Veränderung solcher Erkenntnisschranken würde die Vergesellschaftung der Produktion voraussetzen bzw. die bewusste Einnahme eines nicht mehr partikularen, sondern des Standpunkts der ›Menschheit‹, wie Marx das in der zehnten Feuerbachthese für die Emanzipationsbewegung formulierte.[49]

Kapitel 23-24: Die innere Dialektik der kapitalistischen Produktionsweise
Betrachten wir schließlich die Schlusskapitel von *Kapital I*, beginnend mit dem 23. Kapitel »Das allgemeine Gesetz der kapitalistischen Akkumulation«.

In seiner *Logik* betont Hegel, dass es darum gehe, der immanenten Entwicklung des Begriffs, der Idee, des ›Absoluten‹ als dem Ganzen gleichsam nur ›zuzusehen‹, keine der Sache fremde, ›äußere Reflexionen‹ in den Gang der Darstellung hineinzubringen. Nur so sei ein angemessenes Begreifen möglich. Eine vergleichende Beziehung herzustellen zwischen Hegels *Logik* und dem Marxschen *Kapital*, scheint auf den ersten Blick abwegig zu sein, da es sich ja um zwei grundlegend verschiedene Sachverhalte handelt: der eine die ›rein‹ philosophische Entwicklung des Begriffs, der Idee; der andere die mit zahllosen empirisch-historischen Betrachtungen gesättigte einzelwissenschaftliche Untersuchung der Struktur und Entwicklung eines historisch-konkreten, ökonomischen Gegenstands: der kapitalistischen Produktionsweise. Betrachtet man allerdings die Vorgehensweise beider Autoren, die jeweils zugrunde gelegte Methode, sind gewisse Ähnlichkeiten nicht zu übersehen: für beide gilt die bereits erwähnte ›immanente Betrachtungsweise‹. Auch im *Kapital* erfolgt der Weg zum Verständnis dieser Pro-

---

49 Eine weitere Bezugnahme auf Hegel findet sich, wenn Marx im Kontext der sog. Abstinenztheorie des Ökonomen Naussau W. Senior auch den Politökonomen John St. Mill kritisiert: »So fremd ihm der Hegelsche ›Widerspruch‹, die Springquelle aller Dialektik, so heimisch ist er in platten Widersprüchen.« (Ebd. 623, Anm. 41) Marx empfiehlt dort auch den Vulgärökonomen, über Spinozas, auch für Hegel (siehe oben dessen Seinslogik) wichtigen Satz »Determinatio est negatio« nachzudenken.

duktionsweise, ihrer Struktur und Dynamik, ihrer ›logischen‹ Gesetze und
ihrer historischen Entwicklung und Veränderung durch die Erforschung
der Mechanismen ihrer ›Selbstbewegung‹, durch das Aufspüren der inneren Widersprüche und der jeweils gefundenen Lösungs- oder Bewegungsformen dieser Widersprüche, durch das Auffinden der inneren Dialektik
dieser Produktionsweise.

Im 23. Kapitel geht es, nach der Bestimmung der ›organischen Zusammensetzung des Kapitals‹ (dem Verhältnis von technischer und wertmäßi-
ger Zusammensetzung), um den Zusammenhang zwischen Mehrwertrate
(Verhältnis von bezahlter zu unbezahlter Arbeit) und der Entwicklung der
industriellen Reservearmee (der Arbeitslosenrate), die letztlich mit der Aus-
beutungsrate anwächst, was hier nicht im Einzelnen entfaltet werden kann
(vgl. dazu insbesondere ebd. 649). Zentral ist die Einsicht, dass aus der geschichtlichen Entwicklung, hier des Akkumulationsprozesses des Kapitals,
neue Entgegensetzungen entstehen, die vorher nicht existierten.

Charakteristisch ist die innere Dynamik der Widerspruchsentwicklung,
die zu einer wachsenden Polarisierung führt, anstatt, was ja auch denkbar
wäre, zu einer Entschärfung der Widersprüche durch die wachsende Produktivität der Arbeit und die damit verbundene Reichtumsproduktion.

Zu den Bewegungsformen der mit dem Akkumulationsprozess neu ent-
stehenden Widersprüche gehört z. B. das Kreditwesen: »Im Maß wie die
kapitalistische Produktion und Akkumulation, im selben Maß entwickeln
sich Konkurrenz und Kredit, die beiden mächtigsten Hebel der Zentralisation.« (Ebd. 655) Diese »ergänzt das Werk der Akkumulation, indem sie die
industriellen Kapitalisten instand setzt, die Stufenleiter ihrer Operationen
auszudehnen.« (Ebd. 656)

Eng verbunden mit der Akkumulation ist die »progressive Produktion einer relativen Übervölkerung oder industriellen Reservearmee«
(ebd. 657): »Mit dem Wachstum des Gesamtkapitals wächst zwar auch sein
variabler Bestandteil, oder die ihm einverleibte Arbeitskraft, aber in beständig abnehmender Proportion. [...] Die kapitalistische Akkumulation
produziert [...] beständig eine relative, d. h. für die mittleren Verwertungs-
bedürfnisse des Kapitals überschüssige, daher überflüssige oder Zuschuß-
Arbeiterbevölkerung.« (Ebd. 658) Diese »bildet eine disponible industrielle
Reservearmee«. Denn bei Bedarf »müssen große Menschenmassen plötz-
lich und ohne Abbruch der Produktionsleiter in andren Sphären auf die

entscheidenden Punkte werfbar sein. Die Übervölkerung liefert sie.«
(Ebd. 661)

Die objektive Widerspruchsentwicklung schafft – wenn auch nicht
zwangsläufig – immerhin die Möglichkeit, zu Einsichten in die Hintergründe zu gelangen: Sobald »die Arbeiter hinter das Geheimnis kommen, wie es
angeht, daß im selben Maß, wie sie mehr arbeiten, mehr fremden Reichtum
produzieren und die Produktivkraft ihrer Arbeit wächst, sogar ihre Funktion als Verwertungsmittel des Kapitals immer prekärer für sie wird; sobald
sie entdecken, daß der Intensitätsgrad der Konkurrenz unter ihnen selbst
ganz und gar von dem Druck der relativen Übervölkerung abhängt; sobald
sie daher durch Trades Unions usw. eine planmäßige Zusammenwirkung
zwischen den Beschäftigten und Unbeschäftigten zu organisieren suchen,
um die ruinierenden Folgen jenes Naturgesetzes der kapitalistischen Produktion auf ihre Klasse zu brechen oder zu schwächen, zetert das Kapital
und [...] der politische Ökonom [,] über Verletzung des ›ewigen‹ und sozusagen ›heiligen‹ Gesetzes der Nachfrage und Zufuhr. Jeder Zusammenhalt
zwischen den Beschäftigten und Unbeschäftigten stört nämlich das ›reine‹
Spiel jenes Gesetzes.« (Ebd. 669f.)

Schließlich werden die verschiedenen Existenzformen der relativen
Überbevölkerung, der ›flüssigen‹, ›latenten‹ und ›stockenden‹, skizziert sowie als deren tiefster Niederschlag die Sphäre des Pauperismus, die Marx
vom »eigentlichen Lumpenproletariat« (ebd. 673) unterscheidet (vgl. zu dem
problematischen Begriff oben 3.3.1.2.3 unsere Anmerkung zum *18. Brumaire*, wo dieser Begriff ebenfalls auftaucht, wenn auch nicht im Kontext
des Pauperismus). »Der Pauperismus bildet das Invalidenhaus der aktiven
Arbeiterarmee und das tote Gewicht der industriellen Reservearmee. [...]
Er gehört zu den faux frais der kapitalistischen Produktion, die das Kapital
jedoch großenteils von sich selbst ab auf die Schultern der Arbeiterklasse
und der kleinen Mittelklasse zu wälzen weiß.« (Ebd. 673)

Als Resümee formuliert Marx: »Je größer der gesellschaftliche Reichtum, das funktionierende Kapital, Umfang und Energie seines Wachstums,
also auch die absolute Größe des Proletariats und die Produktivkraft seiner Arbeit, desto größer die industrielle Reservearmee. [...] Je größer aber
diese Reservearmee im Verhältnis zur aktiven Arbeiterarmee, desto massenhafter die konsolidierte Übervölkerung, deren Elend im umgekehrten
Verhältnis zu ihrer Arbeitsqual steht. Je größer endlich die Lazarusschichte

der Arbeiterklasse und die industrielle Reservearmee, desto größer der offizielle Pauperismus. *Dies ist das absolute, allgemeine Gesetz der kapitalistischen Akkumulation.*« (Ebd. 673f.)

Wichtig ist dann der Nachsatz: »Es wird gleich allen andren Gesetzen in seiner Verwirklichung durch mannigfache Umstände modifiziert« (ebd. 673f.), – was auch für das in *Kapital III* behandelte »Gesetz des tendenziellen Falls der Profitrate« und dessen »entgegenwirkende Ursachen« gilt. Die ›modifizierenden Umstände‹ sind nicht zuletzt die realen Handlungen der Akteure, die für den Klassenkämpfer Marx entscheidend sind, anders als ein ihm immer wieder zu Unrecht unterstellter ›Ökonomismus‹.

Deutlich wird der antagonistische Charakter der kapitalistischen Akkumulation. »Es folgt daher, daß im Maße wie Kapital akkumuliert, die Lage des Arbeiters, welches immer seine Zahlung, hoch oder niedrig, sich verschlechtern muß. Das Gesetz endlich, welches die relative Übervölkerung oder industrielle Reservearmee stets mit Umfang und Energie der Akkumulation in Gleichgewicht hält, schmiedet den Arbeiter fester an das Kapital als den Prometheus die Keile des Hephästos an den Felsen. Es bedingt eine der Akkumulation von Kapital entsprechende Akkumulation von Elend. Die Akkumulation von Reichtum auf dem einen Pol ist also zugleich Akkumulation von Elend, Arbeitsqual, Sklaverei, Unwissenheit, Brutalisierung und moralischer Degradation auf dem Gegenpol, d. h. auf Seite der Klasse, die ihr eignes Produkt als Kapital produziert.« (Ebd. 675)

Um nochmal auf den Vergleich mit Hegel zurückzukommen: Dass es beim *Kapital* um ein konkret-historisches Projekt geht, bedingt auch bei allem Vergleichen der Vorgehensweisen den Unterschied z. B. zum Anfang der Hegelschen *Logik*: Der Anfang der Denkbewegung in der *Logik* soll möglichst voraussetzungslos geschehen; allenfalls gehen indirekt historische Voraussetzungen aus der Geschichte der Philosophie in die Art des Hegelschen Anfangs ein. (Die historischen Realitäten und Voraussetzungen behandelt Hegel in seinen ›realphilosophischen‹ Arbeiten.) Im Unterschied dazu ruht bei Marx die logische Darstellung immer auf der real-historischen Basis als deren Voraussetzung.

Während in vielen Kapiteln die logische Entwicklung der Metamorphosen des Werts und des Kapitals im Vordergrund steht (freilich immer auch mit historischen Einschüben), geht es im 24. Kapitel »Die sogenannte ursprüngliche Akkumulation« ausdrücklich um die historischen Voraussetzungen der kapitalistischen Produktionsweise, mit der damit auch neue ökonomische Gesetze entstanden, die ihrerseits nun eine Logik beinhalten. In der historischen Analyse bezog sich Marx vor allem auf England als den Vorreiter der kapitalistischen Entwicklung in Europa. Es geht ihm in diesem Kapitel um den Aufweis des Widerspruchs zwischen der anscheinend ›geordneten Logik‹ der kapitalistischen Gesetzmäßigkeiten und dem zugrundeliegenden gewaltbestimmten historischen Boden ihrer Entstehung. Seine Analyse zeigt, dass die »sogenannte ursprüngliche Akkumulation« nichts andres war als »der historische Scheidungsprozeß von Produzent und Produktionsmittel«. (Ebd. 742) Dieser von Marx in seinen teilweise grauenhaften Facetten geschilderte umfassende Enteignungsprozeß »ist in die Annalen der Menschheit eingeschrieben mit Zügen von Blut und Feuer.« (Ebd. 743)[50] »So wurde das von Grund und Boden gewaltsam expropriierte, verjagte und zum Vagabunden gemachte Landvolk durch grotesk-terroristische Gesetze in eine dem System der Lohnarbeit notwendige Disziplin hineingepeitscht, -gebrandmarkt, -gefoltert.« (Ebd. 765)

Aus dem Zwang wird im Laufe der Zeit eine erzwungene Gewöhnung: »Im Fortgang der kapitalistischen Produktion entwickelt sich eine Arbeiterklasse, die aus Erziehung, Tradition, Gewohnheit die Anforderungen jener Produktionsweise als selbstverständliche Naturgesetze anerkennt. Die Organisation des ausgebildeten kapitalistischen Produktionsprozesses bricht jeden Widerstand, die beständige Erzeugung einer relativen Übervölkerung hält das Gesetz der Zufuhr von und Nachfrage nach Arbeit und daher den Arbeitslohn in einem den Verwertungsbedürfnissen des Kapitals entsprechenden Gleise, der stumme Zwang der ökonomischen Verhältnisse besiegelt die Herrschaft des Kapitalisten über den Arbeiter. Außerökonomische, unmittelbare Gewalt wird zwar immer noch angewandt, aber nur ausnahmsweise. Für den gewöhnlichen Gang der Dinge kann der Arbeiter den ›Naturgesetzen der Produktion‹ überlassen bleiben, d.h. seiner aus den Produktionsbedingungen selbst entspringenden, durch sie garantierten und verewigten Abhängigkeit vom Kapital.«

Zur Durchsetzung der neuen ›Ordnung‹ wurde die Ökonomie durch die Staatsgewalt ergänzt, was bis heute überall dort zu beobachten ist, wo es um die Etablierung kapitalistischer Verhältnisse (ausgegeben als ›Reformen‹)

---

50 Dazu gehörte u. a. die sog. Blutgesetzgebung gegen die Expropriierten (ebd. 761ff.).

oder um die kapitalistische ›Landnahme‹ (Rosa Luxemburg) geht. Die Ergänzung der ökonomischen durch die politische Gewalt ist bis heute konstitutiv, was sich besonders in Ausnahmesituationen zeigt, wohingegen in den
›normalen Phasen‹ der ›stumme Zwang‹ der Verhältnisse meist genügt.

Marx hatte bei der Untersuchung der historischen Genesis des Kapitalismus den Blick nicht nur auf Europa gerichtet, sondern auch auf das
europäische Kolonialsystem, wo die Rolle der Gewalt sich in besonders
extremer Gestalt zeigte (ebd.779).[51] »Der außerhalb Europa direkt durch
Plünderung, Versklavung und Raubmord erbeutete Schatz floß ins Mutter-
land zurück und verwandelte sich hier in Kapital.« (Ebd. 781) Auch der
Sklavenhandel bildete eine »Methode der ursprünglichen Akkumulation«
(ebd. 787). Eine 1842 in Paris erschienene Publikation von Marie Augier
zitierend, lautet Marx' Resümee: »Wenn das Geld, nach Augier, ›mit natürlichen Blutflecken auf einer Backe zur Welt kommt‹ so das Kapital von Kopf
bis Zeh, aus allen Poren, blut- und schmutztriefend.« (Ebd. 788)

Im letzten Abschnitt des 24. Kapitels »Geschichtliche Tendenz der kapitalistischen Akkumulation« verknüpft Marx die logische mit der historischen Entwicklung, aber so, dass wir bei der Interpretation dieser Passage
beide Bewegungsformen in ihrer Differenz beachten müssen: Die *logisch* als
schlüssig erscheinende Entwicklung muss nicht mit der faktisch realisierten
historischen Entwicklung übereinstimmen, da allgemeine Gesetzmäßigkeiten
immer durch die besonderen Bedingungen modifiziert oder ›gebrochen‹
werden, unter denen sie wirken; und zu diesen Bedingungen gehören in
gesellschaftlichen Prozessen insbesondere auch die ›Faktoren der Subjektivität‹. Marx zeigt hier, wie eine bestehende Bewegungsform der Widersprüche sich auflöst und durch eine neue ersetzt wird: Die vorkapitalistische
Produktionsweise bringt auf einem gewissen Höhegrad »die materiellen
Mittel ihrer eignen Vernichtung zur Welt. [...] Das selbsterarbeitete [...] Privateigentum wird verdrängt durch das kapitalistische Privateigentum. [...]
Sobald dieser Umwandlungsprozeß nach Tiefe und Umfang die alte Gesellschaft hinreichend zersetzt hat, [...] sobald die kapitalistische Produktionsweise auf eignen Füßen steht, gewinnt die weitere Vergesellschaftung der
Arbeit und weitere Verwandlung der Erde und andrer Produktionsmittel in

---

51 In diesem Kontext schrieb Marx: »Die Gewalt ist der Geburtshelfer jeder alten
    Gesellschaft, die mit einer neuen schwanger geht. Sie selbst ist eine ökonomische
    Potenz.« (ebd. 779)

gesellschaftlich ausgebeutete, also gemeinschaftliche Produktionsmittel, daher die weitere Expropriation der Privateigentümer, eine neue Form. Was jetzt zu expropriieren, ist nicht länger der selbstwirtschaftende Arbeiter, sondern der viele Arbeiter exploitierende Kapitalist.« (Ebd. 789f.)

Die Expropriation und Vernichtung des Kleineigentums bildete, in Hegelschen Kategorien gesprochen, die erste Negation. Der nächste ›logische‹ Schritt in der geschichtlichen Entwicklung wäre nun eine weitere Expropriation, die zweite oder die Negation der ersten Negation. »Diese Expropriation vollzieht sich durch das Spiel der immanenten Gesetze der kapitalistischen Produktion selbst, durch die Zentralisation der Kapitale. Je ein Kapitalist schlägt viele tot.« (Ebd. 790)

Im selben Prozess, der den Kapitalismus auf seinen Höhepunkt treibt, entwickeln sich zugleich die Voraussetzungen, die über ihn hinausweisen, nicht als Automatismus, sondern als objektive Möglichkeit, die von den Subjekten freilich erst realisiert, in eine wirkliche Existenz verwandelt werden muss. »Hand in Hand mit dieser Zentralisation oder der Expropriation vieler Kapitalisten durch wenige entwickelt sich die kooperative Form des Arbeitsprozesses auf stets wachsender Stufenleiter, die bewußte technische Anwendung der Wissenschaft, [...] die Verschlingung aller Völker in das Netz des Weltmarkts und damit der internationale Charakter des kapitalistischen Regimes.«

Die andere Seite dieses Prozesses: »Mit der beständig abnehmenden Zahl der Kapitalmagnaten, welche alle Vorteile dieses Umwandlungsprozesses usurpieren und monopolisieren, wächst die Masse des Elends, des Drucks, der Knechtschaft, der Entartung, der Ausbeutung« (ebd. 790), eine Prognose, die sich historisch als zutreffend erwiesen hat. In der gleichen Logik, die wieder von einer Voraussage über die Realentwicklung unterschieden werden muss, setzt Marx den Satz fort, der mit dem Anwachsen des Elends begonnen hatte: »aber auch die Empörung der stets anschwellenden und durch den Mechanismus des kapitalistischen Produktionsprozesses selbst geschulten, vereinten und organisierten Arbeiterklasse.« (Ebd. 790f.) Die Darstellung der Logik der Entwicklung wird fortgesetzt: »Das Kapitalmonopol wird zur Fessel der Produktionsweise, die mit und unter ihm aufgeblüht ist. Die Zentralisation der Produktionsmittel und die Vergesellschaftung der Arbeit erreichen einen Punkt, wo sie unverträglich werden mit ihrer kapitalistischen Hülle.« (Ebd. 791)

Wieder erfolgt die Fortsetzung als eine logische Schlussfolgerung im kühlen Stil eines objektiven Gesetzes, über dessen real-historische Verwirklichung damit noch nichts gesagt ist, wenn Marx über die überlebte ›kapitalistische Hülle‹ schreibt: »Sie wird gesprengt. Die Stunde des kapitalistischen Privateigentums schlägt. Die Expropriateurs werden expropriiert.«

Dass diese ›logische Notwendigkeit‹ nicht als reale Prophezeiung missverstanden werden darf, zeigen auch andere Aussagen von Marx und Engels, wonach die tatsächliche Entwicklung keineswegs nur als eine mit positivem Ausgang denkbar ist (die schliessliche Klassenlosigkeit in einer sozialistisch-kommunistischen Gesellschaft), sondern auch im gemeinsamen Untergang der kämpfenden Klassen enden kann bzw. in der Barbarei, wie Rosa Luxemburg schreibt. Es ist also die logische und die historische Lesart dieser berühmten Passage zu unterscheiden, die immer wieder dazu herhalten musste, Marx eines ökonomistischen Determinismus zu bezichtigen.

Die oben bereits angesprochene Einordnung dieser Passage in das Hegelsche Kategoriensystem bestätigt die Fortsetzung des Textes: »Die aus der kapitalistischen Produktionsweise hervorgehende kapitalistische Aneignungsweise, daher das kapitalistische Privateigentum, ist die erste Negation des individuellen, auf eigne Arbeit gegründeten Privateigentums. Aber die kapitalistische Produktion erzeugt mit der Notwendigkeit eines Naturprozesses ihre eigne Negation. Es ist Negation der Negation. [...] auf Grundlage der Errungenschaft der kapitalistischen Ära: der Kooperation und des Gemeinbesitzes der Erde und der durch die Arbeit selbst produzierten Produktionsmittel.« (Ebd.)

Das Kapitel endet ebenfalls mit einer einfachen ›logischen‹ Prognose, die keine Aussage macht über die möglichen real-historischen Schwierigkeiten und Verwicklungen ihrer Einlösung: »Die Verwandlung des auf eigner Arbeit der Individuen beruhenden, zersplitterten Privateigentums in kapitalistisches ist natürlich ein Prozeß, ungleich mehr langwierig, hart und schwierig als die Verwandlung des tatsächlich bereits auf gesellschaftlichem Produktionsbetrieb beruhenden kapitalistischen Eigentums in gesellschaftliches. Dort handelte es sich um die Expropriation der Volksmasse durch wenige Usurpatoren, hier handelt es sich um die Expropriation weniger Usurpatoren durch die Volksmasse.«[52]

---

52 Dem Text wird in der Anmerkung 252 gleichsam bekräftigend eine Passage aus dem Kommunistischen Manifest beigefügt: »Der Fortschritt der Industrie, dessen willenloser und widerstandloser Träger die Bourgeoisie ist, setzt an die Stelle der Isolierung

Dass die hier vorgelegte Interpretation der oft kritisierten Schlusspassagen von *Kapital I* nicht willkürlich ist, wird durch den ›methodischen Status‹ des *Kapital* gestützt. Der Aufbau des *Kapital* stellt, der Marxschen Methodik gemäß, ein fortschreitendes Aufsteigen vom Abstrakten zum Konkreten dar: von dem Ausgangsabstraktum der Ware und dem Wert über die zunehmenden Konkretisierungen in Geld- und Kapitalformen, über solche im 3. Band behandelten Kategorien wie »Durchschnittsprofit« oder »Produktionspreis« hin zu den realen Verhältnissen der Konkurrenz, schließlich über die (von Marx zwar geplanten, aber nicht mehr realisierten) Teile bis hin zur Darstellung der bürgerlich-kapitalistischen Gesellschaftsformation als ganzer, die selbst wieder historisch, geographisch, kulturell etc. weiter auszudifferenzieren wäre, um schließlich bei konkret-historischen Situationen und Kräftekonstellationen zu landen, womit erst die Ebene erreicht wäre, auf der konkrete, reale Prognosen überhaupt angestellt werden können. Erst hier, auf der Ebene des Besonderen und Einzelnen (wie Marx das ansatzweise im *18. Brumaire* gezeigt hatte), ist die Frage sinnvoll zu stellen nach den jeweiligen konkreten Bedingungen, unter denen die logischen Gesetzmäßigkeiten, gebrochen durch die ›Besonderungen‹, in ihren möglichen Realisierungen eingeschätzt werden können. Die Analysen von *Kapital I* sind, gemäß dem Marxschen Gesamtkonzept, weit entfernt von dieser Konkretionsebene, weshalb die bekannten Vorwürfe hinsichtlich eines von Marx vertretenen Determinismus ins Leere gehen.

Nach dem ausführlichen Durchgang durch den ersten Band des *Kapital* soll noch kurz auf den 3. Band eingegangen werden.

3.3.1.3.2 Dialektisches in *Kapital III*

Aus dem großen Gedankenreichtum des von Marx selbst nicht mehr vollendeten und von Engels herausgebrachten 3. Bandes des *Kapital* müssen wir uns hier auf Weniges beschränken. Wir wählen einige Passagen aus zu den folgenden Kapiteln bzw. Gegenständen: 1) zum »Gesetz des tendenziellen Falls der Profitrate« (MEW 25, 251ff.), 2) zum »zinstragenden Kapital« (ebd. 404ff.), 3) zur »trinitarischen Formel« (ebd. 822ff.).

der Arbeiter durch die Konkurrenz ihre revolutionäre Vereinigung durch die Assoziation. Mit der Entwicklung der großen Industrie wird also unter den Füßen der Bourgeoisie die Grundlage selbst weggezogen, worauf sie produziert und die Produkte sich aneignet. Sie produziert also vor allem ihre eignen Totengräber.« (MEW 4, 474, 472)

Die bereits in *Kapital I* deutlich gewordene innere Dialektik der kapitalistischen Produktionsweise wird im Bd. 3 auf einer konkreteren Ebene weiter entfaltet.

Kapitel 15: Zum Gesetz des tendenziellen Falls der Profitrate
Im dritten Abschnitt »Gesetz des tendenziellen Falls der Profitrate« des 15. Kapitels geht es um die Entfaltung der inneren Widersprüche des Gesetzes. Dieses zeige, »daß die kapitalistische Produktionsweise an der Entwicklung der Produktivkräfte eine Schranke findet, die nichts mit der Produktion des Reichtums als solcher zu tun hat; und diese eigentümliche Schranke bezeugt die Beschränktheit und den nur historischen, vorübergehenden Charakter der kapitalistischen Produktionsweise; bezeugt, daß sie keine für die Produktion des Reichtums absolute Produktionsweise ist, vielmehr mit seiner Fortentwicklung auf gewisser Stufe in Konflikt tritt.« (MEW 25, 251)

Zu den inneren Widersprüchen dieser Produktionsweise gehöre die Diskrepanz von tendenziell unbegrenzter Produktion des Werts auf der einen und dessen Realisierungsmöglichkeiten aufgrund zurückbleibender Konsumtionsmöglichkeiten, bedingt durch die bestehenden Distributionsverhältnisse, auf der anderen Seite. (Ebd. 254f.) »Der Markt muß daher beständig ausgedehnt werden, so daß seine Zusammenhänge und die sie regelnden Bedingungen immer mehr die Gestalt eines von den Produzenten unabhängigen Naturgesetzes annehmen, immer unkontrollierbarer werden. Der innere Widerspruch sucht sich auszugleichen durch Ausdehnung des äußern Feldes der Produktion. Je mehr sich aber die Produktivkraft entwickelt, um so mehr gerät sie in Widerstreit mit der engen Basis, worauf die Konsumtionsverhältnisse beruhen.« (Ebd. 255) Gesteigert wird so »der Widerspruch zwischen den Bedingungen, worin dieser Mehrwert produziert, und den Bedingungen, worin er realisiert wird.«

Die Profitrate fällt nicht deshalb, weil »der Arbeiter weniger exploitiert wird, sondern weil im Verhältnis zum angewandten Kapital überhaupt weniger Arbeit angewandt wird.« (Ebd. 256) Der beständige Prozess der Akkumulation und Konzentration des Kapitals führt zur »Zentralisation schon vorhandner Kapitale in wenigen Händen und Entkapitalisierung (dahin verändert sich nun die Expropriation) vieler […]. Dieser Prozeß würde bald die kapitalistische Produktion zum Zusammenbruch bringen, wenn nicht widerstrebende Tendenzen beständig wieder dezentralisierend neben der zentripetalen Kraft wirkten.« (Ebd.)

Der Konflikt zwischen der Ausdehnung der Produktion und der Verwertung zeigt sich »in widersprechenden Tendenzen und Erscheinungen«, in »widerstreitenden Agentien« (ebd. 259), die gleichzeitig gegeneinander wirken: »Gleichzeitig mit den Antrieben zur wirklichen Vermehrung der Arbeiterbevölkerung, die aus der Vermehrung des als Kapital wirkenden Teils des gesellschaftlichen Gesamtprodukts stammen, wirken die Agentien, die eine nur relative Übervölkerung schaffen. [...] Gleichzeitig mit der Entwicklung der Produktivkraft entwickelt sich die höhere Zusammensetzung des Kapitals, die relative Abnahme des variablen Teils gegen den konstanten.« (Ebd.)

Wie sind die Erscheinungsformen dieser Widersprüche? »Diese verschiednen Einflüsse machen sich bald mehr nebeneinander im Raum, bald mehr nacheinander in der Zeit geltend; periodisch macht sich der Konflikt der widerstreitenden Agentien in Krisen Luft. Die Krisen sind immer nur momentane gewaltsame Lösungen der vorhandenen Widersprüche, gewaltsame Eruptionen, die das gestörte Gleichgewicht für den Augenblick wiederherstellen.« Die Krise ist eine zeitweilige Bewegungsform im Sinne einer gewaltsamen Lösung des Widerspruchs.

Verallgemeinert ausgedrückt besteht der Widerspruch darin, »daß die kapitalistische Produktionsweise eine Tendenz einschließt nach absoluter Entwicklung der Produktivkräfte, [...] während sie andrerseits die Erhaltung des existierenden Kapitalwerts und seine Verwertung im höchsten Maß (d.h. stets beschleunigten Anwachs dieses Werts) zum Ziel hat. [...] Die Methoden, wodurch sie dies erreicht, schließen ein: Abnahme der Profitrate, Entwertung des vorhandenen Kapitals und Entwicklung der Produktivkräfte der Arbeit auf Kosten der schon produzierten Produktivkräfte.« (Ebd.)

Marx setzt die Charakterisierung dieser inneren Dialektik des Kapitalismus in immer neuen Entgegensetzungen fort: »Die kapitalistische Produktion strebt beständig, diese ihr immanenten Schranken zu überwinden, aber sie überwindet sie nur durch Mittel, die ihr diese Schranken aufs neue und auf gewaltigerm Maßstab entgegenstellen. [...] Die Schranken, in denen sich die Erhaltung und Verwertung des Kapitalwerts, die auf der Enteignung und Verarmung der großen Masse der Produzenten beruht, allein bewegen kann, diese Schranken treten daher beständig in Widerspruch mit den Produktionsmethoden, die das Kapital zu seinem Zweck anwenden muß und die auf unbeschränkte Vermehrung der Produktion, auf die Produktion als Selbstzweck, auf unbedingte Entwicklung der gesellschaftlichen Produktivkräfte der Arbeit lossteuern. Das Mittel – unbedingte Entwicklung der gesellschaftlichen Produktivkräfte – gerät in fortwährenden Konflikt mit dem beschränkten Zweck, der Verwertung des vorhandnen Kapitals. Wenn daher die kapitalistische Produktionsweise ein historisches Mittel ist, um die materielle Produktivkraft zu entwickeln und den ihr entsprechenden Weltmarkt zu schaffen, ist sie zugleich der beständige Widerspruch zwischen dieser ihrer historischen Aufgabe und den ihr entsprechenden gesellschaftlichen Produktionsverhältnissen.« (Ebd. 260)

Es muss dabei »beständig ein Zwiespalt eintreten zwischen den beschränkten Dimensionen der Konsumtion auf kapitalistischer Basis und einer Produktion, die beständig über diese ihre immanente Schranke hinausstrebt.« (Ebd. 267) »Es wird nicht zuviel Reichtum produziert. Aber es wird periodisch zuviel Reichtum in seinen kapitalistischen, gegensätzlichen Formen produziert.« (Ebd. 268)

Und so zeigt sich die Schranke der kapitalistischen Produktionsweise: »1. Darin, daß die Entwicklung der Produktivkraft der Arbeit im Fall der Profitrate ein Gesetz erzeugt, das ihrer eignen Entwicklung auf einen gewissen Punkt feindlichst gegenübertritt und daher beständig durch Krisen überwunden werden muß. 2. Darin, daß die Aneignung unbezahlter Arbeit, und das Verhältnis dieser unbezahlten Arbeit zur vergegenständlichten Arbeit überhaupt, oder, kapitalistisch ausgedrückt, daß der Profit und das Verhältnis dieses Profits zum angewandten Kapital, also eine gewisse Höhe der Profitrate über Ausdehnung oder Beschränkung der Produktion entscheidet, statt des Verhältnisses der Produktion zu den gesellschaftlichen Bedürfnissen, zu den Bedürfnissen gesellschaftlich entwickelter Menschen« (ebd. 268f.).

Kapitel 24: Zum zinstragenden Kapital
Die Entwicklung der verschiedenen, zunehmend komplexeren Formen des Kapitals machen es immer schwerer, die realen Verhältnisse zu durchschauen. »Im zinstragenden Kapital erreicht das Kapitalverhältnis seine äußerlichste und fetischartigste Form. Wir haben hier G – G', Geld, das

mehr Geld erzeugt, sich selbst verwertenden Wert, ohne den Prozeß, der die beiden Extreme vermittelt. [...] Während der Zins nur ein Teil des Profits ist, d.h. des Mehrwerts, den der fungierende Kapitalist dem Arbeiter auspreßt, erscheint jetzt umgekehrt der Zins als die eigentliche Frucht des Kapitals [...] Hier ist die Fetischgestalt des Kapitals und die Vorstellung vom Kapitalfetisch fertig. In G – G' haben wir die begriffslose Form des Kapitals, die Verkehrung und Versachlichung der Produktionsverhältnisse in der höchsten Potenz: zinstragende Gestalt, die einfache Gestalt des Kapitals, worin es seinem eignen Reproduktionsprozeß vorausgesetzt ist; Fähigkeit des Geldes, resp. der Ware, ihren eignen Wert zu verwerten, unabhängig von der Reproduktion – die Kapitalmystifikation in der grellsten Form.« (Ebd. 404)

Zugleich entstehen mit der Entwicklung der kapitalistischen Produktionsweise objektiv die Voraussetzungen für eine andere Produktionsweise. In Gestalt etwa der Aktiengesellschaften enthält hier das Kapital »direkt die Form von Gesellschaftskapital (Kapital direkt assoziierter Individuen) im Gegensatz zum Privatkapital, und seine Unternehmungen treten auf als Gesellschaftsunternehmungen im Gegensatz zu Privatunternehmungen. Es ist die Aufhebung des Kapitals als Privateigentum innerhalb der Grenzen der kapitalistischen Produktionsweise selbst.« (Ebd. 452) Oder es ist dies, wie Marx das im Blick auf die Rolle des Kredits formuliert, »die Aufhebung der kapitalistischen Produktionsweise innerhalb der kapitalistischen Produktionsweise selbst und daher ein sich selbst aufhebender Widerspruch, der prima facie als bloßer Übergangspunkt zu einer neuen Produktionsform sich darstellt. Als solcher Widerspruch stellt er sich dann auch in der Erscheinung dar. Er stellt in gewissen Sphären das Monopol her und fordert daher die Staatseinmischung heraus. Er reproduziert die neue Finanzaristokratie« (ebd. 454).

Im Aktienwesen existiert zwar schon der »Gegensatz gegen die alte Form, worin gesellschaftliches Produktionsmittel als individuelles Eigentum erscheint; aber die Verwandlung in die der Aktie bleibt selbst noch befangen in den kapitalistischen Schranken« (ebd. 456).

Mit den erwähnten entwickelten Kapitalformen »tritt damit nur hervor, daß die auf den gegensätzlichen Charakter der kapitalistischen Produktion gegründete Verwertung des Kapitals die wirkliche, freie Entwicklung nur bis zu einem gewissen Punkt erlaubt, also in der Tat eine immanente Fessel und Schranke der Produktion bildet, die beständig durch das Kreditwesen durchbrochen wird. Das Kreditwesen beschleunigt daher die materielle Entwicklung der Produktivkräfte und die Herstellung des Weltmarkts [...] Gleichzeitig beschleunigt der Kredit die gewaltsamen Ausbrüche dieses Widerspruchs, die Krisen, und damit die Elemente der Auflösung der alten Produktionsweise.« (Ebd. 457) Der widersprüchliche Charakter des Kredits zeigt sich darin, Triebfeder der kapitalistischen und zugleich Übergangsform zu einer neuen Produktionsweise zu sein.

Kapitel 48: Zur trinitarischen Formel

Zu Beginn des 7. Abschnitts »Die Revenuen und ihre Quellen« befasst sich Marx mit der sog. ›trinitarischen Formel‹. Er stellt hier nochmal klar: »[D]as Kapital ist kein Ding, sondern ein bestimmtes, gesellschaftliches, einer bestimmten historischen Gesellschaftsformation angehöriges Produktionsverhältnis, das sich an einem Ding darstellt« (ebd. 822). Zur Vulgärökonomie heißt es: »Es darf uns also nicht wundernehmen, daß sie gerade in der entfremdeten Erscheinungsform der ökonomischen Verhältnisse, worin diese prima facie abgeschmackt und vollkommene Widersprüche sind – und alle Wissenschaft wäre überflüssig, wenn die Erscheinungsform und das Wesen der Dinge unmittelbar zusammenfielen –, wenn gerade hier die Vulgärökonomie sich vollkommen bei sich selbst fühlt und ihr diese Verhältnisse umso selbstverständlicher erscheinen, je mehr der innere Zusammenhang zu ihnen verborgen ist, sie aber der ordinären Vorstellung geläufig sind.« (Ebd. 825)

Im 48. Kapitel findet sich auch die über den Kapitalismus hinausweisende allgemeine Unterscheidung zwischen dem ›Reich der Freiheit‹ und dem ›Reich der Notwendigkeit‹: »Das Reich der Freiheit beginnt in der Tat erst da, wo das Arbeiten, das durch Not und äußere Zweckmäßigkeit bestimmt ist, aufhört; es liegt also der Natur der Sache nach jenseits der Sphäre der eigentlichen materiellen Produktion. [...] Die Freiheit in diesem Gebiet kann nur darin bestehn, daß der vergesellschaftete Mensch, die assoziierten Produzenten, diesen ihren Stoffwechsel mit der Natur rationell regeln, unter ihre gemeinschaftliche Kontrolle bringen, statt von ihm als von einer blinden Macht beherrscht zu werden; ihn mit dem geringsten Kraftaufwand und unter den ihrer menschlichen Natur würdigsten und adäquatesten Bedingungen vollziehn. Aber es bleibt dies immer ein Reich der Notwendigkeit. Jenseits desselben beginnt die menschliche Kraftentwicklung, die sich als Selbstzweck gilt, das wahre Reich der Freiheit, das aber nur auf jenem Reich der Notwendigkeit als seiner Basis aufblühn kann. Die Verkürzung des Arbeitstags ist die Grundbedingung.« (Ebd. 828)

Insgesamt gesehen ist Marx' Arbeit ein Entmystifizierungsprozeß, eine Aufhellung der immer mehr verschleierten Verhältnisse, indem er sich auf den Gesamtzusammenhang des Kapitalismus bezieht und dadurch in den bunten und verwirrenden Erscheinungsformen die wesentlichen Verhältnisse sichtbar machen kann. »Im Kapital – Profit, oder noch besser Kapital – Zins, Boden – Grundrente, Arbeit – Arbeitslohn, in dieser ökonomischen Trinität als dem Zusammenhang der Bestandteile des Werts und des Reichtums überhaupt mit seinen Quellen ist die Mystifikation der kapitalistischen Produktionsweise, die Verdinglichung der gesellschaftlichen Verhältnisse [...] vollendet: die verzauberte, verkehrte und auf den Kopf gestellte Welt«, es ist eine »Personifizierung der Sachen und Versachlichung der Produktionsverhältnisse«, eine »Religion des Alltagslebens« (ebd. 838). Selbst die von Marx im Gegensatz zu den Vulgärökonomen gewürdigten Vertreter der klassischen Ökonomie bleiben, »wie es vom bürgerlichen Standpunkt nicht anders möglich ist, mehr oder weniger in der von ihnen kritisch aufgelösten Welt des Scheins befangen und fallen daher alle mehr oder weniger in Inkonsequenzen, Halbheiten und ungelöste Widersprüche. [...] [E]s sind eben die Gestaltungen des Scheins, in welchem sie sich bewegen und womit sie täglich zu tun haben.« (Ebd.)

Betrachtet man die Marxsche Analyse unter einer ideologietheoretischen Perspektive, könnte man unterscheiden zwischen dem objektiven Schein (›Trinität‹) sowie den subjektiv als real erscheinenden Vorstellungen der Produktionsagenten zum einen, was man den *kausalen* Aspekt der Ideologie nennen könnte, und der Tatsache zum andern, dass dieser Schein dem Interesse der herrschenden Klassen entspricht und daher von ihnen auch bewusst gepflegt wird, sozusagen der *funktionale* Aspekt der Ideologie. Die Einheit beider Momente macht die Kraft der bürgerlichen Vorstellungen, der bürgerlichen Ideologie aus. (Vgl. dazu auch Sorg 1976.)

Ähnlich wie im letzten Abschnitt des 24. Kapitels von *Kapital I* geht auch gegen Ende des unvollendeten Manuskripts von *Kapital III* der Blick über die kapitalistische Produktionsweise hinaus, wobei die Formulierung dem berühmten ›Vorwort‹ zur Kritik der politischen Ökonomie (MEW

13, bes. 8f.) entspricht: »Auf einer gewissen Stufe der Reife angelangt, wird die bestimmte historische Form abgestreift und macht einer höhern Platz. Daß der Moment einer solchen Krise gekommen, zeigt sich, sobald der Widerspruch und Gegensatz zwischen den Verteilungsverhältnissen, daher auch der bestimmten historischen Gestalt der ihnen entsprechenden Produktionsverhältnisse einerseits und den Produktivkräften, der Produktionsfähigkeit und der Entwicklung ihrer Agentien andrerseits, Breite und Tiefe gewinnt. Es tritt dann ein Konflikt zwischen der materiellen Entwicklung der Produktion und ihrer gesellschaftlichen Form ein.« (Ebd. 891)

Zur Interpretation des *Kapital* insgesamt betont Engels in seinem Nachwort, dass es sich bei der Marxschen Darstellung der kapitalistischen Produktionsweise »nicht nur um einen rein logischen Prozeß handelt, sondern um einen historischen Prozeß und dessen erklärende Rückspiegelung im Gedanken, die logische Verfolgung seiner inneren Zusammenhänge.« (Ebd. 905)

3.3.2 Engels

Es sind vor allem die folgenden Texte, in denen sich *Friedrich Engels* (1820–1895) zur Dialektik und zu Hegel geäußert hat:

- die *Rezension zu Marx' Schrift »Kritik der politischen Ökonomie«* (1859), geschrieben vom 3.-15. August 1859 (MEW 13, 468-477);
- die 1876–1878 entstandene und 1878 (3. Aufl.1894) publizierte Schrift *»Herrn Eugen Düring's Umwälzung der Wissenschaft (Anti-Dühring)«* (MEW 20, 1-303; daraus vor allem der Abschnitt »Philosophie«, ebd. 32-135, sowie darin insbesondere der Teil »Dialektik«, ebd. 111-133);
- die zuerst 1880 auf Französisch (1882 auf Deutsch) erschienene, aus drei Kapiteln des *Anti-Dühring* zusammengestellte Schrift *Die Entwicklung des Sozialismus von der Utopie zur Wissenschaft* (MEW 19, 177-228, daraus über Philosophie 201-209), die der Verbreitung auch in Frankreich dienen sollte;
- die 1886 erschienene Schrift *Ludwig Feuerbach und der Ausgang der klassischen deutschen Philosophie* (MEW 21, 261-307);
- die 1873–1883 geschriebene, 1885/86 ergänzte, aber erst 1925 posthum aus dem vorliegenden Konvolut von Handschriften publizierte *Dialektik der Natur* (MEW 20, 306-570).

Im Folgenden wird auf diese Schriften eingegangen, mit Ausnahme von *Die Entwicklung des Sozialismus von der Utopie zur Wissenschaft*, da es sich dabei im Wesentlichen um Auszüge aus dem *Anti-Dühring* handelt.

3.3.2.1 Rezension zu: Karl Marx, »Zur Kritik der Politischen Ökonomie« (1859)

Zu Hegel und zur Dialektik äußert sich Engels 1859 in einer (unvollständig gebliebenen) Besprechung der von Marx im gleichen Jahr geschriebenen Arbeit *Zur Kritik der Politischen Ökonomie.* Engels geht darin zunächst auf die im Marxschen *Vorwort* berühmt gewordene Skizze der historisch-materialistischen Geschichtsauffassung ein, die beiden, Marx wie Engels, als methodisch-theoretischer Leitfaden ihrer Forschungen diente und wonach »die Produktionsweise des materiellen Lebens den sozialen, politischen und geistigen Lebensprozess überhaupt« (MEW 13, 470) bestimmt. Engels betont, dass dieser Ansatz »nicht nur für die Theorie, sondern auch für die Praxis höchst revolutionäre Konsequenzen« habe.[53] Marx und mit ihm Engels verstehen die jeweiligen Produktionsverhältnisse als eine Entwicklungs- und Bewegungsform, in der die einer Produktionsweise immanenten Widersprüche sich zeitweilig bewegen können; und wenn das nicht mehr möglich ist, werden aus Entwicklungsformen Fesseln, die gesprengt werden müssen.

»Die Entwicklung der materialistischen Auffassung auch nur an einem einzigen historischen Exempel war eine wissenschaftliche Arbeit, die jahrelange ruhige Studien erfordert hätte« (ebd. 471), was aber durch die dann auf die Tagesordnung gesetzten praktisch-politischen Aufgaben (wie z. B. die Februarrevolution von 1848) zunächst verhindert worden sei. Erst nach der Niederlage der Revolution von 1848/49 fanden beide, nolens volens, »wieder einige Ruhe zum Studieren«, dessen ›erste Frucht‹ das hier besprochene Buch von Marx sei.

In der Fortsetzung der Rezension (am 20. August 1859) geht Engels genauer auf Hegel ein und schreibt: »Seit Hegels Tod ist kaum ein Versuch

---

53   Die historisch-materialistische Geschichtsauffassung habe, so Engels (ebd.), die »Perspektive auf eine gewaltige, auf die gewaltigste Revolution aller Zeiten eröffnet«; die »materialistische These« habe zugleich allen Formen von Idealismus und dem ›traditionellen Modus des politischen Räsonierens‹ einen schweren Schlag versetzt.

gemacht worden, eine Wissenschaft in ihrem eignen, inneren Zusammenhang zu entwickeln. Die offizielle Hegelsche Schule hatte von der Dialektik des Meisters nur die Manipulation der allereinfachsten Kunstgriffe sich
angeeignet, die sie auf alles und jedes, und oft noch mit lächerlichem Un-
geschick, anwandte. Die ganze Hinterlassenschaft Hegels beschränkte sich
für sie auf eine pure Schablone, mit deren Hülfe jedes Thema zurechtkons-
truiert wurde« (ebd. 472), und so »schlief die Hegelei allmählich ein, und es
schien, als habe das Reich der alten Metaphysik mit ihren fixen Kategorien
von neuem in der Wissenschaft begonnen.« Mit dem Aufschwung der Naturwissenschaften sei dann eine Epoche gefolgt, »in der der positive Inhalt
der Wissenschaft wieder die formelle Seite überwog«, und in der Philosophie »riß auch die alte metaphysische Manier des Denkens […] wieder
ein. Hegel war verschollen, es entwickelte sich der neue naturwissenschaftliche Materialismus, der sich von dem des 18. Jahrhunderts theoretisch fast
gar nicht unterscheidet« (ebd. 472f.). Sarkastisch geißelt er die Unfähigkeit
in der Theorie: »Der steife Karrengaul des bürgerlichen Alltagsverstandes
stockt natürlich verlegen vor dem Graben, der Wesen von Erscheinung,
Ursache von Wirkung trennt; wenn man aber auf das sehr kupierte Terrain
des abstrakten Denkens par force jagen geht, so muß man eben keine Kar-
rengäule reiten.« (Ebd. 473)

Die Lage in der Wissenschaft stellt sich für Engels so dar: »Auf der einen
Seite lag die Hegelsche Dialektik vor, in der ganz abstrakten, ›spekulativen‹
Gestalt, worin Hegel sie hinterlassen; auf der andern Seite die ordinäre, jetzt
wieder Mode gewordene, wesentlich wolffisch-metaphysische Methode, in
der auch die bürgerlichen Ökonomen ihre zusammenhangslosen dicken
Bücher geschrieben.« (Ebd.) Diese letztere (die metaphysische Methode)
habe »Kant und namentlich Hegel« zwar theoretisch vernichtet, aber andrerseits »war die Hegelsche Methode in ihrer *vorliegenden* Form absolut unbrauchbar«, weil sie »wesentlich idealistisch« war: Sie sei »vom reinen Denken« ausgegangen, statt »von den hartnäckigsten Tatsachen«. Gleichwohl,
so Engels' Einschätzung, war sie »das einzige Stück, an das wenigstens ange-
knüpft werden konnte. Sie war nicht kritisiert, nicht überwunden worden;
keiner der Gegner des großen Dialektikers hatte Bresche in ihren stolzen
Bau schießen können; sie war verschollen, weil die Hegelsche Schule nichts
mit ihr anzufangen gewußt hatte. Vor allen Dingen galt es also, die Hegelsche Methode einer durchgreifenden Kritik zu unterwerfen.«

Die besondere Stärke, die »Hegels Denkweise vor der aller andern Philosophen auszeichnete, war der enorme historische Sinn, der ihr zugrunde lag. So abstrakt und idealistisch die Form, so sehr ging doch immer seine Gedankenentwicklung parallel mit der Entwicklung der Weltgeschichte, und letztere soll eigentlich nur die Probe auf die erstere sein. Wenn dadurch auch das richtige Verhältnis umgedreht und auf den Kopf gestellt wurde, so kam doch überall der reale Inhalt in die Philosophie hinein [...] Er war der erste, der in der Geschichte eine Entwicklung, einen innern Zusammenhang nachzuweisen versuchte« (ebd. 473f.). Trotz aller Kritik sei »die Großartigkeit der Grundanschauung selbst heute noch bewundernswert« (ebd. 474): »überall wird der Stoff historisch, im bestimmten, wenn auch abstrakt verdrehten Zusammenhang mit der Geschichte behandelt.«

All dies ermöglichte es, an Hegel anzuknüpfen: »Diese epochemachende Auffassung der Geschichte war die direkte theoretische Voraussetzung der neuen materialistischen Anschauung, und schon hierdurch ergab sich ein Anknüpfungspunkt auch für die logische Methode.« So war für Engels klar, dass an dieser ›verschollenen Dialektik‹ mehr sei »als Sophisterei und Haarspalterei«. (Ebd.)

Was nun die erforderliche, äußerst anspruchsvolle »Kritik dieser Methode, vor der die ganze offizielle Philosophie sich gescheut hatte und noch scheut«, betreffe, so sei Marx »der einzige, der sich der Arbeit unterziehen konnte, aus der Hegelschen Logik den Kern herauszuschälen, der Hegels wirkliche Entdeckungen auf diesem Gebiet umfaßt, und die dialektische Methode, entkleidet von ihren idealistischen Umhüllungen, in der einfachen Gestalt herzustellen, in der sie die allein richtige Form der Gedankenentwicklung wird.« Engels betont dann programmatisch: »Die Herausarbeitung der Methode, die Marx' Kritik der politischen Ökonomie zugrunde liegt, halten wir für ein Resultat, das an Bedeutung kaum der materialistischen Grundanschauung nachsteht.«(Ebd.)

Auf die Frage, wie die Kritik der Ökonomie »nach gewonnener Methode« angelegt werden solle, »historisch oder logisch«, antwortet Engels: Da in der Geschichte »die Entwicklung im ganzen und großen auch von den einfachsten zu den komplizierteren Verhältnissen fortgeht«, so würden die ökonomischen Kategorien im wesentlichen in derselben Reihenfolge erscheinen wie in der logischen Entwicklung (ebd. 474f.). Gerade weil die Geschichte »oft sprungweise und im Zickzack« verlaufe und die genaue geschichtliche Darstellung viele Einzelheiten und Kontexte berücksichtigen müsste, sei die »logische Behandlungsweise [...] allein am Platz. Diese aber ist in der Tat nichts andres als die historische, nur entkleidet der historischen Form und der störenden Zufälligkeiten.« Der Fortgang des Gedankens sei dann »das Spiegelbild, in abstrakter und theoretisch konsequenter Form, des historischen Verlaufs; ein korrigiertes Spiegelbild, aber korrigiert nach Gesetzen, die der wirkliche geschichtliche Verlauf selbst an die Hand gibt, indem jedes Moment auf dem Entwicklungspunkt seiner vollen Reife, seiner Klassizität betrachtet werden kann.«[54]

Was Engels hier als die ›logische Entwicklung‹ des Gedankengangs in der Darstellung der Kategorien der politischen Ökonomie bezeichnet, entspricht strukturell dem ›Fortbestimmen des Begriffs‹ in der Hegelschen *Logik*. Marx hat, wie oben schon erwähnt, in seinen methodischen Überlegungen in der »Einleitung« differenziert zwischen der Forschung und der Darstellung: Die Forschung müsse den historischen Verästelungen im Detail nachgehen, während die Darstellung sich an der logischen Entwicklung orientiere, was dann freilich das Missverständnis auslösen könne, als handle es sich um eine gleichsam apriorische Ableitung.

Engels erläutert: »Wir gehen bei dieser Methode aus von dem ersten und einfachsten Verhältnis, das uns historisch, faktisch vorliegt, hier also von dem ersten ökonomischen Verhältnis, das wir vorfinden. Dies Verhältnis zergliedern wir. Darin, daß es ein *Verhältnis* ist, liegt schon, daß es zwei Seiten hat, die sich *zueinander verhalten.* Jede dieser Seiten wird für sich betrachtet; daraus geht hervor die Art ihres gegenseitigen Verhaltens, ihre Wechselwirkung. Es werden sich Widersprüche ergeben, die eine Lösung verlangen. Da wir aber hier nicht einen abstrakten Gedankenprozeß betrachten, der sich in unsern Köpfen allein zuträgt, sondern einen wirklichen Vorgang, der sich zu irgendeiner Zeit wirklich zugetragen hat oder noch zuträgt, so werden auch diese Widersprüche in der Praxis sich entwickelt und wahrscheinlich ihre Lösung gefunden haben. Wir werden die Art dieser Lösung verfolgen und finden, daß sie durch Herstellung eines neuen Verhältnisses bewirkt worden ist, dessen zwei entgegengesetzte Seiten wir nunmehr zu entwickeln haben werden usw.« (Ebd. 475)

---

54 Der jahrzehntelange Streit über die angemessene Bestimmung des Verhältnisses von Logischem und Historischem (vgl. z. B. schon Kittsteiner 1977) dauert bis in die Gegenwart an.

Auch für ihn wie für Marx besteht die mögliche Lösung des Widerspruchs der beiden entgegengesetzten Seiten des jeweiligen Verhältnisses, z. B. bei der Ware der Widerspruch von Gebrauchswert und Tauschwert oder zwischen dem Produktions- und dem Austauschprozess, darin, dass jeweils eine Form gefunden wird, in der der Widerspruch sich bewegen kann. Der Bezug zu Hegels *Logik* wird deutlich an seinen weiteren Ausführungen zum eigenartigen Charakter der Ware: einerseits ein *Ding*, andererseits ein soziales *Verhältnis* zu sein zwischen zwei Personen, dem Produzenten und dem Konsumenten, die in einer auf Warentausch basierenden Gesellschaft nicht mehr in derselben Person vereinigt sind. Engels verallgemeinert dieses Beispiel: »Die Ökonomie handelt nicht von Dingen, sondern von Verhältnissen zwischen Personen und in letzter Instanz zwischen Klassen; diese Verhältnisse sind aber stets *an Dinge gebunden* und *erscheinen als Dinge*.« (Ebd. 476) Diesen Zusammenhang habe »Marx zuerst in seiner Geltung für die ganze Ökonomie aufgedeckt und dadurch die schwierigsten Fragen so einfach und klar gemacht, daß jetzt selbst die bürgerlichen Ökonomen sie werden begreifen können.« Im *Kapital* hat Marx dies, wie oben gezeigt, breit ausgeführt und z. B. im Fetischismus-Kapitel die Folgen dieser komplizierten Zusammenhänge für die – verkehrte – Wahrnehmung im Bewusstsein der Menschen dargelegt.

Gegen Ende dieses Teils seiner Rezension nennt Engels die Darlegungen zum Doppelcharakter der Ware »ein schlagendes Exempel« (ebd. 476) dafür, »daß die deutsche dialektische Methode auf ihrer jetzigen Ausbildungsstufe der alten platt-kannegießernden, metaphysischen wenigstens ebenso überlegen ist wie die Eisenbahnen den Transportmitteln des Mittelalters«.

Nachdem er noch kurz die weitere Entwicklung der Ware beim Eintritt *in den Austauschprozess* skizzierte und das *Geld* als neue Bewegungsform des Widerspruchs einführte, schließt er mit dem vorläufigen Resümee: »Man sieht, wie bei dieser Methode die logische Entwicklung durchaus nicht genötigt ist, sich im rein abstrakten Gebiet zu halten. Im Gegenteil, sie bedarf der historischen Illustration, der fortwährenden Berührung mit der Wirklichkeit. [...] Die Kritik der einzelnen mehr oder minder einseitigen oder verworrenen Auffassungsweisen ist dann im wesentlichen schon in der logischen Entwicklung selbst gegeben und kann kurz gefaßt werden.« (Ebd. 477) – Den geplanten dritten Artikel, in dem er auf den ökonomi-

schen Inhalt des Marx-Buches selbst eingehen wollte, konnte Engels nicht
mehr liefern.

Die bereits angedeutete Nähe zur Hegelschen *Logik* ist unübersehbar:
Auch für Hegel sind die begrifflichen Bestimmungen und die Entwicklung
der Kategorien stets *Verhältnisbestimmungen*. Wer nur eine Seite dieser Verhältnisse, z. B. von Sein und Nichtsein, Etwas und Anderem, Qualität und
Quantität, Wesen und Erscheinung, Objektivität und Subjektivität etc. fixiert, wie das der ›gesunde Menschenverstand‹ zu tun geneigt ist, statt das
›Ganze‹, also die ›Einheit‹ der sich widersprechenden Seiten in den Blick
zu nehmen, was Hegel (anders als es Marx und Engels verstanden und
kritisiert haben) das ›Spekulative‹ nennt, wird nicht zu einer angemessenen
Erkenntnis dieser Zusammenhänge gelangen.

3.3.2.2 Anti-Dühring (1878)

Engels' erstmals 1878 erschienene und dann immer wieder neu aufgeleg-
te Schrift *Herrn Eugen Dühring's Umwälzung der Wissenschaft* (›*Anti-Dühring*‹)
hatte einen großen Anteil an der Verbreitung des Marxismus. Die ihm auf-
genötigte Auseinandersetzung mit Eugen Dühring, der einen gewissen Einfluss in der Arbeiterbewegung gewonnen hatte, nutzte Engels, um neben
der Kritik an Dühring die eigenen Positionen von ihm und Marx darzustellen, der das Manuskript kannte. Im Vorwort zur Ausgabe von 1885 schreibt
Engels über den *Anti-Dühring*: »Die negative Kritik wurde damit positiv;
die Polemik schlug um in eine mehr oder minder zusammenhängende Darstellung der von Marx und mir vertretnen dialektischen Methode und kommunistischen Weltanschauung« (MEW 20, 8); und er merkt an: »Da die
hier entwickelte Anschauungsweise zum weitaus größern Teil von Marx
begründet und entwickelt worden, und nur zum geringsten Teil von mir,
so verstand es sich unter uns von selbst, daß diese meine Darstellung nicht
ohne seine Kenntnis erfolgte.« (Ebd. 9)

»Marx und ich«, so Engels weiter, »waren wohl ziemlich die einzigen,
die aus der deutschen idealistischen Philosophie die bewußte Dialektik in
die materialistische Auffassung der Natur und Geschichte hinübergerettet
hatten.« (Ebd. 10) Nach einer Bemerkung zu beider jeweiligen Schwer-
punktsetzungen bezüglich »der Mathematik und der Naturwissenschaften«
bekundet Engels seine Auffassung, »daß in der Natur dieselben dialektischen Bewegungsgesetze im Gewirr der zahllosen Veränderungen sich

durchsetzen, die auch in der Geschichte die scheinbare Zufälligkeit der Ereignisse beherrschen; dieselben Gesetze, die, ebenfalls in der Entwicklungsgeschichte des menschlichen Denkens den durchlaufenden Faden bildend, allmählich den denkenden Menschen zum Bewußtsein kommen; die zuerst von Hegel in umfassender Weise, aber in mystifizierter Form entwickelt worden, und die aus dieser mystischen Form herauszuschälen« (ebd. 11) war. An der alten Naturphilosophie moniert Engels, dass sie, auch in der »Hegelschen Form«, »der Natur keine Entwicklung in der Zeit zuerkannte«. »Dies war einerseits im Hegelschen System selbst begründet, das nur dem ›Geist‹ eine geschichtliche Fortentwicklung zuschrieb, andrerseits aber auch im damaligen Gesamtstand der Naturwissenschaften. So fiel Hegel hier weit hinter Kant zurück«. – Wie weit Engels die Position Hegels in dieser Frage zutreffend darstellt, soll hier nicht weiter untersucht werden.

Es gehe nicht darum, »die dialektischen Gesetze in die Natur hineinzukonstruieren, sondern sie in ihr aufzufinden und aus ihr zu entwickeln.« (Ebd. 12) »Vielleicht aber«, erwägt Engels dann, »macht der Fortschritt der theoretischen Naturwissenschaft meine Arbeit größtenteils oder ganz überflüssig. Denn die Revolution, die der theoretischen Naturwissenschaft aufgezwungen wird durch die bloße Notwendigkeit, die sich massenhaft häufenden, rein empirischen Entdeckungen zu ordnen, ist der Art, daß sie den dialektischen Charakter der Naturvorgänge mehr und mehr auch dem widerstrebendsten Empiriker zum Bewußtsein bringen muß. Die alten starren Gegensätze, die scharfen, unüberschreitbaren Grenzlinien verschwinden mehr und mehr.« (Ebd. 13) Es seien »die als unversöhnlich und unlösbar vorgestellten polaren Gegensätze, die gewaltsam fixierten Grenzlinien und Klassenunterschiede, die der modernen theoretischen Naturwissenschaft ihren beschränkt-metaphysischen Charakter gegeben haben. Die Erkenntnis, daß diese Gegensätze und Unterschiede in der Natur zwar vorkommen, aber nur mit relativer Gültigkeit, daß dagegen jene ihre vorgestellte Starrheit und absolute Gültigkeit erst durch unsre Reflexion in die Natur hineingetragen ist – diese Erkenntnis macht den Kernpunkt der dialektischen Auffassung der Natur aus.« (Ebd. 14)

Zu dieser Erkenntnis gelange man leichter, »wenn man dem dialektischen Charakter dieser Tatsachen das Bewußtsein der Gesetze des dialektischen Denkens entgegenbringt. Jedenfalls ist die Naturwissenschaft jetzt so weit, daß sie der dialektischen Zusammenfassung nicht mehr entrinnt. Sie wird sich diesen Prozeß aber erleichtern, wenn sie nicht vergißt, daß die Resultate, worin sich ihre Erfahrungen zusammenfassen, Begriffe sind; daß aber die Kunst, mit Begriffen zu operieren, nicht eingeboren und auch nicht mit dem gewöhnlichen Alltagsbewußtsein gegeben ist, sondern wirkliches Denken erfordert«. (Ebd.)

In der Einleitung schreibt er über den ›modernen Sozialismus‹: »Wie jede neue Theorie, mußte er zunächst anknüpfen an das vorgefundne Gedankenmaterial, sosehr auch seine Wurzel in den ökonomischen Tatsachen lag.« (Ebd. 16) Bei der Charakterisierung der zeitgeschichtlichen Voraussetzungen rekurriert er auf Hegel:»Es war die Zeit, wo, wie Hegel sagt, die Welt auf den Kopf gestellt wurde«. (Ebd.) Engels spielt hier auf Hegels Begeisterung über die Französische Revolution an (vgl. z.B. Hegels *Vorlesungen über die Philosophie der Geschichte*) und den durch sie erfolgten weltgeschichtlichen Einschnitt, womit das aufgeklärte, vernünftige Denken eine neue, gewachsene Bedeutung bekam. Hierzu gehört für Engels »neben und nach der französischen Philosophie des 18. Jahrhunderts die neuere deutsche Philosophie« (MEW 20, 19), darunter besonders Hegel. Dessen »größtes Verdienst war die Wiederaufnahme der Dialektik als der höchsten Form des Denkens.«[55] (Ebd.)

Dem dialektischen Denken stellt Engels die »metaphysische Denkweise« entgegen, die nicht zuletzt gefördert worden sei durch das ›zerlegende Denken‹ in der Naturwissenschaft: »Für den Metaphysiker sind die Dinge und ihre Gedankenabbilder, die Begriffe, vereinzelte, eins nach dem andern und ohne das andre zu betrachtende, feste, starre, ein für allemal gegebne Gegenstände der Untersuchung. Er denkt in lauter unvermittelten Gegensätzen [...] Für ihn existiert ein Ding entweder, oder es existiert nicht: ein Ding kann ebensowenig zugleich es selbst und ein andres sein. Positiv und negativ schließen einander absolut aus; Ursache und Wirkung stehn ebenso in starrem Gegensatz zueinander.« (Ebd. 20f.) Diese Denkweise erscheine uns auf den ersten Blick deswegen äußerst plausibel, »weil sie diejenige des sogenannten gesunden Menschenverstandes ist. Allein der gesunde Menschenverstand, ein so respektabler Geselle er auch in dem hausbackenen

---

55 Zu den auch ›außerhalb der eigentlichen Philosophie‹ damals entstandenen »Meisterwerke der Dialektik« zählte Engels etwa ›Rameaus Neffe‹ von Diderot oder die ›Abhandlung über den Ursprung und die Grundlagen der Ungleichheit unter den Menschen‹ von Rousseau – beides Texte, die auch Hegel rezipiert hat.

Gebiet seiner vier Wände ist, erlebt ganz wunderbare Abenteuer, sobald er sich in die weite Welt der Forschung wagt« (ebd.), wofür Engels dann Beispiele bringt, bei denen das isolierende Denken nicht ausreiche.

Die Dialektik dagegen fasse »die Dinge und ihre begrifflichen Abbilder wesentlich in ihrem Zusammenhang, ihrer Verkettung, ihrer Bewegung, ihrem Entstehn und Vergehn« (ebd. 22). So sehr die moderne Naturwissenschaft einerseits das isolierende Denken gefördert habe, so sehr liefere sie ebenso ein reichliches Material für den Beweis dafür, »daß es in der Natur, in letzter Instanz, dialektisch und nicht metaphysisch hergeht.« Seine Schlussfolgerung: »Eine exakte Darstellung des Weltganzen, seiner Entwicklung und der der Menschheit, sowie des Spiegelbildes dieser Entwicklung in den Köpfen der Menschen, kann also nur auf dialektischem Wege, mit steter Beachtung der allgemeinen Wechselwirkungen des Werdens und Vergehens, der fort- oder rückschreitenden Änderungen zustande kommen.«

In der neueren deutschen Philosophie sei es das Hegelsche System, »worin zum erstenmal – und das ist sein großes Verdienst – die ganze natürliche, geschichtliche und geistige Welt als ein Prozeß, d. h. als in steter Bewegung, Veränderung, Umbildung und Entwicklung begriffen dargestellt und der Versuch gemacht wurde, den inneren Zusammenhang in dieser Bewegung und Entwicklung nachzuweisen.« (Ebd. 22f.)[56]

Vom Gesichtspunkt des inneren Zusammenhangs aus die Geschichte der Menschheit zu betrachten und die »Gesetzmäßigkeit durch alle scheinbaren Zufälligkeiten hindurch nachzuweisen« (ebd. 23), sei damit die Aufgabe des Denkens geworden. »Daß Hegel diese Aufgabe nicht löste, ist hier gleichgültig. Sein epochemachendes Verdienst war, sie gestellt zu haben. Es ist eben eine Aufgabe, die kein einzelner je wird lösen können.« (Ebd.)

---

56 Im ersten Entwurf der ›Einleitung‹ wird die Hegelsche Philosophie so charakterisiert: »Das Hegelsche System war die letzte, vollendetste Form der Philosophie, insofern diese als besondre, allen andren Wissenschaften überlegne besondre Wissenschaft vorgestellt wird. Mit ihm scheiterte die ganze Philosophie. Was aber blieb, war die dialektische Denkweise und die Auffassung der natürlichen, geschichtlichen und intellektuellen Welt als einer sich ohne Ende bewegenden, umbildenden, in stetem Prozeß von Werden und Vergehen begriffenen. Nicht nur an die Philosophie, an alle Wissenschaften war jetzt die Forderung gestellt, die Bewegungsgesetze dieses steten Umbildungsprozesses auf ihrem besondern Gebiet aufzuweisen. Und dies war das Erbteil, das die Hegelsche Philosophie ihren Nachfolgern hinterließ.« (MEW 20, 23, Anm. 1)

Neben der weitreichenden Anerkennung Hegels wiederholt Engels immer wieder problematische Einschätzungen (worauf wir an anderer Stelle eingehen), z. B.: »Hegel war Idealist, d. h., ihm galten die Gedanken seines Kopfs nicht als die mehr oder weniger abstrakten Abbilder der wirklichen Dinge und Vorgänge, sondern umgekehrt galten ihm die Dinge und ihre Entwicklung nur als die verwirklichten Abbilder der irgendwo schon vor der Welt existierenden ›Idee‹. Damit war alles auf den Kopf gestellt und der wirkliche Zusammenhang der Welt vollständig umgekehrt. Und so richtig und genial auch manche Einzelzusammenhänge von Hegel aufgefaßt worden«, insgesamt sei das Hegelsche System »eine kolossale Fehlgeburt«, bestimmt durch den »innern Widerspruch: einerseits hatte es zur wesentlichen Voraussetzung die historische Anschauung, [...]; andrerseits aber behauptet es, der Inbegriff eben dieser absoluten Wahrheit zu sein. Ein allumfassendes, ein für allemal abschließendes System der Erkenntnis von Natur und Geschichte steht im Widerspruch mit den Grundgesetzen des dialektischen Denkens« (ebd. 23f.). »Die Einsicht in die totale Verkehrtheit des bisherigen deutschen Idealismus führte notwendig zum Materialismus«, freilich zum neuen, »nicht zum bloß metaphysischen, ausschließlich mechanischen Materialismus des 18. Jahrhunderts.« (Ebd. 24)

Es folgt dann eine der strittigen Stellen, bei denen eine eigenständige Disziplin Philosophie als verzichtbar bezeichnet wird: Der neue Materialismus sei »wesentlich dialektisch und braucht keine über den andern Wissenschaften stehende Philosophie mehr. Sobald an jede einzelne Wissenschaft die Forderung herantritt, über ihre Stellung im Gesamtzusammenhang der Dinge und der Kenntnis von den Dingen sich klarzuwerden, ist jede besondre Wissenschaft vom Gesamtzusammenhang überflüssig. Was von der ganzen bisherigen Philosophie dann noch selbständig bestehn bleibt, ist die Lehre vom Denken und seinen Gesetzen – die formelle Logik und die Dialektik. Alles andre geht auf in die positive Wissenschaft von Natur und Geschichte.« (In seiner *Dialektik der Natur* bestimmt übrigens Engels die Dialektik als »die Wissenschaft *des* Gesamtzusammenhangs« [Hervorhebung von mir, R. S.], nicht: *vom* Gesamtzusammenhang, vgl. MEW 20, 307.)[57]

57 Die sich anschließende Kritik der ›alten idealistischen Geschichtsauffassung‹, die ›keine materiellen Interessen‹ kenne (ebd. 25), wird z. B. Hegel, der hier freilich nicht ausdrücklich genannt wird, keinesfalls gerecht, wenn man z. B. an dessen Rechtsphilosophie denkt (siehe dazu unten z. B. Losurdo oder Arndt).

Die eigentliche Auseinandersetzung mit Dühring beginnt im ersten, mit »Philosophie« überschriebenen Abschnitt. Da Dühring in seinen Schriften immer wieder Hegel kritisiert, zeigt Engels im Rekurs auf entsprechende Passagen aus der *Logik* oder der *Naturphilosophie*, dass Hegel trotz seines ›Idealismus‹ das jeweils diskutierte Problem weit angemessener behandelt habe, als dies bei Dühring geschehe.

Der »Philosophie-Teil« besteht aus einer Reihe von Unterabschnitten, in denen Engels teils in der Kritik an Dühring, teils unabhängig davon in allgemeiner Form, nicht zuletzt im ständigen Rekurs auf die damals neuesten naturwissenschaftlichen Ergebnisse, an bestimmten philosophischen Problemen die dialektische Herangehensweise vorführt.

So kritisiert Engels beim Thema »Freiheit und Notwendigkeit« Dürings »äußerste Verflachung der Hegelschen Auffassung. Hegel war der erste, der das Verhältnis von Freiheit und Notwendigkeit richtig darstellte. Für ihn ist die Freiheit die Einsicht in die Notwendigkeit. [...] Nicht in der geträumten Unabhängigkeit von den Naturgesetzen liegt die Freiheit, sondern in der Erkenntnis dieser Gesetze, und in der damit gegebnen Möglichkeit, sie planmäßig zu bestimmten Zwecken wirken zu lassen. [...] Freiheit des Willens heißt daher nichts andres als die Fähigkeit, mit Sachkenntnis entscheiden zu können. Je *freier* also das Urteil eines Menschen in Beziehung auf einen bestimmten Fragepunkt ist, mit desto größerer *Notwendigkeit* wird der Inhalt dieses Urteils bestimmt sein«. Da Freiheit abhängig ist von der Erkenntnis der Naturnotwendigkeiten, ist sie »notwendig ein Produkt der geschichtlichen Entwicklung.« (Ebd. 106)

Im Abschnitt »Dialektik – Quantität und Qualität« weist Engels die Dühringsche Kritik an Hegels Widerspruchsdialektik zurück und führt positiv dazu aus: »Solange wir die Dinge als ruhende und leblose, jedes für sich, neben- und nacheinander, betrachten, stoßen wir allerdings auf keine Widersprüche an ihnen. [...] Aber ganz anders, sobald wir die Dinge in ihrer Bewegung, ihrer Veränderung, ihrem Leben, in ihrer wechselseitigen Einwirkung aufeinander betrachten. Da geraten wir sofort in Widersprüche. Die Bewegung selbst ist ein Widerspruch; sogar schon die einfache mechanische Ortsbewegung kann sich nur dadurch vollziehn, daß ein Körper in einem und demselben Zeitmoment an einem Ort und zugleich an einem andern Ort, an einem und demselben Ort und nicht an ihm ist. Und die fortwährende Setzung und gleichzeitige Lösung dieses Widerspruchs ist eben die Bewegung.« (Ebd. 112) – Für Hegel ist »die Bewegung der *daseiende* Widerspruch« (Werke 6, 76).

Den Gedanken, dass bereits am Phänomen der Bewegung sich das Widersprüchliche und damit das Dialektische zeigt, verfolgt Engels weiter. »Wenn schon die einfache mechanische Ortsbewegung einen Widerspruch in sich enthält, so noch mehr die höhern Bewegungsformen der Materie und ganz besonders das organische Leben und seine Entwicklung.« Das Leben bestehe gerade darin, »daß ein Wesen in jedem Augenblick dasselbe und doch ein andres ist. Das Leben ist also ebenfalls ein in den Dingen und Vorgängen selbst vorhandner, sich stets setzender und lösender Widerspruch; und sobald der Widerspruch aufhört, hört auch das Leben auf, der Tod tritt ein.« (MEW 20, 112f.)[58]

Einen weiteren Anlass für Dühring, »um seinem antidialektischen Zorn Luft zu machen« (ebd. 114), biete diesem Marx' *Kapital,* wobei Dühring immer wieder das Gegenteil des faktisch Gesagten behaupte: »Marx sagt: Die Tatsache, daß eine Wertsumme erst dann in Kapital sich verwandeln kann, sobald sie eine je nach Umständen verschiedne, in jedem einzelnen Fall aber bestimmte Minimalgröße erreicht hat – diese Tatsache ist ein *Beweis für die Richtigkeit* des Hegelschen Gesetzes. Herr Dühring läßt ihn sagen: *Weil* nach dem Hegelschen Gesetz Quantität in Qualität umschlägt, ›*daher*‹ wird ›ein Vorschuß, wenn er eine bestimmte Grenze erreicht […] zu Kapital‹. Also das grade Gegenteil.« (Ebd. 117)

Richtigstellungen gegenüber Dühring nimmt Engels auch beim Punkt »Dialektik. Negation der Negation« vor. Nachdem Engels das Dühringsche Unverständnis dafür gezeigt hat, wie Marx die Figur der Negation der Negation im *Kapital* benutzt, erläutert er (ebd. 123f.), welche Rolle diese Figur an der entsprechenden Stelle im *Kapital* (MEW 23, 791ff.) spielt: »Marx weist einfach historisch nach und faßt hier kurz zusammen, daß grade, wie einst der Kleinbetrieb durch seine eigne Entwicklung die Bedingungen seiner Vernichtung, d.h. der Enteignung der kleinen Eigentümer, mit Notwendigkeit erzeugte, so jetzt die kapitalistische Produktionsweise ebenfalls die materiellen Bedingungen selbst erzeugt hat, an denen sie zugrunde gehn muß. Der Prozeß ist ein geschichtlicher, und wenn er zugleich ein dialektischer ist, so ist das nicht die Schuld von Marx« (MEW 20, 124).

---

58 Dialektisches lasse sich im Übrigen nicht nur am organischen Leben zeigen, sondern auch bei der Mathematik (vgl. ebd. 113 u. ö.).

Engels weiter mit seiner Richtigstellung: »Erst jetzt, nachdem Marx mit seinem historisch-ökonomischen Beweis fertig ist, fährt er fort: ›Die kapitalistische Produktions- und Aneignungsweise, daher das kapitalistische Privateigentum, ist die erste Negation des individuellen, auf eigne Arbeit gegründeten Privateigentums. Die Negation der kapitalistischen Produktion wird durch sie selbst, mit der Notwendigkeit eines Naturprozesses, produziert. Es ist Negation der Negation‹ usw.« (Ebd. 125) Engels setzt die Rekapitulation der Marxschen Argumentation fort: »Indem Marx also den Vorgang als Negation der Negation bezeichnet, denkt er nicht daran, ihn dadurch beweisen zu wollen als einen geschichtlich notwendigen. Im Gegenteil: Nachdem er geschichtlich bewiesen hat, daß der Vorgang in der Tat teils sich ereignet hat, teils noch sich ereignen muß, bezeichnet er ihn zudem als einen Vorgang, der sich nach einem bestimmten dialektischen Gesetz vollzieht. Das ist alles.«[59]

Dührings Unverständnis zeigend, spricht Engels Unterschiede zwischen der Dialektik und der formalen Logik an wie auch zwischen der elementaren und der höheren Mathematik: »Es ist schon ein totaler Mangel an Einsicht in die Natur der Dialektik, wenn Herr Dühring sie für ein Instrument des bloßen Beweisens hält, wie man etwa die formelle Logik oder die elementare Mathematik beschränkterweise so auffassen kann. Selbst die formelle Logik ist vor allem Methode zur Auffindung neuer Resultate, zum Fortschreiten vom Bekannten zum Unbekannten, und dasselbe, nur in weit eminenterem Sinne, ist die Dialektik, die zudem, weil sie den engen Horizont der formellen Logik durchbricht, den Keim einer umfassenderen Weltanschauung enthält. In der Mathematik liegt dasselbe Verhältnis vor. Die elementare Mathematik, die Mathematik der konstanten Größen bewegt sich innerhalb der Schranken der formellen Logik, wenigstens im ganzen und großen; die Mathematik der variablen Größen, deren bedeutendsten Teil die Infinitesimalrechnung bildet, ist wesentlich nichts andres als die Anwendung der Dialektik auf mathematische Verhältnisse.«

Dann kommt er nochmal auf die strittige Figur aus der Hegelschen Dialektik zurück: »Aber was ist denn diese schreckliche Negation der Negation«? (Ebd. 126) – Er verweist dabei auf die »einfache, überall und täglich

---

59   Vgl. dazu auch oben im Marx-Teil unsere Interpretation des letzten Abschnitts des
     24. Kapitels von *Kapital I.*

sich vollziehende Prozedur«, wie Engels am Beispiel eines Gerstenkorns, vergleichbar dem Hegelschen Pflanzen-Beispiel aus der *Vorrede* zur *Phäno-menologie,* und dann an der Mathematik sowie an der Geschichte der Philosophie allgemein zeigt. Die mit dieser Figur beschriebene Entwicklung könne dabei zugleich als Fortschritt wie als Rückschritt betrachtet werden, so Engels, an Rousseau erinnernd: »Jeder neue Fortschritt der Zivilisation ist zugleich ein neuer Fortschritt der Ungleichheit. Alle Einrichtungen, die sich die mit der Zivilisation entstandne Gesellschaft gibt, schlagen in das Gegenteil ihres ursprünglichen Zwecks um.« (Ebd. 130)

Bei Rousseau wie bei Marx fänden sich entsprechende Wendungen: »Prozesse, die ihrer Natur nach antagonistisch sind, einen Widerspruch in sich enthalten, Umschlagen eines Extrems in sein Gegenteil, endlich als Kern des Ganzen die Negation der Negation.« (Ebd. 131) Was also ist mit dieser, nicht nur bei Dühring Ärger erregenden dialektischen Figur gemeint? »Ein äußerst allgemeines und eben deswegen äußerst weitwirkendes und wichtiges Entwicklungsgesetz der Natur, der Geschichte und des Denkens; ein Gesetz, das, wie wir gesehn, in der Tier- und Pflanzenwelt, in der Geologie, in der Mathematik, in der Geschichte, in der Philosophie zur Geltung kommt« (ebd.). Engels stellt klar: Wenn ich diese allgemeine Figur (»Negation der Negation«) verwende, so habe ich über den »*besondern* Entwicklungsprozeß*«* der jeweils in Frage stehenden Sachverhalte noch gar nichts gesagt; vielmehr fasse ich die genannten Prozesse unter dies eine Bewegungsgesetz zusammen, unter Absehung von den Besonderheiten jedes einzelnen Spezialprozesses. Sein Resümee: »Die Dialektik ist aber weiter nichts als die Wissenschaft von den allgemeinen Bewegungs- und Entwicklungsgesetzen der Natur, der Menschengesellschaft und des Denkens.« (Ebd. 131f.)

Dies wird noch weiter erläutert: »Negieren in der Dialektik heißt nicht einfach nein sagen, oder ein Ding für nicht bestehend erklären, oder es in beliebiger Weise zerstören. Schon Spinoza sagt: Omnis determinatio est negatio, jede Begrenzung oder Bestimmung ist zugleich eine Negation.« (Ebd. 132) Und da es in der Dialektik nicht nur darum geht, zu negieren, sondern auch die Negation wieder aufzuheben, müsse man »die erste Negation so einrichten, daß die zweite möglich bleibt oder wird. Wie? Je nach der besondern Natur jedes einzelnen Falls.« Es gibt also je nach Sachverhalt unterschiedliche Weisen des Negierens: »In der Infinitesimalrechnung wird anders negiert als in der Herstellung positiver Potenzen aus negativen Wurzeln. [...] Mit der bloßen Kenntnis, daß Gerstenhalm und Infinitesimalrechnung unter die Negation der Negation fallen, kann ich weder erfolgreich Gerste bauen, noch differenzieren und integrieren, ebensowenig wie ich mit den bloßen Gesetzen der Tonbestimmung durch die Dimensionen der Saiten ohne weiteres Violine spielen kann.« (Ebd. 132)

Zurück zu Dühring: »Es ist also wiederum niemand anders als Herr Dühring, der uns mystifiziert, wenn er behauptet, die Negation der Negation sei eine von Hegel erfundene, dem Gebiet der Religion entlehnte, auf die Geschichte vom Sündenfall und der Erlösung gebaute Analogieschnurre. Die Menschen haben dialektisch gedacht, lange ehe sie wußten, was Dialektik war, ebenso wie sie schon Prosa sprachen, lange bevor der Ausdruck Prosa bestand. Das Gesetz der Negation der Negation, das sich in der Natur und Geschichte, und bis es einmal erkannt ist, auch in unsern Köpfen unbewußt vollzieht, ist von Hegel nur zuerst scharf formuliert worden.« (Ebd. 132f.)

Soweit die Teile, die im *Anti-Dühring* sich explizit mit der Dialektikfrage befassen. Der zweite Abschnitt behandelt die »Politische Ökonomie«, der dritte unter der Überschrift »Sozialismus«, sowohl »Geschichtliches« (ebd. 239ff.) wie »Theoretisches« (ebd. 248ff.), worauf hier nicht eingegangen werden kann. Wie bereits vermerkt, sind Teile davon separat unter dem Titel *Die Entwicklung des Sozialismus von der Utopie zur Wissenschaft* erschienen.

Am Ende seines Buches erlaubt es sich Engels, von diesem »Gegenstand, der sicher oft trocken und trist genug war, in versöhnend-heiterer Weise Abschied zu nehmen« und sein »Gesamturteil über Herrn Dühring zusammenzufassen in den Worten: *Unzurechnungsfähigkeit aus Größenwahn.*« (MEW 20, 303) – Immerhin hatte Engels, ungeachtet der harten sachlichen Kritik, in seinem Vorwort von 1895 geschrieben: »Im übrigen muß ich ihm gegenüber die Anstandsregeln des literarischen Kampfes insofern aufrechterhalten, als ihm seitdem von der Berliner Universität schmähliches Unrecht angetan worden ist« (ebd. 9) durch den Entzug der Lehrfreiheit.[60]

---

60 Dühring hatte als Privatdozent an der Berliner Universität einige Professoren scharf angegriffen, worauf man ihm 1877 das Recht auf Lehrtätigkeit an der Universität entzogen hatte, was von »breiten demokratischen Kreisen« als »Willkürakt verurteilt« wurde, vgl. MEW 20, 627, Anm. 8.

3.3.2.3 Ludwig Feuerbach und der Ausgang
der klassischen deutschen Philosophie (1886)

Die Arbeit, in der Engels zugleich eine Rezension des Buches *Ludwig Feuer-bach*, von C. N. Starcke, Stuttgart 1885, bot, soll im Wesentlichen nur in-soweit betrachtet werden, als es um Engels' Verhältnis zu Hegel geht. Die ebenfalls ausführlichen Äußerungen zu materialistischen Vertretern, insbe-sondere zu Feuerbach werden hier nicht berücksichtigt.

Der in drei Unterabschnitte gegliederte Text wurde 1886 geschrieben und im selben Jahr zunächst in »Die Neue Zeit« publiziert, dann 1888 als Sonderdruck. Aus der Vorbemerkung zur Ausgabe von 1888 ist zu entneh-men, dass Marx und Engels immer schon geplant hatten, »mit unserm ehe-maligen philosophischen Gewissen abzurechnen« (MEW 21, 263), nach-dem der erste gemeinschaftlich unternommene Versuch in Gestalt der 1845 als Manuskript fertiggestellten »Deutschen Ideologie« nicht gedruckt wer-den konnte, sondern »der nagenden Kritik der Mäuse« überlassen werden musste. »Über unser Verhältnis zu Hegel haben wir uns stellenweise geäu-ßert, doch nirgends in umfassendem Zusammenhang. Auf Feuerbach, der doch in mancher Beziehung ein Mittelglied zwischen der Hegelschen Phi-losophie und unsrer Auffassung bildet, sind wir nie wieder zurückgekom-men.« (Ebd.) Nun, nach 40 Jahren und nach dem Tod von Marx, erschien Engels »eine kurze, zusammenhängende Darlegung unsres Verhältnisses zur Hegelschen Philosophie, unsres Ausgangs wie unsrer Trennung von ihr, mehr und mehr geboten.« (Ebd. 264)

I.

Den Ausgang bildet die »Periode der Vorbereitung Deutschlands für die Revolution von 1848« (ebd. 265), die sich von der Situation im vorrevolu-tionären Frankreich unterscheidet: »Wie in Frankreich im achtzehnten, so leitete auch in Deutschland im neunzehnten Jahrhundert die philosophi-sche Revolution den politischen Zusammenbruch ein. Aber wie verschie-den sahn die beiden aus!« In Frankreich ein offener Kampf; in Deutschland dagegen »vom Staat eingesetzte Lehrer der Jugend«! Darunter das Hegel-sche System »sogar gewissermaßen zum Rang einer königlich preußischen Staatsphilosophie erhoben! Und hinter diesen Professoren [...] sollte sich die Revolution verstecken?« Immerhin war es Heinrich Heine, der bereits 1833 das Revolutionäre in diesem biedermeierlichen Äußeren erkannte (vgl. Heines 1833 verfasste Aufsätze »Zur Geschichte der Religion und Philosophie in Deutschland«).

Engels beginnt mit Hegels provozierendem Satz aus der *Rechtsphilosophie*: »Alles was wirklich ist, ist vernünftig, und alles was vernünftig ist, ist wirklich.« (Hegel, Werke 7, 24) War das nicht »die Heiligsprechung alles Bestehenden, die philosophische Einsegnung des Despotismus, des Polizeistaats, der Kabinettsjustiz, der Zensur«? (MEW 21, 266) Engels erläutert jedoch, dass bei Hegel »keineswegs alles, was besteht, ohne weiteres auch wirklich« ist. Das Attribut der Wirklichkeit komme »nur demjenigen zu, was zugleich notwendig ist«. So sei z. B. die französische Monarchie 1789 »so unwirklich geworden, d. h. so aller Notwendigkeit beraubt, so unvernünftig, daß sie vernichtet werden mußte durch die große Revolution, von der Hegel stets mit der höchsten Begeisterung spricht. Hier war also die Monarchie das Unwirkliche, die Revolution das Wirkliche.« So »wird im Lauf der Entwicklung alles früher Wirkliche unwirklich, verliert seine Notwendigkeit, sein Existenzrecht, seine Vernünftigkeit; an die Stelle des absterbenden Wirklichen tritt eine neue, lebensfähige Wirklichkeit. Und so dreht sich der Hegelsche Satz durch die Hegelsche Dialektik selbst um in sein Gegenteil: Alles, was im Bereich der Menschengeschichte wirklich ist, wird mit der Zeit unvernünftig«. Für den Revolutionär Engels folgt damit aber auch: »alles, was in den Köpfen der Menschen vernünftig ist, ist bestimmt, wirklich zu werden, mag es auch noch so sehr der bestehenden scheinbaren Wirklichkeit widersprechen.« (Ebd. 267)

Darin »lag die wahre Bedeutung und der revolutionäre Charakter der Hegelschen Philosophie [Druckfehler korrigiert von R. S.] [...], daß sie der Endgültigkeit aller Ergebnisse des menschlichen Denkens und Handelns ein für allemal den Garaus machte. Die Wahrheit, die es in der Philosophie zu erkennen galt, war bei Hegel nicht mehr eine Sammlung fertiger dogmatischer Sätze [...]; die Wahrheit lag nun in dem Prozeß des Erkennens selbst, in der langen geschichtlichen Entwicklung der Wissenschaft, die von niedern zu immer höhern Stufen der Erkenntnis aufsteigt, ohne aber jemals durch Ausfindung einer sogenannten absoluten Wahrheit zu dem Punkt zu gelangen, wo sie nicht mehr weiter kann«. (Ebd.) Und im Unterschied zu manchen in der späteren Geschichte des Marxismus auftauchenden idealisierten und geschichtslosen Zukunftsentwürfen fährt Engels fort: »Ebensowenig wie die Erkenntnis kann die Geschichte einen vollendenden Abschluß finden in einem vollkommnen Idealzustand der Menschheit; eine vollkommne Gesellschaft, ein vollkommner ›Staat‹ sind Dinge, die nur in der Phantasie bestehn können; im Gegenteil sind alle nacheinander folgenden geschichtlichen Zustände nur vergängliche Stufen im endlosen Entwicklungsgang der menschlichen Gesellschaft vom Niedern zum Höhern.« (Ebd.)

Übrigens ist diese Entwicklung ›vom Niedern zum Höhern‹ bei Engels nicht Ausdruck eines naiv-linearen Fortschrittsglaubens; vielmehr schließt oft ein Fortschritt in der einen Hinsicht einen Rückschritt in der andern ein, wie er im *Anti-Dühring* (z. B. MEW 20, 126 und 130) schreibt. Jede Stufe hat ihre Berechtigung und ›Notwendigkeit‹ immer nur für eine bestimmte Zeit: »Wie die Bourgeoisie«, so Engels in Anspielung aufs *Kommunistische Manifest,* »durch die große Industrie, die Konkurrenz und den Weltmarkt alle stabilen, altehrwürdigen Institutionen praktisch auflöst, so löst diese dialektische Philosophie alle Vorstellungen von endgültiger absoluter Wahrheit und ihr entsprechenden absoluten Menschheitszuständen auf. Vor ihr besteht nichts Endgültiges, Absolutes, Heiliges; sie weist von allem und an allem die Vergänglichkeit auf, und nichts besteht vor ihr als der ununterbrochne Prozeß des Werdens und Vergehens, [...] dessen bloße Widerspiegelung im denkenden Hirn sie [die Philosophie, R. S.] selbst ist.« (MEW 21, 267f.)

Diese Vergänglichkeit bestätige auch die moderne Naturwissenschaft, »die der Existenz der Erde selbst ein mögliches, ihrer Bewohnbarkeit aber ein ziemlich sichres Ende vorhersagt, die also auch der Menschengeschichte nicht nur einen aufsteigenden, sondern auch einen absteigenden Ast zuerkennt.« Allerdings befinden wir uns »noch ziemlich weit von dem Wendepunkt, von wo an es mit der Geschichte der Gesellschaft abwärtsgeht, und können der Hegelschen Philosophie nicht zumuten, sich mit einem Gegenstand zu befassen, den zu ihrer Zeit die Naturwissenschaft noch gar nicht auf die Tagesordnung gesetzt hatte.« Daher finde sich die obige Entwicklung »in dieser Schärfe nicht bei Hegel.« Sie ist aber eine notwendige Konsequenz seiner Methode.

Am Ende seiner *Logik* habe Hegel wieder einen Anfang gemacht, »indem hier der Schlußpunkt, die absolute Idee [...] sich in die Natur ›entäußert‹ [...] und später im Geist, d. h. im Denken und in der Geschichte, wieder zu sich selbst kommt.« Den zu kritisierenden Widerspruch in Hegels Philosophie sieht Engels darin, dass Hegel doch insofern ein Ende der Geschichte setze, indem die Menschheit in Gestalt der Hegelschen Philosophie zur Erkenntnis der absoluten Idee komme. »Damit wird aber der ganze dogmatische Inhalt des Hegelschen Systems für die absolute Wahrheit erklärt, im Widerspruch mit seiner dialektischen, alles Dogmatische auflösenden Methode; damit wird die revolutionäre Seite erstickt unter der überwuchernden konservativen.« (Auf diese bis heute verbreitete Deutung Hegels durch Engels soll hier nicht weiter eingegangen werden.)

Und was von der philosophischen Erkenntnis, gelte auch von der geschichtlichen Praxis. »Die praktischen politischen Forderungen der absoluten Idee an die Zeitgenossen dürfen also nicht zu hoch gespannt sein. Und so finden wir am Schluß der ›Rechtsphilosophie‹, daß die absolute Idee sich verwirklichen soll in derjenigen ständischen Monarchie, die Friedrich Wilhelm III. seinen Untertanen so hartnäckig vergebens versprach, also in einer den deutschen kleinbürgerlichen Verhältnissen von damals angemessenen, beschränkten und gemäßigten, indirekten Herrschaft der besitzenden Klassen« (ebd. 269). Hegels ›revolutionäre Denkmethode‹ ende damit in »einer sehr zahmen politischen Schlußfolgerung«. Und so kann sich Engels bei aller Bewunderung für Hegel – wie übrigens auch für Goethe, den Hegel in seinen Werken oft zitierte – eine sarkastische Bemerkung nicht verkneifen: Beide »waren jeder auf seinem Gebiet ein olympischer Zeus, aber den deutschen Philister wurden beide nie ganz los.« (Ebd.)

Dennoch: »Alles dies hinderte jedoch das Hegelsche System nicht, ein unvergleichlich größeres Gebiet zu umfassen als irgendein früheres System und auf diesem Gebiet einen Reichtum des Gedankens zu entwickeln, der noch heute in Erstaunen setzt.« (Ebd.) Von der *Phänomenologie* (eine »Embryologie« und »Paläontologie des Geistes«) über die *Logik,* die *Naturphilosophie,* die *Philosophie des Geistes,* und diese wieder in ihren einzelnen geschichtlichen Unterformen ausgearbeitet: Philosophie der Geschichte, des Rechts, der Religion, Geschichte der Philosophie, Ästhetik usw. – »auf allen diesen verschiednen geschichtlichen Gebieten arbeitet Hegel daran, den durchgehenden Faden der Entwicklung aufzufinden und nachzuweisen; und da er nicht nur ein schöpferisches Genie war, sondern auch ein Mann von enzyklopädischer Gelehrsamkeit, so tritt er überall epochemachend auf.« (Ebd.) Dringe man tiefer ein in den gewaltigen Bau seines Systems, »so findet man ungezählte Schätze, die auch heute noch ihren vollen Wert behaupten.« (Ebd. 270)

Bei allen Philosophen, und auch bei Hegel, sei »grade das ›System‹ das Vergängliche, und zwar grade deshalb, weil es aus einem unvergänglichen Bedürfnis des Menschengeistes hervorgeht: dem Bedürfnis der Überwindung aller Widersprüche.« (Ebd.) Aus diesem Bedürfnis heraus entstand die Aufgabe, »daß ein einzelner Philosoph das leisten soll, was nur die gesamte Menschheit in ihrer fortschreitenden Entwicklung leisten kann«, und »sobald wir das einsehn,« wozu gerade Hegel beigetragen habe, »ist es auch am Ende mit der ganzen Philosophie im bisherigen Sinn des Worts.« (Ebd.) Engels zieht eine Schlussfolgerung, die bis heute für anhaltenden Streit, nicht nur unter Marxisten, sorgt: »Mit Hegel schließt die Philosophie überhaupt ab; einerseits weil er ihre ganze Entwicklung in seinem System in der großartigsten Weise zusammenfaßt, andrerseits weil er uns, wenn auch unbewußt, den Weg zeigt aus diesem Labyrinth der Systeme zur wirklichen positiven Erkenntnis der Welt.« (Ebd.)

Bezogen auf die Situation des Vormärz heißt es: »Man begreift, welch ungeheure Wirkung dies Hegelsche System in der philosophisch gefärbten Atmosphäre Deutschlands hervorbringen mußte. Es war ein Triumphzug, der Jahrzehnte dauerte und mit dem Tod Hegels keineswegs zur Ruhe kam.« Gerade in den Jahren von 1830 bis 1840 »drangen Hegelsche Anschauungen am reichlichsten, bewußt oder unbewußt, in die verschiedensten Wissenschaften ein und durchsäuerten auch die populäre Literatur und die Tagespresse«.

Im Folgenden (ebd. 271f.) skizziert Engels die Situation nach dem Tod Hegels: die Spaltung von dessen Schule, woraus als linker Flügel die Junghegelianer hervorgingen. Zu letzteren gehört auch Feuerbach, der in dieser Arbeit von Engels im Zentrum steht, worauf aber hier nicht eingegangen wird.

Der erste Abschnitt endet mit dem Befund: Die Hegelsche Schule war aufgelöst, aber seine Philosophie war nicht kritisch überwunden. »Und ein so gewaltiges Werk wie die Hegelsche Philosophie, die einen so ungeheuren Einfluß auf die geistige Entwicklung der Nation gehabt, ließ sich nicht dadurch beseitigen, daß man sie kurzerhand ignorierte. Sie mußte in ihrem eigenen Sinn ›aufgehoben‹ werden, d. h. in dem Sinn, daß ihre Form kritisch vernichtet, der durch sie gewonnene neue Inhalt aber gerettet wurde.« (Ebd. 273)

II.

Engels stellt hier die Hegelsche Erkenntnistheorie wie überhaupt die Rolle der Philosophie etwas holzschnittartig dar. (Ebd. 275)[61] Jedenfalls seien die Philosophen keineswegs allein durch die Kraft des reinen Gedankens vorangetrieben worden, sondern durch die einschneidenden gesellschaftlichen Veränderungen und die Fortschritte der Naturwissenschaft und der Industrie. Auch »die idealistischen Systeme erfüllten sich mehr und mehr mit materialistischem Inhalt […]; so daß schließlich das Hegelsche System nur einen nach Methode und Inhalt idealistisch auf den Kopf gestellten Materialismus repräsentiert.« (Ebd. 277)

Was dabei die »unhistorische Auffassung der Natur« betreffe, könne man aber »den Philosophen des 18. Jahrhunderts daraus um so weniger einen Vorwurf machen«, da eine solche Auffassung »sich auch bei Hegel« fände (ebd. 279), der die Natur keiner Entwicklung in der Zeit für fähig halte, sondern nur einer Ausbreitung ihrer Mannigfaltigkeit im Raum. »Und diesen Widersinn einer Entwicklung im Raum, aber außer der Zeit – der Grundbedingung aller Entwicklung – bürdet Hegel der Natur auf grade zu derselben Zeit, wo die Geologie, die Embryologie, die pflanzliche und tierische Physiologie und die organische Chemie ausgebildet wurden und wo überall auf Grundlage dieser neuen Wissenschaften geniale Vorahnungen der späteren Entwicklungstheorie auftauchten (z. B. Goethe und Lamarck). Aber das System erforderte es so, und so mußte die Methode, dem System zulieb, sich selbst untreu werden.« Ungeachtet dessen, wieweit diese Kritik an Hegel berechtigt ist, wird wieder deutlich, dass dieser für Engels die maßgebende philosophische Orientierungsfigur darstellt. Das zeigt auch die folgende Bemerkung: »Niemand hat den ohnmächtigen Kantschen ›kategorischen Imperativ‹ – ohnmächtig, weil er das Unmögliche fordert, also nie zu etwas Wirklichem kommt – schärfer kritisiert, niemand die durch Schiller vermittelte Philisterschwärmerei für unrealisierbare Ideale grausamer verspottet (siehe z. B. die *Phänomenologie*) als grade der vollendete Idealist Hegel« (ebd. 281), dessen Idealismus insofern sogar etwas Nachvollziehbares enthalte, da es nun einmal nicht zu vermeiden sei, »daß alles, was einen Menschen bewegt, den Durchgang durch seinen Kopf machen muß«.

---

61 Das mitunter etwas Schulmeisterliche seiner Darlegungen mag daraus resultieren, dass er hier nicht für Fachphilosophen, sondern für LeserInnen aus der Arbeiterbewegung schreibt.

III.

Immer wieder überwiegt die Anerkennung der Leistungen Hegels bei weitem die Kritik, so wenn er bezogen auf den gedanklichen Reichtum z. B. »die erstaunliche Armut Feuerbachs verglichen mit Hegel« konstatiert. (Ebd. 286) Oder auf die Rechtsphilosophie bezogen: »So idealistisch die Form, so realistisch ist hier der Inhalt.« Oder: »Ebenso flach erscheint er gegenüber Hegel in der Behandlung des Gegensatzes von Gut und Böse.« (Ebd. 287) »Bei Hegel ist das Böse die Form, worin die Triebkraft der geschichtlichen Entwicklung sich darstellt«, z. B. als »Rebellion gegen die alten, absterbenden, aber durch die Gewohnheit geheiligten Zustände«.

IV.

Im vierten und letzten Teil wird das Ungenügen der Junghegelianer wie Strauß, Bauer, Stirner oder Feuerbach konstatiert, »die Ausläufer der Hegelschen Philosophie, soweit sie den philosophischen Boden nicht verließen.« (Ebd. 291) So lautet das Urteil etwa über Feuerbach: »er blieb auch als Philosoph auf halbem Wege stehen, war unten Materialist, oben Idealist; er wurde mit Hegel nicht kritisch fertig, sondern warf ihn als unbrauchbar einfach beiseite, während er selbst, gegenüber dem enzyklopädischen Reichtum des Hegelschen Systems, nichts Positives fertigbrachte als eine schwülstige Liebesreligion und eine magere, ohnmächtige Moral.«

Jedoch: »Aus der Auflösung der Hegelschen Schule ging aber noch eine andere Richtung hervor, die einzige, die wirklich Früchte getragen hat, und diese Richtung knüpft sich wesentlich an den Namen Marx. Die Trennung von der Hegelschen Philosophie erfolgte auch hier durch die Rückkehr zum materialistischen Standpunkt.« (Ebd. 291f.) Anders aber als bei den Junghegelianern wurde Hegel hier »nicht einfach abseits gelegt; man knüpfte im Gegenteil an an seine oben entwickelte revolutionäre Seite, an die dialektische Methode.« (Ebd. 292) Freilich, so das stets wiederholte *ceterum censeo*, war diese Methode »in ihrer Hegelschen Form unbrauchbar. Bei Hegel ist die Dialektik die Selbstentwicklung des Begriffs.« Und weiter auf dieser problematischen Interpretationsschiene: »Bei Hegel ist also die in der Natur und Geschichte zutage tretende dialektische Entwicklung, d. h. der ursächliche Zusammenhang des, durch alle Zickzackbewegungen und momentanen Rückschritte hindurch, sich durchsetzenden Fortschreitens vom Niedern zum Höhern, nur der Abklatsch der von Ewigkeit her, man weiß

nicht wo, aber jedenfalls unabhängig von jedem denkenden Menschenhirn
vor sich gehenden Selbstbewegung des Begriffs.«

Daraus ergab sich für eine so verstandene ›Aufhebung‹ Hegels als Programm: »Diese ideologische Verkehrung galt es zu beseitigen. Wir faßten
die Begriffe unsres Kopfs wieder materialistisch als die Abbilder der wirklichen Dinge, statt die wirklichen Dinge als Abbilder dieser oder jener Stufe
des absoluten Begriffs. Damit reduzierte sich die Dialektik auf die Wissenschaft von den allgemeinen Gesetzen der Bewegung, sowohl der äußern
Welt wie des menschlichen Denkens – zwei Reihen von Gesetzen, die der
Sache nach identisch, dem Ausdruck nach aber insofern verschieden sind,
als der menschliche Kopf sie mit Bewußtsein anwenden kann, während
sie in der Natur und bis jetzt auch großenteils in der Menschengeschichte
sich in unbewußter Weise, in der Form der äußern Notwendigkeit, inmitten
einer endlosen Reihe scheinbarer Zufälligkeiten durchsetzen. Damit aber
wurde die Begriffsdialektik selbst nur der bewußte Reflex der dialektischen
Bewegung der wirklichen Welt, und damit wurde die Hegelsche Dialektik
auf den Kopf, oder vielmehr vom Kopf, auf dem sie stand, wieder auf die
Füße gestellt. Und diese materialistische Dialektik, die seit Jahren unser
bestes Arbeitsmittel und unsere schärfste Waffe war, wurde merkwürdiger-
weise nicht nur von uns, sondern außerdem noch, unabhängig von uns
und selbst von Hegel, wieder entdeckt von einem deutschen Arbeiter, Josef
Dietzgen«[62] (ebd. 292f.).

Engels bilanziert: »Hiermit war aber die revolutionäre Seite der Hegelschen Philosophie wieder aufgenommen und gleichzeitig von den idealistischen Verbrämungen befreit, die bei Hegel ihre konsequente Durchführung
verhindert hatten« (ebd. 293), und er fasst das Dialektische sowie die methodische Herangehensweise nochmal in Kurzform zusammen: »Der große
Grundgedanke, daß die Welt nicht als ein Komplex von fertigen Dingen
zu fassen ist, sondern als ein Komplex von *Prozessen*, worin die scheinbar
stabilen Dinge nicht minder wie ihre Gedankenabbilder in unserm Kopf,
die Begriffe, eine ununterbrochene Veränderung des Werdens und Vergehens durchmachen, in der bei aller scheinbaren Zufälligkeit und trotz aller
momentanen Rückläufigkeit schließlich eine fortschreitende Entwicklung

---

62   Engels bezieht sich auf das 1869 erschienene Buch von Joseph Dietzgen *Das Wesen
      der menschlichen Kopfarbeit. Dargestellt von einem Handwerker. Eine abermalige Kritik
      der reinen und praktischen Vernunft.*

sich durchsetzt – dieser große Grundgedanke ist, namentlich seit Hegel, so sehr in das gewöhnliche Bewußtsein übergegangen, daß er in dieser Allgemeinheit wohl kaum noch Widerspruch findet. [...] Geht man aber bei der Untersuchung stets von diesem Gesichtspunkt aus, so hört die Forderung endgültiger Lösungen und ewiger Wahrheiten ein für allemal auf; man ist sich der notwendigen Beschränktheit aller gewonnenen Erkenntnis stets bewußt, ihrer Bedingtheit durch die Umstände, unter denen sie gewonnen wurde; aber man läßt sich auch nicht mehr imponieren durch die der noch stets landläufigen alten Metaphysik unüberwindlichen Gegensätze von Wahr und Falsch, Gut und Schlecht, Identisch und Verschieden, Notwendig und Zufällig; man weiß, daß diese Gegensätze nur relative Gültigkeit haben, daß das jetzt für wahr Erkannte seine verborgene, später hervortretende falsche Seite ebensogut hat wie das jetzt als falsch Erkannte seine wahre Seite, kraft deren es früher für wahr gelten konnte; daß das behauptete Notwendige sich aus lauter Zufälligkeiten zusammensetzt und das angeblich Zufällige die Form ist, hinter der die Notwendigkeit sich birgt – und so weiter.« (Ebd. 293f.)

Er grenzt die dialektische von der ›metaphysischen‹ Denkweise ab: »Die alte Untersuchungs- und Denkmethode, die Hegel die ›metaphysische‹[63] nennt, die sich vorzugsweise mit Untersuchung der Dinge als gegebener fester Bestände beschäftigte und deren Reste noch stark in den Köpfen spuken, hatte ihrerzeit eine große geschichtliche Berechtigung. [...] Die alte Metaphysik, die die Dinge als fertige hinnahm, entstand aus einer Naturwissenschaft, die die toten und lebendigen Dinge als fertige untersuchte. Als aber diese Untersuchung so weit gediehen war, daß der entscheidende Fortschritt möglich wurde, der Übergang zur systematischen Untersuchung der mit diesen Dingen in der Natur selbst vorgehenden Veränderungen, da schlug auch auf philosophischem Gebiet die Sterbestunde der alten Metaphysik.« (Ebd. 294)

Nicht zuletzt die großen Umbrüche in den Naturwissenschaften des 19. Jahrhunderts haben für Engels die Notwendigkeit dialektischen Denkens befördert: »Vor allem sind es aber drei große Entdeckungen, die unsere

---

63   Hegel grenzte das neue, dialektische Denken von der klassischen Metaphysik, z. B. eines Christian Wolff ab, die er insoweit als ›dogmatisch‹ kritisierte, als bei fixen Entgegensetzungen des Verstandes verharrt werde. Von daher übernimmt wohl Engels die Gleichung: metaphysisch = undialektisch.

Kenntnis vom Zusammenhang der Naturprozesse mit Riesenschritten vorangetrieben haben: Erstens die Entdeckung der Zelle als der Einheit, aus
deren Vervielfältigung und Differenzierung der ganze pflanzliche und tierische Körper sich entwickelt [...] – Zweitens die Verwandlung der Energie,
die uns alle zunächst in der anorganischen Natur wirksamen sogenannten
Kräfte, die mechanische Kraft und ihre Ergänzung, die sogenannte poten-
tielle Energie, Wärme, Strahlung (Licht, resp. strahlende Wärme), Elektrizität, Magnetismus, chemische Energie, als verschiedene Erscheinungsformen der universellen Bewegung nachgewiesen hat, die in bestimmten
Maßverhältnissen die eine in die andere übergehn, [...] so daß die ganze
Bewegung der Natur sich auf diesen unaufhörlichen Prozeß der Verwandlung aus einer Form in die andre reduziert. – Endlich der zuerst von Darwin
im Zusammenhang entwickelte Nachweis, daß der heute uns umgebende
Bestand organischer Naturprodukte, die Menschen eingeschlossen, das Erzeugnis eines langen Entwicklungsprozesses« (ebd. 294f.) ist, die sog. Evo-
lutionstheorie.

Diese grundlegenden Einsichten beschränken sich nicht nur auf die
Naturwissenschaften: »Was aber von der Natur gilt, die hiermit auch als
ein geschichtlicher Entwicklungsprozeß erkannt ist, das gilt auch von der
Geschichte der Gesellschaft in allen ihren Zweigen [...]. Die Geschichte
arbeitete hiernach unbewußt, aber mit Notwendigkeit, auf ein gewisses,
von vornherein feststehendes ideelles Ziel los, wie z. B. bei Hegel auf die
Verwirklichung seiner absoluten Idee« (ebd. 295f.). Es entstand die Aufgabe, die allgemeinen Bewegungsgesetze zu entdecken, die sich in der Geschichte der menschlichen Gesellschaft als herrschende durchsetzen.

Im Unterschied zur Natur seien in der Entwicklungsgeschichte der
Gesellschaft »die Handelnden lauter mit Bewußtsein begabte, mit Überlegung oder Leidenschaft handelnde, auf bestimmte Zwecke hinarbeitende
Menschen« (ebd. 296). Hierbei seien zwar die Zwecke der Handlungen
gewollt, »aber die Resultate, die wirklich aus den Handlungen folgen, sind
nicht gewollt, oder soweit sie dem gewollten Zweck zunächst doch zu entsprechen scheinen, haben sie schließlich ganz andre als die gewollten Folgen. Die geschichtlichen Ereignisse erscheinen so im ganzen und großen
ebenfalls als von der Zufälligkeit beherrscht. Wo aber auf der Oberfläche
der Zufall sein Spiel treibt, da wird er stets durch innre verborgne Gesetze
beherrscht, und es kommt nur darauf an, diese Gesetze zu entdecken. [...]

Resultante dieser vielen in verschiedenen Richtungen agierenden Willen und ihrer mannigfachen Einwirkung auf die Außenwelt ist eben die Geschichte.« (Ebd. 297)

Der ›alte Materialismus‹ habe unzureichend nach den treibenden Kräften der Geschichte gefragt und sei z. B. beim Konstatieren ideeller Triebkräfte stehen geblieben. »Nicht darin liegt die Inkonsequenz, daß *ideelle* Triebkräfte anerkannt werden, sondern darin, daß von diesen nicht weiter zurückgegangen wird auf ihre bewegenden Ursachen.« (Ebd. 298)

Immer wieder wird Hegel von Engels gewürdigt. Zugleich kritisiert er Inkonsequenzen und Grenzen, die er in Hegels letztlich ›idealistischer‹ Herangehensweise begründet sieht, so wenn er z. B., indirekt Hegels *Rechtsphilosophie* ansprechend, schreibt: »Die althergebrachte Anschauung, der auch Hegel huldigt, sah im Staat das bestimmende, in der bürgerlichen Gesellschaft das durch ihn bestimmte Element. Der Schein entspricht dem. Wie beim einzelnen Menschen alle Triebkräfte seiner Handlungen durch seinen Kopf hindurchgehn, sich in Beweggründe seines Willens verwandeln müssen, um ihn zum Handeln zu bringen, so müssen auch alle Bedürfnisse der bürgerlichen Gesellschaft – gleichviel, welche Klasse grade herrscht – durch den Staatswillen hindurchgehn, um allgemeine Geltung in Form von Gesetzen zu erhalten.« (Ebd. 300)

Gegen Ende wiederholt Engels seine bereits an anderer Stelle vertretene Auffassung, wonach mit der Entwicklung der Wissenschaften der Philosophie nur noch eine ›Restfunktion‹ verbleibe: »Für die aus Natur und Geschichte vertriebne Philosophie bleibt dann nur noch das Reich des reinen Gedankens, soweit es noch übrig: die Lehre von den Gesetzen des Denkprozesses selbst, die Logik und Dialektik.« (Ebd. 306) Zugleich sei mit der Entwicklung des Kapitalismus »auch dem gebildeten Deutschland jener große theoretische Sinn verloren [gegangen], der der Ruhm Deutschlands während der Zeit seiner tiefsten politischen Erniedrigung gewesen war [...] Und auf dem Gebiet der historischen Wissenschaften, die Philosophie eingeschlossen, ist mit der klassischen Philosophie der alte theoretisch-rücksichtslose Geist erst recht verschwunden« (ebd. 306). Sein Schluss lautet dann immerhin: »Und nur bei der Arbeiterklasse besteht der deutsche theoretische Sinn unverkümmert fort. [...] [J]e rücksichtsloser und unbefangener die Wissenschaft vorgeht, desto mehr befindet sie sich im Einklang mit den Interessen und Strebungen der Arbeiter. [...] Die deutsche

Arbeiterbewegung ist die Erbin der deutschen klassischen Philosophie.«
(Ebd. 307)

Zieht man ein Resümee dieses Textes, so wird Hegel einerseits als Ent-
wickler einer revolutionären Methode, der Dialektik, gewürdigt; sein System aber wird andererseits – trotz zugestandener bedeutender Einsichten
im einzelnen – als Ausdruck seiner Eingebundenheit in die Grenzen der
bürgerlichen Gesellschaft kritisiert. Hegels materialistisch gewendete Methode dagegen stellt für Engels ein zentrales Denkwerkzeug oder ›Arbeitsmittel‹ der neuen historisch-materialistischen Geschichtsauffassung dar.

3.3.2.4 Manuskripte zur Dialektik der Natur (1873 bis 1886)

Einen Überblick zu den Inhalten und Themen dieser von 1873 bis 1886
entstandenen Manuskripte gibt die folgende Auflistung (MEW 20, 569f.).

»Titel und Inhaltsverzeichnisse der Konvolute«[64]:

[Erstes Konvolut]
Dialektik und Naturwissenschaft

[Zweites Konvolut]
Die Erforschung der Natur und die Dialektik
 1. Notizen:
  a) Über die Urbilder des Mathematisch-Unendlichen
     in der wirklichen Welt.
  b) Über die ›mechanische‹ Naturauffassung.
  c) Über Nägelis Unfähigkeit, das Unendliche zu erkennen.
 2. Alte Vorrede zum ›[Anti-]Dühring‹. Über die Dialektik.
 [3. Naturwissenschaft und Geisterwelt.]
 4. Anteil der Arbeit an der Menschwerdung des Affen.
 [5. Grundformen der Bewegung.]
 6. Ausgelassenes aus ›Feuerbach‹.

---

64 Im Manuskript wurden aus dem 2. Konvolut die – daher eingeklammerten –
    Punkte [3. Naturwissenschaft und Geisterwelt.] und [5. Grundformen der Bewe-
    gung.] gestrichen, weil Engels beabsichtigt hatte, sie ins 3. Konvolut aufzuneh-
    men.

[Drittes Konvolut]
Dialektik der Natur
1. Grundformen der Bewegung.
2. Die beiden Maße der Bewegung.
3. Elektrizität und Magnetismus.
4. Naturwissenschaft und Geisterwelt.
5. Alte Einleitung.
6. Flutreibung.

[Viertes Konvolut]
Mathematik und Naturwissenschaft. Diversa.

Wenn man, so meinten Engels und Marx, den neuen, dialektisch verstandenen Materialismus dem wissenschaftlichen Stand der Zeit gemäß ausarbeiten wollte, so müssten die Ergebnisse der Naturwissenschaften einbezogen und verallgemeinert werden. Zu diesem Zweck hatte Engels 1873 bis 1876 schon vor dem *Anti-Dühring* umfangreiches Material gesammelt. Was die Arbeitsteilung zwischen beiden betraf, war Marx nicht nur ein Kenner der Geschichte der Technik und der Agrochemie, sondern auch der Mathematik[65], darüberhinaus vor allem angewandter Naturwissenschaften. Engels hatte sich mit Physik und Physiologie befasst, besonders mit der Zellentheorie und der Umwandlung der Energie, um sie für die Weiterentwicklung der Dialektik auszuwerten. Einen mächtigen Antrieb stellte Darwins Buch *Ursprung der Arten durch natürliche Zuchtwahl* von 1859 dar, das beide sofort lasen. Die intensive Befassung mit den Naturwissenschaften dauerte für Engels bis zum Tod von Marx 1883; danach musste er sich um die Herausgabe der *Kapital*-Manuskripte kümmern.

Mit der Niederschrift der *Dialektik der Natur* begann Engels 1878; die Dialektik, so schrieb er, werde, »von dem Hegelschen Mystizismus befreit, eine absolute Notwendigkeit für die Naturwissenschaften« (MEW 20, 476).[66] Was die Text-Grundlage betrifft, so wurde, nach der Erstpublikation

---

65   Marx wollte, wie seine mathematischen Manuskripte zeigen, eine dialektische Begründung der Differenzialrechnung geben.

66   Dass, so die Auskunft der Herausgeber von Bd. 20 der MEW-Ausgabe (ebd. XX), Engels durch die Anwendung der dialektisch-materialistischen Methode eine Reihe von naturwissenschaftlichen Problemen seiner Zeit gelöst habe, kann hier nicht

1925 in der Sowjetunion, 1985 in der DDR von Anneliese Griese u. a. im
Rahmen der Arbeit an der Zweiten MEGA eine Fassung als Band 26 der
MEGA vorgelegt, die sowohl eine zeitliche wie eine systematische Anordnung der Texte bot. Wir legen hier die MEW-Fassung zugrunde, was für
den Zweck dieser Untersuchung vertretbar sein dürfte. Vorab ist zu sagen,
dass der große Reichtum dieser zusammengestellten Texte hier nicht im
Entferntesten ausgeschöpft werden kann, denn dazu bedürfte es einer eigenen Studie. Einige interessante Gedanken aus dem Konvolut »Notizen und
Fragmente«, die z. T. nur stichwortartig von Engels notiert wurden, sollen
unten im Abschnitt 3.3.2.5 kurz benannt werden.

In Punkt 3 der Skizze des Gesamtplans nennt Engels eine zentrale Bestimmung: »Dialektik als Wissenschaft des Gesamtzusammenhangs. Haupt-
gesetze: Umschlag von Quantität und Qualität – Gegenseitiges Durchdrin-
gen der polaren Gegensätze und Ineinander-Umschlagen, wenn auf die
Spitze getrieben – Entwicklung durch den Widerspruch oder Negation der
Negation – Spirale Form der Entwicklung.« (MEW 20, 307) Unter Punkt 4
beim »Zusammenhang der Wissenschaften« wird auch Hegel genannt.

Im Folgenden werden einige der Texte und Textteile aus dem Gesamt-
konvolut kurz vorgestellt.

[Einleitung]
Die *Einleitung* beginnt mit einem historischen Rückblick auf die Entwicklung der naturwissenschaftlichen Forschung, wie sie auch gegen gesellschaftliche Widerstände erfolgte. Zu den von Engels als wichtig eingestuften
Etappen gehörte u. a. auch *Kants* »Allgemeine Naturgeschichte und Theorie
des Himmels« von 1755. »Die Frage nach dem ersten Anstoß war beseitigt;
die Erde und das ganze Sonnensystem erschienen als etwas im Verlauf der
Zeit *Gewordenes.*« (Ebd. 316)[67] Damit sei die neue Naturanschauung in ihren
Grundzügen fertig gewesen: »Alles Starre war aufgelöst, alles Fixierte ver-

---

weiter geklärt werden. Hervorzuheben ist jedoch insbesondere seine Theorie zur
Rolle der Arbeit für die Entstehung des Menschen (siehe dazu unten).

67   Am Rande des Manuskripts vermerkte Engels: »Die Festigkeit der alten Naturanschauung lieferte den Boden zur allgemeinen Zusammenfassung der gesamten
Naturwissenschaft als ein Ganzes. Die französischen Enzyklopädisten, noch rein
mechanisch nebeneinander, dann gleichzeitig St. Simon und deutsche Naturphilosophie, vollendet durch Hegel.« (Ebd. 316)

flüchtigt, alles für ewig gehaltene Besondere vergänglich geworden, die ganze Natur als in ewigem Fluß und Kreislauf sich bewegend nachgewiesen.«
(Ebd. 320) Als verallgemeinernder Befund gilt ihm die Unzerstörbarkeit
der Bewegung als allgemeinste Definition der Materie.

[Alte Vorrede zum Anti-Dühring]
Zu den Konvoluten der *Dialektik der Natur* gehört auch die alte Vorrede
zum *Anti-Dühring* mit dem Abschnitt »Über die Dialektik« (ebd. 328ff.).
Engels schreibt darin: Die Wissenschaft vom Denken ist, wie jede andre,
»eine historische Wissenschaft, die Wissenschaft von der geschichtlichen
Entwicklung des menschlichen Denkens. [...] Die formelle Logik selbst ist
seit Aristoteles bis heute das Gebiet heftiger Debatte geblieben. Und die
Dialektik gar ist bis jetzt erst von zwei Denkern genauer untersucht worden,
von Aristoteles und Hegel. Grade die Dialektik ist aber für die heutige Naturwissenschaft die wichtigste Denkform, weil sie allein das Analogon und
damit die Erklärungsmethode bietet für die in der Natur vorkommenden
Entwicklungsprozesse, für die Zusammenhänge im ganzen und großen, für
die Übergänge von einem Untersuchungsgebiet zum andern« (ebd. 330f.).
Jedoch: »Mit der Hegelei warf man auch die Dialektik über Bord – grade im
Augenblick, wo der dialektische Charakter der Naturvorgänge sich unwiderstehlich aufzwang, wo also nur die Dialektik der Naturwissenschaft über
den theoretischen Berg helfen konnte – und verfiel damit wieder hülflos der
alten Metaphysik.« (Ebd. 332)
     Und weiter: »Bei den Griechen [...] wird die Natur noch als Ganzes,
im ganzen und großen angeschaut. Der Gesamtzusammenhang der Naturerscheinungen wird nicht im einzelnen nachgewiesen, er ist den Griechen
Resultat der unmittelbaren Anschauung. [...] Die zweite Gestalt der Dialektik, die grade den deutschen Naturforschern am nächsten liegt, ist die
klassische deutsche Philosophie von Kant bis Hegel.« (Ebd. 333) »Aber«,
so Engels' Urteil, »bei Kant Dialektik studieren zu wollen, wäre eine nutzlos mühsame und wenig lohnende Arbeit, seitdem ein umfassendes, wenn
auch von ganz falschem Ausgangspunkt her entwickeltes Kompendium der
Dialektik vorliegt in den Werken *Hegels.*« (Ebd. 334) Es geht Engels um
die dialektische Aufhebung Hegels, nicht um seine kritiklose Verteidigung,
wenn er wie so oft Anerkennendes mit problematischen Charakterisierungen verbindet: »Vor allem ist festzustellen, daß es sich hier keineswegs han-

delt um eine Verteidigung des Hegelschen Ausgangspunkts: daß der Geist, der Gedanke, die Idee das Ursprüngliche, und die wirkliche Welt nur der Abklatsch der Idee sei.« Ebenso wenig könne davon die Rede sein, »den dogmatischen Inhalt des Hegelschen Systems aufrecht zu halten, wie er von der Berliner Hegelei älterer und jüngerer Linie gepredigt worden. Mit dem idealistischen Ausgangspunkt fällt auch das darauf konstruierte System, also namentlich auch die Hegelsche Naturphilosophie.« Der naturwissenschaftlichen Polemik gegen Hegel, gegen dessen ›idealistischen Ausgangspunkt‹ und die ›willkürliche Konstruktion des Systems‹, steht entgegen, dass Engels immer wieder gerade auf Hegels Naturphilosophie rekurriert.

Für ihn bleibt als zentrale Errungenschaft die Hegelsche Dialektik. Es sei »das Verdienst von Marx, [...] zuerst wieder die vergessene dialektische Methode, ihren Zusammenhang mit der Hegelschen Dialektik wie ihren Unterschied von dieser hervorgehoben und gleichzeitig im ›Kapital‹ diese Methode auf die Tatsachen einer empirischen Wissenschaft, der politischen Ökonomie, angewandt zu haben. [...] Bei Hegel herrscht in der Dialektik dieselbe Umkehrung alles wirklichen Zusammenhangs wie in allen andern Verzweigungen seines Systems. Aber, wie Marx sagt: ›Die Mystifikation, welche die Dialektik in Hegels Händen untergeht[68], verhindert in keiner Weise, daß er ihre allgemeinen Bewegungsformen zuerst in umfassender und bewußter Weise dargestellt hat. Sie steht bei ihm auf dem Kopf. Man muß sie umstülpen, um den rationellen Kern in der mystischen Hülle zu entdecken.‹« (Ebd. 335)

[»Die Naturforschung in der Geisterwelt«]
Der zum Korpus der *Dialektik der Natur* gehörende Text »Die Naturforschung in der Geisterwelt« (ebd. 337ff.) war – wie auch der Text »Der Anteil der Arbeit an der Menschwerdung des Affen« – bereits zu Lebzeiten von Engels publiziert worden. Darin heißt es: »Man verachtet in der Tat die Dialektik nicht ungestraft. Man mag noch so viel Geringschätzung hegen für alles theoretische Denken, so kann man doch nicht zwei Naturtatsachen in Zusammenhang bringen oder ihren bestehenden Zusammenhang einsehn ohne theoretisches Denken. [...] Und so straft sich die empirische Verach-

---

68   Im Marxschen Nachwort zur 2. Auflage des Kapital, woraus Engels hier zitiert, steht »erleidet« (MEW 23, 27).

tung der Dialektik dadurch, daß sie einzelne der nüchternsten Empiriker in den ödesten aller Aberglauben, in den modernen Spiritismus führt.« (Ebd. 346)

[»Dialektik«]

Im 1879 verfassten, unvollendeten Artikel »Dialektik«[69] (ebd. 348ff) heißt es, wobei in Klammern gleichsam als Überschrift »(Allgemeine Natur der Dialektik als Wissenschaft von den Zusammenhängen im Gegensatz zur Metaphysik zu entwickeln.)« steht (ebd. 348): »Es ist also die Geschichte der Natur wie der menschlichen Gesellschaft, aus der die Gesetze der Dialektik abstrahiert werden. Sie sind eben nichts andres als die allgemeinsten Gesetze dieser beiden Phasen der geschichtlichen Entwicklung sowie des Denkens selbst. Und zwar reduzieren sie sich der Hauptsache nach auf drei:

• das Gesetz des Umschlagens von Quantität in Qualität und umgekehrt;
• das Gesetz von der Durchdringung der Gegensätze;
• das Gesetz von der Negation der Negation.«

Alle drei seien »von Hegel in seiner idealistischen Weise als bloße *Denk*gesetze entwickelt: das erste im ersten Teil der ›Logik‹, in der Lehre vom Sein; das zweite füllt den ganzen zweiten und weitaus bedeutendsten Teil seiner ›Logik‹ aus, die Lehre vom Wesen; das dritte endlich figuriert als Grundgesetz für den Aufbau des ganzen Systems. Der Fehler liegt darin, daß diese Gesetze als Denkgesetze der Natur und Geschichte aufoktroyiert, nicht aus ihnen abgeleitet werden.«

Dies Urteil von Engels berührt die schwierige, nicht voll geklärte Frage nach dem Verhältnis der *Logik* zur Realphilosophie. Versteht man die *Logik* als die theoretische Verallgemeinerung der von Hegel analysierten Strukturen und Entwicklungen der Realität, zu der auch das Denken gehört, dann kann sie natürlich auch als Leitfaden für das Begreifen der realphilosophischen Sachverhalte dienen, wobei freilich die Begriffe bei ihrer ›Anwendung‹ aufs empirische Material eine vergleichbare ›Transformation‹ erfahren, wie allgemeine Gesetze durch die Bedingungen, unter denen sie wirken, sich in einer je spezifischen ›Erscheinungsform‹ darstellen.

---

69   Unter »Notizen und Fragmente« findet sich, teilweise in Stichworten, ebenfalls ein
      Text mit dem Titel »Dialektik« (ebd. 481ff.).

Nach seiner Kritik fährt Engels dann anerkennend fort: »Wer übrigens seinen Hegel nur einigermaßen kennt, der wird auch wissen, daß Hegel an Hunderten von Stellen aus Natur und Geschichte die schlagendsten Einzelbelege für die dialektischen Gesetze zu geben versteht.« (Ebd. 349)

Zum Stellenwert seines Textes stellt Engels klar: »Wir haben hier kein Handbuch der Dialektik zu verfassen, sondern nur nachzuweisen, daß die dialektischen Gesetze wirkliche Entwicklungsgesetze der Natur, also auch für die theoretische Naturforschung gültig sind.« Dann folgen einige Erläuterungen: »Gesetz vom Umschlagen von Quantität in Qualität und umgekehrt. Dies können wir für unsern Zweck dahin ausdrücken, daß in der Natur, in einer für jeden Einzelfall genau feststehenden Weise, qualitative Änderungen nur stattfinden können durch quantitativen Zusatz oder quantitative Entziehung von Materie oder Bewegung (sog. Energie). Alle qualitativen Unterschiede in der Natur beruhen entweder auf verschiedner chemischer Zusammensetzung oder auf verschiednen Mengen resp. Formen von Bewegung (Energie) oder, was fast immer der Fall, auf beiden. Es ist also unmöglich, ohne Zufuhr resp. Hinwegnahme von Materie oder von Bewegung, d.h. ohne quantitative Änderung des betreffenden Körpers, seine Qualität zu ändern. In dieser Form erscheint also der mysteriöse Hegelsche Satz nicht nur ganz rationell, sondern selbst ziemlich einleuchtend.«

Es folgen einige Beispiele: In der Physik »ist jede Veränderung ein Umschlagen von Quantität in Qualität, eine Folge quantitativer Veränderung der dem Körper innewohnenden oder mitgeteilten Bewegungsmenge irgendwelcher Form.« (Ebd. 350f.) Oder er zitiert Hegel, wonach der »›Temperaturgrad des Wassers [...] beim Vermehren oder Vermindern der Temperatur des flüssigen Wassers [...] in Dampf und andrerseits in Eis verwandelt wird.‹« (Vgl. Hegels *Enzyklopädie*, Werke 8, § 108, Zusatz). »Mit einem Wort: Die sogenannten Konstanten der Physik sind großenteils nichts andres als Bezeichnungen von Knotenpunkten[70], wo quantitative Veränderung Zufuhr oder Entziehung von Bewegung qualitative Änderung im Zustand des betreffenden Körpers hervorruft, wo also Quantität in Qualität umschlägt« (MEW 20, 351). Vor allem: »Das Gebiet jedoch, auf dem das von Hegel entdeckte Naturgesetz seine gewaltigsten Triumphe feiert, ist das der Chemie.

---

70   Hegel behandelt in der *Seinslogik* die »Knotenlinie von Maßverhältnissen« (Hegel, Werke 5, 435ff.), worauf Engels sich wohl bezieht.

Man kann die Chemie bezeichnen als die Wissenschaft von den qualitativen Veränderungen der Körper infolge veränderter quantitativer Zusammensetzung«, was schon Hegel in seiner *Logik* gewusst habe. Endlich aber gelte »das Hegelsche Gesetz nicht nur für die zusammengesetzten Körper, sondern auch für die chemischen Elemente selbst. [...] Vermittelst der – unbewußten – Anwendung des Hegelschen Gesetzes vom Umschlagen der Quantität in Qualität war Mendelejew eine wissenschaftliche Tat gelungen, die sich der Leverriers in der Berechnung der Bahn des noch unbekannten Planeten Neptun kühn an die Seite stellen darf.« (Ebd. 353) – Engels' Resümee: »Ein allgemeines Gesetz der Natur-, Gesellschafts- und Denkentwicklung zum erstenmal in seiner allgemein geltenden Form ausgesprochen zu haben, das bleibt aber immer eine weltgeschichtliche Tat.«

[»Grundformen der Bewegung«]
Ein weiterer Artikel befasst sich mit »Grundformen der Bewegung« (ebd. 354ff.): »Bewegung in dem allgemeinsten Sinn, in dem sie als Daseinsweise, als inhärentes Attribut der Materie gefaßt wird, begreift alle im Universum vorgehenden Veränderungen und Prozesse in sich, von der bloßen Ortsveränderung bis zum Denken« (ebd. 354). »Die ganze uns zugängliche Natur bildet ein System, einen Gesamtzusammenhang von Körpern, [...] ihre gegenseitige Einwirkung ist eben die Bewegung.« (Ebd. 355) Materie als etwas »Unerschaffbares wie Unzerstörbares« sei undenkbar ohne Bewegung, die gleichfalls »so unerschaffbar wie unzerstörbar ist.« Die Erkenntnis, das »Universum als ein System« zu sehen, war »von der Philosophie gewonnen [...], lange bevor sie in der Naturwissenschaft wirksame Geltung gewann« (ebd.).

Engels weiter: »Die Grundform aller Bewegung ist [...] Annäherung und Entfernung, Zusammenziehung und Ausdehnung – kurz, der alte polare Gegensatz von *Attraktion* und *Repulsion.* [...] Wie denn schon Kant die Materie aufgefaßt hat als die Einheit von Attraktion und Repulsion«, wobei »jede einzelne Attraktion kompensiert wird durch eine entsprechende Repulsion an andrer Stelle.« (Ebd. 356)

Ferner: »Sobald die Dialektik einmal aus den Resultaten unserer bisherigen Naturerfahrung nachgewiesen hat, daß alle polaren Gegensätze überhaupt bedingt sind durch das wechselnde Spiel der beiden entgegengesetzten Pole aufeinander, daß die Trennung und Entgegensetzung dieser Pole nur besteht innerhalb ihrer Zusammengehörigkeit und Vereinigung, und umgekehrt ihre Vereinigung nur in ihrer Trennung, ihre Zusammengehörigkeit nur in ihrer Entgegensetzung, kann [...] weder von der gegenseitigen Durchdringung [Anm. 1 erläutert: »Im Sinne des gegenseitigen Ausgleichs und der Neutralisation«] noch von der absoluten Scheidung beider Pole die Rede sein.« (Ebd. 356f.) Ebenso unmöglich sei die »Durchfeilung eines Magnets in der Mitte zwischen beiden Polen« (ebd. 357), also eine Südhälfte ohne Nordpol herzustellen. Das folge »schon aus der dialektischen Natur des polaren Gegensatzes«.

[»Elektrizität«]
Im Abschnitt »Elektrizität« (ebd. 394ff.) werden Hegelsche naturphilosophisch-spekulative Äußerungen relativiert, nachdem Engels eine Kostprobe von nicht weniger spekulativen Äußerungen damaliger berühmter Naturwissenschaftler wie Thomson oder Faraday zum Besten gegeben hat: »Dies wird nun auch wohl andern Leuten ebenso gegangen sein, geradesogut, wie wenn sie bei Hegel lesen, im elektrischen Funken gehe ›die besondre Materiatur des gespannten Körpers noch nicht in den Prozeß ein, sondern ist darin nur elementarisch und seelenhaft bestimmt‹, und die Elektrizität sei ›der eigene Zorn, das eigene Aufbrausen des Körpers‹, sein ›zorniges Selbst‹, das ›an jedem Körper hervortritt, wenn er gereizt wird‹« (ebd. 396, wo aus Hegels *Enzyklopädie*, Werke 9, §324, Zusatz, zitiert wird). Und doch sei der »Grundgedanke bei Hegel und Faraday derselbe. Beide sträuben sich gegen die Vorstellung, als sei die Elektrizität nicht ein Zustand der Materie, sondern eine eigne, aparte Materie.«

[»Der Anteil der Arbeit an der Menschwerdung des Affen«]
Ursprünglich war der 1876 geschriebene Text (MEW 20, 444ff; siehe dort die Anm. 255) als Einleitung für eine umfangreichere Arbeit »Über die drei Grundformen der Knechtschaft« gedacht, die aber nicht vollendet wurde; er wurde als gesonderter Artikel 1896 in »Die Neue Zeit« veröffentlicht.

Engels entwickelt hier den zentralen Gedanken: »Durch das Zusammenwirken von Hand, Sprachorganen und Gehirn nicht allein bei jedem einzelnen, sondern auch in der Gesellschaft, wurden die Menschen befähigt, immer verwickeltere Verrichtungen auszuführen, immer höhere Ziele sich zu stellen und zu erreichen. Die Arbeit selbst wurde [...] eine [...] vielseitigere. [...] Neben Handel und Gewerbe trat endlich Kunst und Wissenschaft, aus Stämmen wurden Nationen und Staaten. Recht und Politik entwickelten sich, und mit ihnen das phantastische Spiegelbild der menschlichen Dinge im menschlichen Kopf: die Religion.« (MEW 20, 450)

Gegenüber »diesen Gebilden«, so setzt Engels seine die Entstehung des idealistischen Denkens erklärende historisch-materialistische Analyse fort, »die zunächst als Produkte des Kopfs sich darstellten und die die menschlichen Gesellschaften zu beherrschen schienen, traten die bescheidneren Erzeugnisse der arbeitenden Hand in den Hintergrund; und zwar um so mehr, als der die Arbeit planende Kopf schon auf einer sehr frühen Entwicklungsstufe der Gesellschaft (z. B. schon in der einfachen Familie) die geplante Arbeit durch andre Hände ausführen lassen konnte als die seinigen. Dem Kopf, der Entwicklung und Tätigkeit des Gehirns, wurde alles Verdienst an der rasch fortschreitenden Zivilisation zugeschrieben; die Menschen gewöhnten sich daran, ihr Tun aus ihrem Denken zu erklären statt aus ihren Bedürfnissen (die dabei allerdings im Kopf sich widerspiegeln, zum Bewußtsein kommen) – und so entstand mit der Zeit jene idealistische Weltanschauung [...] Sie herrscht noch so sehr, daß selbst die materialistischsten Naturforscher der Darwinschen Schule sich noch keine klare Vorstellung von der Entstehung des Menschen machen können, weil sie unter jenem ideologischen Einfluß die Rolle nicht erkennen, die die Arbeit dabei gespielt hat.« (Ebd. 450f.)

Engels sieht in der »Entwicklungsgeschichte des menschlichen Keims im Mutterleibe nur eine abgekürzte Wiederholung der millionenjährigen körperlichen Entwicklungsgeschichte unsrer tierischen Vorfahren, [...] die geistige Entwicklung des menschlichen Kindes eine, nur noch mehr abgekürzte, Wiederholung der intellektuellen Entwicklung derselben Vorfahren [...] Aber alle planmäßige Aktion aller Tiere hat es nicht fertiggebracht, der Erde den Stempel ihres Willens aufzudrücken. Dazu gehörte der Mensch.« (Ebd. 452)

Anders als das Tier, das die äußere Natur bloß *benutze*, mache der Mensch sie durch seine Änderungen seinen Zwecken dienstbar, *beherrsche* er sie. Den wesentlichen Unterschied des Menschen von den übrigen Tieren bewirke die *Arbeit*. Aber, so warnt Engels: »Schmeicheln wir uns indes nicht zu sehr mit unsern menschlichen Siegen über die Natur. Für jeden solchen Sieg rächt sie sich an uns. Jeder hat in erster Linie zwar die Folgen, auf die wir gerechnet, aber in zweiter und dritter Linie hat er ganz andre, unvorhergesehene Wirkungen, die nur zu oft jene ersten Folgen wieder aufheben.«

(Ebd. 452f.) Als Belege führt er etwa die frühen ökologischen Zerstörungen an: »Die Leute, die in Mesopotamien, Griechenland, Kleinasien und anderswo die Wälder ausrotteten, um urbares Land zu gewinnen, träumten nicht, daß sie damit den Grund zur jetzigen Verödung jener Länder legten [...] Und so werden wir bei jedem Schritt daran erinnert, daß wir keineswegs die Natur beherrschen, wie ein Eroberer ein fremdes Volk beherrscht, wie jemand, der außer der Natur steht – sondern daß wir mit Fleisch und Blut und Hirn ihr angehören und mitten in ihr stehn, und daß unsre ganze Herrschaft über sie darin besteht, im Vorzug vor allen andern Geschöpfen ihre Gesetze erkennen und richtig anwenden zu können.« (Ebd. 453) Je mehr wir »die näheren und entfernteren Nachwirkungen unsrer Eingriffe in den herkömmlichen Gang der Natur erkennen, [...] desto mehr werden sich die Menschen wieder als Eins mit der Natur nicht nur fühlen, sondern auch wissen, und je unmöglicher wird jene widersinnige und widernatürliche Vorstellung von einem Gegensatz zwischen Geist und Materie, Mensch und Natur, Seele und Leib, wie sie seit dem Verfall des klassischen Altertums in Europa aufgekommen und im Christentum ihre höchste Ausbildung erhalten hat.«

Habe es »aber schon die Arbeit von Jahrtausenden erfordert, bis wir einigermaßen lernten, die entferntern *natürlichen* Wirkungen unsrer auf die Produktion gerichteten Handlungen zu berechnen, so war dies noch weit schwieriger in Bezug auf die entfernteren *gesellschaftlichen Wirkungen* dieser Handlungen«, was Engels mit Beispielen aus der Zeit des Kolonialismus (eines Handelns, das »die in Europa längst überwundne Sklaverei zu neuem Leben erweckte und die Grundlage zum Negerhandel legte«) und der kapitalistischen Industrialisierung belegt: »Die Männer, die im siebzehnten und achtzehnten Jahrhundert an der Herstellung der Dampfmaschine arbeiteten, ahnten nicht, daß sie das Werkzeug fertigstellten, das mehr als jedes andre die Gesellschaftszustände der ganzen Welt revolutionieren und namentlich in Europa durch Konzentrierung des Reichtums auf Seite der Minderzahl, und der Besitzlosigkeit auf Seite der ungeheuren Mehrzahl, zuerst der Bourgeoisie die soziale und politische Herrschaft verschaffen, dann aber einen Klassenkampf zwischen Bourgeoisie und Proletariat erzeugen sollte, der nur mit dem Sturz der Bourgeoisie und der Abschaffung aller Klassengegensätze endigen kann.« (Ebd. 454)

Auch im Gesellschaftlichen ginge es darum, die Langfristfolgen unseres Tuns zu erkennen, um dessen »Wirkungen zu beherrschen und zu regeln.«

Aber, so Engels kritisch: »Die Sozialwissenschaft der Bourgeoisie, die klassische politische Ökonomie, beschäftigt sich vorwiegend nur mit den unmittelbar beabsichtigten gesellschaftlichen Wirkungen der auf Produktion
und Austausch gerichteten menschlichen Handlungen. Dies entspricht ganz
der gesellschaftlichen Organisation, deren theoretischer Ausdruck sie ist.«
(Ebd. 455) Nach einigen Hinweisen auf diese kurzsichtige ökonomische
Sichtweise und Praxis bricht das Manuskript mitten im Satz ab.

3.3.2.5 Aus dem Konvolut Notizen und Fragmente

In der MEW-Ausgabe von Engels' *Dialektik der Natur* folgt dann die Abteilung
»Notizen und Fragmente« (MEW 20, 456-568). Die unvollendete Gestalt dieser in ihrem Umfang sich stark unterscheidenden Textfragmente hebt Engels
am Ende mit dem in Klammern gesetzten Satz hervor: »Alles dies stark zu re-
vidieren.« (Ebd. 568) Trotz des fragmentarischen Charakters sollen abschließend einige der teilweise sehr interessanten Texte ausgewählt werden, weil
es sich bei diesem Konvolut insgesamt um eine Fundgrube für Engels' Dialektik-Verständnis handelt. Dabei werden wir uns allerdings auf die Passagen
beschränken, die gegenüber den bisher behandelten Texten neue Gedanken
enthalten oder die einen Gedanken noch einmal pointiert darstellen. – (In der
Anordnung der ausgewählten Text-Stücke übernehmen wir die Gepflogen-
heit in der MEW-Ausgabe, die größeren Fragmente in eckige Klammern zu
setzen und die jeweiligen Einzelthemen einfach nacheinander aufzuführen.)

[Dialektik]
Zum ersten mit »Dialektik« überschriebenen Text (ebd. 348ff.), der oben
schon betrachtet wurde, findet sich hier Ergänzendes in Stichworten.

So ist beim Unterpunkt »Allgemeine Fragen der Dialektik. Grundgesetze
der Dialektik« etwa zu lesen: »Die Dialektik, die sog. *objektive*, herrscht in der
ganzen Natur, und die sog. subjektive Dialektik, das dialektische Denken,
ist nur Reflex der in der Natur sich überall geltend machenden Bewegung
in Gegensätzen, die durch ihren fortwährenden Widerstreit und ihr schließ-
liches Aufgehen ineinander, resp. in höhere Formen, eben das Leben der
Natur bedingen. Attraktion und Repulsion.« (Ebd. 481)

Für eine Reihe zentraler wissenschaftlicher Probleme führt Engels immer
wieder von Hegel vorgeschlagene Lösungsmöglichkeiten an. Hierzu einige
Beispiele:

• *Zufall und Notwendigkeit*:
Die jeweils einseitig deterministischen bzw. indeterministischen Auffassungen konterte»Hegel mit den bisher ganz unerhörten Sätzen, daß das Zufällige einen Grund hat, weil es zufällig ist, und ebensosehr auch keinen Grund hat, weil es zufällig ist; daß das Zufällige notwendig ist, daß die Notwendigkeit sich selbst als Zufälligkeit bestimmt, und daß andrerseits diese Zufälligkeit vielmehr die absolute Notwendigkeit ist« (ebd. 489). Engels verweist auf das Kapitel »Die Wirklichkeit« in Hegels *Wesenslogik* (Werke 6, 200ff) und fährt fort: »Die Naturwissenschaft hat diese Sätze einfach als paradoxe Spielereien [...] links liegenlassen und ist theoretisch verharrt einerseits in der Gedankenlosigkeit der Wolffschen Metaphysik, nach der etwas *entweder* zufällig ist *oder* notwendig, aber nicht beides zugleich; oder andrerseits im kaum weniger gedankenlosen mechanischen Determinismus, der den Zufall im allgemeinen in der Phrase wegleugnet, um ihn in der Praxis in jedem besondern Fall anzuerkennen.« (Ebd.)

Beim Unterpunkt »Dialektische Logik und Erkenntnistheorie. Von den ›Grenzen der Erkenntnis‹« finden sich anregende Überlegungen, z. B.:

• *Zur Bildung von Begriffen*:
»Die Entwicklung eines Begriffs oder Begriffsverhältnisses [...] in der Geschichte des Denkens verhält sich zu seiner Entwicklung im Kopf des einzelnen Dialektikers wie die Entwicklung eines Organismus in der Paläontologie zu seiner Entwicklung in der Embryologie (oder vielmehr in der Geschichte und im einzelnen Keim). Daß dies so ist, zuerst von Hegel für die Begriffe entdeckt. In der geschichtlichen Entwicklung spielt die Zufälligkeit ihre Rolle, die im dialektischen Denken wie in der Entwicklung des Embryos *sich in Notwendigkeit zusammenfaßt*.« (Ebd. 491)

• *»abstrakt und konkret«*[71]:
»Das allgemeine Gesetz des Formwechsels der Bewegung ist viel konkreter als jedes einzelne ›konkrete‹ Beispiel davon.« (Ebd.)

---

71 Zum dem alltäglichen Gebrauch der Begriffe »konkret« und »abstrakt« entgegengesetzten, auch von Marx und Engels von Hegel übernommenen Verständnis vgl. den bemerkenswerten, kurzen Text »Wer denkt abstrakt?« (Hegel, Werke 2, 575-581).

• *»Verstand und Vernunft«*:
»Diese Hegelsche Unterscheidung, in der nur das dialektische Denken vernünftig, hat einen gewissen Sinn.« Alle Verstandstätigkeit wie *Induzieren,
Deduzieren, Abstrahieren, Analysieren* unbekannter Gegenstände (»schon das
Zerbrechen einer Nuß ist Anfang der Analyse«), *Synthesieren* und, als Vereinigung beider, *Experimentieren* (bei neuen Hindernissen und in fremden
Lagen) haben wir mit dem Tier gemein. »Der Art nach sind diese sämtli-
chen Verfahrungsweisen – also alle Mittel der wissenschaftlichen Forschung,
die die ordinäre Logik anerkennt – vollkommen gleich beim Menschen und
den höheren Tieren. Nur dem Grade (der Entwicklung der jedesmaligen
Methode) nach sind sie verschieden. [...] Dagegen das dialektische Denken
– eben weil es die Untersuchung der Natur der Begriffe selbst zur Voraussetzung hat – ist nur dem Menschen möglich, und auch diesem erst auf einer
verhältnismäßig hohen Entwicklungsstufe«. (Ebd.)

• *Klassifikation des Urteils*:
In diesem Unterpunkt geht Engels ausführlich auf die Hegelschen Urteils-
und Schlussformen ein und erläutert die Unterscheidungen an Beispielen.
»Die dialektische Logik, im Gegensatz zur alten, bloß formellen, begnügt
sich nicht wie diese, die Formen der Bewegung des Denkens, d.h. die verschiednen Urteils- und Schlußformen, aufzuzählen und zusammenhangslos
nebeneinander zu stellen. Sie leitet im Gegenteil diese Formen die eine aus
der andern ab, sie subordiniert sie einander statt sie zu koordinieren, sie
entwickelt die höheren Formen aus den niederen. Getreu seiner Einteilung
der ganzen Logik gruppiert Hegel die Urteile als
  1. Urteil des Daseins, die einfachste Form des Urteils, worin von einem
einzelnen Ding eine allgemeine Eigenschaft bejahend oder verneinend ausgesagt wird (positives Urteil: Die Rose ist rot; negatives: Die Rose ist nicht
blau; unendliches: Die Rose ist kein Kamel);
  2. Urteil der Reflexion, worin vom Subjekt eine Verhältnisbestimmung,
eine Relation ausgesagt wird (singuläres Urteil: Dieser Mensch ist sterblich;
partikuläres: Einige, viele Menschen sind sterblich; universelles: Alle Menschen sind, oder der Mensch ist sterblich);
  3. Urteil der Notwendigkeit, worin vom Subjekt seine substantielle Bestimmtheit ausgesagt wird (kategorisches Urteil: Die Rose ist eine Pflanze;
hypothetisches Urteil: Wenn die Sonne aufgeht, so ist es Tag; disjunktives:

Der Lepidosiren [Schuppenmolch] ist entweder ein Fisch oder ein Amphibium);

4. Urteil des Begriffs, worin vom Subjekt ausgesagt wird, inwieweit es seiner allgemeinen Natur oder, wie Hegel sagt, seinem Begriff entspricht (assertorisches Urteil: Dies Haus ist schlecht; problematisches: Wenn ein Haus so und so beschaffen ist, so ist es gut; apodiktisches: Das Haus, so und so beschaffen, ist gut).

    1. *Einzelnes Urteil,* 2. und 3. *besondres,* 4. *allgemeines.*« (Ebd. 492)

Die Sinnhaftigkeit und Notwendigkeit dieser Gruppierung werde jedem einleuchten, »der die geniale Entwicklung in Hegels ›Großer Logik‹ [Es geht ums 2. Kapitel der *Begriffslogik* »Das Urteil«, R. S.] durchstudiert. Wie sehr aber diese Gruppierung in den Denkgesetzen nicht nur, sondern auch in den Naturgesetzen begründet ist, dafür wollen wir hier ein außer diesem Zusammenhang sehr bekanntes Beispiel anführen.« (Ebd.) Es folgt der Satz bzw. das Urteil, dass Reibung Wärme erzeugt, womit »ein Urteil des Daseins, und zwar ein positives« (ebd. 493) ausgesprochen sei. Nachdem er die Behandlung dieses Problems in der wissenschaftlichen Forschung Revue passieren ließ, schlussfolgert Engels: »Was also bei Hegel als eine Entwicklung der Denkform des Urteils als solchen erscheint, tritt uns hier entgegen als Entwicklung unsrer auf *empirischer* Grundlage beruhenden theoretischen Kenntnisse von der Natur der Bewegung überhaupt. Das zeigt denn doch, daß Denkgesetze und Naturgesetze notwendig miteinander stimmen, sobald sie nur richtig erkannt sind.« (Ebd.) Engels demonstriert dann an den empirisch-physikalischen Prozessen die Urteile der Einzelheit, Besonderheit und Allgemeinheit, letzteres als Ausdruck eines ›absoluten Naturgesetzes‹.

• *Empirie und Notwendigkeit:*
Zu Recht betont Engels, wieder mit Bezug auf Hegel (*Enzyklopädie,* Werke 8, § 39): »Empirie der Beobachtung allein kann nie die Notwendigkeit genügend beweisen. Post hoc [nach diesem], aber nicht propter hoc [wegen diesem]. […] aus dem steten Aufgehn der Sonne des Morgens [folgt nicht], sie werde morgen wieder aufgehn« (Ebd. 497).

• *Wechselwirkung:*
»So wird von der Naturwissenschaft bestätigt, was Hegel sagt (wo?) [die Be-

legstelle findet sich am Ende der *Wesenslogik*, Werke 6, 237ff, R.S.], daß die
Wechselwirkung die wahre causa finalis [letzte Ursache] der Dinge ist. [...]
Erst von dieser universellen Wechselwirkung kommen wir zum wirklichen
Kausalitätsverhältnis. Um die einzelnen Erscheinungen zu verstehn, müssen
wir sie aus dem allgemeinen Zusammenhang reißen, sie isoliert betrachten,
und *da* erscheinen die wechselnden Bewegungen, die eine als Ursache, die
andre als Wirkung.« (MEW 20, 499)

• *Zum Problem der Erkenntnis des Endlichen und des Unendlichen*:
»In der Tat besteht alles wirkliche, erschöpfende Erkennen nur darin, daß wir
das Einzelne im Gedanken aus der Einzelheit in die Besonderheit und aus
dieser in die Allgemeinheit erheben, daß wir das Unendliche im Endlichen,
das Ewige im Vergänglichen auffinden und feststellen.« (Ebd. 501) Dies mache auch Hegels Reden vom Unendlichen verständlich. »Die Form der Allgemeinheit ist aber Form der Insichabgeschlossenheit, damit Unendlichkeit,
sie ist die Zusammenfassung der vielen Endlichen zum Unendlichen. [...]
Die Form der Allgemeinheit in der Natur ist Gesetz [...] Alle wahre Naturer-
kenntnis ist Erkenntnis von Ewigem, Unendlichem und daher wesentlich absolut.« (Ebd.) Auch dies ein Hinweis für Hegels Verständnis des Absoluten!
    Dann gibt Engels zu bedenken: »Aber diese absolute Erkenntnis hat
einen bedeutenden Haken. Wie die Unendlichkeit des erkennbaren Stoffs
aus lauter Endlichkeiten sich zusammensetzt, so setzt sich auch die Unendlichkeit des absolut erkennenden Denkens zusammen aus einer unendlichen
Anzahl endlicher Menschenköpfe, die neben- und nacheinander an dieser
unendlichen Erkenntnis arbeiten, praktische und theoretische Böcke schießen, von schiefen, einseitigen, falschen Voraussetzungen ausgehn [...] Das
Erkennen des Unendlichen [...] nur vollziehn in einem unendlichen asym-
ptotischen Progreß. Und das genügt uns vollständig, um sagen zu können:
Das Unendliche ist ebenso erkennbar wie unerkennbar, und das ist alles,
was wir brauchen.« (Ebd. 501f.)
    Zum Verhältnis der sinnlichen Dinge und unseren Abstraktionen da-
von, dem Abstrakt-Allgemeinen, schreibt Engels in Auseinandersetzung mit
dem Schweizer Botaniker Carl Wilhelm von Nägeli (1817–1891) und dessen
Schwierigkeiten, wissenschaftlich angemessen vom Unendlichen zu reden:
»Erst macht man Abstraktionen von den sinnlichen Dingen, und dann will
man sie sinnlich erkennen, die Zeit sehn und den Raum riechen. [...] Als ob

die Zeit etwas andres als lauter Stunden, und der Raum etwas andres als lauter Kubikmeter! Die beiden Existenzformen der Materie sind natürlich ohne die Materie nichts, leere Vorstellungen, Abstraktionen, die nur in unserm Kopf existieren. [...] denn die Materie als solche und die Bewegung als solche hat noch niemand gesehn oder sonst erfahren, sondern nur die verschiednen, wirklich existierenden Stoffe und Bewegungsformen. Der Stoff, die Materie ist nichts andres als die Gesamtheit der Stoffe, aus der dieser Begriff abstrahiert, die Bewegung als solche nichts als die Gesamtheit aller sinnlich wahrnehmbaren Bewegungsformen; Worte wie Materie und Bewegung sind nichts als *Abkürzungen*, in die wir viele verschiedne sinnlich wahrnehmbare Dinge zusammenfassen nach ihren gemeinsamen Eigenschaften. Die Materie und Bewegung kann also gar nicht anders erkannt werden als durch Untersuchung der einzelnen Stoffe und Bewegungsformen, und indem wir diese erkennen, erkennen wir pro tanto [insofern] auch die Materie und Bewegung *als solche*.« (Ebd. 502f.) Zu den Schwierigkeiten, angemessen mit Abstraktionen umzugehen, führt Engels das erheiternde Beispiel von Hegel an: »wir können wohl Kirschen und Pflaumen essen, aber kein Obst, weil noch niemand Obst als solches gegessen hat.«[72] (Ebd.)

• *Zur vermeintlichen Ewigkeit der Naturgesetze*:
»*Die ewigen Naturgesetze* verwandeln sich auch immer mehr in historische. Daß Wasser von $0-100°C$ flüssig ist, ist ein ewiges Naturgesetz, aber damit es Geltung haben kann, muß 1. Wasser, 2. die gegebne Temperatur und 3. Normaldruck da sein.« (Ebd. 505) Für andere Himmelskörper wie den Mond oder die Sonne »existiert das Gesetz nicht.« Ebenso gelten die Gesetze der Meteorologie nur für die Erde, sofern sie eine Atmosphäre hat, was beim Mond und der Sonne nicht der Fall sei. Es gehe also um die »geschichtliche Darstellung der in einem Weltsystem von seiner Entstehung bis zu seinem Untergang nacheinander vorgehenden Veränderungen, [...] auf jeder Stufe [herrschen] andre Gesetze, d.h. andre Erscheinungsformen derselben universalen Bewegung« (ebd. 506), so dass »als durchgehend Allgemeingültiges nichts bleibt als – die *Bewegung*.« Es genüge »uns zu wissen, daß unter gleichen Umständen überall das Gleiche erfolgen *muß*« (ebd.)

---

72 So Hegel, *Enzyklopädie*, § 13, Anm. – Es ist eine Verdinglichung (Reifizierung) von abstrakten Begriffen (wie Obst), sie als separat vom Einzelnen (etwa Kirschen) existierend anzunehmen.

• *Zum Problem des Denkens und Erkennens*:
Unsere Denkfähigkeit, eine evolutionäre Errungenschaft des Menschen, gleicht die mangelhafte Ausstattung unserer Sinne aus; daher war das Denken ein zentraler Selektionsvorteil in der Evolution. So sei z. B. die »Mangelhaftigkeit unsres Sehens« notwendig, denn »ein Auge, das *alle* Strahlen sähe, sähe ebendeshalb gar nichts« (ebd.). Die notwendige »Untersuchung der Denk*formen*, Denkbestimmungen« habe nach Aristoteles »nur Hegel systematisch unternommen.« (Ebd. 507)

Dass genau dies, die Untersuchung der Denkbestimmungen, der Sinn der Hegelschen *Logik* ist, wird von Engels zu wenig gewürdigt, wenn er die Einseitigkeit der Idee- oder Geist-Zentriertheit anprangert. Im Übrigen bezieht er sich ständig positiv auf Hegel und seine wissenschaftlich relevanten Einsichten, also auf seinen faktischen Realismus oder ›Materialismus‹!

Zur unterschiedlichen Weltwahrnehmung durch die verschiedenartigen Sinnesausstattungen der Lebewesen schreibt Engels: »Allerdings werden wir nie dahinter kommen, wie den Ameisen die chemischen Strahlen erscheinen.« (Ebd.) Das entspricht der Unterscheidung in der gegenwärtigen Hirnforschung zwischen der objektiven Betrachtung der Hirnprozesse (von außen) und der subjektiven (Innenseite) der Wahrnehmung.

Die Suche nach Gesetzen in der Naturwissenschaft erfolge zwar über die Bildung von Hypothesen, für die Beobachtungsmaterial gesucht wird. Aber: »Wollte man warten, bis das Material fürs Gesetz *rein* sei, so hieße das, die denkende Forschung bis dahin suspendieren, und das Gesetz käme schon deswegen nie zustande. [...] der Wechsel der sich verdrängenden Hypothesen [...] bringt dann leicht die Vorstellung hervor, daß wir das Wesen der Dinge nicht erkennen können [...]. Dies ist der Naturwissenschaft nicht eigentümlich, da alle menschliche Erkenntnis [...] sich entwickelt, und die Theorien [...] sich [...] verdrängen, woraus [...] niemand schließt, daß die formelle Logik Unsinn ist. – [...] Dieser Ausspruch, daß wir das Ding an sich nicht erkennen können (von Hegel, *Enzyklopädie*, § 44 kritisiert), [...] fügt [...] unser [sic! R.S.] wissenschaftlichen Kenntnis kein Wort hinzu, [...] ist [...] reine Phrase und wird nie angewandt.« (MEW 20, 507) Historisch gefasst habe »die Phrase vom Ding an sich [...] einen gewissen Sinn: Wir können nur unter den Bedingungen unsrer Epoche erkennen und *soweit diese reichen.*« (Ebd. 508)

Zum ›Ding an sich‹ bringt Engels ein Zitat aus Hegels *Logik*, und zwar aus der *Wesenslogik* zu Schein und Existenz (am Rand vermerkt Engels: *En-*

zyklopädie, § 124, Zusatz): »›*Es ist*, erlaubte sich der Skeptizismus nicht zu sagen; der neuere Idealismus‹ (i. e. Kant und Fichte) ›erlaubte sich nicht, die Erkenntnisse als ein Wissen vom Ding an sich anzusehn […] Zugleich ließ aber der Skeptizismus mannigfaltige Bestimmungen seines Scheins zu, oder vielmehr sein Schein hatte den ganzen mannigfaltigen Reichtum der Welt zum Inhalte. Ebenso begreift die *Erscheinung* des Idealismus […] den ganzen Umfang dieser mannigfaltigen Bestimmtheiten in sich […] Diesem Inhalt mag also wohl kein Sein, kein Ding, oder Ding an sich zugrunde liegen; *er für sich bleibt, wie er ist; er ist nur aus dem Sein in den Schein übersetzt worden.*‹« Alle Hervorhebungen in dem Hegel-Zitat sind von Engels, der befindet: »Hegel ist also hier ein viel entschiednerer Materialist als die modernen Naturforscher.« (Ebd. 508)

• »*Bewegungsformen der Materie. Klassifizierung der Wissenschaften*«:
Immer wieder wird Hegel in der für Engels charakteristischen Verbindung von Kritik und Anerkennung gewürdigt, z. B.: »Umschlag der Attraktion in Repulsion und umgekehrt bei Hegel mystisch, aber der Sache nach hat er darin die spätere naturwissenschaftliche Entdeckung antizipiert. […] Selbst darin Hegel genial, daß er die Attraktion als Zweites aus der Repulsion als Vorhergehendem ableitet« (ebd. 510). Oder aus Hegels Naturphilosophie zitierend: »›Wie es keine Bewegung ohne Materie gibt, so auch keine Materie ohne Bewegung.‹« (*Enzyklopädie*, Werke 9, § 261, Zusatz) (MEW 20, 511)
   Erstaunlich sind immer wieder auch diverse wissenschaftliche Antizipationen von Engels, zu denen er dank seiner dialektischen Herangehensweise gelangt, so wenn er etwa schreibt: »Wir werden sicher das Denken einmal experimentell auf molekulare und chemische Bewegungen im Gehirn ›reduzieren‹; ist aber damit das Wesen des Denkens erschöpft?« (ebd. 513)

• *Dialektik der Naturwissenschaft:*
Nach dem Hinweis auf den Zusammenhang der verschiedenen Formen und Arten des Stoffs mit der jeweiligen Art der Bewegung und der sich hieraus ergebenden *Klassifizierung der Wissenschaften* heißt es: An das Vorhaben, die Naturwissenschaften »*enzyklopädisch zusammenzufassen*«, machten sich »zwei der genialsten Leute […], *St. Simon* (nicht vollendet) und *Hegel*« (ebd. 515).

- *Über die ›mechanische‹ Naturauffassung*:

»Das komischste ist«, schreibt Engels, »daß die Gleichsetzung von ›materialistisch‹ und ›mechanisch‹ von *Hegel* herrührt, der den Materialismus durch den Zusatz ›mechanisch‹ verächtlich machen will. Nun war der von Hegel kritisierte Materialismus – der französische des 18. Jahrhunderts – in der Tat ausschließlich *mechanisch*, und zwar aus dem sehr natürlichen Grund, weil damals Physik, Chemie und Biologie noch in den Windeln lagen und weit entfernt davon waren, die Basis einer allgemeinen Naturanschauung bieten zu können.« (Ebd. 518) Diese historische Sicht ist wichtig, wenn man Hegels abfällige Bemerkungen über den Materialismus verstehen will, einen Materialismus, den dann auch Marx in den *Feuerbachthesen* kritisiert! Es genügt mithin oft nicht, etwas ›wörtlich‹ zu nehmen, wenn diese ›Wörter‹ nicht zugleich historisch auf ihre jeweilige Bedeutung reflektiert werden.

In einer Nebenbemerkung zu diesem Abschnitt schreibt Engels zum Begriff der Materie: »Die Materie als solche ist eine reine Gedankenschöpfung und Abstraktion. Wir sehen von den qualitativen Verschiedenheiten der Dinge ab, indem wir sie als körperlich existierende unter dem Begriff Materie zusammenfassen. Materie als solche, im Unterschied von den bestimmten, existierenden Materien, ist also nichts Sinnlich-Existierendes. Wenn die Naturwissenschaft darauf ausgeht, die einheitliche Materie als solche aufzusuchen, die qualitativen Unterschiede auf bloß quantitative Verschiedenheiten der Zusammensetzung identischer kleinster Teilchen zu reduzieren, so tut sie dasselbe, wie wenn sie statt Kirschen [...] das Obst als solches [...] zu sehen verlangt, [...] die Bewegung als solche. [...] Wie schon Hegel (*Enzyklopädie*, Werke 8, § 99) nachgewiesen, ist [...] dieser ›einseitig mathematische Standpunkt‹, auf dem die Materie als nur quantitativ bestimmbar, aber qualitativ ursprünglich gleich angesehn wird, ›kein andrer Standpunkt als der des‹ französischen Materialismus des 18. Jahrhunderts.« (MEW 20, 519)

- *Mathematik*:

Der Passus *»Über die Urbilder des Mathematisch-Unendlichen in der wirklichen Welt«* war als Anmerkung zum *Anti-Dühring* gedacht, und zwar zum 1. Abschnitt: Philosophie. Darin heißt es: »Die Tatsache, daß unser subjektives Denken und die objektive Welt denselben Gesetzen unterworfen sind und daher auch beide in ihren Resultaten sich schließlich nicht widersprechen können, sondern übereinstimmen müssen, beherrscht absolut unser gesamtes theoretisches Denken. Sie ist seine unbewußte und unbedingte Voraussetzung. Der Materialismus des 18. Jahrhunderts infolge seines wesentlich metaphysischen Charakters hat diese Voraussetzung nur ihrem Inhalt nach untersucht. [...] Erst die moderne idealistische, aber gleichzeitig dialektische Philosophie und namentlich Hegel untersuchte sie auch der *Form* nach. Trotz der zahllosen willkürlichen Konstruktionen [...], trotz der idealistisch auf den Kopf gestellten Form ihres Resultats, der Einheit von Denken und Sein, ist unleugbar, daß diese Philosophie die Analogie der Denkprozesse mit den Natur- und Geschichtsprozessen und umgekehrt, und die Gültigkeit gleicher Gesetze für alle diese Prozesse an einer Menge von Fällen und auf den verschiedensten Gebieten nachgewiesen hat. Andrerseits hat die moderne Naturwissenschaft den Satz vom erfahrungsmäßigen Ursprung alles Denkinhalts« (ebd. 529) erweitert.»Indem sie die Vererbung erworbener Eigenschaften anerkennt, erweitert sie das Subjekt der Erfahrung vom Individuum auf die Gattung; es ist nicht mehr notwendig das einzelne Individuum, das erfahren haben muß, seine Einzelerfahrung kann bis auf einen gewissen Grad ersetzt werden durch die Resultate der Erfahrungen einer Reihe seiner Vorfahren. Wenn bei uns z. B. die mathematischen Axiome jedem Kinde von acht Jahren als selbstverständlich, keines Erfahrungsbeweises bedürftig erscheinen, so ist das lediglich Resultat ›gehäufter Vererbung‹.« (Ebd.)

Interessant ist auch der folgende Gedanke zur Rolle der Abstraktionen. So haben etwa die ›reinen‹ Begriffe, die Hegels Gegenstand in der *Logik* sind, und ›*reine*‹ Zahlen eine Ähnlichkeit: beide sind *Abstraktionen*, kommen so in der Realität nicht vor. Deshalb schreibt Engels: Was die Mathematiker »Hegel vorwerfen, daß er Abstraktionen auf die Spitze treibe, tun sie selbst in weit größerem Maßstab. [...] Das mathematische Unendliche ist aus der Wirklichkeit entlehnt, wenn auch unbewußt und kann daher auch nur aus der Wirklichkeit und nicht aus sich selbst, aus der mathematischen Abstraktion erklärt werden.« (Ebd. 533f) – »Die Differentialrechnung macht es der Naturwissenschaft erst möglich, *Prozesse*, nicht nur *Zustände* mathematisch darzustellen: Bewegung.« (Ebd. 534)

• *Physik*:

Es folgen diverse Textstücke zu den verschiedenen Wissenschaften, u. a. zur Physik (ebd. 540ff.), wo etwa zum Thema »Kraft« Hegel zitiert wird: »Es ist besser zu sagen, der Magnet habe eine Seele‹ (wie Thales sich ausdrückt), ›als er habe die *Kraft* anzuziehen; Kraft ist eine Art von Eigenschaft, die, *von der Materie trennbar*, als ein Prädikat vorgestellt wird – Seele hingegen *dies Bewegen seiner, mit der Natur der Materie dasselbe.*‹ [Hervorhebung von Engels, R. S.] (MEW 20, 541)[73] – »Wenn Hegel Kraft und Äußerung, Ursache und Wirkung als identisch auffaßt, so ist dies bewiesen im Formwechsel der Materie, wo die Gleichwertigkeit mathematisch bewiesen. Im Maß vorher schon anerkannt. Kraft gemessen an Äußerung, Ursache an Wirkung.«

Bei diversen Phänomenen dient Engels die dialektische Herangehensweise als heuristische Methode, wodurch er für seine Zeit zu bemerkenswerten wissenschaftlichen Einsichten gelangt, z. B.: »*Licht und Finsternis* sicher der schreiendste, entschiedenste Gegensatz in der Natur [...] Also es gibt *dunkle* Lichtstrahlen, und der berühmte Gegensatz von Licht und Finsternis verschwindet als absoluter Gegensatz aus der Naturwissenschaft. [...] Je nach Länge der Schwingung haben die Sonnenstrahlen verschiedne Wirkung; die mit größter Wellenlänge übertragen Wärme, die mit mittlerer Licht, die mit geringster chemische Aktion [...]. Was Licht und Nicht-Licht ist, hängt von der Augenstruktur ab. Nachttiere mögen selbst noch einen Teil nicht der Wärme-, aber doch der chemischen Strahlen sehn können, da ihre Augen für geringere Wellenlänge adaptiert sind als unsre. Die Schwierigkeit fällt, wenn man statt drei Arten Strahlen nur Eine annimmt [...], die je nach der Wellenlänge verschiedne, aber innerhalb enger Grenzen kompatible Wirkung haben.« (Ebd. 547)

Engels stellt bei Hegel immer wieder ›geniale‹ Darstellungen oder auch ›Ahnungen‹ fest, freilich auch abwegige Konstruktionen, geschuldet dem damaligen Entwicklungsstand der Naturwissenschaften.

• *Leben und Tod*:
Hierzu äußert sich Engels im Unterpunkt *Biologie*: »Schon jetzt gilt keine Physiologie für wissenschaftlich, die nicht den Tod als wesentliches Moment des Lebens auffaßt [Engels verweist auf Hegels *Enzyklopädie I*, § 81, R. S.], die *Negation* des Lebens als wesentlich im Leben selbst enthalten, so daß Leben stets gedacht wird mit Beziehung auf sein notwendiges Resultat,

---

73 Das Hegel-Zitat stammt aus den Vorlesungen über die Geschichte der Philosophie
    I, Werke 18, 207f.

das stets im Keim in ihm liegt, den Tod. [...] Aber wer dies einmal verstanden, für den ist alles Gerede von Unsterblichkeit der Seele beseitigt. Der Tod ist entweder Auflösung des organischen Körpers, der nichts zurückläßt als die chemischen Bestandteile, die seine Substanz bildeten, oder er hinterläßt ein Lebensprinzip, mehr oder weniger Seele, das *alle* lebenden Organismen überdauert, nicht bloß den Menschen. Hier also einfaches Sichklarwerden vermittelst der Dialektik über die Natur von Leben und Tod hinreichend, einen uralten Aberglauben zu beseitigen. Leben heißt Sterben.« (Ebd. 554)

• *Darwins »Kampf ums Dasein«*:
Hierzu schreibt Engels: »Vor allen Dingen streng zu beschränken auf die durch pflanzliche und tierische *Übervölkerung* hervorgerufenen Kämpfe« (ebd. 563), dieser ›Kampf‹ sei aber von Verhältnissen zu trennen, »wo Arten sich ändern, [...] entwickelte, an ihre Stelle treten *ohne* diese Übervölkerung [...] Ebenso bei der allmählichen Veränderung der geographischen, klimatischen etc. Verhältnisse in einem gegebnen Gebiet« (ebd. 563f.). »Es ist eben der Fehler von Darwin, daß er in ›Natural selection *or* the survival of the fittest‹ [›Die natürliche Zuchtwahl *oder* das Überleben der Tauglichsten‹] zwei wildfremde Sachen durcheinanderwirft: 1. Selektion durch den Druck der Übervölkerung [...], 2. Selektion durch größere Anpassungsfähigkeit an veränderte *Umstände*, [...] aber wo diese Anpassung ebensowohl Fortschritt wie Rückschritt im ganzen bedeuten kann (z. B. Anpassung an Parasitenleben *immer* Rückschritt). [...] jeder Fortschritt in der organischen Entwicklung zugleich ein Rückschritt, indem er *einseitige* Entwicklung fixiert« (ebd. 564). Weiter zu Darwin: Es sei »nicht erlaubt, den einseitigen ›Kampf‹ allein auf die Fahne zu schreiben. [...] Die ganze Darwinsche Lehre vom Kampf ums Dasein ist einfach die Übertragung der Hobbesschen Lehre vom bellum omnium contra omnes [Krieg aller gegen alle], und der bürgerlichen ökonomischen von der Konkurrenz, sowie der Malthusschen Bevölkerungstheorie aus der Gesellschaft in die belebte Natur.« Es sei zwar ein Leichtes, »diese Lehren aus der Naturgeschichte wieder in die Geschichte der Gesellschaft zurückzuübertragen« (ebd. 565). Diese Übertragung sei aber nicht zulässig: »Das Tier bringt's höchstens zum *Sammeln*, der Mensch *produziert*, er stellt Lebensmittel im weitesten Sinn des Worts dar, die die Natur ohne ihn nicht produziert hätte. Damit jede Übertragung von Le-

bensgesetzen der tierischen Gesellschaften so ohne weiteres auf menschliche unmöglich gemacht.« (Ebd.)

Bezogen auf eine Passage in der Hegelschen *Begriffslogik* heißt es: »Wenn Hegel vom Leben zum Erkennen übergeht vermittelst der Begattung (Fortpflanzung), so liegt darin im Keim die Entwicklungslehre, daß, das organische Leben einmal gegeben, es sich durch die Entwicklung der Generationen zu einer Gattung denkender Wesen entwickeln muß.« (Ebd. 566) Oder mit Verweis auf Hegels *Logik* sowie die *Enzyklopädie* (vgl. Werke 6, 237ff und Werke 8, §§ 155-159): »Was Hegel die Wechselwirkung nennt, ist der organische Körper, der daher auch den Übergang zum Bewußtsein, d.h. von der Notwendigkeit zur Freiheit, zum Begriff bildet«.

Soweit diese kleine Auswahl aus den oft nur stichwortartig vorliegenden Texten des ungemein gedankenreichen Konvoluts *Dialektik der Natur*. Deutlich wird zugleich, wie intensiv sich Engels mit dem Hegelschen Werk befasst hat und aus diesem Anregungen gewinnt für die Auseinandersetzung mit den insbesondere durch die Entwicklung der Naturwissenschaften im 19. Jahrhundert neu gestellten Probleme.

3.3.3 Resümee zu Marx und Engels

Bei den hier betrachteten Texten von Marx und Engels geht es darum, welche Rolle bei ihnen die dialektische Methode und ihr möglicher Beitrag für die angestrebten Erkenntnisprozesse spielt. Die leitenden Fragen sind: Worin besteht das Dialektische in ihren Schriften? Wie ist das Verhältnis zu Hegel und dessen Dialektik-Verständnis? Worin bestehen Gemeinsamkeiten und worin Differenzen zum Hegelschen Konzept?

Während im Hegel-Teil die Texte unter der Leitfrage behandelt wurden, was für Hegel die Dialektik ist, stellt sich diese Frage etwas anders beim Marx-Engels-Teil. Hegel versteht ausdrücklich die Dialektik als die zentrale ›Methode‹ seiner Philosophie, insbesondere seines Vorgehens in der *Logik*. Im Unterschied dazu geht es vor allem Marx und teilweise auch Engels (unbeschadet möglicher Differenzen zwischen beiden) neben ihren politischen Schriften und Interventionen insbesondere bei den Schriften zur politischen Ökonomie nicht in erster Linie um ein methodisch-philosophisches Problem, sondern um das – zwar für die Praxis der Arbeiterbewegung relevante, aber doch in erster Linie – wissenschaftliche Ziel, die konkrete ökonomische Realität der kapitalistischen Gesellschaft in ihren Gesetzmäßigkeiten zu analysieren, um nicht zuletzt auf der Basis dieser wissenschaftlichen Analyse angemessene Eingriffsstellen für das politische Handeln bestimmen zu können.

Zentraler Leitfaden für Marx wie für Engels ist die historisch-materialistische Geschichtsauffassung. Zu dieser gehört freilich, dass – spätestens seit den *Feuerbachthesen* – im Unterschied zum ›alten Materialismus‹ die Praxis- und die Subjektseite betont wird, die durch die Rezeption der Hegelschen Philosophie bestimmt ist, also eine des deutschen *Idealismus*, wozu zentral eben die dialektische Methode gehört. Trotz Ablehnung des Idealismus, der gerade auch in Gestalt der Hegelschen Philosophie kritisiert wird, kommen Marx und Engels nicht umhin, den ›neuen Materialismus‹ mit der dialektischen Methode zu verknüpfen. So erklärt sich die durchgängige Ambivalenz in deren Schriften: zum einen die ausdrückliche Kritik, ja Ablehnung von Hegel und seiner Methode, weil sie ›idealistisch‹ und ›mystifizierend‹ sei; zum anderen aber deren Würdigung und Nutzung, sofern sie, so der formulierte Anspruch, zuvor im materialistischen Feuer erst zu einer scharfen analytischen Waffe umgeschmiedet worden sei.

In der Hegel-Marx-Forschung geht der Streit bislang u.a. darum, ob dieses Umschmieden oder ›Umstülpen‹ gelungen ist, ob die von Marx und Engels faktisch benutzte Methode sich wirklich von der Hegels unterscheidet. Darauf wird im Schlussteil über aktuelle Dialektik-Konzepte noch genauer einzugehen sein, insbesondere bei der Darstellung des Ansatzes von Andreas Arndt, der diese Frage ausdrücklich thematisiert.

Zu Marx

Betrachten wir insbesondere die politisch-ökonomischen Arbeiten von Marx, vor allem das *Kapital*, so ist charakteristisch, dass er zugleich mit der Analyse der ökonomischen Gesetze der kapitalistischen Produktionsweise auch die Art und Weise untersucht, wie sich die objektiven Verhältnisse in den Subjekten, wie sich das Sein im Bewusstsein der Wahrnehmenden und Handelnden widerspiegelt. Deshalb zeigt er immer wieder den ›gegenständlichen Schein‹ auf, die Verkehrungen und Mystifikationen, in denen das Wesen dieser Verhältnisse sich in seinen Erscheinungsformen darstellt. Seine Analyse der Ökonomie ist darum immer zugleich eine der geistig-begrifflichen ›Übersetzung‹ der objektiven Verhältnisse in *die* und in *den* Kategorien: einerseits der verwendeten Kategorien der von Marx trotz Kritik respektierten, weil – ungeachtet ihrer ›Schranken‹ – mit wissenschaftlichen Methoden vorgehenden bürgerlichen Ökonomen (wie Adam Smith oder David Ricardo), andererseits der von ihm als ›Vulgärökonomen‹ bezeichneten Vertreter (wie etwa Thomas Robert Malthus), deren Vorgehen und Deutungen nach Marx den Anforderungen wissenschaftlicher Standards nicht standzuhalten vermögen.

Diese Kritik auch der Kategorien und der Bewusstseinsformen ist für Marx nicht zuletzt deshalb notwendig, weil seine Analyse ja dazu beitragen soll, den objektiven Schein der Verhältnisse und deren bewusste Verschleierungen durch Apologeten und Ideologen der bestehenden Zustände zu durchschauen, damit, vor allem im Blick auf die unter den kapitalistischen Verhältnissen am meisten leidenden Lohnabhängigen, angemessene Ansatzpunkte für eingreifendes, veränderndes Handeln erkannt werden können. Darum steht sein gesamtes Vorhaben und Verfahren durchgängig unter dem Oberthema »Kritik«, vorrangig der »Kritik der politischen Ökonomie«.

Bei seiner Analyse verknüpft Marx die beiden Aspekte: die historische und die logische, die diachrone und die systemisch-ganzheitliche Betrachtung. Beide Momente bilden eine Einheit: Aus der historischen Entwicklung (z. B. der ›ursprünglichen Akkumulation‹) entsteht die logische, gesetzeshafte Struktur der Kapitalbewegung (z. B. das ›allgemeine Gesetz der Akkumulation‹). Deren Bewegung bringt beim Versuch, die Widersprüche dieser Produktionsweise zu lösen, mit den zeitweiligen Bewegungs- und Lösungsformen dieser Widersprüche zugleich historisch neue Erscheinungen hervor, die diese Widersprüche vorübergehend stillstellen oder zumindest entschärfen, sie aber zugleich auf erweiterter Stufenleiter immer wieder neu reproduzieren, etwa in Gestalt von Krisen. Ein Beispiel für diese widerspruchsbestimmte Dynamik bietet das »Gesetz vom tendenziellen Fall der Profitrate« mit seinen ›entgegenwirkenden Tendenzen‹.

Zu den *inneren Widersprüchen* gehören z. B. solche, wie sie in *Kapital III* (z. B. MEW 25, 254f.) thematisiert werden: die unbegrenzte Produktion auf der einen und die aufgrund der bestehenden Distributionsverhältnisse zurückbleibenden Konsumtionsmöglichkeiten auf der anderen Seite, als Widerspruch von Produktion und Realisierungsmöglichkeiten des Werts, was sich heute u. a. in der epochalen Zunahme der sozialen Spaltung, der wachsenden Kluft zwischen Reichtum und Armut im Weltmaßstab zeigt, – und dies vor dem Hintergrund einer Produktivkraftentwicklung, welche an sich die Voraussetzungen böte, Hunger und Armut in der Welt auch bei einer wachsenden Weltbevölkerung zu beseitigen.

Zu Engels

Betont wurde oben bereits der große Gedankenreichtum der Arbeiten von Engels, insbesondere durch seine ausführliche Einbeziehung der damals zeitgenössischen Naturwissenschaften, wobei er an deren Problemen die erhellende Rolle der dialektischen Betrachtungsweise demonstriert.

Mehr noch als Marx zitiert Engels immer wieder explizit Hegel, was auf sein intensives Hegel-Studium verweist. Allerdings kommt auch er nicht ohne den permanenten Seitenhieb auf Hegel aus, so z. B. auf dessen angeblich ›präexistente‹ *Idee*. Die Hegelsche Idee als die Einheit von Objektivität und Subjektivität muss nicht zwingend als etwas Quasi-Theologisches gedeutet werden. An keiner Stelle in der *Logik* behauptet Hegel, dass die Begriffe die Realität hervorbringen, sondern nur, dass sie deren Erkenntnis ermöglichen. Sein Vorgehen einfach als ›Idealismus‹ zu etikettieren, stellt keinen Erkenntnisgewinn im Blick auf das dabei verhandelte komplexe Problem dar. Es geht bei diesem grundlegenden, in Gestalt der ›Idee‹ verhandelten Problem um die angemessene Verhältnisbestimmung der Erkenntnis und der begrifflichen Fassung (Moment der ›Subjektivität‹) zum einen, der Strukturen und Gesetze der Wirklichkeit (Moment der ›Objektivität‹) zum anderen.

Dass die Untersuchung der Denkbestimmungen in ihren verschiedenen Formen der Sinn der Hegelschen *Logik* ist, wird von Engels zu wenig gewürdigt, wenn er gegen den vermeintlichen ›Idealismus‹ und ›Mystizismus‹ zu Felde zieht. Man hat bisweilen den Eindruck, dass dies nicht zuletzt erfolgt, um ausdrücklich die Distanz zum ›idealistischen Hegel‹ zu betonen; denn in seinen konkreten, auf bestimmte Sachverhalte bezogenen Argumentationen bezieht er sich vielfach positiv auf Hegel und dessen wissenschaftlich relevante Einsichten. Für die Annahme, dass Engels mehr von der Komplexität dieses Problems weiß, als in seinen verlautbarten kritischen Urteilen sichtbar wird, spricht, dass er in der Kommentierung Hegelscher Analysen bei diesem immer wieder mehr Realismus und ›Materialismus‹ erkennt als z. B. bei manchen empirisch arbeitenden Naturwissenschaftlern seiner Zeit.

Auf die oben bereits angesprochene Ambivalenz in der Stellung zu Hegel, die bei Engels wie auch bei Marx anzutreffen ist, wird unten bei den aktuellen Dialektik-Konzepten noch einzugehen sein.

Ohne Zweifel bieten die betrachteten Texte von Marx und Engels – ungeachtet unvermeidlicher Zeitgebundenheiten – neben Erhellendem zur Methode insgesamt eindrucksvolle Analysen sowie theoretische Orientierungen für den Versuch, auch die heutige gesellschaftlich-ökonomische Realität in ihren inneren Zusammenhängen zu begreifen. Ausgehend von den Kapitalismus-Analysen der beiden ›Klassiker‹ dürfte es insbesondere darum gehen, die Veränderungen in der aktuellen Anatomie und Physiognomie dieser Produktionsweise und Gesellschaftsformation zu erforschen, etwa bezogen auf Stichworte wie Finanzmarkt- und Hightech-Kapitalismus, auf neue Formen imperialistischer Politik und ihren Folgen in Gestalt verschärfter sozialer Spaltungen im Weltmaßstab, einschließlich der sich zuspitzenden Flüchtlingsproblematik sowie des Terrorismus in seinen unterschiedlichen Formen, ganz zu schweigen von den globalen ökologischen Gefahren, um nur einiges anzudeuten.

3.4
Aktuelle Konzepte zur Dialektik

»Dialektisch denken« in der marxistischen Traditionslinie bis zur Gegenwart zu verfolgen, wäre Gegenstand weiterer Studien, zumal sich diese ›Linie‹ seit Marx und Engels z.B. nach Generationen und Epocheneinschnitten, nach Positionen und Weltteilen weit über Europa hinaus stark ausdifferenziert hat.[74] Dabei wären u.a. die Arbeiten von Rosa Luxemburg, Wladimir I. Lenin, Leo Trotzki, Antonio Gramsci und Mao Zedong heranzuziehen; sodann die von Georg Lukács, Ernst Bloch, Karl Korsch und Bertolt Brecht; von der »Kritischen Theorie« der Frankfurter Schule (wobei deren Repräsentanten sich in der Regel nicht als ›Marxisten‹ verstehen), hier vor allem Theodor W. Adorno und dessen *Negative Dialektik* sowie Herbert Marcuse; ferner Lucien Sève und Eric Hobsbawm, aber auch Louis Althusser als Dia-

---

74 Vgl. z.B. den Versuch eines Überblicks über die internationale Situation bei Hoff
    2009.

lektik-Kritiker; schließlich Arbeiten aus der DDR wie z. b. die von Georg
Klaus oder auch von Herbert Hörz, wobei gerade die spezifische Dialektik-
Tradition in der DDR einer gesonderten Betrachtung bedürfte und deshalb
hier ausgespart wurde[75]; ein Desiderat der Forschung bleibt auch das Denken eines so interessanten Wissenschaftlers wie Gotthard Günther.[76]

Was die Gegenwart betrifft, beschränken wir uns notgedrungen auf eine
enge Auswahl. Verzichten müssen wir auf die Untersuchung der nichtmarxistischen Debatten zu Hegel und zur Dialektik, wie z. b. der Beiträge von
Dieter Henrich, ebenso auf eine Auseinandersetzung mit ausdrücklichen
Dialektik-Kritikern, zu denen nicht nur Karl Raimund Popper gehört, sondern auch z. b. der argentinisch-kanadische Physiker und Wissenschaftsphilosoph Mario Bunge, der eine materialistische Philosophie und Wissenschaft ohne Dialektik propagiert.

Hier sollen zum Abschluss lediglich vier Dialektik-Konzepte betrachtet
werden: (1) dasjenige von Holz, (2) von Haug (nicht zuletzt als Kontrahent
zu Holz), (3) von Losurdo (als Beispiel für eine dialektische Herangehensweise bei der Analyse realphilosophischer Gegenstände) und (4) von Arndt
(insbesondere zur aktuellen Debatte des Verhältnisses von Marx und Hegel).

3.4.1 Holz

Die Untersuchung des Dialektik-Verständnisses[77] von *Hans Heinz Holz*
(1927–2011) bedürfte einer eigenen Studie, da die Dialektik den inneren,
sich durchziehenden Leitfaden und Theoriekern seines gesamten Werks bildet, zu dem eine umfassende Monographie bis heute aussteht.

Die Materialbasis dafür stellt im Grunde sein gesamtes Lebenswerk dar.
Vor allem sind hierfür seine fünfbändige *Problemgeschichte der Dialektik* (2011)
heranzuziehen, in welche sein zuvor erschienenes dreibändiges Werk *Einheit und Widerspruch* (1997/98) als Band 3-5 einbezogen wurde; sein Buch
Weltentwurf und Reflexion (2005) wird von ihm als eine »Grundlegung« sei-

---

75 Um nur eine kleine Auswahl zu nennen: Autorenkollektiv 1974; 1976; 1983; Buhr/
    Oiserman 1981; Hollitscher 1991; Klimaszewsky 1976; Ley 1972; Rosental 1954
    und 1973; Ruben 1972; Segeth 1977, Warnke 1977.

76 Einen kleinen Eindruck von der Breite des Spektrums der Dialektik-Diskussion
    gibt z. B. der Überblicksartikel »Dialektik« von Haug im HKWM, Bd. 2, 657-693.

77 Vgl. z. B. Sorg, in: Das Argument 297 (3/2012), 436-445.

ner Dialektik-Konzeption verstanden. Hinzu kommen die kurz vor seinem Tod publizierten drei Bände *Aufhebung und Verwirklichung der Philosophie* (2010–2011). Einschlägiges findet sich schließlich auch in seinem posthum von Jörg Zimmer herausgegebenen Band *Speculum Mundi* (2017), in dem verstreute, teilweise sehr frühe sowie bislang unveröffentlichte Arbeiten von Holz versammelt sind.

Sein Verständnis des Dialektischen entwickelt Holz aus Problemfeldern der Philosophie heraus, dies immer auch im Blick auf den Zusammenhang von (formaler) Logik und Dialektik. Sein Versuch, die Befunde aus der Philosophiegeschichte zu verallgemeinern und eine »Theorie der Dialektik« zu entwerfen, erfolgt in enger Verknüpfung des Historischen mit dem Logisch-Systematischen; bei dieser »Grundlegung der Dialektik« bildet sein Widerspiegelungskonzept den Kern, womit er auch den Zusammenhang von ›subjektiver‹ und ›objektiver‹ Dialektik zu begründen versucht.

Einen Abriss seines Dialektik-Verständnisses findet man u. a. in der Einleitung des ersten Bandes von *Einheit und Widerspruch* (= Bd. 3 der *Problemgeschichte der Dialektik*), wo es heißt: »Seit den Anfängen der Philosophie antwortet die Ausarbeitung von Formen dialektischen Denkens auf den Grundwiderspruch in unsrer Erfahrung, dass wir, um überhaupt denken zu können, Identitäten (Identität / Unterschied) festhalten müssen, und dass wir zugleich dauernd die Veränderung des als identisch Gedachten, also Nicht-Identität erleben. Wie also Veränderung (und d. h. auch Zeit, Tätigkeit, Geschichte) begriffen werden könne, ist die Frage, aus der die Theorie der Dialektik entspringt.« (EuW I, 2; Problemgeschichte III, 19. – Um die Belegstellen leichter zu finden, werden diese im Folgenden in der Regel aus beiden Ausgaben aufgeführt.)

3.4.1.1 Zur Problemgeschichte der Dialektik

Ausgehend von den systematischen Problemkonstellationen in der (vor allem abendländischen) Philosophie der jeweiligen Epoche erörtert Holz die historisch vorgefundenen konzeptionell-begrifflichen Mittel zur Beantwortung der aufgeworfenen Fragen, wobei er in seiner *Problemgeschichte der Dialektik* all dies in den Kontext weltanschaulicher und politisch-machtmäßiger Determinanten der Zeit stellt. So versucht er zu zeigen, dass und wie die kognitiven Problemlösungsmittel sich – wenn auch nicht in einfacher Linearität – zunehmend ausdifferenzieren. Weil zur theoretischen Lösung von durch Paradoxien, Aporien und Widersprüche bestimmten Problematiken die Entwicklung dialektischer Denkfiguren notwendig gewesen sei, macht er die Dialektik und ihre Entwicklungsetappen zum zentralen Gegenstand seiner philosophischen Fragen.

Sein Befund: Der Gebrauch des Terminus »Dialektik« für den »Konstitutionsprozess und für die Struktur eines aus einander widersprechenden Elementen bestehenden Zusammenhangs, sei es in der Wirklichkeit (Realdialektik), sei es im Denken (dialektische Methode)« (EuW, I, 1; Problemgeschichte III, 17), ist etwa 200 Jahre alt, denn bis ins 17./18. Jahrhundert bezeichnet Dialektik die Logik schlechthin oder einen Teil von ihr. (Ebd. 2; Problemgeschichte III, 18)

In der historischen Entwicklung der Dialektik ab der Neuzeit unterscheidet er folgende Etappen: Zunächst galt die Dialektik als Logik der Bewegung, der Zeitverfassung. Dann kommt (seit Giordano Bruno) die Problematik des Verhältnisses von Endlichkeit und Unendlichkeit hinzu sowie die spezifisch moderne reflexive Begründungsstruktur des Denkens auf sich selbst (etwa seit Descartes). Die erste große Synthese dieser drei Felder findet Holz bei *Leibniz*: Identität und Nichtidentität in der Bewegung, Endlichkeit-Unendlichkeit, Verhältnis von Denken und äußerer Welt. Leibniz verbinde das Problem der Bewegung (oder der Vielheit) mit dem Problem der Totalität (der Einheit des Mannigfaltigen). Das Ganze drücke sich logisch in der Form der Kontinuität der Teile aus, die Veränderung in der Diskretheit der Verschiedenen. Damit die Vielheit der einen Welt wirklich sein kann, müsse das Eine in dem Widerspruch existieren, zugleich sein Anderes zu sein. Problemleitend sei dabei, wie Totalität und Bewegung, Identität und Verschiedenheit in *einem* zu denken sind. Konstitutiv für das Leibnizsche Erklärungsmodell ist, so Holz, die Idee einer universellen wechselseitigen Widerspiegelung, die sich als Wechselwirkung zwischen den Substanzen (»Monaden«) zeige. Jede einzelne »Monade« repräsentiere alle übrigen, spiegele die ganze Welt, desgleichen repräsentiere auch jeder Begriff alle übrigen Begriffe.

Hegel habe das fortgesetzt: Weil jedes Einzelne mit anderen, letztlich mit allen Einzelnen vermittelt sei, könne die Welt als ein integrales Ganzes verstanden werden, das (nur) als Gedankending gegeben ist; dies ›Ganze‹ zu denken ist das ›Spekulative‹. Hegel erst habe das Verhältnis von formaler Logik und Dialektik genau bestimmt: bei ihm werde das Denkaxiom

vom verbotenen Widerspruch für das spekulative, das aufs Ganze bezogene Denken aufgehoben, freilich unter der Voraussetzung der Geltung des
Widerspruchsverbots für jede einzelne Aussage; der Identitätssatz werde
bei ihm zur Formel von der ›Identität von Identität und Nicht-Identität‹ erweitert. Die Dialektik gelte hier als System allgemeinster Denk- und Wirk-
lichkeitsstrukturen, welche die Strukturen der formalen Logik umfassen
und voraussetzen; sie ersetze nicht die formale Logik, begründe aber deren
Geltung in der Genesis der logischen Formen als Reflexionsbestimmungen
der Erfahrung.

Der Nachvollzug der Dialektik-Entwicklung an einem Problemstrang
wie dem Verhältnis von Identität und Widerspruch zeigt für Holz, wie die
Aporien der Identität am Verhältnis des Einen zu sich selbst als einem Reflexionsverhältnis entspringen: Das Einssein ist Identität im Anderssein,
woraus die Ontologie der Bewegtheit abzuleiten ist. Die logische Grundfor-
mel, mit der die ontologische und kosmologische Differenz des Andersseins
im Einssein begriffen werden könne, biete das ›übergreifende Allgemeine‹.
Während in der klassischen Logik die Besonderen als Arten dem Allgemeinen als Gattung subsumiert werden, wird in der spekulativen Logik von
einem in sich einigen Doppelten ausgegangen, wonach das Allgemeine das
Allgemeine seiner selbst und seines Gegenteils ist. Spekulative Dialektik ist
auf das Konzept der Einheit und Ganzheit der Welt bezogen. Ihre schlüssige Form finde sie im ›absoluten Idealismus‹ Hegels.

Bezüglich der Differenz zwischen einer ›idealistischen‹ und einer ›materialistischen‹ Dialektik macht Holz nach der Darstellung von Hegels
Position auf das notwendig ›Idealistische‹ in jedem Denken (als Denken)
aufmerksam: Empirisch wahrgenommen und beschrieben werden können
das einzelne Seiende und unsere Beziehungen zu ihm, die ›Faktizität des
Materiellen‹. Anders verhalte es sich dagegen mit der ›Welt im ganzen‹ als
Gesamt oder ›Integral‹ unserer Beziehungen zu Gegenständen: Dies Ganze
könne für uns kein empirischer Gegenstand werden, sondern nur als Begriff, als ›Idee‹, als ideelles Konstrukt gedacht werden. ›Einheit‹, ›Zusammenhang‹, ›Beziehungen‹ sind zunächst ideelle Konstrukte, deren Äquivalent in wirklichen Sachverhalten erst erwiesen werden müsse. (EuW I, 13,
vgl. Problemgeschichte III, 31) Darum sei die große Philosophie in gewisser
Weise ›idealistisch‹ gewesen. Anders als der vordialektische Materialismus,
der nur auf die Evidenz der Sinne verweist, müsse ein inhaltlich gefüllter

Weltbegriff aus dem Denken heraus konstruiert werden können. Das sei Hegels Problem gewesen.

3.4.1.2 Systematisches: Holz' Verständnis einer materialistischen Dialektik

Eine dialektisch-materialistische Philosophie begreift, so Holz, die materielle Vielheit als dem Denken *vorgegeben*; ihre materielle Einheit ist dabei nicht durch ein angeborenes Apriori der Vernunft zu sichern (wie etwa bei Kant), aber auch nicht durch die Erfahrung, weil diese unabschliessbar ist. Gleichwohl darf die Frage nach dem Gesamtzusammenhang, der Totalität, nicht aufgegeben werden, sonst werde zugleich auch die Philosophie aufgegeben, für welche die Frage nach dem das Einzelne übergreifenden ›Ganzen‹ konstitutiv sei.

Die Antwort müsse allerdings anders als in der klassischen Metaphysik gesucht werden: Durch die *Umkehrung* der Hegelschen Dialektik! Erforderlich ist neben der *negativ-vernünftigen* Seite der Dialektik, der Destruktion fixer Verstandesbestimmungen, auch die *positiv-vernünftige* Seite, die Ausarbeitung des ontologischen Charakters der Dialektik als System, das freilich historisch konkretisiert werden muss. Unter der dialektischen Konstruktion eines innerweltlichen Realzusammenhangs versteht Holz die »Methode der Freilegung der internen Vermittlungen seiner Elemente und ihrer Bewegtheit (also seiner Struktur) und der Vermittlungen seiner selbst als ganzen mit seinen externen Bedingungen (also seiner Genese)« (EuW I, 16; Problemgeschichte III, 34), dies in der Einheit von ›Logischem‹ und ›Historischem‹. So wie diese Vermittlungen nicht ein für allemal zu leisten sind, gehört dazu »die Reflexion des eigenen Standorts und der eigenen Tätigkeit, handelnd auf die Außenwelt einzuwirken und sie erkennend aus meiner Perspektive abzubilden.« (Ebd. 16f.) Jedes von mir intendierte Besondere »ist real in ein komplexes System von Rückkoppelungen eingebettet, das ich – je nach meiner Seins- und Interessenlage – in verschiedenen und wechselnden Abschattungen auffasse« (ebd. 17; Problemgeschichte III, 35). Dialektik ist »die Methode, diese realen Bewegungen und Verschiebungen in einem prinzipiell unabschließbaren theoretischen Zusammenhang als offene, d.h. Möglichkeiten enthaltende Bewegung zu rekonstruieren.«

Daraus, dass »Dialektik als Methode immer auch theoretische Annahmen über die Verfassung der Welt einschließt, die in der Form eines Systems von ontologischen Aussagen dargestellt werden müssen« (ebd.), resultiert ihr Doppelaspekt als *System und Methode*. Der Versuch einer materialistischen Umkehrung von Hegels Dialektik ist nach Holz an folgende Bedingung geknüpft: Solange nicht begründet oder gezeigt wird, dass die dialektische (Denk-)Methode einer Gesetzmäßigkeit des Seins entspricht, also einen realen Erkenntniswert besitzt, bleibt »eine universelle materialistische Dialektik ein gleichsam metaphysisches Dogma.« (Ebd. 18; Problemgeschichte III, 36) Hier deutet sich sein Programm einer *ontologischen Grundlegung der Dialektik* an, das er dann im Buch *Weltentwurf und Reflexion* weiter ausgeführt hat.

Nicht nur wegen der Endlichkeit unserer Erkenntnis können die Zusammenhänge in ihrer Totalität nie vollständig abgebildet werden; sie sind aufgrund der Selbstbewegtheit des Universums auch zu keinem Zeitpunkt in ihrer Totalität gegeben. Weil die Welt (das sich bewegende und entwickelnde Universum) nie vollendet, sondern offen ist, kann auch das zu konstruierende Weltmodell nur als offenes System gefasst werden. Das Prinzip seiner Systematik liegt in der Konstruktionsmethode des Zusammenhangs, nicht in der (immer nur vorläufigen) Modellgestalt selbst. Und weil die dialektische Methode die dialektische Struktur der Welt abbildet, ist sie »erst sekundär *Methode* und primär eine *ontologische Theorie«.* (Ebd. 26; Problemgeschichte, 45) Dabei besteht eine »Zirkularität von Konstruktionsmethode und Konstruktionsresultat« (was »auch für die idealistische Dialektik Hegels« gelte), weil ihr ontologischer Gehalt sich erst in der Anwendung der Methode schlüssig zeige.

Die Begründung der Objektivität der Dialektik im Materialismus, so Holz mit Bezug auf Lenins »Elemente der Dialektik« (LW 38, 212ff.), unterscheidet sich von der Hegels, »der in der Konstruktion der absoluten Idee den Rechtsgrund für die Identität des Begriffs mit der von ihm dargestellten Welt des Seins findet.« (EuW I, 26; Problemgeschichte, 45) Demgegenüber entwirft der Materialismus – dank Wissensfortschritt und gesellschaftlicher Veränderung der menschlichen Lebensprozesse – ein »selbst an der Historizität des Weltlaufs teilhabendes ›Modell‹ des Weltganzen, dessen Geltung zweier Verankerungen bedarf: einmal der empirischen Fundierung im gesellschaftlichen Handeln und wissenschaftlichen Wissen […] und zum anderen der Legitimation durch den Nachweis der Apriorität des wechselseitig übergreifenden Verhältnisses von Sein und Denken, d.h. des ontologischen Primats der Widerspiegelung.« (Ebd.)

Holz sieht in der Dialektik vier in sich zusammenhängende Merkmalkomplexe, die schon in der Philosophiegeschichte anzutreffen waren (und
auch von Engels mit seinen Gesetzen der Dialektik thematisiert wurden):
»1. Totalität, Gesamtzusammenhang, universelle Relationalität.
  2. Eigenbewegung – Veränderung – Entwicklung vermittels Negation.
  3. Diskontinuität, Sprung, Übergang von Quantität in Qualität.
  4. Identität und Nicht-Identität, Widerspruch, Einheit und Kampf der
  Gegensätze.« (Ebd. 31; Problemgeschichte, 51)

Die vier Merkmalkomplexe beschreiben jeweils einen Aspekt der Verfassung der Wirklichkeit; und nur in Bezug auf die ontologischen Korrelate
könne Dialektik materialistisch gedacht werden. »Materialistisch muss die
dialektische Methode der Konstruktion eines Modells der dialektisch verfassten Wirklichkeit [...] widerspiegelungstheoretisch begründet werden.«
(Ebd. – Vgl. auch Holz, 1983) Diese Begründung hat »in der materialiter
aus der Praxis entspringenden, als logisches Apriori *erscheinenden* Idee der Totalität (des Gesamtzusammenhangs) ihren Anfang [...]. Die Formulierung
der Grundzüge der Dialektik als Einheit von Erkenntnis-(Konstruktions-)
Methode und ontologischem Inhalt wird dem eigentümlichen Status einer
Theorie *des* Gesamtzusammenhangs (Engels) gerecht.« (EuW I, 31; Problemgeschichte, 51)
    Der idealistische Dialektikbegriff kommt dagegen ohne die Äquivalenz-
behauptung über das Verhältnis von Denken und Sein aus, weil Begriffs-
und Seinsdialektik von Anfang an in eins zusammenfallen, somit »die Ontologie von der Logik sozusagen aufgesogen wird« (ebd.), daher die innere
Schlüssigkeit des Hegelschen Systems. »Der Materialismus hält dagegen
Denken und Sein als unterschiedene Momente der materiellen Wirklichkeit
auseinander« (ebd.) und muss daher »die Übereinstimmung von Denken
und Sein annehmen (und begründen)«.
    »Das Theorem, das diese Adäquation formuliert, gebraucht als Modell
für die hier einsichtig zu machende Äquivalenz die Widerspiegelung.«
(Ebd. 32; Problemgeschichte, 51) Diese expliziert nicht nur die »Äquivalenz von ›subjektiver‹ und ›objektiver‹ Dialektik, von Erkenntnisstruktur
und Seinsstruktur, [...] sondern sie ist selbst [...] die fundamentale, dialektische Beziehung, so dass die Widerspiegelungstheorie [...] die Begründung
der Dialektik aus sich selbst darstellt. Das Programm einer materialistischen

Dialektik ist also aufs engste mit der Ausarbeitung der Widerspiegelungstheorie verknüpft und von ihr abhängig.« (Ebd.; Problemgeschichte, 51f.)

Gegenüber möglichen Attacken auf seinen Systematisierungsversuch
der Dialektik vermerkt Holz, dass nach den 1930er Jahren »die spätere
Kanonisierung eines politisch und didaktisch motivierten Reduktionismus
dazu [führte], dass ein gleichsam katechetisches Dogma an die Stelle der
lebendigen Denkbewegung trat. Die Dialektik erstarrte gerade bei jenen,
die sie politisch – und das heißt mit gesamtgesellschaftlicher Konzeption
anwenden sollten, zu einem rhetorischen Mechanismus, mit dessen Hilfe
Pragmatik und Opportunismus in den Schein von Theorie umgesetzt wurden.« (Ebd. 34; Problemgeschichte III, 55)

Jede Systematisierung müsse zwar Vereinfachungen vornehmen – mit
der »Gefahr der Verfälschung, ja totalen Verkehrung der zugrundeliegenden Strukturen und Denkbewegungen«. Der »Erstarrung der Dialektik als
Folge ihrer Systematisierung« könne aber dadurch entgegengewirkt werden,
»dass jede dialektische Aussage als Reflexion einer konkreten Situation im
Medium einer allgemeinen Denkform begriffen und die systematische Allgemeinheit dialektischer Bestimmungen mit ihrer besonderen Materiatur vermittelt wird.« (Ebd. 35; Problemgeschichte III, 55) Eine dazu erforderliche
Theorie müsse die Verwendung der Kategorien klären, die diese Vermittlung
leisten sollen. Als ein Beispiel für eine solche, das Einzelne mit dem Allgemeinen vermittelnde Kategorie nennt Holz die Kategorie »Gesellschaftsformation« (ebd. 458, Anm. 65; Problemgeschichte III, 55, Anm. 65).

Die »Systematisierung der Dialektik in der Form eines universellen Re-
flexionssystems (unter Einschluss einer Zeitvariablen, also als offenes System [...]) zu entwerfen« (EuW I, 35; Problemgeschichte III, 56), biete Möglichkeiten zur Behebung von Schwierigkeiten bei der Konzipierung einer
»allgemeinen Theorie der Dialektik«. Als solche Schwierigkeiten nennt er
u. a.: Das »Verhältnis allgemeiner Prinzipien zur Singularität des konkreten
historischen Falls« oder »die Missachtung formallogischer Kriterien und die
Geringschätzung analytischer Verfahren, die zum Auseinanderfallen dialektischer Weltanschauungsbekenntnisse und tatsächlichen Verhaltens in der
Praxis führen muss«. (Ebd.)

Es folgt ein »allgemeiner Aufriss« einer »Architektur der Dialektik als
System« (ebd. 36; Problemgeschichte III, 57) mit Problemfeldern, die von
der »Grundfrage der Philosophie« bis zur »Theorie-Praxis-Einheit« reichen.

Diese Problemfelder decken sich z. T. mit denen der Metaphysik. Daher kann Holz schreiben: »Die Dialektik hat sich im Rahmen der Metaphysik entwickelt – als Antwort auf Aporien, die bei der Anwendung der traditionellen (aristotelischen) Logik auf metaphysische Fragen entstanden.« (Ebd. 37; Problemgeschichte III, 58) Wiewohl von Anfang an begleitend dabei, habe die Dialektik sich aber erst ausgebildet nach der Reflexion auf die Geschichtlichkeit des Menschen und der Natur seit dem 18. Jahrhundert. (Vgl. ebd.)

Zum prinzipiellen Umgang mit der philosophischen Tradition schreibt Holz: »Vergangenes ist im jeweils Gegenwärtigen lebendig (Erbe), der Mensch ist zu jeder Zeit das Resultat seiner Gattungsgeschichte und die intensionale Einheit der in ihr wirksam gewordenen materiellen und geistigen Kräfte der Menschen. Die ganze Vergangenheit ist Bedingung und Moment der Gegenwart; die Einheit von Gewordensein und Veränderung, von Tradition und Traditionsbruch in ihrer geschichtlichen Besonderheit macht eine Kultur aus.« (Ebd. 38; Problemgeschichte III, 59)

Die methodische Ausführung einer dialektischen Theorie »auf allgemeinstem ontologischen Niveau« sieht Holz in Hegels *Wissenschaft der Logik.* Materialistisch werde eine solche Theorie, wenn sie zeigen kann, »dass sie das ideelle Äquivalent von wesentlichen Aspekten der Wirklichkeit selbst ist, wie sie sich dem Subjekt zu seiner Zeit durch seinen ›Stoffwechsel mit der Natur‹ vermitteln.« (Ebd.) Sie müsse den »Ausdruck materieller Verhältnisse in ideellen Repräsentationen (= die Abbildung der Wirklichkeit) selbst als ein materielles Verhältnis einsichtig« machen. (Ebd.)

Weitere Ausführungen und Begründungen dieses Programms finden sich neben der Einleitung zu EuW I (ebd. 1-38) im Leibniz-Teil (ebd. 263ff; Problemgeschichte III, 363ff.), besonders an dessen Schluss (ebd. 448-453; Problemgeschichte III, 575-580) mit der Frage nach »einer Konstruktionsmethode, die das endliche Erkenntnisvermögen des menschlichen Verstandes mit dem unendlichen Umfeld, auf das er sich bezieht, in eine Repräsentationsbeziehung zu bringen vermag.« (Ebd. 452; Problemgeschichte III, 579) Von dieser Reflexion auf das Erkenntnisvermögen nehmen dann, so Holz, zum einen die transzendentalphilosophischen Richtungen – paradigmatisch bezeichnet durch Kant – ihren Ausgang, zum andern die Ausbildung einer ›spekulativen Methode‹ der Totalitätskonstruktion, beginnend mit Schelling und vollendet durch Hegel. Marx habe den »Vorgang der Konstruktion des Ganzen in der ›gegenständlichen Tätigkeit‹ als einem materiellen

Reflexionsverhältnis fundiert.« (Ebd. 453; Problemgeschichte III, 580). In EuW III (= Problemgeschichte V) folgt dann die Darstellung der Dialektik-Auffassungen von Hegel, Marx, Engels und Lenin. Im Buch *Weltentwurf und Reflexion* wird schließlich die Systematisierung der Dialektik mit einer eingehenden Darstellung des Widerspiegelungstheorems zum zentralen Gegenstand. (Da im Vorangegangenen die Widerspiegelungstheorie bereits mehrfach thematisiert wurde, sind in der folgenden systematischen Darstellung von Holz' Konzept einige Wiederholungen nicht vermeidbar.)

3.4.1.3 Das Widerspiegelungstheorem[78]

Um den systematischen Ort des Widerspiegelungstheorems im Dialektik-Konzept von Holz zu bestimmen, vergegenwärtigen wir uns nochmal die von ihm vollzogenen Schritte:

---

78   Nachdem bereits Marx und Engels in der Deutschen Ideologie davon gesprochen hatten, dass das Bewusstsein nie etwas Anderes sein könne als »das bewußte Sein« (MEW 3, 26), taucht der Begriff »Widerspiegelung« dann bei Lenin in seinem Buch Materialismus und Empiriokritizismus (LW 14, 85) von 1909 im Sinne von Empfindungsfähigkeit der Materie auf. In der kritischen Auseinandersetzung mit Karl Pearson, The Grammar of Science, 2. Aufl. London 1900, kommentiert Lenin in der folgenden Klammerbemerkung Pearsons These in dessen Buch (S. 75): »›Außerhalb eines dem unsrigen verwandten Nervensystem hat das Bewußtsein keinen Sinn. Es ist unlogisch, zu behaupten, daß die ganze Materie bewußt sei‹« (es ist aber logisch, anzunehmen, daß die ganze Materie eine Eigenschaft besitzt, die dem Wesen nach der Empfindung verwandt ist, die Eigenschaft der Widerspiegelung)«. Lenin setzt dort gegen Pearsons These, die Materie sei nichts anderes als eine Gruppe von Sinneswahrnehmungen (also seien, so kritisiert Lenin, Empfindung und Gedanke das Primäre, die Materie das Sekundäre), fort: »Das Bewußtsein existiert nicht ohne Materie, ja anscheinend sogar nicht ohne Nervensystem! D. h. also, Bewußtsein und Empfindung erweisen sich als das Sekundäre.« Dass diese Zusammenhänge später, besonders dann bei Holz, differenzierter ausgearbeitet wurden, schmälert nicht die Bedeutung des hier formulierten Gedankens, wonach die Widerspiegelung eine universelle Eigenschaft der Materie sei. – Im Anschluss an Lenin hat dann Todor Pawlow den Widerspiegelungsbegriff gebraucht in seinem Buch: Die Widerspiegelungstheorie, Moskau 1936, 3. überarbeitete Aufl. 1962; deutsch: Berlin 1973. – Zur Widerspiegelungstheorie gibt es bekanntlich eine sich über Jahrzehnte hinziehende Debatte. So kritisierte z. B. Theodor W. Adorno die Widerspiegelungstheorie oder »Abbildlehre«: »Der Gedanke ist kein Abbild der Sache – dazu macht ihn einzig materialistische Mythologie Epikurischen Stils, die erfindet, die Materie sende Bildchen aus« und: die »Abbildtheorie verleugnet die Spontaneität des Subjekts«, so in: Negative Dialektik, 7. Aufl. 1992, 205. – In der innerlinken Diskussion wurde die Debatte u. a. in der Zeitschrift »Das Argument« geführt, z. B. in Argument 92, 1975.

(1) Im Durchgang durch die Philosophiegeschichte werden bestimmte *Problemkonstellationen* des Denkens identifiziert, bei denen sich logisch nicht auflösbare Aporien und Widerspruchsverhältnisse zeigen, wobei die verschiedenen Seiten jeweils zu Recht Gültigkeit beanspruchen, so etwa am Beispiel der »Bewegung«: Etwas ist hier und schon nicht mehr hier, lässt sich nicht ›fest-stellen‹, ein ›daseiender Widerspruch‹. Oder: Wie lässt sich die Identität, z. B. eines Menschen, angesichts seiner ständigen Veränderung, also von Nicht-Identität denken? Wie kann man die sich widersprechenden Seiten als eine Einheit begreifen? Hierfür wurde in der Philosophiegeschichte als Lösungsmöglichkeit die Denkfigur des ›*Dialektischen*‹ entdeckt (und dann immer weiter ausgebaut), wodurch ein *reales*, durch einen Widerspruch oder Gegensatz bestimmtes Verhältnis so gedacht werden kann, dass die verschiedenen, sich widerstreitenden Seiten als zusammengehörige begriffen werden können.

(2) Im zweiten Schritt wird versucht, diese aus Problemkonstellationen gewonnene dialektische Denkfigur zu systematisieren und theoretisch zu begründen, insbesondere die dabei verwendeten und entwickelten Begriffe und Kategorien zu entfalten. In diesem Schritt wird die *Theorie der Dialektik* ausgearbeitet, wofür Hegel, so Holz, die bislang elaborierteste Fassung vorgelegt hat.

(3) In einem dritten Schritt schließlich geht es darum, die Dialektik *materialistisch* zu begründen. Angesichts der Kritik von Marx und Engels an der ›idealistischen‹ Fassung durch Hegel und dessen ›bloßer‹ Begriffsdialektik, welche nicht in der Lage sei, die realen Widersprüche (in der Natur z. B. den Gegensatz von Anziehung und Abstoßung von Körpern oder in der Gesellschaft den Gegensatz zwischen Klassen) zu erfassen, wird dazu nach einer neuen, angemessenen Lösung gesucht, die das ›Rationelle‹ von Hegels Konzeption aufnimmt, sie aber ›materialistisch umstülpt‹ bzw. ›aufhebt‹.

Dieser dritte Schritt ist der für Holz entscheidende: Die widersprüchlichen Phänomene sind nur zu begreifen, wenn man sie in ihrer Zusammengehörigkeit, im Blick auf das sie umfassende, übergreifende Ganze (›Totalität‹) erkennt, worin die sich widersprechenden Seiten nur Teile (›Momente‹) darstellen. Beim Versuch, dieses Ganze in den Blick zu bekommen, in dem die einzelnen Seiten und Komponenten verortet sind, das deren Zusammenhang ausmacht und in dem und von dem die einzelnen Teile bestimmt und bedingt werden, wird es nötig, den Untersuchungsrahmen immer mehr auszuweiten in Richtung schließlich auf die ›Welt im ganzen‹.

Das Ganze der Wirklichkeit ist aber für uns kein erfahrbarer Gegenstand und kann angesichts der Endlichkeit des menschlichen Erkenntnisvermögens mit den Mitteln der (empirisch vorgehenden) Wissenschaft nicht erfasst werden. Soll dennoch diese Totalität, wenn auch nicht *erkannt*, so doch wenigstens *gedacht* werden (entsprechend der bereits von Kant getroffenen Unterscheidung von ›denken‹ und ›erkennen‹ bei Fragen, die den endlichen Horizont der Menschen übersteigen, wie bei den Gegenständen der Metaphysik), so ist dazu ein anderes als ein empirisches Vorgehen erforderlich. Wie kann das ›vernünftig‹ geschehen, wenn Menschen sich dieses Hinausfragen über das der Erfahrung Zugängliche nicht nehmen lassen (was ebenfalls schon Kant zugestand, der trotz seiner Kritik am Erkenntnisanspruch der Metaphysik deren transzendierendes Fragen als unvermeidlich ansah)?

Holz schlägt dazu vor, die Totalität, den Gedanken des ›Gesamtzusammenhangs‹ (des Seins) als ein *Konstrukt* zu entwerfen. (Vgl. *EuW I*, 12 sowie dann ausführlich im Buch *Weltentwurf,* z. B. 98, 119, 123ff, 133ff, 146 u. ö.) Um als orientierendes Weltbild dienen zu können, muss dieses Konstrukt des Ganzen mit dem verfügbaren Wissen der jeweiligen Zeit erarbeitet werden. Und weil es keinen absoluten Standort für eine solche Konstruktion gibt, vielmehr die jeweilige Perspektive des Entwerfenden in diesen Entwurf eingeht, ist dieser unausweichlich standort- und zeitgebunden, somit kritisierbar und veränderbar. Wenn das ›Ganze der Welt‹ nicht real-empirisch gegeben ist, kann es nur als Begriff, als Idee entworfen werden.

Das Ganze oder Unendliche als Begriff oder Idee zu fassen, darin liegt für Holz das Berechtigte von Hegels Philosophie, von dieser Art von ›Idealismus‹. Dass auch eine materialistische Philosophie nicht ohne ein ›idealistisches‹ Moment auskommt, bestätigt bekanntlich auch Marx, wenn er von der notwendigen ›Gedankentotalität‹ oder vom Geistig-Konkreten im Unterschied zum Real-Konkreten spricht, sofern wir ein ›Ganzes‹ wie z. B. eine kapitalistische Gesellschaft erfassen wollen.

Der entscheidende Schritt über den ›Idealismus‹ hinaus erfolgt aber, wenn gefragt wird, ob (und wenn ja, wie) das menschliche Denken nicht nur eine Erscheinungsform des ›Geistes‹ ist, sondern selbst in den materiellen Verhältnissen verankert ist, die Wahrnehmungs- und Erkenntnisfähigkeit des Bewusstseins im Sein seinen Grund hat. Kann, wenn die Dialektik (als Denkmethode) letztlich den ›Gesamtzusammenhang‹ zum Gegenstand hat, sich die Methode auch auf etwas Reales im Sein stützen? Nach Holz bedarf es, um die *epistemologische* oder *gnoseologische* Frage (nach der Erkenntnismöglichkeit) zu beantworten, der Klärung der *ontologischen* Frage (nach der Beschaffenheit des Seins, der Natur). (Vgl. Weltentwurf, 512ff.)

Damit haben wir den innersten Kern seines Dialektikverständnisses erreicht. Seine Antwort auf die ontologische und über diese vermittelt dann auch auf die epistemologische Frage sucht er in der zentralen Hypothese, wonach die *materielle Welt ein System universeller Wechselwirkungen* darstellt (so schon Engels). Darin stehe jedes einzelne Seiende mit anderen, letztlich mit allen anderen in wechselseitigen Beziehungen, wirke auf diese ein, leiste damit seinen spezifischen Beitrag zu dem Gesamtsystem, so wie es zugleich auch von allen anderen und dem durch sie konstituierten Ganzen bestimmt werde. (Vgl. z. B. ebd. 195ff, 222 oder 239.)

Für dieses universelle *Einwirken aufeinander* benutzt Holz die Metaphern ›Reflektieren‹, Spiegeln oder *Widerspiegeln,* so wie ein Lichtstrahl z. B. von einem Gegenstand mit einer entsprechenden Oberfläche reflektiert wird. (Vgl. z. B. ebd. 361ff.) Jedes Einwirken aufeinander bringt bestimmte Effekte hervor, die zwar ein Ausdruck der Eindrücke sind, aber je nach den gegebenen Bedingungen in ihrer Wirkung spezifiziert, abgelenkt, gebrochen, transformiert werden (so wie z. B. weißes Licht durch ein Prisma in seine Spektralfarben zerlegt wird oder ein Stab im Wasser gebrochen erscheint). Wird das Sein (die Natur) als universelles Reflexions- oder Widerspiegelungssystem gefasst, wäre demnach ein Wahrnehmungs- oder ein Erkenntnisakt eine ›Reflexion‹, eine Widerspiegelung als Wirkung einer Ursache, die vom Sein ausgeht (vom ›äußeren‹ oder, sofern wir unseren Körper betrachten, vom ›inneren‹): Etwas Ideelles (ein Gedanke) geht so, wenn auch durch diverse Vermittlungen hindurch, auf etwas Materielles (einen Gegenstand oder ein Verhältnis) zurück. (Z. B. ebd. 357.) Somit ist der Erkenntnisvorgang, verstanden als Reflexion oder Widerspiegelung, nur eine besondere Form dieser allgemeinen ›Reflexivität‹ der Natur, ein Produkt der Evolution, in deren Verlauf sich (vor allem bei den höheren Tieren) eine entsprechende Empfindungs-, Wahrnehmungs- und Erkenntnisfähigkeit herausgebildet hat. Der Ort, wo diese Widerspiegelung sich vollzieht und – wenn auch nur teilweise – bewusst wird, ist das Gehirn (siehe die Forschungen der Hirnphysiologie). Das durch den Akt der Reflexion oder der Widerspiegelung erzeugte ›Spiegelbild‹ ist nicht einfach ein ›Reflex‹ der Wirklichkeit (wie das in manchen vordialektischen, mechanisch-materialistischen Konzeptionen gefasst wurde, z. B. von Demokrit oder Epikur), sondern – wie schon erwähnt – ein, durch die jeweiligen Wahrnehmungs- und Erkenntnisbedingungen gebrochenes, vielfach vermitteltes Abbild. Kritiker des Konzepts unterstellen dabei – zu Unrecht – einen naiven Realismus, wobei die erwähnten komplexen Vermittlungsprozesse in der Regel unterschlagen werden.

Das für Holz' Konzept zentrale Widerspiegelungstheorem erlaubt es ihm, die subjektive Dialektik auf die objektive Dialektik zurückzuführen. Damit verbleibt die Dialektik nicht nur in der Sphäre des Begriffs, sondern ist auch in der materiellen Wirklichkeit verankert, wo sie darum auch erkannt werden könne.

3.4.1.4 Differenzierungen des Widerspiegelungskonzepts im Buch *Weltentwurf und Reflexion*

(1) Widerspiegelungstheorie im Kontext der Grundfrage der Philosophie
Holz versteht diese Ausdifferenzierungen als eine genauere Antwort auf die Grundfrage der Philosophie nach dem Verhältnis von Sein und Denken. Er vertritt die These, »daß die dialektische Verfassung der Welt selbst aus dem universellen, ontologisch begriffenen Widerspiegelungs-Verhältnis abgeleitet werden kann und daß in dem Widerspiegelungstheorem das Modell einer materialistischen Erklärung der Einheit der Welt in ihrer Mannigfaltigkeit vorliegt« (Weltentwurf, 16). »Die Vermittlung zwischen Denken und Sein«, so fährt er fort, »gründet dann in der Verfassung des Seins selbst, das reflektiert. Die *ontologische* Fundierung der erkenntnistheoretischen Abbildbeziehung erlaubt es, hinter die transzendentale Subjektivität [...] auf die materielle Verfassung des Seienden zurückzugehen.« (Ebd. 17f.) Der Übergang zur materialistischen Dialektik, so betont Holz, gelingt erst, »wenn im Begriff der *gegenständlichen Tätigkeit* die materiellen Verhältnisse als das tätige Subjekt übergreifend gedacht werden, die Subjektivität mithin als das Resultat eines Reflexionsprozesses der materiellen Natur selbst erkannt wird, die auch den Spiegel hervorgebracht hat, in dem sie sich (perspektivisch) darzustellen vermag.« (Ebd. 18) Hierzu greift er aufs philosophie-

geschichtliche Erbe zurück (neben Hegel vor allem auf Leibniz). Deshalb war auch seine *Problemgeschichte der Dialektik* nötig als materialer Unterbau, auf dem die Überlegungen zur Grundlegung der Dialektik aufruhen.

In seiner »Problemgeschichte« hatte er auf den unhintergehbaren Einschnitt in der Philosophiegeschichte hingewiesen, der durch Descartes und später durch Kant durch die Wendung aufs Subjekt als Basis der Erkenntnisgewissheit erfolgte. Dies aufnehmend schreibt er: Die Dialektik erfüllt »als Formbestimmtheit und Bewegungsform von Seins*verhältnissen* [...] das, was in der traditionellen Philosophie der Problembereich der Ontologie war; mit anderen Worten: Dialektik ist die Ontologie nach der transzendentalphilosophischen Wende.« (Ebd. 43f.) Es bedürfe eines nicht-subjektiven Verständnisses von Transzendentalität[79], einer ontologischen Fundierung. Diese sieht Holz darin, dass die Konstitutionsleistung des Subjekts, etwa die Begriffsbildung, mit der wir die Realität beschreiben, selbst materiell bestimmt ist: Indem wir durch unser praktisch-tätiges Einlassen auf die Wirklichkeit Erfahrungen (z. B. der Widerständigkeit der Dinge) machen, ermöglichen diese uns, angemessene Begriffe zu bilden, die wir für die Interpretation der Welt brauchen, um unsere praktische Veränderungstätigkeit zu orientieren. (Ebd. 45) Insofern stelle sich die Grundfrage der Philosophie unter zwei unterschiedenen Aspekten, einem ontologischen (dem Verhältnis des Seins zum Bewusstsein) und einem gnoseologischen (dem Verhältnis der gegenständlichen Welt zur Gedankenwelt) (ebd. 61). Es gehe nicht nur um die Priorität des Seins gegenüber dem Bewusstsein, sondern auch um die materielle Fundierung unserer Erkenntnistätigkeiten. Die »materialistische Beantwortung der Grundfrage«, bezogen auf beide genannten Aspekte, sieht er »fundiert in einem System der universellen Wechselwirkungen, als welches die Wirklichkeit in dem theoretischen Modell einer Reflexionstotalität abgebildet wird«, also nur fundierbar in der »Dialektik als universeller Welt- bzw. Seinsstruktur« (ebd. 68).

In diesem System von Wechselwirkungen, in dem »jedes einzelne Seiende durch seine Stellung im Ganzen und damit durch seine Beziehungen zu allen anderen Seienden definiert ist, wird jedes einzelne Seiende zum Bezugspunkt eines Systems von Reflexionen« (ebd. 69). Ein besonderer

---

79   Kant: »Ich nenne alle Erkenntnis transzendental, die sich nicht sowohl mit den Gegenständen, sondern mit unserer Erkenntnisart von Gegenständen, sofern diese a priori möglich sein soll, überhaupt beschäftigt.« (Kritik der reinen Vernunft, B 25)

Fall von Reflexion ist dabei Seiendes mit Bewusstsein, das nicht nur anderes Seiende reflektiert, sondern auch diese Reflexion selbst zu reflektieren
vermag. In der Reflexion der Reflexion entsteht der Schein der Priorität
des Geistes gegenüber der Materie. Der Schein besteht darin, »die in der
ersten Reflexion *erscheinende* Wirklichkeit (also den Reflex) und das heißt
den Bewusstseinsinhalt schon als die Sache selbst zu nehmen« (ebd. 69f.),
wodurch der Eindruck entsteht, der Gegenstand sei Erzeugnis der Aktivität
des Denkens, einem spiegelnden Spiegel gleich, in dem er erscheint. Dieser
idealistische Schein wird bestärkt dadurch, dass es Gegenstände gibt, die
nur im Denken, »nie als außerhalb des Denkens erfahrbare Gegenstände
vorkommen können« (z. B. der Gesamtzusammenhang). (Vgl. ebd. 70) Die
Grundfrage zielt auf die *Definition des Denkens*: entweder als autonome Wirklichkeit (Idealismus) oder als Widerspiegelung (Materialismus).

(2) Begriffsarbeit (Hegel) und gegenständliche Tätigkeit (Marx) – Begriff des Ganzen
An die Stelle der Hegelschen Arbeit des Begriffs tritt bei Marx die *gegenständliche Tätigkeit*. Aus der *idealistisch* verstandenen Reflexion der Reflexion
geht bei Hegel als höchstes Resultat des Prozesses die *Idee* hervor; dagegen
aus der *materialistisch* verstandenen, d. h. der Reflexion des universellen materiellen Wechselwirkungs- und Vermittlungszusammenhangs, erfahren in
der gegenständlichen Tätigkeit, geht bei Marx der *Gesamtzusammenhang* der
Welt hervor. Die *materialistische Antwort* findet also die Lösung in der *konsti-
tutiven Rolle der Praxis*. Damit liege die *materialistische* Lösung der alten Probleme der traditionellen Metaphysik in der *Theorie-Praxis-Einheit*. So werde der Gegensatz von *ontologischem* Aspekt des Seins und transzendentaler
Konstitutionstheorie, dem *gnoseologischen* Aspekt des reflektierenden Denkens, der seit Descartes bestimmend war, dialektisch überwunden. (Vgl.
ebd. 72) Die Alternative von Materialismus und Idealismus werde aus der
Struktur der materiellen Verhältnisse, universelle wechselseitige Reflexion
der Seienden zu sein, abgeleitet. So werde der Materialismus zur übergreifenden Weltanschauung, die den Grund der Entstehung des idealistischen
Scheins selbst noch aus den materiellen Verhältnissen angeben könne, womit eine vernünftige ›Aufhebung‹ des Idealismus möglich werde. Die Frage,
wie die Totalität der materiellen Verhältnisse als Welt zu konstruieren sei,
werde damit zum Kern der Grundfrage der Philosophie. Der idealistische
Schein entstehe im Zusammenhang mit der Konstruktion des jede mögliche

Erfahrung übersteigenden Begriffs des Ganzen. Die Realität des Scheins, also den Widerspiegelungscharakter des Scheins aufzudecken, leiste z. B. das Fetischismus-Kapitel im Marxschen *Kapital* (MEW 23, 85ff.).

Auch ein materialistisches Weltmodell brauche, sofern das Ganze gedacht werden soll, den Begriff des Absoluten. (Vgl. Weltentwurf, 93) Engels hat den Übergang von der *traditionellen Metaphysik* als der – überflüssig gewordenen – ›Wissenschaft *vom* Gesamtzusammenhang‹ (MEW 20, 24) zur *Dialektik* als der ›Wissenschaft *des* Gesamtzusammenhangs‹ (MEW 20, 307) bestimmt: als *Verfahren der Erzeugung* des Inhalts des Wissens. Die Dialektik als Theorie des Gesamtzusammenhangs gibt keine Beschreibung oder Erklärung vom Ganzen der Welt: von ihren Eigenschaften, Beziehungen und Gesetzen (dies ist Aufgabe der Empirie, mithin der Einzelwissenschaften); sie gibt aber »die allgemeinen Prinzipien an, nach denen sich die Mannigfaltigkeit des Seienden simultan und sukzessiv als wirklicher materieller Zusammenhang konstituiert und demgemäß die Struktur jeder möglichen Welt *als* Welt gedacht werden muß« (Weltentwurf, 94). Da das Ganze nur *gedacht* werden kann, hat die materialistische Auslegung des Absoluten als Gesamtzusammenhang die *Aufgabe*, »die Idee des Ganzen mit der Erfahrung materieller Gegenständlichkeiten bzw. Verhältnisse zu vermitteln.« (Ebd.)

Wie das zu verstehen sei, lasse sich aus der Rolle der Praxis verdeutlichen. »Als tätiges ist das Subjekt ein Spiegel der ganzen Welt, in der Tätigkeit selbst ist die Widerspiegelung enthalten.« (Ebd. 95) Die Praxis ist der Transformator, durch den die realen Eigenschaften der Dinge und Verhältnisse in Abbilder, Zeichen, Repräsentationen umgesetzt werden. (Ebd. 97)

Der Begriff des Ganzen – spekulatives, jede Erfahrung transzendierendes, gleichwohl notwendiges, gedankliches Konstrukt – ist die versuchsweise Repräsentation der Welt im ganzen (Natur, Universum) als Gesamtheit aller Dinge, Prozesse, Wechselwirkungen, als ideelle Reflexion (›Spiegelung‹) der materiellen Reflexionen (›Spiegelungen‹). (Vgl. ebd. 98) Bezeichnender Begriff und bezeichnete Realität fallen insofern zusammen, als auch die bezeichnete Realität (Gesamtzusammenhang) nur in der Form der begrifflichen Repräsentation als ›Weltbild‹ für uns existiert; wiewohl wir das Ganze der materiellen Welt *meinen,* können wir es nur als ideelles Konstrukt *sagen.*

Das Widerspiegelungsverhältnis als Beziehung der Welt zu jedem ihrer Teilelemente hat hier die Rolle eines »materiellen Apriori«.

»Die Widerspiegelung durch Bewußtseinsakte und Erkenntnis ist dann nur ein Sonderfall des Ausdrückens als eines allgemeinen ontologischen Prinzips« (ebd. 100). Der dialektische Materialismus ist ein ›offenes System‹, »dessen philosophisches Kernstück die Widerspiegelungstheorie als Theorie der Welt-Konstitution in der Praxis bildet.« (Ebd. 101) Die Widerspiegelungstheorie ist Metaphysik und ihre Aufhebung im selben Vorgang. Sie zeigt zugleich den Verkehrungscharakter der idealistischen Begriffsform.

Die idealistische Verkehrung besteht darin, dass die notwendige ideelle, spekulative Konstruktion eines Weltmodells für die Wirklichkeit selbst ausgegeben wird. In der materialistischen Interpretation, in der Umkehrung des ideellen Konstrukts wird die notwendige »*idealistische* Konstruktion des Einheitssinns der weltlichen Vielheit [...] als intensionale Widerspiegelung der extensionalen Unendlichkeit der Welt durchschaubar.« (Ebd. 240)

(3) Zur Spiegel-Metapher
Denken hat den *Doppelaspekt von Perzeptivität und Spontaneität,* aufnehmend und aktiv wirkend zu sein. Um das transparent zu machen, ist für eine materialistische Philosophie das Spiegel-Verhältnis *a priori* vorauszusetzen. (Vgl. ebd. 247) Zu klären ist dabei der Sinn von *Apriorität.* Neben *Kategorien* gehören zu solchen apriorischen ›Bedingungen der Möglichkeit‹ auch *Prinzipien,* z. B. der Satz vom verbotenen Widerspruch.

Zum Problem der Apriorität lässt sich allgemein sagen: Das Apriorische ist uns nach Holz, im Unterschied zur Auffassung von Kant, nicht angeboren, sondern hat sich phylogenetisch und dann auch jeweils ontogenetisch in einem evolutionären Prozess von Erfahrung, Lernen, Verallgemeinerung, Internalisierung etc. herausgebildet und gilt uns dann, freilich historisch relativ, als erfahrungsunabhängig. »Das Apriori ist also die Erkenntnisrelation selbst als Seinsrelation samt ihren materialiter gegebenen Formbestimmtheiten.« (Ebd. 258)

Das Modell, wonach die Welt als Reflexionssystem gefasst wird, in dem Widerspiegelung stattfindet, setzt das Bewusstsein als Spiegel, der die Wirklichkeit abbildet, und zwar so, dass die *Gegenstände* in ihm *virtuell, aber isomorph* enthalten sind wie das Spiegelbild im Spiegel. Vorausgesetzt werden dabei folgende Momente der Spiegel-Relation: 1. das erfahrende (spiegelnde) Ich; 2. die Pluralität der Gegenstände, deren Substantialität; 3. der Zusammenhang der Gegenstände, ihre Relationalität, Reflexivität. – Diese Vo-

raussetzungen sind die Bedingungen der Möglichkeit der Erfahrung: Das
Ich (Spiegel), die Gegenstände (Bespiegeltes), die Reflexion (Spiegelung) erzeugen das Spiegelbild im Bewusstsein (Gespiegeltes), den Erfahrungsinhalt
des Ich. In der Vorausgesetztheit der drei Momente der Widerspiegelung
besteht deren Apriorität als Konstitutionsformen der Erfahrung (ebd. 260).
Im Denken des Denkens werden die Voraussetzungen als materiale Apriori
rekonstruiert. Das Setzen der Apriorität der Elemente der Erfahrung ist das
Resultat der Reflexion der Erfahrung selbst.

Die Spiegelung, in der sich die Welt zeigt, wird zur Metapher, die das
Weltverhältnis des Subjekts aufschließt durch eine strukturelle *Analogie*. Die
exakte Metapher ist eine sinnliche Begriffsform, in der ein unsinnliches Verhältnis ausgedrückt wird. (Vgl. ebd. 268) Die Funktion »der gegenständlichen Darstellung eines nicht darstellbaren Verhältnisses ist nicht anders
als durch Metaphern zu erfüllen.« (Ebd. 304) »Erkenntnis entsteht, wenn
der Wirkungszusammenhang der Welt, der jedes Einzelne bedingt, von den
Einzelnen auf den Verstand zurückgeworfen wird (wie das Licht vom Körper auf das Auge).« (Ebd. 322)

Zur Exaktheit der Spiegel-Metapher schreibt Holz: »Soll das logisch-on-
tologische Konstruktionsprinzip der Dialektik, aus dem ihre Grundzüge –
die Totalität des Zusammenhangs aller Dinge und Sachverhalte, die Einheit
der Gegensätze, die universelle Bewegtheit des Seins als Veränderung und
Entwicklung, der sprunghafte Umschlag in qualitativ neue Bewegungs- und
Organisationsformen der Materie – abzuleiten sind, durch ein Schemabild[80]
oder Modell metaphorisch vergegenwärtigt werden, so ist von einer solchen Metapher natürlich ein Höchstmaß von analogischer Genauigkeit zu
fordern.« (Ebd. 344) Es muss sich dabei um die Genauigkeit von Relationen
und Funktionen handeln.

Ein apriorisches Erklärungsmuster muss sich a posteriori durch seine
»heuristische Erklärungsmächtigkeit« bewähren, eine Bewährungsprobe,
die man das ›Kriterium der Praxis‹ nennen mag, eine Bewährung, die »als

---

80   Den Terminus »Schemabild« erläutert Holz (ebd. 344, Anm. 31): Es gehe dabei
      nicht um eine ›Versinnlichung‹ von Begriffen, wie Heidegger das in seiner Kant-
      Interpretation vorschlug, sondern um den »Ursprung des spekulativen Begriffs aus
      der Sinnlichkeit.« Bereits zuvor hatte Holz vermerkt, dass er den Terminus »Sche-
      ma« im Sinne Kants (Kritik der reinen Vernunft, B 179) gebrauche. (Ebd. 246,
      Anm. 70)

Indiz einer primordialen Übereinstimmung der Konstruktionsprinzipien des Denkens mit den Ordnungsprinzipien des Weltseienden genommen werden darf.« (Ebd. 345) – Das heißt, dass eine zentrale Voraussetzung des Modells in der ontologischen Prämisse von der Gesetzmäßigkeit oder Logoshaftigkeit der Welt besteht. – Holz fährt fort: »Die Begründung des Modells wird daher zirkulär, weil sie ja wieder schon auf das Modell zurückgeführt wird.« (Ebd. 345) Die Alternative, nämlich die Vermeidung der Zirkularität, wäre die Linearität der ›schlechten Unendlichkeit‹ einer endlosen, unabschließbaren Reihe von Gründen oder Bedingungen. Damit ist klar: »Die Plausibilität des metaphorischen Bildes als metaphysisches Modell hängt von seiner Evidenz ab« (ebd.), es kann nicht selbst wieder abgeleitet werden.

Das Spiegel-Verhältnis mit seiner strukturellen Entsprechung von Sein und Denken ist eine notwendige Metapher für das Widerspiegelungstheorem im Zusammenhang mit der Grundfrage der Philosophie. Voraussetzung der angemessenen Auffassung der Grundfrage ist somit die »theoretische Erhellung der Notwendigkeit des Idealismus der Gegenstands-Setzung *und* des Widerspiegelungscharakters« dieses Idealismus, »dank dessen er materialistisch umkehrbar und interpretierbar wird« (ebd. 356). Damit wird die abgelehnte idealistische Gegenposition zugleich in ihrem rationellen Kern, ihrer gewissen Notwendigkeit, wenn auch Begrenztheit aufgewiesen.

Für das aufgezeigte Grundverhältnis spricht aber auch dann einiges, wenn die Spiegel-Metapher nicht diesen herausragenden Ort bekommt wie bei Holz. Zu fragen wäre auch, ob statt des Reflexionsverhältnisses nicht der allgemeinere Begriff des Wechselwirkungsverhältnisses angemessen ist, gemäß dem Satz von Holz: »Die Welt ist ein universelles Wechselwirkungsverhältnis, kein bloßes Sein, sondern eine Relation« (ebd. 390); Relationalität ist bestimmend für die Welt. Der »Übergang von materiellen zu ideellen Abbildungsverhältnissen ist wiederum dadurch charakterisiert, dass das Materielle das Ideelle übergreift und also das Ideelle eine Art, wenn auch das Gegenteil, des Materiellen ist.« (Ebd. 396) Die Figur des ›übergreifenden Allgemeinen‹ erleichtert eine nicht-dualistische Unterscheidung von Ideellem und Materiellem.[81]

---

81   Eine Verknüpfung von Objektivität und Subjektivität, Materiellem und Ideellem
      sieht Holz im Arbeitsmittel: Vom Widerspiegelungscharakter des Arbeitsmittels
      zu sprechen, heißt, dass dieses sowohl die allgemeinen Gesetze der Wirklichkeit

(4) Widerspiegelung auch von Möglichkeiten

Für die Frage nach der Angemessenheit des Widerspiegelungsbegriffs spielt auch eine Rolle, wie mit dem Modus der *Möglichkeit* umgegangen wird. Dazu Holz: »Erst durch die Erweiterung des Wirklichkeitsbegriffs um die [...] inhärierende Möglichkeit wird die Erfahrung des Anderswerdens kategorial darstellbar.« (Ebd. 409) Die Prozessualität der materiellen Welt impliziert das wechselseitige Übergreifen von Möglichkeit und Wirklichkeit (Wirklichkeit ist logisch eine Art Möglichkeit – diese ist ontisch eine Art Wirklichkeit) sowie die »Gerichtetheit der Veränderungen« (ebd.). Darin sieht Holz den materialistischen Sinn von Teleologie.

Auf die Frage, ob die Spiegel-Metapher prinzipiell auch bei nicht Präsentem, Vergangenem oder Künftigem, bei Ideellem wie Abstraktionen, Bewertungen, Phantasieprodukten greift, antwortet Holz: Wird die Abbildung von Wirklichem im Denken etwa wie bei den *eidola* von Demokrit mechanistisch aufgefasst (als eine Projektion auf eine Darstellungsebene), ist für die Repräsentation von Nicht-Materiellem und Imaginationen keine Grundlage gegeben. (Vgl. ebd. 430)

Prinzipiell gelte: Auf jeder neuen Stufe der Widerspiegelung (bis hin zur Stufe der philosophischen Reflexion der Reflexion) können prinzipiell alle Gegenstände und alle deren Spiegelbilder auf allen Spiegel-Ebenen wiederum reflektiert werden. Das führt zu »einer gegenstandstheoretisch und kategorial vielfältig nuancierten, den besonderen Konstitutionsbedingungen der ideellen Repräsentationen Rechnung tragenden Widerspiegelungstheorie« (ebd. 436). Während ein Spiegel nur auf die Präsenz des Bespiegelten reagieren kann, ist im Denken auch Nicht-Präsentes enthalten.

Anders als in einer früheren Version seines Konzepts, als Holz noch die Geltung der Spiegel-Metapher für Zukünftiges ausschloss (vgl. ebd. 438, Amm. 67), hat er nun die Modalität »Möglichkeit« in die Spiegelung einbezogen. Er hält die »Annahme eines Kontinuums gradueller Seinsintensitäten« (ebd. 438) für unausweichlich und damit eine Theorie der Modalitäten für zentral. Denn Entwicklung hängt an der Möglichkeit. »Wo keine realen Möglichkeiten, da gibt es auch keine Evolution« (ebd. 439). Geht man von

widerspiegelt als auch die zwecksetzende Subjektivität. Das Arbeitsmittel ist ein Realallgemeines, geeignet für viele Situationen desselben Individuums und auch nützlich für eine Mehrzahl von Individuen, konstituiert nicht durch seine eigene Materialität, sondern durch deren zweckhafte Form.

der Selbstbewegung der Materie aus, »muß das Mögliche als ein Modus des realen Seins aufgefasst werden. Die Welt ist immer inhaltsvoller als ihre Wirklichkeit – Welt ist Wirklichkeit und Möglichkeit zusammen.« Die Welt erweist sich »in ihrer Ausgedehntheit als zeitliche. Möglichkeit und Zeitlichkeit sind einander unauflöslich zugeordnete Aspekte des Seins.« Erst die Zeitdimension erfüllt die Idee der Totalität. Notwendig ist ein Weltmodell, »in dem der Realitätscharakter der Zukunft und die reale Verschiedenheit der aufeinanderfolgenden Weltzustände mit der Idee des Ganzen konsistent verknüpft sind.« (Ebd. 441) Dazu ist die ontologische Theorie von Seinsgraden erforderlich: »von der Möglichkeit mit abgestufter Annäherung an die Verwirklichung bis zur Wirklichkeit«.

Da Möglichkeit ein Modus der Realität ist, kann sie auch im Denken widergespiegelt werden, »ohne das Prinzip zu verletzen, dass Nichtseiendes nicht spiegelbar ist.« Prognosen, Phantasie, Vorschein etc. sind alles »*Widerspiegelungen* des materiellen Substrats Möglichkeit«, ohne welches es keine Veränderung in der Welt gäbe. Insofern ist die Welt die Einheit von Wirklichkeit und Möglichkeit. Dass die Welt auch anders sein kann, als sie gerade ist, ist z. B. die Existenzbedingung von Kunst, die ohne die Kategorie Möglichkeit nicht denkbar ist, worauf z. B. auch Ernst Bloch hinwies etwa bezüglich surrealistischer Experiment-Figuren oder auch von Fotomontagen. (Vgl. ebd. 445) So stellt die Vielfalt der in den Eigenschaften eines Dings oder Prozesses steckenden Möglichkeiten den Grund für Erfindungen dar, die durch Experimente vorbereitet werden. »Daß Bedingungen erst partiell vorhanden sind, ist die Voraussetzung dafür, dass planende, zielgerichtete Tätigkeit in die Welt eingreifen und die Umstände verändern kann. Technisches Erfinden ist auf Mögliches gerichtet, revolutionäres Handeln aktiviert das Mögliche gegen das Wirkliche. […] Aber auch die Natur umfasst real Mögliches, sonst gäbe es keine Evolution.« (Ebd. 448)

»Eine Welt ist also die Gesamtheit aller wirklichen Möglichkeiten und unter ihnen auch der wirklichen Wirklichkeiten.« (Ebd. 453) Alle verwirklichten Möglichkeiten besitzen eine je bestimmte Form, die sie von anderem Wirklichen unterscheiden. »Aus eben diesem Grunde kann es keine unendliche Wirklichkeit […] geben, denn das Unendliche ist gerade das, dem die bestimmte, begrenzte (also körperhafte) Form fehlt. Das Unendlichsein ist vielmehr seinem Wesen nach das allgemeine In-Möglichkeit-Sein zu besonderer Formbestimmung« (ebd.), wie Holz mit Bezug auf Aristoteles formuliert. Es kann nicht wie ein Einzelnes aufgefaßt werden; »es hat vielmehr den Charakter einer Bewegung, eines Stromes«, ist immer im Werden und Vergehen, »im Übergang von einer Möglichkeit zu einer Wirklichkeit zu einer neuen Möglichkeit usw.« (Ebd.) Hegels »Dialektik als Logik der Veränderung« (ebd. 454) ist in diesem Weltverständnis (als verwirklichte und noch nicht verwirklichte Möglichkeiten) angelegt, wonach alles jeweils Verwirklichte unzureichend und unvollendet ist, darum der Bewegung und Veränderung bedarf, bis zum vollständigen, unendlichen, absoluten Begriff als Grenzwert. Und daher ist die Negation das vorantreibende ›Positive‹ in Richtung auf angemessenere Gestaltungen. – Das Unendliche als Welt aller möglichen Sachverhalte ist nicht eine geschlossene Totalität, sondern »die sich perpetuierende Totalität immer neuer Möglichkeiten« (ebd. 454).

Auch das geschichtlich Verschwundene ist gegenwärtig und wirkt in die Zukunft hinein. Das Unterlegene wird nicht unwirklich, – denkt man etwa an den untergegangenen Realsozialismus. Die Verfassung jedes Jetzt ist bedingt und bestimmt durch alle vorangegangen gesetzten und wieder aufgehobenen Zustände. »In jeder Revolution wird die Gründung des Neuen, die den Sturz des Alten voraussetzt, sich der vorgefundenen Trümmer bedienen müssen; und keine Konterrevolution kann sich von den Spuren befreien, die die Revolution hinterlassen hat. So schleppte die Sowjetgesellschaft die Erblast des zaristischen Russland mit sich fort – und die kapitalistischen Metropolen, die nun die Hegemonie über die Welt ausüben, sind geprägt von den strukturellen und institutionellen Konsequenzen einer siebzigjährigen Konfrontation mit dem in der Oktoberrevolution sich durchsetzenden Versuch einer gesellschaftlichen Alternative.« (Ebd. 485) In der Geschichte ist das Vergangene unverlierbar und enthält das unabgegoltene Wesen in der Tendenz auf zukünftige Verwirklichung (Ernst Bloch). (Vgl. ebd. 487) Für Hegel begreift die jeweils gegenwärtige Gestalt des Geistes alle früheren in sich. (Vgl. Hegel, Werke 12, 105).

(5) Widerspiegelung als Erkenntnisverhältnis
Widerspiegelung ist (neben ihrem metaphorischen Gebrauch) eine Kategorie, die ontische Beziehungen zwischen Seiendem und Gedachtem, Sein und Begriff abbildet. Abgeleitet (›derivativ‹) wird dann der ontologische Begriff Widerspiegelung zu einem erkenntnistheoretischen Terminus. Aber die Widerspiegelungstheorie ist nicht primär eine Variante der Erkenntnis-

theorie. (Vgl. Holz, Weltentwurf, 502) Die ihr unterstellte platte Abbildtheorie (naiver Realismus) ist für Holz eine Legende, wenn auch vulgär-
marxistische Belege dafür beigebracht werden können. *Erkenntnis* ist immer
beides: *Widerspiegelung und Konstruktion.*

Bei dem von Kant konzipierten erkenntnistheoretischen Subjektivismus
wird der Gegenstand nur als eine Funktion des Subjekts begriffen. Dass die
Dinge nur so aufgefasst werden, wie sie sich durch unsere Erkenntnismittel
transformiert darstellen, ist das starke Argument jedes subjektiven Idealismus; denn die subjektive Vermitteltheit der Gegenstandswelt ist unbestreit-
bar. Die Aufgabe besteht dann aber darin, die Objektivität der so vermittelten Erkenntnis zu begründen. (Vgl. ebd. 506) Erklärungsbedürftig bleibt,
warum die apriorischen logischen Prinzipien (Axiome) tatsächlich Formbestimmtheiten der ontischen Wirklichkeit sind und sich darum in der Praxis
bewähren. Das ist aus reiner Subjektivität nicht zu gewinnen, sondern dazu
ist ein ontologisches Modell erforderlich. (Vgl. ebd. 509)

Holz fasst Erkenntnis darum als Seinsverhältnis. Sie ist die mehr oder
weniger »richtige Zuordnung von Wissensgehalten zu den ihnen entsprechenden und von ihnen realiter unterschiedenen Gegenständen des Wissens.« (Ebd. 511f.) Die Grundfrage der Erkenntnistheorie ist eine ontologische: Wie verhalten sich unsere Gedanken über die Welt zu dieser Welt
selbst? Das Erkenntnisverhältnis (das Verhältnis des Denkens zum Sein) ist
selbst kein Gegenstand der Erkenntnistheorie, die dieses Verhältnis immer
schon voraussetzt. Sinn der Erkenntnis ist es, sich in der Welt außer uns zu
orientieren. Es bleibt dabei die Differenz zwischen der Wirklichkeit und
dem Denken, und darum unterscheidet sich der Begriff von der Wirklichkeit in zweifacher Weise: (1) Der Begriff ist immer ›weniger‹ als die Wirklichkeit, weil er nur deren Repräsentation ist; (2) zugleich ist er auch immer
›mehr‹ als die einzelne von ihm gemeinte Wirklichkeit, insofern der vollständige Begriff (*notio completa*) einer Sache nicht nur deren empirisches Sosein, sondern alle sie bedingenden und bestimmenden Momente (auch alle
Relationen), folglich die ganze Welt unter einem bestimmten Gesichtspunkt
ausdrückt. (Ebd. 512)

Die gleiche »Formbestimmtheit von Sein und Denken impliziert nicht
eine […] Abbildhaftigkeit der Denkinhalte« gemäß dem naiven antiken Materialismus (Demokrits *eidola*). Die ›Selbigkeit‹ von Sein und Denken meint
nur die »Strukturisomorphie der unterschiedenen Modi des materiellen

und des ideellen Seins.« (Ebd. 516) Denken (Reflexion) ist ein Ausdrücken eines ihm äußeren Gegenstands, in Analogie zum Modell der Spiegelung. Das Bespiegelte ist reell, das Gespiegelte virtuell, »immateriell« – dennoch entsprechen beide »einander nach den präzisen Regeln der Strukturübereinstimmung« (ebd. 517), sind isomorph. Zugleich ist das Spiegelbild unvollständig und verzerrt. Die im ontologischen Modell der universellen Reflexivität des Seienden gegebene Antwort auf die Grundfrage beantwortet nicht die Frage der *Wahrheit* von Erkenntnis, sondern nach dem *Grund* der Erkenntnis. (Ebd. 518) »Das Widerspiegelungstheorem formuliert den apriorischen Anfang einer dialektisch-materialistischen Erkenntnistheorie. Sie begründet diese Apriorität in einer zirkulären ontologischen Reflexionsstruktur.« (Ebd. 519)

Es handelt sich dabei um eine »Selbstbegründung des Wissens«, denn »ontologische Basis-Strukturen [lassen sich] – weil sie am Anfang von Begründungsketten stehen – selbst nicht mehr deduktiv begründen, sondern nur noch aufzeigen« (ebd. 519). Statt eines deduktiven Beweises gibt es hier nur einen Evidenz-Aufweis. Die Selbstbegründung des Wissens aus der Widerspiegelungstheorie ist eine transzendentale Reflexion: Die objektive Möglichkeit der Erkenntnis ist »in der ontologischen Universalität des Reflexionsverhältnisses als des Ordnungsprinzips der Totalität« (ebd. 520f.) begründet. Es ist die Praxis, die uns evident zeigt, dass unsere Erkenntnis von den Dingen bestimmt wird und nicht umgekehrt. Zugleich sind wir selbst aktiv, ein eingreifender ›subjektiver Faktor‹. Die Aufdeckung objektiver Möglichkeiten durch die Reflexion erlaubt zweckgerichtetes Handeln. (Vgl. ebd. 522)

Für diese Ontologie gilt die »Doppelaspektivität«: Sie muss (1) realistisch-objektiv, (2) transzendental-subjektiv, erkenntniskritisch (im Sinne der Konstitution von Erkenntnis) sein. Bezogen auf die Perspektive des Subjekts geht es um die Standortbezogenheit und Aspektivität des Konstitutionsprozesses; bezogen auf den Gegenstand um sein Eigensein, sein unabhängiges Ansichsein. (Vgl. ebd. 528f.) Zugleich handelt es sich um eine Ontologie als Theorie der Geschichtlichkeit: Die Sachverhalte verändern sich, weil es eine natürliche Entwicklung gibt und weil der Mensch die Verhältnisse umgestaltet. Darum verändern sich auch die Begriffe. (Vgl. ebd. 529f.) »Die Wechselwirkung ist die Grundkategorie des geschichtlichen Seins.« (Ebd. 532)

Da es in dieser Ontologie um die »Ausarbeitung von Konstruktionsprinzipien für ein Modell des Gesamtzusammenhangs« (ebd. 532) geht, fällt die Dialektik als Systematik (nicht als Methode) mit der Ontologie zusammen. Im Modell universeller Reflexionsverhältnisse ist, wie schon erwähnt, das Bewusstseinsverhältnis zur Welt nur eine besondere Form der universellen Reflexivität. Die Widerspiegelungstheorie, in der Form der Spiegelbeziehung als anschaulicher Seins- bzw. Darstellungsform der wechselwirkenden Relationen, liefert die ontologische Begründung der Dialektik als logischer Form. (Vgl. ebd. 533)

Die Widerspiegelung erfolgt in doppelter Richtung: Sie erzeugt und wird erzeugt. Es handelt sich um eine Doppelspiegelung: Be- und Gespiegeltes tauschen ständig ihre Funktionen im Spiegelverhältnis. Holz erläutert das durch die Hegelschen Reflexionsformen aus der *Wesenslogik* (Hegel, Werke 6, 24ff.): (1) in der einfachen Reflexion erfährt ein Seiendes an einem anderen Seienden seine Verschiedenheit von diesem (bei Hegel: die »setzende Reflexion«); (2) dann kommt die Wirkung des anderen auf das erste Seiende zurück als anscheinend externes Moment (»äußere Reflexion«); (3) indem sich ein Seiendes im Durchgang durch die Beziehung zu den anderen bestimmt, erfährt es nicht nur sich selbst, sondern sich zusammen mit anderen in einem umgreifenden Wirkungszusammenhang (»bestimmende Reflexion«). (Holz, Weltentwurf, 534) Erst dies ist der Widerspiegelungsbegriff der Widerspiegelungstheorie. Die Konstruktion der sich spiegelnden Spiegel ist ein Seinsverhältnis zwischen Seienden mit der gleichen Eigenschaft, spiegelnde zu sein.[82]

(6) Zur Frage der »Naturdialektik«

Entsprechend der Definition von Engels ist das Widerspiegelungstheorem in der dialektischen Philosophie als Wissenschaft des Gesamtzusammenhangs vorausgesetzt. Dieser als ein gedachter ist Produkt der metatheoretischen Konstruktion, als Widerspiegelung des real unendlichen, transempirischen Gegenstands des Erkenntnisprozesses im Denken. Die Idee des Gesamtzusammenhangs ist das antizipierte Resultat der unendlichen Synthesis der Erscheinungen. (Vgl. ebd. 540) Der Gesamtzusammenhang ist zwar nur gedacht, als Modell gegeben, existiert aber nicht nur als Idee, diese ist viel-

---

82 Diese Wirkkraft nennt Leibniz *vis*.

mehr Widerspiegelung der Realität als Totum. Jedes Seiende, am Anderen des realen Gesamtzusammenhangs sich reflektierend, gewinnt seine eigene Identität und verändert sich, am je einzelnen Anderen sich reflektierend. Diese Reflexion ist real Wechselwirkung, ideell Sich-setzen, das Verhältnis beider ein Spiegelverhältnis. (Ebd. 543) »Indem jedes Element dieser Welt seine bestimmte Existenz dadurch gewinnt, dass es sich an den anderen reflektiert, setzt es sich selbst, aber eben nur durch die Abhängigkeit von den anderen – und das gilt für alle in Wechselwirkung.« (Ebd. 544) Dies ist ein übergreifender Gattungsbegriff von Subjekthaftigkeit, von dem die bewusste Subjektivität des Menschen nur eine Art bildet. Die Natur als Integral ihrer Genesis, Gegenwart und Zukunft ist die wirkliche Totalität, die zugleich alle ihre Möglichkeiten enthält. (Vgl. ebd. 546) Die »Grundgesetze der Dialektik« sind als Denkgesetze Widerspiegelungen der Wirklichkeit. (Vgl. ebd. 547) Denken wird als Widerspiegelung (als Form der Erfahrung) begriffen; Erfahrung nimmt etwas auf, was ihr vorgegeben ist. (Vgl. ebd. 561) Die Gesetze des Denkens sind die Gesetze der Natur. Es gibt nur die Dialektik der Natur, die sich im Denken der Erfahrung darstellt, »nicht zweierlei Dialektik« (ebd. 562). Darum geht die Dialektik *der* Natur der Dialektik *in* der Natur ontologisch und logisch voran.

»Der Substanz-Charakter der Materie wird dadurch begriffen, dass sie Spiegel ist, und den Spiegel könnte man wiederum definieren als das real existierende In-Möglichkeit-Sein« (ebd. 566). Für einzelne Gegenstände kann ich immer einen Beobachterposten außerhalb des Bezugssystems wählen, nicht bei dialektischen Verhältnissen, die sich auf die Totalität beziehen. Diese ist nur zu denken. Das Konstruktionsprinzip der Naturdialektik ist das Widerspiegelungstheorem im allgemeinen, nicht die menschliche Arbeit als besonderer Fall. (Vgl. ebd. 578) Diese betrachtet Holz erst im Übergang von der allgemeinen Naturgeschichte in die Menschheitsgeschichte, und zwar am Marxschen Begriff der »gegenständlichen Tätigkeit«.

In der Arbeit wirkt der zu verwirklichende Zweck als Gesetz des menschlichen Tuns, dem der Arbeitende seinen Willen unterordnen muss. (Vgl. MEW 23, 193) In ihr »sind die Idealität der Vorstellung und die Allgemeinheit des Begriffs *unmittelbar* verknüpft mit der Materialität und Singularität der Einwirkung auf den Naturstoff, der verändert wird.« (Holz, Weltentwurf, 591) Dabei ist jeder Produktionsvorgang vermittelt mit dem gesamten gesellschaftlichen Produktionsprozess und seiner Entwicklungsgeschichte. (Vgl. ebd. 592f.) Pra-

xis als gesamtgesellschaftlich vermittelnde Tätigkeit ist die Gesamtheit der gesellschaftlichen Prozesse – von der materiellen Produktion bis zur Reflexion.
Tätigkeit ist selbst ein Widerspiegelungsverhältnis. (Vgl. ebd. 594) Die
Objektivität dringt ins Subjekt ein und wird dort als Bedürfnis, Zweck, Interesse zum Antriebsfaktor der Subjektivität. Die Widerspiegelungstheorie
»macht deutlich, dass der Grund des freien Verhaltens von Subjekten zu
ihrer Umwelt darin liegt, dass diese Umwelt sich als Subjekt-Objekt-Relation
in dem Bewusstsein der Subjekte ideell reproduziert, so dass sie zum Gegenstand von Handlungen (und Betrachtungen) und damit zum Inhalt von Zwecken werden kann« (Vgl. ebd. 596). In der »Relation eines endlichen, seiner
selbst in der Reflexion der Reflexion innewerdenden Wesens zu dem unendlichen Horizont von Bedeutungen [d.h. den Widerspiegelungen von Sachverhalten aus der Perspektive von Wirkungszusammenhängen, R.S.] liegt
der ontologische Grund der Freiheit.« (Ebd. 598) Zugleich werde ich meiner
inne als Ich in der Erfahrung eines Du. Der andere Mensch verhält sich in
Reflexion meines Verhaltens zu ihm. »Damit entspringt […] die Freiheit der
Setzung von Varianten und das Problem der gegenseitigen Anerkennung.«
(Ebd. 599. – Vgl. Hegels *Phänomenologie*, Werke 9, 110ff.) Die Deutung unter
dem Gesichtspunkt der individuellen Subjektivität (Kant) führt zur Trennung
von Naturnotwendigkeit und transzendentaler Freiheit; die Deutung des Ursprungs der menschlichen Freiheit aus dem Reich der Notwendigkeit und
der dialektischen Einheit beider führt zu der Fassung von Marx. (Holz, Weltentwurf, 599f.) Philosophie ist selbst als Widerspiegelung des Verhältnisses
des Menschen zur Welt zu begreifen. Wie die Frage des Anfangs der Philosophie (oder ihre Begründung auf Nicht-Philosophie) zu lösen sei, ist nach
Marx zweiter Feuerbachthese eine praktische Frage: »Sie ist dies, weil unsere
praktische Tätigkeit selbst das Widerspiegelungsverhältnis ist, das wir theoretisch *darstellen*. Der Schritt geht von der ontologischen Konstruktion der
Dialektik als Wissenschaft des Gesamtzusammenhangs zu ihrer Begründung
in der gesellschaftlichen Praxis.« (Ebd. 600)

Im Schlusskapitel von *Weltentwurf und Reflexion* schreibt Holz: Eine be-
gründende Theorie der Dialektik erfordert als nächsten Schritt die deduk-
tive Entwicklung einer Kategorienlehre. (Ebd. 602) »Erst im Konstruktions-
modell einer Kategorienlehre bekommt eine dialektisch-materialistische
Philosophie das Skelett, an dem das Fleisch des Weltkörpers seinen Halt
findet.« (Ebd. 606)

(7) Schlussfragen

Nach dieser höchst elaborierten und differenzierten Begründung der Widerspiegelungstheorie, in der er auf vielfältige Einwände gegen das Konzept
direkt oder indirekt eingeht, wird man Holz schwerlich eines naiven Realismus beschuldigen können. Gleichwohl kann man in der Auseinandersetzung mit diesem Theorem einige Problemfragen stellen: Das Konzept
bedient sich einer Metapher: der des Spiegels. Dies deshalb, weil nach Holz
Zusammenhänge, die über ein einfaches empirisches Verhältnis hinausgehen, nicht anders als über eine metaphorische Redensweise thematisierbar
sind. Zu fragen wäre allenfalls, ob die gewählte Metapher sinnvoll und er-
kenntnisfördernd ist.

Festzuhalten ist ferner, dass es für das Theorem nach Holz' eigenem
Bekunden nicht die Möglichkeit gibt, bewiesen oder deduziert werden zu
können. Es könne, gerade für die angenommene Apriorität, lediglich Plausibilität und Evidenz beanspruchen.

Schließlich: Wenn das Theorem, wie Holz ebenfalls sagt, eine Hypothese darstellt, welche Möglichkeiten gibt es für ihre Prüfung? Und wenn das
Theorem innertheoretisch nicht bewiesen werden kann (wegen der Differenz
des Ideellen und des Materiellen): Welche Rolle spielt dabei die Praxis als
Prüfkriterium für die ›Wahrheit‹ (zumindest für die Evidenz) der Theorie?

3.4.1.5 Fazit zur Widerspiegelungstheorie und zum Dialektikverständnis von Holz

Der zentrale und für Holz wichtigste Gedanke, Konstruktionsprinzip seiner
Dialektik-Grundlegung, ist das *Widerspiegelungstheorem*. Damit verknüpft er
die Objektivität (Sein) mit der Subjektivität (Denken, Bewusstsein). Das hat
nur deshalb (bzw. dann) Plausibilität und Anspruch auf Richtigkeit, Wahrheit, weil (bzw. wenn) das Sein, die letztlich materiell verstandene Welt im
Ganzen, selbst ein System universeller Wechselwirkungen darstellt, die er
Reflexionen oder Widerspiegelungen nennt. Die Art und Weise bzw. die
Formen dieser Reflexionen unterscheiden sich je nach der Seinsstufe bzw.
den Regionalontologien – von der anorganischen bis zur organischen und
dort von den einfachsten Formen des Empfindens, Wahrnehmens bis zu
denen des Bewusstseins und schließlich Selbstbewusstseins (Menschsein
bis hin zu gesellschaftlichen und kulturellen Seinsformen). Von der höchst-
entwickelten Form her (vgl. Marxens Hinweis über die Anatomie des

Menschen als Schlüssel für die Anatomie des Affen) nimmt er den Grund-begriff »*Reflexion*« dafür (= Spiegelung, Widerspiegelung), wobei ihm die physikalisch-gnoseologische *Doppelbedeutung von Reflexion* zu Hilfe kommt, in der ein *objektives*, materielles, optisches Verhältnis (z. B. die Reflektion eines Lichtstrahls) und zugleich ein *subjektives* Verhältnis (das reflektierende Denken als Tätigkeit des menschlichen Subjekts) mit dem gleichen Begriff bezeichnet werden. (Während für Holz die Doppelbedeutung Ausdruck für einen realen Zusammenhang ist, werfen ihm Kritiker die illegitime Nutzung einer Äquivokation[83] vor.) Seine Problemlösungsideen und Kategorien be-zieht er vielfach aus der Philosophiegeschichte, die er von einer heutigen, materialistischen Perspektive aus nach ihrem rationellen Gehalt befragt. Die zentrale Bedeutung von Ontologie in Einheit mit der Logik (Objekt-Subjekt-Verhältnis) entnimmt er *Leibniz* (besonders der Monadenlehre) und vor allem der Dialektik *Hegels*. Hier dient ihm die Figur des ›*übergreifenden Allgemeinen*‹ als zentrale dialektische Denkform, mittels derer er die übli-chen Aporien und Paradoxien vermeiden kann. In der »*Identität der Identität und Nichtidentität*« (die Gattung übergreift als ihre beiden Arten sich selbst und ihren Unterschied, die Art) findet er die universell passende Kategorie, um dialektische Widerspruchsverhältnisse zu fassen. Die materialistische Grundlegung des Ganzen (Natur als Basis und Umgreifendes und ihre Spe-zifikation als die unterschiedlichen Bewegungsformen der Materie) gewinnt er von Engels und Marx, bestärkt durch Lenin.

Inhaltlich bestimmt er mit *Engels* die *Dialektik als die Wissenschaft des Ge-samtzusammenhangs* (nicht: *vom* Gesamtzusammenhang). Das Problem, den Gesamtzusammenhang (die Welt, das Universum, die Natur im ganzen) begrifflich zu fassen, einen für das endliche Erkennen unendlichen Gegen-stand, der nie für uns empirisch als solcher (als ganzer) gegeben sein kann, löst er so, dass er auf Hegels »Fortbestimmung des Begriffs« als die *speku-lative Methode* rekurriert als einzig angemessene Methode *für das Konzeptu-alisieren von ›metaphysischen‹, d. h. nichtempirischen, unendlichen Gegenständen*. Im Unterschied zu empirischen, endlichen Gegenständen kann das nicht empirisch gegebene *Ganze* der Welt *nur im Denken*, nur als Idee, nur als hypothetisches *Modell* konstruiert werden, ein *Konstrukt*, das abhängt vom historischen Stand der Wissenschaften und des Wissens über die Welt, so-

---

83 So Haug 2008, 80.

wie von dem Standort und der Perspektive des Konstruierenden, also relativ, kritisierbar und revidierbar ist. Ein solches ›metaphysisches‹ Modell
der Welt (Weltbild) kann nicht auf üblichem wissenschaftlichen Weg, nämlich empirisch, bestätigt oder falsifiziert werden, sondern es lebt von der
Plausibilität und Evidenz, von der Erklärungskraft, die es bietet, wenn man
es auf Einzelbereiche und -probleme, diese interpretierend, bezieht. Damit
ist zugleich ein großes Forschungsprogramm eröffnet für die Untersuchung
zahlreicher einzelner Gegenstände, Probleme und Zusammenhänge.

Auf diesem Wege werden philosophiegeschichtliche Begriffe rehabili-
tiert, indem sie zugleich eine materialistische Umkehrung erfahren. Das gilt
insbesondere für Begriffe wie *Metaphysik* oder *Ontologie*. Holz' Verhältnis zur
Philosophiegeschichte ist das der »Aufhebung« im Sinne Hegels. Die *Basis
der Dialektik* wird bei Holz die *Naturdialektik*, die mit der widerspiegelungstheoretisch verstandenen Ontologie identisch ist.

Holz hat die in neuerer Zeit bislang umfassendste Konzeptualisierung
der Dialektik vorgelegt, dabei auch überzeugend die Verbindung und den
Unterschied zwischen Hegel einerseits und der materialistisch-marxisti-
schen Dialektikkonzeption andererseits aufgezeigt. Holz zu lesen, vermittelt
ein lebendiges Beispiel einer dialektischen Denkbewegung.

3.4.2 Haug

3.4.2.1 Das Beispiel ›Flüchtlingskrise‹

Wolfgang Fritz Haug (geb. 1936) beginnt das Editorial zum »Argument«-
Heft 318, 2016 (1-5) mit dem Thema »Zur Dialektik der ›Flüchtlingskrise‹«
so: »Als ›Operierenkönnen mit Antinomien‹ seitens einer Führung, weil
beim Operieren mit einander widersprechenden Aussagen angesichts wi-
dersprüchlicher Fakten und divergierender Interessen die Einheit zerfallen
würde, hat Brecht (GA 21, 578f) ›ein Grundproblem praktischer Dialektik
allgemein benannt‹, für dessen ›Lösung es keine allgemeine Formel geben‹
kann.« (Haug, Für praktische Dialektik, in: Das Argument 274, 2008, 27).
»Daher hat man seit der Antike die Politik als Kunst verstanden. Einen
solchen Fall gilt es zu studieren angesichts jäher Umschläge der politischen
Stimmung in den Wendungen Angela Merkels im Umgang mit dem Mas-
senzustrom aus islamischen Kulturen in Zeiten islamistischen Terrors.«
(Haug, Argument 318, 1)

Das Beispiel zeigt die prinzipiell praxisorientierte Herangehensweise von Haug an die Dialektik-Frage. Dialektik heißt für ihn primär: dialektisch denken. Sein Verständnis lässt sich darum am besten an Praxis-Beispielen, am ›Material‹, wie er es ausdrückt, verdeutlichen.

Wie geht er im ausgewählten Textbeispiel vor? – Er spürt der Logik der Ereignisse nach, die sich für ihn als »ein Musterfall der Dialektik« (ebd. 2) erweisen. Als Einstiegsmaterial dient ihm ein Pressebericht (der Artikel »Überrollt« in der FAZ vom 3. 9. 2016, 3), worin davon gesprochen wird, dass Deutschland von der ›Flüchtlingswelle überrollt‹ werde. Dabei bezeuge das in dem Zeitungsartikel berichtete Geschehen genau das Gegenteil: »Von der Welle überrollte Surfer gehen unter, weil der Widerspruch zwischen der Gefahr, auf der sie reiten, und der Handlungsfähigkeit, die sie daraus ziehen, sie von hinten ereilt, was das Bild für *passive Dialektik* ist. Merkels Akt schuf den Vorgang zwar nicht, aber beschleunigte ihn.« (Haug, Argument 318, 2) »Überrollt wurden die Durchgangsländer, als die BRD den Eingang geöffnet hatte. Die vorgesehenen Formen erwiesen sich als unfähig, diesen Inhalt aufzunehmen und hielten der Wucht des Ereignisses nicht stand. […] Eine Chaotisierung innereuropäischer Abstimmung der Maßnahmen war die Folge. […] Genau dadurch aber, dass Merkel der Welle nicht widerstand, sondern den Staat momentan zurückweichen ließ und sich auf die von der Flüchtlingswelle ausgelöste Solidarisierungswelle aufschwang, hatte sie die Handlungsfähigkeit des Staates zugleich bewahrt und einem Befähigungsschub ausgesetzt.« Und »so gewann Merkel den mit Chaotisierung drohenden [scil. Ereignissen, R. S.] dadurch eine massenhafte Aktivierung ab, dass sie sozialstaatliche Handlungskompetenzen in die Zivilgesellschaft auslagerte und so den Hilfsbereiten des Landes eine Vielzahl von Subjektpositionen öffnete.« (Ebd.)

Haugs Einschätzung, in der er – wie das für eine angemessene Analyse des ›Ganzen‹ eines komplexen Vorganges erforderlich ist – die verursachenden Hintergründe, auch aus anderen Publikationen zitierend, kurz skizziert: »Merkels Politik ist das einzig Endogene am aktuellen Drama der deutschen Politik. Deren Dialektik spielt im Rahmen eines vielfach verschachtelten, umfassenden Geschehens, das in der veröffentlichten Vorstellung der Dinge nur gelegentlich und wenn, dann marginal auftaucht und von dem Wort ›Flüchtlingskrise‹ angstschürend verdeckt wird.« (Ebd. 3) Diese gehöre zu den Nebenwirkungen der Politik jenes Landes, das eine maßgebliche Rolle in den nahöstlichen Kriegen spiele, indem es systematisch Staaten zerstöre, »die sich Souveränität gegen seine Herrschaft herausnehmen. Es sind die US-geführten militärischen Interventionen des Westens und der durch sie ausgelöste Flächenbrand ausländisch genährter Bürgerkriege.« Und zu diesem kriegführenden »atlantischen Block« gehört die BRD.

Die Effekte: »Jahre nach den unmittelbaren Nachbarn hat die volle Wucht der daraus folgenden Fluchtwelle 2015 nun auch Europa und speziell die Bundesrepublik getroffen. Der westliche Interventionismus im Namen von Demokratie und Menschenrechten, aber mit Öl im Visier, fängt sich von Anfang an in dem Widerspruch, ausgerechnet die ›weltlichen‹, aus dem arabischen Sozialismus oder aus einem anderen Modernisierungsprojekt hervorgegangenen, anti-islamistischen Regime (Afghanistan, Irak, Syrien, Libyen) beseitigen und zugleich den eben hierdurch freigesetzten Islamismus besiegen zu wollen.« (Ebd.) Haugs Analyse: Es ist der »globale Kapitalismus«, der das »verwüstende Horrorszenario« hervorbringt, das Menschen dazu zwingt, »ihre angestammte Heimat auf der Suche nach besseren Lebensbedingungen oder überhaupt Überlebensmöglichkeiten zu verlassen.« (Ebd. 4) »In dieser Sicht wirkt die deutsche Hilfsbereitschaft wie ein unbewusstes Schuldeingeständnis. Der Westen hat all diese staatsvernichtenden Kriege in Afghanistan gegen den dortigen Modernisierungsversuch 1978, Irak, Syrien, Libyen geführt oder genährt. Sie sind der hauptsächliche Fluchtgenerator.« (Ebd.)

Haugs Resümee: »Merkel begriff und ergriff die demographisch-ökonomische Chance für Deutschland zusammen mit der Möglichkeit, im Bunde mit der Solidaritätsbewegung die Initiative zu behalten.« (Ebd. 5) Mit der Kölner Silvesternacht schlug dann aber die gewachsene Quantität der Ablehnenden »in Qualität um, und bald waren es nicht mehr nur die Merkel mit dem Galgen bedrohenden Pegida-Anhänger, sondern der Zulauf, den die Wut- und Angstbürger-Partei AfD aus allen Schichten und auch Parteien erhielt, was die epochal tragend gewesene Parteienstruktur ins Wanken brachte«. (Ebd.)

Haug bricht dann diese treffende Analyse ab, weil der Ausgang und die weitere Entwicklung offen war und noch immer ist, zumal ja Prozesse eigentlich keinen Abschluss haben, wie Brecht befindet, der für Haug – neben Gramsci – ein zentraler Anreger in Sachen Dialektik war. Auch wenn die weitere Entwicklung der Problematik offen ist, wagt Haug eine prognostische Einschätzung: Merkel »wird das Land fähiger gemacht haben, auf dem innerkapitalistischen Weg einer ›führend-subalternen‹ industriell-export-orientierten Mittelmacht fortzuschreiten. Eine begriffslose Ahnung davon, dass diesem Weg die verbleibende mögliche Geschichtszeit zerrinnt, mag eine Quelle der aus Angst- und Ohnmachtsgefühlen gespeisten Wutwelle sein, der zu begegnen und so die Initiative zu behalten es eines noch nicht absehbaren neuen Schachzugs praktischer Dialektik bedürfte. Doch in diesem Spiel der Gegensätze hängen die Zugmöglichkeiten von den kontingenten Konstellationen des geschichtlichen Moments ab.« (Ebd.) Der Unabgeschlossenheit der Sache gemäßt endet das Editorial mit: »(Fortzusetzen)«.

Dieser Einstieg in das Dialektik-Verständnis von Haug zeigt, dass wir es hier mit einem Denken zu tun haben, das eine bemerkenswerte analytische Kraft besitzt, was auch andere Arbeiten von Haug, z. B. die Analysen zur Warenästhetik, bezeugen. Umso spannender ist es, sich seine theoretischen Begründungen für sein Dialektikkonzept wie überhaupt für sein Philosophieverständnis genauer anzuschauen.

3.4.2.2 »Für praktische Dialektik«

Der wohl wichtigste Schlüsseltext, in dem Haug das für ihn maßgebliche praxisorientierte Denken in nuce konzentriert sieht, sind die *Feuerbachthesen* von Marx. Von den ›Gewährsleuten‹, die am überzeugendsten an diese der theoretischen Orientierung dienende ›Geburtsurkunde‹ anknüpfen und deren Grundgedanken fortführen, hebt Haug, wie schon erwähnt, vor allem Bertolt Brecht und Antonio Gramsci hervor, was nicht zuletzt ein Buchtitel wie *Philosophieren mit Brecht und Gramsci* (2. Aufl. 2006) zum Ausdruck bringt.

Betrachten wir einige seiner Texte genauer, in denen er sein Dialektikkonzept begründet. Der 2008 für die Berliner Bloch-Tage von 2007 geschriebene, der Form nach – woraus sich einige gedankliche Sprünge erklären – in 20 Thesen und einen Nachsatz gegliederte Artikel »Für praktische Dialektik« (Argument 274, 2008, 21-32), beginnt mit der – hinterfragbaren – kritischen Bemerkung, dass in der marxistischen Tradition die »theoretische Dialektik« vorherrschend sei, während die »praktische [...] ein Schattendasein [führt] und [...] nicht ganz ernst genommen [wird]«, während doch für Marx gelte, »dass geschichtliches Handeln unter Widerspruchsbedingungen das eigentliche Feld ist, auf dem Dialektik sich bewähren muss.« (Ebd. 21) Haugs bei-

ßende Kritik gilt vor allem dem von ihm so genannten »Offizialmarxismus«
(ebd. 22), in Teilen auch Engels, etwa einigen Positionen in dessen *Anti-
Dühring*, andererseits erkenne Engels der Dialektik auch eine »heuristische
Leitfadenfunktion« zu, vergleichbar der ›Findekunst‹ des Aristoteles: »Vom
praktischen Standpunkt wissenschaftlicher Erkenntnisgewinnung ist zwei-
fellos die heuristische Funktion die wichtigste. Sie schärft den Sinn für die
Möglichkeit nichtlinearer Entwicklungen oder des Zusammenhangs unmittelbar zusammenhangslos sich präsentierender Erscheinungen.« (Ebd. 22f.)
Er warnt aber: »Überschreitet man die Grenze des Heuristischen, verliert
die theoretische ›Dialektik‹ nicht nur ihren Nutzen für die Forschung, sondern wird hinterrücks von Entdialektisierung heimgesucht.« (Ebd. 23)

Den für die Dialektik zentralen Begriff der »Totalität« möchte Haug
aufs »ensemble der gesellschaftlichen Verhältnisse« aus den *Feuerbachthesen*
einschränken, polemisch gegen eine »Dialektik der Natur« gerichtet, damit ein Realitätsverständnis vertretend, das Natur nur als menschlich be-
arbeitete zum legitimen Gegenstand erklärt, worauf später noch einzugehen
sein wird.[84] Von der aktiv eingreifenden Dialektik unterscheidet Haug eine
»passive Dialektik«, so wenn »wir die ›Überraschung der springenden Entwicklung‹ hinterrücks erleiden und der ›Witz der Widersprüchlichkeiten‹
sich auf unsere Kosten ereignet«, was Haug z. B. in der »Komik eines Karl
Valentin« am Werk sieht.

»Ein ›Umschlag der Taten ins Gegenteil‹ großen Stils hat die Geschichte
des Sozialismus im 20. Jahrhundert zu einer Tragödie gemacht.« (Ebd. 25)
»Die Marxisten, die für ihre ›Wahrheit‹ eine ideologische Ewigkeit behauptet‹ haben, haben bewusstlos dazu beigetragen, ›die Dialektik des Marxismus zu einer *passiven Dialektik* zu machen‹, um schließlich ›von ihren
katastrophalen Formen hinterrücks beherrscht zu werden‹ (Haug, Pluraler
Marxismus, 1985, 52).« (Ebd. 25f.) Bei seiner notwendigen Kritik an Entwicklungen des von ihm formationstheoretisch meist als ›befehlsadminist-
rativer Sozialismus‹ titulierte ›Realsozialismus‹, an dem sich Haug vor allem
abarbeitet, vernachlässigt er hierbei oft die historischen Bedingungen und
die Gegenkräfte, ohne welche die mit Recht beklagten Fehlentwicklungen
nicht hinreichend begriffen werden können.

---

84 Auffällig ist übrigens – auch in anderen seiner Schriften – eine bisweilen päda-
    gogisierend-schulmeisterliche Redeweise bei Haug, etwa: »wie Brecht einschärft«
    (ebd. 24).

So sehr Haug bei seiner Analyse des Scheiterns des ›Realsozialismus‹ in Europa eine ›objektive‹ historische Kontextualisierung unterentwickelt lässt zugunsten einer vorrangig aufs Versagen des ›subjektiven Faktors‹ im Sinne einer – vereinfacht formuliert – Abweichung von Marx fokussierten Ursachenzuschreibung, so sehr gehört eine solche notwendige ›Realanalyse‹ dann zu Haugs Stärken, wenn es um die Kritik der imperialistischen Politik geht, bei der er den komplex verästelten Determinanten sensibel nachspürt: »Unter der Präsidentschaft von George W. Bush bot der neoimperialistische Unilateralismus der USA ein Schulbeispiel für die Verfehlung der Dialektik in Gestalt einer Verkennung der beweglichen Interdependenz aller Faktoren des Handlungsfeldes mit wiederum welthistorischen Folgen. Diese Politik führt auf einen Musterfall passiver Dialektik, erlitten gerade von der aktivsten Macht auf diesem Planeten.« (Ebd. 26)

Es ist ein Glanzstück einer dialektischen Analyse, wenn er schreibt: »Was tun, um mit einer emanzipatorischen Politik nicht zwischen die Fronten eines dominanten Antagonismus zu geraten? Oder was tun, wenn man bereits dorthin geraten ist? Vor diese Frage stellt uns der von den USA erklärte ›Weltkrieg gegen den Terror‹. Den Feind in diesem Krieg haben die USA selbst im Kalten Krieg großgezogen und gegen die progressiven Bewegungen der Moderne gerüstet. In der veränderten Konstellation hat dieser fundamentalistische Freund der USA sich in deren Weltfeind Nr. 1 verwandelt. Im Ergebnis einer hinterrücks wirkenden Dialektik haben die USA damit den reaktionären Antiimperialismus gegen sich auf den Plan gerufen, der die Individuen ins theokratisch und patriarchalisch verfasste Kollektiv zurückzwingt. Die antiimperialistische Linke droht vom reaktionären Antiimperialismus zermalmt zu werden, und die Niederlagen ihres Gegners, der USA, schicken sich an, sich in ihre eigenen zu verwandeln.« Maos Warnung vor »linksphraseologischen Wesenszuschreibungen« aufgreifend, schreibt er mit Recht: »Die USA ›sind‹ nicht schlechterdings reaktionär. Sie tragen ihren progressiven Gegensatz – wenngleich teils gefangen, teils eingespannt – in sich, wie sie andererseits das fundamentalistisch-religiöse Ebenbild ihres Todfeindes als integralen Bestandteil ihrer Regierungsmacht umfassen. Diese komplexe Widerspruchslage determiniert eine blinde Dialektik des Antiamerikanismus.« (Ebd.)

Neben Marx, Gramsci und Brecht ist Rosa Luxemburg ein weiterer wichtiger Bezugspunkt für Haug. Er schreibt, diese und einen Artikel von Helmut Seidel (»Lob der freien Gedanken«, in: *Neues Deutschland*, 13./14.1.2001, 20) zitierend: »Dialektik ist für Luxemburg ›keine Gedankenschaukelei des Einerseits-Andrerseits, Zwar-Aber, Obgleich-Dennoch, Mehr-Weniger‹, sondern auf gegensätzliche Totalität und ›Einheit von Gesetz und Erscheinung‹ gerichtet« (ebd. 27). »Luxemburg stemmt sich gegen das undialektische Auseinanderdriften von Demokratie und Sozialismus in der Arbeiterbewegung im Moment ihrer welthistorischen Spaltung. ›Wir sind nie Götzendiener der formalen Demokratie gewesen. Wir sind auch nie Götzendiener des Sozialismus oder des Marxismus gewesen‹ (W 4, 363).[85] Lenin stellt nach Rosa Luxemburgs Einsicht im Prozess dieselbe Frage wie Kautsky: *Diktatur oder Demokratie.* Diese Frage ist falsch gestellt. ›Jawohl: Diktatur! Aber diese Diktatur besteht in der Verwendung der Demokratie, nicht in ihrer Abschaffung.‹ (Ebd.)«

Bezogen auf Brecht und dessen Überlegungen zu den Erfordernissen in der Leitung einer proletarischen Partei als einer Kampforganisation nennt Haug, wie oben schon zitiert, das schwierige ›Operierenkönnen mit Antinomien‹ »ein Grundproblem praktischer Dialektik«, für deren Lösung es keine allgemeine Formel gebe. Hier zeigt sich eine Ahnung von den Schwierigkeiten, mit denen die kommunistischen Parteien nach der Oktoberrevolution und in den anderen ›realsozialistischen‹ Ländern zu tun hatten, eine Ahnung und Einsicht, die man in Haugs oft eindimensionaler Kritik am ›Realsozialismus‹ leider vermisst.

Was die eigene Theaterpraxis betraf, habe Brecht, wie Haug zutreffend schreibt, »die mit Dialektik zu lösende praktische Aufgabe dahingehend auf den Begriff gebracht, dass sie in der Darstellung von Kontroversen die Möglichkeit bietet, ›ohne Aufgabe der Parteilichkeit die beiden Parteien völlig zu Wort kommen zu lassen‹ (GA 22.1, 446).« (Ebd. 28) Peter Weiss habe, wie Haug ergänzt, ebenfalls dieses Verfahren in der *Ästhetik des Widerstands* seiner Erzählweise zugrunde gelegt, womit es ihm gelinge, aktuelle Kontroversen so zu führen, dass man Unterschiede daran hindere, sich in Gegensätze zu verwandeln, und Gegner, zu Feinden zu werden (ebd.) – eine Maßgabe, die Haug bei Auseinandersetzungen mit Kontrahenten wie z. B. Hans Heinz Holz schmerzlich vermissen lässt (siehe dazu weiter unten).

---

85   Haug zitiert aus: Rosa Luxemburg, Gesammelte Werke, 5 Bde., Berlin/DDR 1970-1975

Bei Lenins Dialektikverständnis würdigt Haug die Einsicht, dass in antagonistischer Praxis der Eingriffspunkt sich aus der je ›wesentlich verschiedenen Konjunktur des Kampfes‹ (LW 7, 415f.) ergibt: »›Jedes Stadium ist sozusagen eine besondere Schlacht in einem allgemeinen Feldzug. Man kann von unserem Kampf nichts verstehen, wenn man nicht die konkrete Lage in jeder Schlacht studiert.‹ Tut man das aber, wird deutlich, ›dass die Entwicklung tatsächlich den dialektischen Weg, den Weg der Widersprüche geht [...]‹ (416).« (Haug, Argument 274, 28) Von daher begründe sich auch Lenins Diktum: ›Eine abstrakte Wahrheit gibt es nicht, die Wahrheit ist immer konkret‹ (LW 7, 417). Ich müsse ein konkretes Ganzes denken, in dem ich nur ein Moment unter Momenten bin.»Lenins außergewöhnliche Geistesgegenwart«, so Haug, »zeigt sich in der blitzartigen Klarheit, in der er die objektiven Möglichkeiten der überraschenden Konjunktur erkennt und zu nutzen versteht.« (Haug, Argument 274, 28)

Weil die praktische Dialektik auf die Fähigkeit angewiesen sei, sensibel das Kontingente einer Situation zu erfassen und etwa Brecht ihre Denkweise als eine Lebensweise, ja Lebenskunst verstand, betont Haug immer wieder ihren Kunst-Charakter.»Praktische Dialektik verlangt nach einer Haltung, die Beweglichkeit und Weisheit verbindet; keine formalisierbare Methode, wäre sie doch relevant für Methode im elementaren Sinn der Heuristik (Findekunst).« (Ebd. 29) Darum gelte auch: »Die Fähigkeiten zur praktischen Dialektik sind nicht abstrakt lehrbar, wohl aber erlernbar« (ebd.). Und: »Für praktische Dialektik zu plädieren heißt nicht, gegen theoretische, sondern für eine die praktische unterstützende theoretische Dialektik zu plädieren.« (Ebd. 30) Haug weiter: »Wenn wir eingangs vorläufig die Wahrheit als das Ziel der theoretischen Dialektik, und als das der praktischen das Werk bestimmt haben, so stellt sich uns dieses Verhältnis jetzt anders dar: Der Primat der praktischen Dialektik stellt den geschichtsmaterialistischen Wahrheitsanspruch an die theoretische.« (Ebd.) Deshalb dürfe es – wie Haug, Vaclav Havel zitierend, feststellt – keine »Rückverwandlung von Dialektik in ein ›apriorisches und im Grunde abstraktes dialektisches Schema‹, also in eine neue Metaphysik ohne Wahrheit« (ebd.) geben.[86]

---

86   Havel, Vaclav, Über dialektische Metaphysik (1966), in: ders., Das Gartenfest / Die
      Benachrichtigungen, Reinbek 1989

Das richtet sich vor allem gegen Hans Heinz Holz, demzufolge die Philosophie »über jeden Teilaspekt hinaus das Ganze der Welt zu denken genötigt ist« (Holz, Weltentwurf, 2006, 2). Gegen Holz betont Haug, dass das innerweltliche Ganze »von ganz anderer Art [ist] als das des fiktiven Draufblicks. […] In Frage stehen beim Unterschied der beiden Denkweisen nicht die ›transempirischen‹ und ›spekulativen‹ Momente als solche, deren Unverzichtbarkeit Hans Heinz Holz verteidigt, sondern ihr Wie und ihre Reichweite. […] In Frage steht der Immanenzcharakter des Darüber-Hinaus, damit die philosophische Fundamentalgrammatik, die den transempirischen und spekulativen Momenten ihren Zweck und ihre Grenzen setzt.« (Haug, Argument 274, 30)

Sodann fährt er schweres Geschütz auf: »Eine theoretische Dialektik, die als Kunstgriff zur Erschleichung des Unendlichen fungiert, hat bereits die ideologische Ordnung restauriert, gegen die die Marxsche Dialektik angetreten ist. Die praktische Dialektik sucht ihren Standpunkt an der ›Grenze‹ und lässt sich von Marx sagen, dass Dialektik den ›realen Unterschied nicht aufhebt‹ (MEW 42, 43). Praktische Dialektik ist eine Endlichkeitskunst. Ihre Notwendigkeit gründet in der unaufhebbaren Nichtidentität von Denken und Sein.« (Haug, Argument 274, 30)

Im »Nachsatz« (ebd. 31) kommt Haug auf die 1944 geschriebene ›Dialektik der Aufklärung‹ von Adorno und Horkheimer zu sprechen, die er als ein »Werk über passive Dialektik« charakterisiert. »Der Sinn fürs Dialektische spitzt sich hier auf jene Art von Verwandlung zu, die ›dem triumphierenden Gedanken seit je geschehen ist. Tritt er willentlich aus seinem kritischen Element heraus als bloßes Mittel in den Dienst eines Bestehenden, so treibt er wider Willen dazu, das Positive, das er sich erwählte, in ein Negatives, Zerstörerisches zu verwandeln.‹ (6) Daher die Suche nach einem rein negativen Standpunkt der Kritik.« (Ebd.)[87] Haug beschließt diese Skizze des Ansatzes der beiden Stammväter der ›Kritischen Theorie‹ der Frankfurter Schule durchaus zutreffend: »Das fernere Schicksal dieser Denkweise zeigt, dass auch sie selbst von der passiven Dialektik eingeholt und gerade in ihrer Negativität von den Medien der Herrschenden vereinnahmt worden ist. Der Bann, von dem Adorno sprach, strahlte verwandelt von seinem

---

87   Die Seitenangabe bezieht sich auf Horkheimer, Max / Theodor W. Adorno: Dialektik der Aufklärung. Philosophische Fragmente, Amsterdam 1947 (geschrieben 1944).

eigenen Denken zurück. Den Bann der Dialektik der Aufklärung im Doppelsinn ihres Gegenstands und ihrer Denkweise, zu durchbrechen, und, sei es auch nur punktuell und momentan, befreiende Beweglichkeit zurückzugewinnen, darum geht es bei praktischer Dialektik.« (Ebd. 31)

Resümee: Haug plädiert in dem Artikel für eine »praktische Dialektik«, die er als eine ›Kunst‹ versteht, zu der Beweglichkeit, Wendigkeit und Witz, aber auch Weisheit gehören, um (angesichts der Kontingenzen) politisch erfolgreich handeln zu können. Er wendet sich zugleich gegen eine ›unpraktische theoretische Dialektik‹, die festschreibe und so zu gefährlicher Erstarrung führe, wie er sie im Marxismus-Leninismus und im untergegangenen ›Staatssozialismus‹ diagnostiziert. Deren aktuellen Repräsentanten sieht er, hier wie auch in anderen seiner Texte, vor allem oder prototypisch in der Gestalt von Hans Heinz Holz, gegen den er daher zu Felde zieht, wo immer sich die Gelegenheit dazu ergibt. Damit ist nichts gesagt gegen eine sachangemessene kritische Auseinandersetzung mit Holz im Rahmen des von Haug selbst kreierten Konzepts eines »pluralen Marxismus«.

3.4.2.3 Die Dialektik in ›babylonischer Gefangenschaft‹ durch Holz

In dem im selben Argument-Heft erschienenen Artikel: »In babylonischer Gefangenschaft? Dialektik bei Hans Heinz Holz« (Argument Heft 274, 2008, 75-82) rezensiert Haug zwei Publikationen von Holz (»Philosophisch-politische Perspektiven des Marxismus heute«, in: *Topos* 27, *Welt-Sichten*, Neapel 2007, 57-79; sowie *Weltentwurf und Reflexion. Versuch einer Grundlegung der Dialektik*, Stuttgart 2006).

Der vorliegende Text, der sich im Titel mit großer Geste an Luthers reformatorische Abrechnung mit der katholischen Kirche anlehnt (vgl. Martin Luther, Von der babylonischen Gefangenschaft der Kirche, 1520), ist alles andere als eine überzeugende Kritik am Dialektik-Verständnis von Holz, sondern eine fragmentierte Wiederholung altbekannter Vorwürfe, die bereits in die Zeit vor der ›Wende‹ zurückreichen. Theoretische Weiterentwicklungen und Differenzierungen von Holz z.B. bei seinem Widerspiegelungskonzept, die dieser gerade in seinem Werk *Weltentwurf und Reflexion* vorgelegt hat (vgl. dazu den obigen Textteil zu Holz), werden nicht zur Kenntnis genommen. Haugs Gesamturteil lautet: »Im Einzelnen ist vieles imposant und weiterführend« (ebd. 75), wobei man auf Hinweise zu solch

Weiterführendem vergeblich wartet. Und so setzt Haug, auf Adornos gegen Hegel gerichteten Ausspruch anspielend, fort: »Der Rezensent ist versucht zu sagen ›nur das Ganze ist das Unwahre‹.« (Ebd.)

Um auf die Verdammung des Rezensierten einzustimmen durch die Insinuierung von dessen vollständiger Identifikation mit den repressiven ›realsozialistischen‹ Strukturen, beginnt Haug: »Untergegangen in der Wirklichkeit, scheint im philosophischen Imaginären des Verf. die strikt von oben nach unten durchkonstruierte staatliche Produktionsweise sowjetischen Typs fortzuleben. Deren Struktur war es ja, die in einem bestimmten Ableitungs- und Systemdenken ihre ideologische Entsprechung fand. [...] Das revolutionäre Moment einer offenen innergeschichtlichen Analyse wurde wieder in die vermeintlich übergeschichtlichen Grundprinzipien einer Ersten Philosophie eingefangen. Der sich gegenüber der Gesellschaft absolut setzende Staat duldete keine Dialektikauffassung wie die von Marx [...]. Die geschichtsmaterialistische Dialektik erstarrte zu einer unbeweglichen Prinzipien- oder Gesetzeslehre aller Bewegung. Dies kann man ihre babylonische Gefangenschaft nennen.« (Ebd. 75f.) Dass Holz selbst solche Erstarrungstendenzen der Dialektik in der Sowjetunion thematisiert und kritisiert hat (z. B. Holz, Weltentwurf, 34), unterschlägt Haug.

Wo Holz von einem offenen System spricht (z. B. Weltentwurf, 238f.), das der ständigen historischen Überprüfung und Korrektur bedürfe, unterstellt Haug ein dogmatisch geschlossenes System (z. B. Argument 274, 75f.). Dass Holz bei der Konstruktion eines Weltbildes ausdrücklich von der unvermeidlichen Relativität und Perspektivität spricht (z. B. Weltentwurf, 16f. u. ö.), wird verschwiegen. Den rationellen Kern und zugleich notwendigen Schein der idealistischen Konstruktion zu enthüllen, wird als Rückkehr zum Idealismus ausgegeben. (Vgl. z. B. Argument 274, 78) Ideelles und Idealistisches wird hier von Haug identifiziert; er verkennt z. B. die historisierende und dialektisch ›aufhebende‹ Umgangsweise von Holz mit der philosophischen Tradition, etwa bei der veränderten Aufnahme traditioneller Begriffe wie ›Metaphysik‹ oder ›Spekulation‹ (z. B. ebd. 79); der diffizile, aber klare Zusammenhang im Ansatz von Holz wird von Haug nicht wirklich nachgezeichnet und entsprechend präzise kritisiert (z. B. ebd. 80f.), so dass man sich fragt, ob er Holz verstanden hat oder ihn überhaupt verstehen will. Fast denunziatorisch wird es, wenn der Holzsche Theorieansatz gleichsam subkutan in die Nähe von Stalins Politik gerückt wird (vgl. z. B. ebd. 82).

Man könnte diese Liste von Unterstellungen und Fehlurteilen problemlos fortsetzen, worauf hier verzichtet wird. Die wirklichen Differenzen des Theorieansatzes von Haug gegenüber demjenigen von Holz herauszuarbeiten, würde eine Auseinandersetzung mit Haugs Büchern *Philosophieren mit Brecht und Gramsci* (1996), *Dreizehn Versuche marxistisches Denken zu erneuern gefolgt von Sondierungen zu Marx/Lenin/ Luxemburg* (2005) oder *Einführung in marxistisches Philosophieren* (2006) verlangen, was hier nicht möglich ist.

Es muss nicht wiederholt werden, dass Haug große Verdienste hat für die Weiterentwicklung und Verbreitung der marxistischen Theorie seit den 1960er Jahren, und dies nicht nur im deutschsprachigen Raum (wie etwa das Projekt des *Historisch Kritischen Wörterbuchs des Marxismus* belegt), und dass er viele überzeugende Beispiele einer hervorragenden dialektischen Analyse auf diversen Feldern geliefert hat. Dagegen sind gleichsam selbstverschuldete Wahrnehmungsblockaden bei Haug festzustellen, wenn es um einen solchen kontroversen Ansatz wie den von Holz geht. Unabhängig von solchen schwer nachvollziehbaren Blickverengungen versteht es sich von selbst, dass eine kritische Auseinandersetzung natürlich auch mit Positionen wie der von Holz geboten ist, um weiter an der Klärung des Dialektikverständnisses zu arbeiten wie überhaupt an Problemen der marxistischen Theorie in Richtung auf eine realitätsangemessene Schärfung ihres analytischen Potentials.

3.4.3 Losurdo

Domenico Losurdo (geb. 1941) ist italienischer Philosophieprofessor und Präsident der *Internationalen Gesellschaft Hegel-Marx für dialektisches Denken.* Neben seinen zahlreichen Werken u. a. über Hegel und über umstrittene historisch-politische Fragen hatte er zusammen mit Hans Heinz Holz bis zu dessen Tod 2011 die philosophische Halbjahresschrift *Topos* herausgegeben. Er soll hier insbesondere deshalb betrachtet werden, weil in seinen Arbeiten, vor allem in seinen realphilosophisch-politischen Analysen deutlich wird, wie die Hegelsche Dialektik das Begreifen realer Sachverhalte befördern kann.

Zentral ist für ihn Hegels Maßgabe: »Das Wahre ist das Ganze« (Hegel, Werke 3, 24). Dieser ›Blick aufs Ganze‹ leitet ihn bei seinen Studien, so z. B. auch in seiner Beurteilung des westlichen Liberalismus. Von dessen Repräsentanten bis zu Popper und Hayek erfolgten bekanntlich immer wieder Attacken gegen Hegel und die Dialektik, verbunden mit dem ›Totalitarismus‹-Vorwurf. Dagegen empfiehlt Losurdo als angemessene Vorgehensweise für die Interpretation nicht nur Hegels, sondern auch anderer Repräsentanten der Tradition, von den jeweiligen Zeitbedingungen auszugehen (gemäß Hegels knapper Kennzeichnung in der Vorrede zur *Rechtsphilosophie,* Werke 7, 26: Philosophie sei »*ihre Zeit in Gedanken erfaßt*«). – Zu einer solchen, historisch reflektierten Interpretation Hegels aus seiner Zeit heraus bemerkte übrigens schon Brecht (vgl. oben am Ende des Hegel-Teils): Der »Ausbau der Dialektik durch Hegel erfolgt« in einer widersprüchlichen Situation: »unter dem Zwang für die Bourgeoisie, mehr und mehr Proletariat zu produzieren und mehr und mehr seine drohende Emanzipation zu verhindern.« (Brecht, Gesammelte Werke 20, 150f.)

Darum hält Losurdo auch die Einschätzung für verfehlt, Hegel sei ein Vertreter des reaktionären preußischen Obrigkeitsstaats, und er plädiert dafür, Hegels Philosophie vor dem Hintergrund der gesellschaftlichen Situation in Deutschland am Anfang des 19. Jahrhunderts zu interpretieren: als Versuch, das Freiheitspathos und die Ideale der französischen Revolution in einem noch halbfeudalen Land und in dem monarchisch-konservativen preußischen Staat, in dem noch die Zensur herrschte, zur Geltung zu bringen. Er möchte Hegel dadurch sowohl in seinen zeitbedingten Begrenztheiten wie in seinen weiterreichenden, über seine Zeit hinausweisenden Gedanken gerecht werden.

Wir beziehen uns dafür zunächst auf Äußerungen Losurdos in einem Interview, das 2008 unter dem Titel »Warum noch Hegel? Über den Charakter, die historische Rezeption und Wirkung, und die gegenwärtige Bedeutung der Hegelschen Philosophie« in der türkischen Philosophiezeitschrift »Bayku : Felsefe Yazıları Dergisi" (Minerva: Zeitschrift für philosophische Schriften) mit ihm (damals Präsident der »*Internationalen Gesellschaft Hegel-Marx für dialektisches Denken*«) sowie mit Andreas Arndt (damals Vorsitzender der »*Internationalen Hegel-Gesellschaft*«) geführt wurde (hier zitiert als Losurdo, Interview, 2008).[88]

---

88 Das Interview, das mir nur als Internetquelle vorliegt (ich zitiere nach den Seitenzahlen der Datei), wurde in der 2. Nummer der genannten Zeitschrift in Übersetzung aus dem Deutschen von Dr. Doğan Göçmen veröffentlicht, der zugleich das Interview geführt hatte. – Die Interview-Äußerungen von Andreas Arndt werden im Abschnitt 3.4.4 behandelt, zusammen mit dessen anderen Arbeiten. Vgl. D. Lo-

3.4.3.1 Zu Hegels Aktualität

Dass Hegel nicht im ›reinen Denken‹ verharrt, seine dialektische Vorgehensweise vielmehr auch in seinen realphilosophischen Arbeiten leitend ist, freilich in spezifischem Unterschied zu seiner *Logik*, verdeutlicht Losurdo vor allem im Blick auf die *Rechtsphilosophie*. Bekanntlich hatte für Hegel die Freiheit eine Schlüsselbedeutung, wenn dieser die Weltgeschichte als »Fortschritt im Bewußtsein der Freiheit« deutet (Hegel, *Vorlesungen über die Philosophie der Geschichte*, Werke 12, 32). Einerseits, so Losurdo, missachte Hegel nicht die sog. ›formellen Freiheiten‹; andererseits komme ihm, noch vor Marx, das Verdienst zu, hervorgehoben zu haben, dass die materielle Ungleichheit, wenn sie ein bestimmtes Niveau erreicht, auch die Freiheit zunichte mache: weil der Hunger (und die Gefahr des Hungertodes) den ganzen Umfang der Realisierung der Freiheit angreife, die »totale Rechtlosigkeit« mit sich bringt (*Rechtsphilosophie*, § 127, Hegel, Werke 7, 240), letztendlich gleichbedeutend mit Sklaverei ist.

Hegel wirft dem Liberalismus vor, sich ausschließlich um die »ungestörte Sicherheit der Person und des Eigentums« zu kümmern, ohne das Problem des »Wohls jedes Einzelnen«, des »besonderen Wohls« zu erwägen (ebd. § 230, 382). Gegenüber Theoretikern des *laissez-faire* könne mit Hegel argumentiert werden, dass jedes einzelne Individuum das Recht zu leben habe, womit zugleich eine Doktrin und eine politische Ordnung kritisiert werde, worin den materiellen Lebensbedingungen der konkreten Individuen keine Beachtung geschenkt werde. Die Hegelsche Maßgabe, das Individuum auch nach seiner *Besonderheit als Person* zu betrachten, sei jedoch unmöglich, wenn man von seinen materiellen Bedürfnissen abstrahiere.

»Man könnte sagen«, so Losurdo, »dass der Konflikt der Freiheiten der Leitfaden der Hegelschen Interpretation der modernen Geschichte ist.« (Losurdo, Interview, 2008, 4) Schon beim Konflikt zwischen Antigone und Kreon im altgriechischen Drama des Sophokles ging es um »die Kollision zwischen zwei ›sittlichen Mächten‹.« Antigone repräsentiere die ›Familienliebe‹, die Anhänglichkeit an die Gefühle und die natürlichen Bindungen der Verwandtschaft; Kreon verkörpere das ›Gesetz des Staats‹, die Objek-

surdo und A. Arndt: Über den Charakter, die historische Rezeption und Wirkung, und die gegenwärtige Bedeutung der Hegelschen Philosophie, unter: http://warumheutenochhegel.blogspot.de/2008/08/d-losurdo-und-arndt-ber-den-charakter. html (abgerufen am 06.06.2017) tivität der Rechtsnorm. Es können dabei Konfliktsituationen auftreten, die zu einer schmerzlichen, ja sogar tragischen Wahl zwingen. ›Kreon ist nicht ein Tyrann, sondern ebenso eine sittliche Macht‹. (Hegel behandelt diesen Konflikt in den *Vorlesungen über die Philosophie der Religion, II*, Werke 17, 133; vgl. auch die Darstellung in der *Phänomenologie des Geistes*, Werke 3, 327-354.)

So bekommen auch Freiheit und Unterdrückung eine unterschiedliche Bewertung, je nach der Perspektive: ob aus der Sicht der wenigen (der Herren und Reichen) oder aus der Sicht der vielen (der Unterprivilegierten und Armen) betrachtet.

Bezogen auf die Formierung der modernen Welt schreibt Hegel: Nach der französischen Revolution verspüre der Adel den Verlust des Privilegs, das ihn beispielsweise zum einzigen Verwahrer der Rechtspflege machte, als »ungehörige Gewalttätigkeit, Unterdrückung der Freiheit und Despotismus« (*Rechtsphilosophie*, § 219, 374). Einen solchen revolutionären, antifeudalen Despotismus verteidigte Hegel, weil er für ihn ein Moment der Verwirklichung des Allgemeinen bildete, worin Losurdo eine kontinuierliche Linie mit den nachfolgenden Revolutionen von unten sieht, das Allgemeine verstanden im Sinne der historischen Tendenz auf Ausweitung der Freiheit auf möglichst alle, statt auf wenige beschränkt zu sein.

Es ist der Konflikt der Freiheiten, den Hegel systematischer in seiner Analyse des »Notrechts« theoretisch fasst (*Rechtsphilosophie*, § 127). Der Hungernde, der sich in Lebensgefahr befindet, hat das Recht, ein Stück Brot zu stehlen, das ihm das Überleben zusichert. Gewiss verletzt er auf diese Weise beim Bestohlenen den freien Genuss dessen Eigentums; dennoch ist dieser Diebstahl der Versuch, einer Situation zu entfliehen, die von »totaler Rechtlosigkeit« gekennzeichnet ist.

Dies steht im Gegensatz z. B. zu Kants abstraktem Rigorismus (vgl. auch die Diskussion um die Unterscheidung von ›Gesinnungs-‹ versus ›Verantwortungsethik‹). Auch Brecht setzt (z. B. im *Kaukasischen Kreidekreis*) Hegels konkrete Ethik fort. (Vgl. auch Hegels *Wer denkt abstrakt?* Werke 2, 575-581, wo er es als ›abstrakt‹ bezeichnet, z. B. einen Verbrecher ausschließlich auf diese eine Eigenschaft oder Tat zu reduzieren.) Es ist gerade die ständige Berücksichtigung der Geschichte und des widerspruchsvollen Charakters des historischen Prozesses, der es Hegel ermögliche, den »Dogmatismus des gemeinen Bewusstseins« zu vermeiden, dem, so Losurdo, auch die berühm-

testen Vertreter der liberalen Tradition letztendlich erliegen.[89] Um einen
solchen »Dogmatismus des gemeinen Bewusstseins« handele es sich, wenn
manche Liberale eine Besonderheit herausgreifen und losgelöst von der Gesamtheit des politisch-sozialen Lebens betrachten[90], beispielsweise das *rule
of law* (›Herrschaft des Gesetzes‹) in den Vereinigten Staaten. Dogmatisch
ist also die Fixierung auf ein Moment, eine Besonderheit, die Abstraktion
vom konkreten Ganzen der Verhältnisse. Demgemäß werde beim Liberalismus etwa abstrahiert vom Schicksal der Indianer, der Afroamerikaner und
anderer ethnischer Gruppen und damit Hegels ›Lektion‹ ignoriert, wonach
›das Wahre das Ganze‹ sei (Werke, 3, 24). Es geht darum, die anzustrebende
Beachtung des Ganzen als Verfahrensregel anzusehen.

Losurdo weiter zum Liberalismus: Mittels einer Reihe von Verdrängun-
gen und logischen Sprüngen werde aus dem *rule of law*, das in Wirklichkeit
nur für die Gruppe der Weißen gilt, die Herrschaft des Gesetzes im Allgemeinen und schließlich dann zur Charakteristik eines Volkes, das dazu
berufen sei, die Universalität zu verkörpern.

Zur Apostrophierung Hegels als ›Philosoph des Totalitarismus‹ meint
Losurdo (Interview, 7): Heutzutage werde die Kategorie Totalitarismus
hauptsächlich dazu benutzt, um die Verantwortlichkeit des liberalen Westens in der Tragödie des 20. Jahrhunderts zu verschleiern. Einerseits ver-
dränge man mit dieser Kategorie den Ersten Weltkrieg; andererseits auch
die koloniale Tradition, die der deutsche Nazismus zu übernehmen gedachte, indem er, wie es seinerzeit mit den Indianern geschah, die Völker Osteuropas dezimierte und die Überlebenden dazu zwang, wie die
schwarzen Sklaven im Dienste der Herrenrasse zu arbeiten. Totale Macht-
entfaltung zum Nachteil der Kolonialvölker und totaler Krieg zwischen
den kolonialistischen und imperialistischen Mächten, der dann in der
kapitalistischen Metropole ausbrach: das seien die Ursachen des ›Totalitarismus‹. Wenn z. B. der französische Theoretiker der Reaktion Joseph

---

89 Zu Losurdos Analysen des Liberalismus vgl. insbesondere Hegel und die Freiheit
    der Modernen (2000) und Freiheit als Privileg. Eine Gegengeschichte des Libera-
    lismus (2010).

90 Aktuell zeigte sich dieses Dogmatisch-Undialektische z. B. unlängst beim Tod Fi-
    del Castros, als in der Berichterstattung vieler westlicher Medien die Kritik der
    fehlenden Meinungsfreiheit in Kuba einseitig im Vordergrund stand, statt diese
    abzuwägen z. B. gegen die Fortschritte im Bildungs- und Gesundheitssystem.

de Maistre den Grundfehler der französischen Revolution darin erblickte, dass diese den Allgemeinbegriff Mensch theoretisch gefasst habe, statt nur Franzosen, Italiener, Russen etc. zu sehen, sieht Losurdo diesen »Nominalismus«[91] auch im Nazismus: die Auflösung des Allgemeinbegriffs Mensch und die Theoretisierung der ›Untermenschen‹, dazu bestimmt, ausgerottet oder versklavt zu werden. Dagegen versteht er Geschichte als mühsame Herausarbeitung einer Verallgemeinerung, z. B. der allgemeinen Menschenrechte.

Einen zentralen Aspekt der Dialektik sieht Losurdo darin, den Schlüsselkategorien des philosophischen und politischen Diskurses ihre scheinbare Selbstverständlichkeit abzusprechen und den komplexen, widersprüchlichen historischen Prozess, der ihnen zugrunde liegt, hervorzuheben. Die Kategorie »Totalität« (das ›Ganze‹) zurückzuweisen, bedeute, sich die Möglichkeit des Verstehens der modernen und zeitgenössischen Geschichte zu verbauen. So habe sich etwa die Demokratie innerhalb der weißen Gemeinschaft gleichzeitig mit der Versklavung der Schwarzen und der Deportation der Indianer entwickelt. Die scharfe Grenzlinie zwischen Weißen einerseits und Schwarzen und Indianern andererseits habe die Gleichheitstendenz innerhalb der weißen Gemeinschaft begünstigt. Die den Ausgeschlossenen auferlegte deutliche Ungleichheit sei die Kehrseite des Gleichheitsverhältnisses, das sich unter denen herausbildet, die die Macht haben, die »Niedrigeren« auszuschließen. So gehe etwa zwischen dem Ende des neunzehnten und dem Anfang des zwanzigsten Jahrhunderts in Europa die Ausweitung des Wahlrechts Hand in Hand mit dem Kolonisationsprozess, der für die unterworfenen Völker den Zwang zu sklavischer oder halbsklavischer Arbeit mit sich brachte.

Der von der Arbeiterbewegung mühsam erkämpfte sozialstaatliche Kompromiss in Europa, so könnte man Losurdo ergänzen, wurde zugleich auch auf Kosten der Kolonisierten etabliert und von unten getragen (was z. B. Lenin mit dem Begriff ›Arbeiteraristokratie‹ zu fassen versuchte); die

---

91   In der seit dem mittelalterlichen Universalienstreit andauernden Debatte positionieren sich die »Nominalisten« gegen die Allgemeinbegriffe. So hatte etwa die Premierministerin Margret Thatcher, die dem Neoliberalismus in Großbritannien zum Durchbruch verhalf, bestritten, dass es so etwas wie ›Gesellschaft‹ gebe, es gebe nur einzelne Menschen. »There is no such thing as society«, so in einem Interview für Woman's Own am 23.9.1987 (de.wikiquote.org).

neben Solidarität und Hilfe auch zu beobachtende massive Ablehnung gegenüber Migranten und Flüchtlingen in der aktuellen Gegenwart ist bekanntlich auch ›unten‹ anzutreffen, was auf die Heterogenität des in der Rassismusforschung mit »Wohlstandschauvinismus« bezeichneten Phänomens verweist. Dieser Begriff kann die gegenwärtigen ›rechtspopulistischen‹ Bewegungen verstehen helfen, die zwar nicht zuletzt auch eine Folge der neoliberalen Politik auf nationaler wie globaler Ebene sind, aber eben auch eine Resonanz ›von unten‹ erfahren, wobei hier durch die Fixierung auf die Erscheinungsformen das wesentliche, komplex vermittelte Verhältnis von Ursache und Wirkung unbegriffen bleibt. Scharfe Abgrenzungen können eine stabilisierende Funktion nach innen haben und durch den rigiden Ausschluss der nicht Dazugehörigen zugleich Borniertheit und Blindheit fördern; relative Stabilität wird so durch Beschränktheit erkauft. Daher auch die breite Zustimmung zum Konzept einer ›Festung Europa‹ mit scharfen Grenzen nach außen gegen die Einwanderer aus der sog. Dritten Welt.

Hegels Dialektik hilft, so Losurdo, die liberale Gesellschaft als eine widersprüchliche Totalität zu verstehen. Diesen Ansatz zurückzuweisen, bedeute entweder, »dass man vor der heute vorherrschenden Apologetik kapituliert, die die furchtbaren Ausschlussklauseln verdrängt, die die Geschichte des liberalen Westens charakterisieren oder dass man in Richtung ›marxistische‹ Vulgata abdriftet, die die *rule of law,* die Regeln der Machteinschränkung und die ›formelle‹ Freiheit für irrelevant hält: beide Alternativen sind katastrophal.« (Ebd. 9)

Losurdos Resümee: »Ohne die Dialektik ist es unmöglich, sich in der Welt, in der wir leben, zu orientieren.« (Ebd.) Sie hilft dabei, die Welt in ihrer widersprüchlichen Konkretion und Gewordenheit zu erkennen oder auch die sog. Menschenrechtskriege (Beispiel: Jugoslawien 1999) oder Kriege zur Implementation von Demokratie (wie im Irak 2003) auch als Verschleierung von geopolitischen Machtstrategien oder Rohstoffsicherung zu entlarven.

Er betont dabei die Dialektik im Konkreten: Nach dem Dialektischen allgemein, ohne nach seinen ›Verkörperungen‹ im historisch-empirischen Material zu fragen, entspräche gewissermaßen dem Versuch, die abstrakten Gedankenbestimmungen der ›Logik‹ allein in ihrem strukturellen Zusammenhang erfassen zu wollen – vor ihrer ›Entäußerung‹ in

Natur und Geschichte, in der sie sich zu konkretisieren und zu bewähren haben.[92]

Die Bedeutung des Allgemeinen betonend, »eine Kategorie, die politisch betrachtet alles andere als harmlos« (ebd. 15) sei, verweist Losurdo zugleich auf die Rolle des Besonderen und Einzelnen. So stehe die zentrale Bedeutung der Figur des Individuums für Hegel außer Zweifel. Dieser schreibt (*Rechtsphilosophie*, § 185A, 341f.): ›Die selbständige Entwicklung der *Besonderheit*‹ und das Eindringen des »›Prinzips der *selbständigen in sich unendlichen Persönlichkeit des Einzelnen*, der subjektiven Freiheit‹ sind ein wesentliches Moment der Moderne.« (Losurdo, Interview, 13) Die Figur des Individuums in seiner Allgemeinheit, als allgemeiner Begriff des Menschen, ist »kein unmittelbares Faktum, sondern das Ergebnis eines gigantischen historischen Prozesses, in dessen Mittelpunkt der vom Knecht geführte Kampf um die Anerkennung steht, der Knecht, der vom Herrn auf ein bloßes Arbeitsinstrument reduziert wird und dem damit seine menschliche Würde und seine Individualität entzogen werden.« (Ebd. 13)

Wenn das »Subjektive der Armut« auch »*subjektive* Hilfe« verlange (Hegel, *Rechtsphilosophie*, § 242, 388), so wendet sich Hegel vor allem in der sozialen Frage zugleich gegen eine »Glorifizierung des Individuums« (Losurdo, ebd.) und plädiert für allgemeine, von den Zufälligkeiten einer individuell-privaten Caritas unabhängige gesellschaftliche Lösungen. Er schreibt:»so geht das Streben der Gesellschaft dahin, in der Notdurft und ihrer Abhilfe das Allgemeine herauszufinden und zu veranstalten und jene Hilfe [z. B. Almosen usw., R. S.] entbehrlicher zu machen. [...] Der öffentliche Zustand ist [...] für um so vollkommener zu achten, je weniger dem Individuum für sich nach seiner besonderen Meinung, in Vergleich mit dem, was auf allgemeine Weise veranstaltet ist, zu tun übrigbleibt.« (*Rechtsphilosophie*, § 242 und § 242 A, 388f.).

Gegen die Auffassungen von Liberalen und Konservativen, den Sozialstaat als Unterdrücker des Individuums anzuprangern, bedeute für Hegel, Menschen zur Armut zu verurteilen, in Erwartung einer Wohltätigkeit, die auch ausbleiben kann, ihre Individualität mit Füßen zu treten und ihnen weiterhin die Anerkennung abzusprechen.

---

92 Dies, die Reflexion der ›reinen‹ Denkbestimmungen, ist freilich die ausdrückliche Vorgehensweise Hegels in seiner *Logik*, Denkbestimmungen, die er in seinen realphilosophischen Arbeiten konkretisierte.

Zur Frage des Interviewers, was Kant und Hegel verbinde, meint Losur-
do: »[D]er Erste erlebt die Krise des Ancien Régime, die in die französische
Revolution gemündet ist; der Zweite geht gerade von dieser historischen
Wende aus, um über die Widersprüche und die Konflikte nachzudenken,
die auf innerer und internationaler Ebene den revolutionären Prozess und
den Aufbau der neuen politisch-sozialen Ordnung kennzeichnen. Beiden
Philosophen gemeinsam ist die zentrale Rolle der Kategorie Allgemeinheit«
(Losurdo, Interview, 15); Kant also *vor*, Hegel *nach* der bürgerlichen Revolution, nun bezogen auf die Probleme des Aufbaus der neuen Ordnung.
»Wenn das Kantische Pathos der Allgemeinheit den Sturz des *Ancien Régime*
leiten kann, so ist für die Errichtung der neuen Ordnung eine Allgemeinheit vonnöten, der es gelingt, die Bestimmtheit und die Besonderheit zu
subsumieren. Die Lehre Hegels scheint mir auch in Bezug auf das mit der
Oktoberrevolution begonnene historische Geschehen gültig und aktuell zu
sein.« (Ebd. 16)

Methodisch, so betont Losurdo immer wieder, sei die historische Betrachtungsweise zentral, um einer Idee, einer Konzeption, einem Autor
gerecht zu werden: »Ich glaube, eine Textinterpretation kann nur dann
korrekt sein, wenn sie in der Lage ist, der Geschichte der Interpretationen Rechnung zu tragen, wenn sie in der Lage ist, die Wirkungsgeschichte,
letztendlich die konkrete historische Wirksamkeit des untersuchten Philosophen nicht als die Aufeinanderfolge von Missverständnissen und Fehlern
zu liquidieren.« (Ebd. 18)

Daher resultiere das relative Recht der jeweiligen Interpretation aus den
Fragen und Erfahrungen der aktuellen Zeit heraus. »Man sollte sich eine
bedeutende Lehre Hegels auch für die Geschichte der Interpretationen seines Denkens zunutze machen: das Wahre ist ein solches in dem Maße, in
dem es in der Lage ist, auch das andere als das Wahre, auch das ›Falsche‹
zu erklären.« (Ebd.) Es geht somit auch darum, die relative Berechtigung
der jeweils anderen Interpretationen zu bestimmen, – gemäß dem öfter von
Holz zitierten Ausspruch Spinozas: *verum index sui et falsi* (›das Wahre ist der
Prüfstein seiner selbst und des Falschen‹). Es habe wenig Sinn, sich bezüglich der Interpretationen bei den »Missverständnissen«, ob den tatsächlichen oder angeblichen, aufzuhalten, ohne der politisch-sozialen Geschichte
Rechnung zu tragen, die hinter ihnen steht. »Sowohl der Rückgriff auf die
Kategorie des Missverständnisses als auch der Versuch großzügiger Aussöh-

nung schwächen dagegen den Widerspruch ab oder löschen ihn sogar aus.«
(Ebd.) So las z. B. der Nationalliberale Haym Hegel als Theoretiker der
Restauration, während Marx und Engels in der *Rechtsphilosophie* die theoretische Rechtfertigung der konstitutionellen oder repräsentativen Monarchie
lesen. »Wir haben es nicht mit einem Disput zwischen verschiedenen phi-
lologischen Schulen zu tun, [...] sondern mit einem politischen Kontrast,
der sich von denselben Quellen nährt.« (Ebd. 18) – Demnach ist auch die
Marx-Engelssche Lektüre Hegels aus ihrer Zeit sowie aus ihren damaligen
Problemprioritäten zu begreifen.

Es ist der heutige Interpret, »der die Zentralität der Kategorie Sittlichkeit, die sogenannte Staatsvergötterung, mit der Restauration und nicht mit
der revolutionären französischen Tradition in Verbindung bringt,« (Ebd. 20)
Und weiter: »Hat man erst einmal die wahre Natur des Widerspruchs verstanden, der zwischen Hegel und Haym einerseits und zwischen Hegel
und Marx-Engels andererseits besteht«, so braucht man keine der beiden
entgegengesetzten Interpretationen als Resultat eines Missverständnisses
auszuschließen. Gegensätzlich sind die jeweiligen Werturteile, »und Haym
formuliert sein Werturteil, indem er als zutiefst antiliberal und typisch für
die Restauration diejenigen Thesen und Analysen ausgibt, die für Marx die
fortschrittlichsten waren.« (Ebd. 20)

Die Kontinuitätslinie, die von Haym bis Topitsch oder bis zu Popper
und Hayek reiche, sei das Lob des Liberalismus in Entgegensetzung zum
wie auch immer beschaffenen ›Totalitarismus‹. Zentraler Punkt der Interpretation ist also die Frage, von welcher gesellschaftlichen, interessenbe-
stimmten Seite die jeweilige Kritik an Hegel kommt; es geht um die politische Geschichte der Hegeldeutungen, die es uns ermöglicht, Klarheit zu
schaffen. Die Reichhaltigkeit und Vielfältigkeit der Hinweise, die aus der
Rekonstruktion der politischen Geschichte der Interpretationen hervorgehen, »muss sich der heutige Interpret zunutze machen, um die Konditio-
nierungen seiner Lesart zu verstehen und um sich der kulturellen und auch
politischen Kategorien bewusst zu werden, die seine an Hegel gerichteten
Fragen bestimmen.« (Ebd. 20f.) Dies sei nicht mit der »Wirkungsgeschichte«
im Sinne von Gadamers Hermeneutik zu verwechseln, die die Kategorie
des objektiven Widerspruchs und die politisch-soziale Dimension ignoriere.

Eine »falsche Frage kompromittiert das Verständnis der Rechtsphilosophie«, so Losurdo zum Abschluss des Interviews, »und zwar die Frage nach

dem Liberalismus oder Illiberalismus ihres Autors [...], denn sie schließt eine kategorische, aber unbewusste Stellungnahme innerhalb einer politischen Debatte mit ein, die die Geschichte der Hegelinterpretationen durchzieht und die noch heute nichts von ihrer Aktualität eingebüßt hat. [...] Marx und Engels haben sich nicht auf die Suche nach einem esoterischen, dem exoterischen entgegenzuhaltenden Hegel gemacht, weil sie von Anfang an das Bewusstsein gewonnen hatten, dass das Hegelsche Denken, trotz der Grenzen des Systems (die auf das ›deutsche Elend‹ rückführbar waren) weit über die Positionen derer hinausging, die Engels die ›beschränkten Liberalen‹ nennt, wenn er den Autor der Rechtsphilosophie gegen die Angriffe vom Typ Hayms verteidigt (MEW, Bd. 20, 266).« (Ebd. 21)

Fazit: Losurdo hat hier, über Hegel hinaus, wichtige methodische Prinzipien zur Interpretation von Tradition überhaupt formuliert. Ein solches Verfahren einer dialektischen Interpretation von Texten, diese historisch-politisch zu kontextualisieren und zu reflektieren, gilt auch für andere Felder, ob für Konzepte der Soziologie oder auch für Theater- oder Musik-Werke, aber auch für den Marxismus als solchen. Gegen ein einfaches ›zurück zu Marx‹ sind vielmehr die Interpretationsgeschichte einzubeziehen sowie die hinter den Interpretationen stehenden sozialen, politischen, jeweils zeitbedingten Interessen. Deshalb ist es auch berechtigt (und faktisch unumgänglich), von den heutigen Problemen und Fragen an die Tradition heranzugehen, wenn man nicht nur philologisch und historiographisch vorgehen, sondern wissen möchte, was aus der Tradition für die Gegenwart ›zu lernen‹ ist, wobei man keine direkten Antworten von den befragten Gegenständen, Konzeptionen oder Theoretikern (inkl. politischen Praktikern) erwarten darf, sondern einen Übersetzungsvorgang leisten muss: die damaligen Antworten auf damalige Fragen und Situationen müssen über-gesetzt werden über den zeitlichen Graben von damals zu heute. Sonst kann es zu ›Kurzschlüssen‹ oder zu problematischen ›Instrumentalisierungen‹ kommen. Jede Zeit hat ihre spezifische ›Lektüre‹ des Überlieferten. Diese zu bestimmen, ist selbst wieder Gegenstand eines wissenschaftlichen und politischen Streits, in dem Interessen eine wichtige Rolle spielen.

Gemäß Hegels »Das Wahre ist das Ganze« hat Losurdo in zahlreichen Publikationen und Interviews diesen Interpretationsgesichtspunkt auch auf die Gegenwart bezogen. Dieser Leitlinie folgend analysiert er die heutigen Konflikte im Horizont der aktuellen politisch-gesellschaftlichen Totalität und rekurriert dabei auf die Imperialismus-Theorie: Die gegenwärtigen Konflikte und Widersprüche versucht er nicht zuletzt vor dem Hintergrund zu begreifen, dass der Imperialismus der USA im Bündnis mit anderen, von den USA mehr oder weniger abhängigen Ländern in der Regel die frühere direkte politische Kolonisierung abgelöst habe durch eine ökonomische Kolonisierung als dominierende Form eines ›Post-‹ oder ›Neokolonialismus‹. Daher würden sich auch die Attacken des Westens in Gestalt von Kriegen, Regime-Changes, bunten Revolutionen etc. vor allem gegen noch nicht voll unterworfene Länder richten. Im Visier seien heute, neben kleinen Ländern wie Syrien, zuvor Libyen, Irak, Afghanistan, vor allem China, aber auch Rußland, das sich der Unterwerfung widersetze. Die Verfolgung dieser imperialistischen Politik beschwöre nicht nur kleine, regionale Kriege, sondern auch die Gefahr eines großen Krieges herauf.

Der ›Blick aufs Ganze‹ ist bei Losurdos Publikationen (z. B. über den Liberalismus, über Nietzsche, über Gramsci oder über Stalin-Bilder, um nur einige zu nennen) charakteristisch. Dies soll zum Abschluss exemplarisch an zweien seiner Werke gleichsam als Modellen für ein konkretes und differenziertes dialektisches Vorgehen gezeigt werden: Erstens an seinem Nietzsche-Buch (Losurdo, Nietzsche, 2009), in dem ein wichtiger Vertreter eines sozusagen konterrevolutionären ›Klassenblicks von oben‹ gezeigt wird; zweitens an seinem Stalin-Buch (Losurdo, Stalin, 2012), in dem u. a. der widerspruchsvolle, vorerst gescheiterte Versuch thematisiert wird, eine andere gesellschaftliche Ordnung aufzubauen, eine sozialistische Gesellschaft.

3.4.3.2 Über Nietzsche[93]

Für Friedrich Nietzsche (1844 – 1900) gelte, so die Quintessenz von Losurdos Deutung: »Ohne Elite-Herrschaft keine Kultur«.[94] Im kontroversen Feld

---

93   Zitate von Losurdo werden mit doppelten, Zitate von Nietzsche mit einfachen Anführungsstrichen gekennzeichnet. Belegt werden die Nietzsche-Zitate durch die Seitenzahl bei Losurdo (in runden Klammern), mitunter ergänzt (in eckigen Klammern) durch die von diesem verwendeten Siglen für die Nietzsche-Werke, worauf hier nur verwiesen wird, ohne die Siglen im Einzelnen zu erläutern (siehe dazu S. 1006f in Losurdos Buch). Zugrunde gelegt ist die heute maßgebliche Nietzsche-Ausgabe: Sämtliche Werke. Kritische Studienausgabe (KSA), I-XV, hgg. von Giorgio Colli und Mazzino Montinari, dtv-de Gruyter: München / Berlin 1980.

94   Vgl. meine Besprechung von Losurdos Nietzsche-Buch in: »Z« Nr. 80, 2009, 119-129.

der diversen Nietzsche-Deutungen zerpflückt Losurdo zum einen die heute
– besonders bei postmodernen Philosophen – verbreitete unpolitische Lesart, wonach Nietzsches beunruhigendsten Texte nur metaphorisch zu verstehen seien. Zum anderen kritisiert er aber auch die zu kurz geschlossene
politische (auch von manchen Marxisten vertretene) Lukács-Deutung, die
in Nietzsche einen unmittelbaren Wegbereiter des Nationalsozialismus und
Holocaust sieht im Kontext eines vermeintlich spezifisch deutschen Irratio-
nalismus. Eine solche Deutung, der die empirisch nicht haltbare These von
einem deutschen Sonderweg zugrunde liege, verkenne zum einen, dass sich
die ideologische Konstellation im späten 19. Jahrhundert von der in den anderen westlichen Ländern nicht wesentlich unterschied, und sie stellt zum
anderen eine »historiographische Verzerrung« dar (Losurdo, Nietzsche,
606), weil sie eine direkte Kontinuitätslinie zieht, ohne die durch die gravie-
renden Einschnitte des 1. Weltkriegs und der Oktoberrevolution bedingte
Diskontinuität gegenüber der Zeit Nietzsches hinreichend zu beachten.

Gegen die unpolitische Lesart weist Losurdo den durchgängig politischen Charakter von Nietzsches Denken bis in dessen ästhetische Überlegungen hinein nach. Er tut das einerseits anhand einer eingehenden Analyse nicht nur der erschienenen, sondern auch der nicht publizierten Schriften
sowie des Briefwechsels; andererseits durch die intensive Einbeziehung des
ideengeschichtlich-ideologischen Umfelds.

»Aristokratischer Radikalismus« gegen den Aufstand von unten
Gibt es ein einigendes Band, so lautet Losurdos zentrale Frage, das Nietzsches Denken, welches sich in vielfältigen Brüchen, Wendungen und Widersprüchen bewegte, zusammenhält? Eine solche Einheit oder die Konstante
in allen Veränderungen im Verlauf dieser intellektuellen Biographie vom
jungen bis zum späten Nietzsche ist, ausgelöst durch die Französische Revolution und ihre anhaltenden Folgen, sein Kampf gegen den ›Sklaven-Aufstand‹ der Subalternen gegen ihre Herren. Letztere gelten ihm als die Träger
der Kultur, die ohne Sklaverei, in welcher Form auch immer, für ihn nicht
denkbar war. Nietzsches Gegnerschaft gilt dem Aufstand von unten in allen seinen Formen: von den modernen revolutionär-demokratischen bis zu
den sozialistisch-kommunistischen Bewegungen, aber auch, historisch immer weiter zurück ausgreifend, gegen die Vorbereitung der Moderne in den
egalitären Bestrebungen christlich-jüdischer Provenienz, womit selbst Teile

des antiken Griechenlands infiziert worden seien, angesteckt vom Virus der Gleichheit und einer universalistischen Moral des Mitleids. Demzufolge war es sein Bestreben, Argumente für die Bekämpfung dieser Insurrektion zusammenzutragen bis hin zu konkreten politischen Handlungsvorschlägen: vom Kampf gegen soziale Rechte der Arbeiter und ihre politischen Organisationen bis hin zu eugenischen Maßnahmen wie der Ausmerzung der ›Mißratenen‹ und der Züchtung einer Herrenrasse von ›Übermenschen‹, die ihre Herrschaftsaufgabe nur dann in der gebotenen Konsequenz und Härte wahrnehmen könne, wenn sie sich von der herkömmlichen Moral des Mitleids frei mache. Wie Losurdo mit erdrückenden Belegen vorführt, zeigt Nietzsche einen detektivischen Spürsinn darin, in allen Bereichen die Auflehnung zu wittern gegen die große ›naturgegebene‹ Rangordnung der notwendigen Ungleichheit, ohne die der ›Wagen der Kultur‹ nicht voranzubringen sei; die Kultur könne man ›mit einem bluttriefenden Sieger vergleichen, der bei seinem Triumphzuge die an seinen Wagen gefesselten Besiegten als Sklaven mitschleppt‹ ([CV 3; I,768f.] Losurdo, ebd. 380). Es ist im Übrigen die Zeit der im Umfeld des nordamerikanischen Sezessionskrieges ausgelösten Debatte über die Sklaverei, deren Abschaffung die abolitionistische Bewegung fordert, wogegen Nietzsche polemisiert.

Nietzsches Sichtweise ist die ›von oben‹, der Blick des Adlers auf das Gekrieche am Erdboden, die Perspektive der Macht, der aristokratischen Elite. In dieser Perspektive erweist sich die ganze abendländische Geschichte als eine Verfallsgeschichte, als Irrweg der Insurrektion und Subversion. Der Blick von weit oben ist nötig, um die Weltordnung, das große Ganze zu erfassen, was den Sklaven, Plebejern, Missratenen, Kranken, Zukurzgekommenen sowie ihren intellektuellen Stichwortgebern verwehrt ist.

Beim Aufspüren der weltanschaulichen und philosophisch-epistemologischen Fundamente der Subversionsgeschichte geraten auch solche elementaren philosophischen ›Erfindungen‹ ins Visier wie der Allgemeinbegriff, die Abstraktion, die Logik und Dialektik, der syllogistische Beweis. Dagegen wird das schlechthin Individuelle (mit den großen einsamen Einzelnen), der ontologische und epistemologische Nominalismus (wonach der Allgemeinbegriff keine Grundlage in der Realität hat, sondern reines Konstrukt, bloßer Name ist) zur Geltung gebracht, weil schon die Allgemeinbegriffe die potenzielle soziale Gleichheit und ›Gleichmacherei‹ keimhaft in sich tragen. Die Annahme von für alle gleichen Begriffen und Gesetzen ist antiaristokratisch, ein Mittel der Schwachen gegen die Starken (vgl. ebd. 974). Überhaupt ist die Suche nach objektivem Wissen Symptom für den plebejischen Dogmatismus, während Anti-Dogmatismus, Relativismus und Perspektivismus, weil gegen die Gleichheitsidee gerichtet, die echten Aristokraten auszeichnen (vgl. ebd. 659).

Diese umfassende Denkleistung des Nietzsche-Zarathustra, des neuen Propheten, vermag daher alle Bereiche unter dieser Perspektive von oben, die als die eigentliche Kultur-Perspektive begriffen wird, zu vereinen: Philosophie und Politik, Kultur und Ökonomie, Kunst und Wissenschaft. Es ist eine Sicht auf das die Empirie transzendierende Ganze, also eine *metaphysische* Sicht – auch und gerade in der Verabschiedung der Metaphysik. Und es ist ein durchdringender Röntgenblick, der den Wurm entdeckt auch in den vermeintlichen Errungenschaften und okzidentalen Kulturleistungen wie dem humanistischen Christentum mit seiner Moral der allgemeinen Menschenliebe und des Mitleids.

Dies alles gilt es, in einer grandiosen ›Ideologiekritik‹ als Negativpunkte, als Gestalten des ›Nihilismus‹ zu entlarven. Und dazu bedarf es eines Radikalismus philosophischer wie politischer Art, der viele, auch wohlmeinende, konservative, zeitgenössische Kritiker des Revolutionszyklus der Moderne, vor den Kopf stößt; es bedarf – wie Losurdo die Philosophie Nietzsches bezeichnet – eines kompromisslosen »aristokratischen Radikalismus«, weil jedes Zugeständnis wieder auf die fatalen Gleise in die falsche Richtung zurückführt. Dieser Radikalismus bricht, wie es die große Gebärde Zarathustras zeigt, die Brücken der Tradition hinter sich ab und verkündet eine neue Denkweise, eine neue Philosophie und Moral ›jenseits‹ des herkömmlichen ›Gut und Böse‹, eine ›Umwertung der Werte‹. Es geht, vor allem beim späten Nietzsche, insbesondere um den Abschied von der christlichen und humanistischen Moral, die im naiven Willen zum Guten gerade das Böse, weil Naturwidrige, bewirkt. Diese in sich schlüssige Denkweise bekennt sich dazu, ohne schlechtes Gewissen, vielmehr offen und brutal alles Denken und Handeln dem Willen zur rücksichtslosen Durchsetzung der Starken und Mächtigen, der Gutgeratenen und Gesunden unterzuordnen, dem ›Willen zur Macht‹, der der ›Wille zur Kultur‹ ist.

Es ist, wie Losurdo das durch eine eingehende zeit- und ideengeschichtliche Kontextualisierung nachweist, das Konzept einer umfassenden, »aristokratischen Reaktion« und Gegenrevolution in einer sich kolonialistisch

und imperialistisch positionierenden westlichen (europäisch-nordamerika-
nischen, also nicht nur deutschen) Gesellschaft.

Mit dieser kontextualisierten Interpretation werden zugleich analytische
Strukturierungskriterien geboten, nach denen die verschiedenen politisch-
philosophischen Positionen in ihrer jeweiligen Nähe oder Ferne zu diesem,
von Nietzsche artikulierten, epochalen Großkonzept von Herrschaft ein-
geordnet werden können, in einer Art Kartierung der Denk-Geographie
in der 2. Hälfte des 19. Jahrhunderts. Losurdo gelingt es, die divergieren-
den Aussagen Nietzsches gemäß den drei (bzw. vier) Perioden von dessen
intellektueller Biographie dem einheitlichen Hauptstrang seines Denkens
zuzuordnen, als zeitbedingt je unterschiedliche Erscheinungsformen des
einen sich von Anfang bis zum Ende durchhaltenden Hauptgedankens zu
entschlüsseln.

Die Einteilung von Nietzsches Entwicklung in drei Phasen übernimmt
Losurdo der üblichen Periodisierung, differenziert und präzisiert sie aber
durch die Zweiteilung der ersten Phase. Demnach steht für die *frühe*, ›*metaphysische*‹, durch den Einfluss von Schopenhauer und Wagner bestimmte
Phase die *Geburt der Tragödie* (1872); für die *mittlere* oder ›*aufgeklärte*‹ Phase
Menschliches, Allzumenschliches (1876); und für die späte, ›*immoralistische*‹ Phase
insbesondere *Fröhliche Wissenschaft* (1882), *Zarathustra* (1883), *Jenseits von Gut
und Böse* (1886), *Genealogie der Moral* (1887) und *Antichrist* (1888–89). Losurdo unterteilt die Frühphase noch mal in eine wagnerisch-›volkstümliche‹
Periode und eine der enttäuschten Abwendung: Bei der Reichsgründung
1871 begrüßt Nietzsche zunächst den ›deutschen Geist‹ als Erneuerungs-
potential im Sinne des vor-sokratischen Griechenland; ab der zweiten ›*Un-
gleichzeitigen Betrachtung*‹ (1874) artikuliert er seine Enttäuschung durch das
Bismarck-Reich, das, statt die demokratisch-sozialistische Bewegung einzu-
dämmen, gerade deren Förderung betreibt, z. B. durch die Sozialgesetzge-
bung oder durch die Verbreitung der allgemeinen Bildung, von Nietzsche
verstanden als ›Vorstadium des Communismus‹ [VII, 243].

Nach diesem Gesamtüberblick[95] nun einige Schlaglichter zu den verschiedenen Phasen von Nietzsches Entwicklung, um die Brüche wie die
Kontinuitäten in ihrer Einheit zu verdeutlichen!

---

95   Vgl. dazu auch die Einführung von Jan Rehmann zu Losurdos Nietzsche-Buch
     ebd. 1-21, bes. S. 5.

Die Wandlungen in Nietzsches Entwicklung
Frühe Phase: Nietzsche empfiehlt in der ›*Geburt der Tragödie*‹ das tragische Griechentum als Gegengift zur weichen Moderne. Er sieht in der Pariser Kommune die Drohung einer ›fürchterlichen Zerstörung‹ der Kultur, ist alarmiert, als er die – falsche – Nachricht erhielt, die Kommunarden hätten den Louvre in Brand gesteckt, für ihn offenbar eine Art Schlüsselerlebnis. (Vgl. ebd. 34) Während jede Kultur, wie in der griechischen gezeigt, eine arbeitende Unterschicht (›Sklaven‹) brauche, die den Eliten die nötige Muße verschafft, um die Kultur zu entwickeln, beginnt mit Sokrates und seinem aufklärerischen, den Mythos zerstörenden Erkenntnisoptimismus eine fatale Wende der bisherigen Weltgeschichte [GT 15; I, 100]. Von hier aus bereits nimmt der ruinöse Revolutionszyklus seinen Anfang, so dass eine Linie der Krise der Kultur zu ziehen ist von dem ›plebejischen‹ und in seiner Lehre ›umwälzenden‹ Sokrates bis zur Pariser Kommune. Zugleich ist es das Judentum mit seinem Elan zur Veränderung bestehender Zustände, in dem Nietzsche den gleichen Optimismus wie bei Sokrates und in der revolutionären Bewegung am Werk sieht (ebd. 117). – In der zeitgenössischen judenfeindlichen Publizistik wurde die soziale Frage tendenziell als jüdische Frage interpretiert, Ergebnis der den Juden zugeschriebenen Habsucht und ökonomischen Übermacht. (Vgl. ebd. 143).

Losurdo unterscheidet zwischen (naturalistisch begründetem und daher für die Juden ausweglosem) rassischem Antisemitismus, (kulturell und religiös begründeter, mit radikalem Diskriminierungspotenzial verbundener) Judenfeindschaft sowie einem Antijudaismus (einer Gegnerschaft, die aber nicht die bürgerlich-politische Gleichheit der Juden infrage stellt). Demnach sei das in der *Geburt der Tragödie* von Nietzsche angeklagte Judentum nicht rassisch definiert, sondern ein Antijudaismus, der in Judenfeindschaft umschlägt. (Vgl. ebd. 190)

Über das Verhältnis Nietzsches zu Hegel schreibt Losurdo (ebd. 196-201): In seiner 1872, also in der Übergangszeit von seiner frühen zur mittleren (›aufgeklärten‹) Phase entstandenen Schrift »Über die Zukunft unserer Bildungsanstalten«, attackiert Nietzsche die Bestrebungen in Preußen, mit der Einführung der allgemeinen Schulpflicht die Bildung zu verbreitern. In dieser Schrift wird auch mit Hegel abgerechnet. So verurteilt Nietzsche die Hegelsche Kategorie der Sittlichkeit und dessen Auffassung vom Staat. (Belege ebd. 197). Er stimmte mit der vorherrschenden Orientierung in den damaligen deutschen nationalliberalen Kreisen überein, die Hegel, der dem ›deutschen Wesen‹ fremd sei, ablehnten. In den *Unzeitgemäßen Betrachtungen I* von 1873 prangert Nietzsche Hegel und Heine als ›die verruchtesten aller Deutsch-Verderber‹ an (vgl. ebd. 199) und kritisiert deren negative Wirkung. Losurdo weist darauf hin, dass in der damaligen, gegen das deutsche Judentum entfesselten Kampagne »die Verurteilung der ›jüdischen Dialektik‹, der jüdischen Dialektiker und ihres zersetzenden und subversiven Intellektualismus eine wichtige Rolle« spielte (Belege ebd. 200). Zu den entsprechenden Attacken gehörten, neben denen von Heinrich von Treitschke oder Eugen Dühring, auch die von Richard Wagner, der einen ›dialektischen Judenjargon‹ ausmacht und den heimtückischsten Angriff gegen sich und sein Werk von einem ›Kenner der Hegelschen Dialektik‹ vermutet (Belege ebd.). Diese Motive sind, wenn auch »vermittelt und sozusagen sublimiert«, auch bei Nietzsche zu vernehmen: »Die sokratische (und hegelsche) Dialektik ist synonym mit (jüdelndem) Optimismus und wird besonders vom ›theoretischen Menschen‹ geschätzt« (ebd. 201). Sokrates war für Nietzsche eine Negativfigur: ›Urbild und Stammvater‹ des ›theoretischen‹, d. h. kalt rationalistischen, dem ›Volk‹ fremden Menschen, und diese Figur lebte u. a. in Hegel und seiner Schule weiter (ebd. 201f.).

Mittlere Phase: Im »Intermezzo« seiner ›aufgeklärten‹ Phase wird nach der Enttäuschung über das 2. Reich, das sich für Nietzsche nun als Unterschlupf der subversiven Ideen herausgestellt hat, der deutschtümelnde griechisch-germanische Ursprungsmythos verabschiedet, was den Bruch mit Wagner einschließt (ebd. 228). Jetzt ist nicht mehr Deutschland der Hoffnungsträger, sondern Europa. (Vgl. ebd. 231) Mit seinem Interesse an Aufklärung ändert sich auch sein Verhältnis zu den Juden, deren große Bedeutung für die Aufklärung er nun würdigt. Während in den Krisenjahren nach 1875 in Berlin der sog. Antisemitismusstreit beginnt, wird für Nietzsche der Jude zur neuen Figur des Europäers, der nun Europas bestes Erbe verkörpert: das kritisch-aufgeklärte und tolerante Denken gegen den theologischen Fanatismus. Die Aufklärung kann ihm so als Gegenmittel gegen Christentum und Sozialismus dienen. (Vgl. ebd. 254)

Neben der Beschäftigung mit Charles Darwin als Vertreter der neuesten Wissenschaft, mit deren Hilfe die Gleichheitsforderungen lächerlich zu machen sind (vgl. [VIII, 482] ebd. 290), analysiert er die moralischen Empfindungen im Blick auf die sozialistische Gefahr (vgl. ebd. 291), mit dem

Ergebnis, dass die Moral den Missratenen zum Neid auf die Wohlgeratenen dient (vgl. ebd. 297): Jeder Protest gegen die bestehende Ordnung ist nur Ausdruck des Neids und Grolls, die eine Nivellierung nach unten fördern (ebd. 418). Es handelt sich also bei Nietzsche um eine »aristokratische Aufklärung« (ebd. 349), die die Illusionen der revolutionären Bewegung rücksichtslos analysiert und ihre moralischen Losungen psychologisch ›seciert‹. Zugleich zeichnet sich eine weitere Wendung ab: Die guten Europäer haben die Aufgabe der Leitung und Überwachung der ›gesammten Erdcultur‹ [WS 87]. »Die Verurteilung des innereuropäischen nationalen Chauvinismus geht Hand in Hand mit dem Bekenntnis zur planetarischen Mission Europas und zu den Kolonialkriegen.« (Ebd. 324)

Späte Phase: Nach der ›aufgeklärten‹ Phase wird die Kritik der Revolution im Kontext der anstehenden kolonialen Expansion als »reaktionärer Modernismus« (ebd. 350) artikuliert. Nietzsche propagiert eine neue ›Partei des Lebens‹, die mit jedem Konservatismus bricht, sich als Antikonformismus und Entmythisierung der vorherrschenden religiösen und der politischen Tradition versteht.

Die Abrechnung mit der Demokratie ist auch die Abrechnung mit der Emanzipationsbewegung der Frauen. »›Emancipation des Weibes‹ – das ist der Instinkthass des missrathenen, das heißt gebäruntüchtigen Weibes gegen das wohlgerathene [...]‹ [EH, *Warum ich so gute Bücher schreibe*, 5]« (vgl. ebd. 370). Die Dekadenz der modernen Welt findet ihren vollendeten Ausdruck in ihrem ›innerlichsten Feminismus‹ [GM III, 19]. Die angestrebte aristokratische, männliche Regeneration muss auch die Subalternität der Frau befestigen. Dazu gilt es, die ›männlichen und kriegerischen Tugenden‹ zurückzugewinnen [XI, 587]. Der Krieg soll ›mattwerdenden Völkern‹ aufhelfen, die notwendige ›Mörderkaltblütigkeit mit gutem Gewissen‹ zu entwickeln [MA 477] (vgl. ebd. 373), was durch den gewachsenen öffentlichen Einfluss der Frauen mit ihren ›moralischen Empfindungen‹ und ihrer Empathie für die Schwachen und Leidenden behindert wird (ebd. 912ff.).

In diesem Kontext ändert sich erneut Nietzsches Verhältnis zum Judentum. Einerseits ist der Sieg des Judentums und des Christentums über die antike Welt der Anfang der Katastrophe des Sklavenaufstands, der modernen Vermassung und der ›Entartung‹ Deutschlands und Europas. (Vgl. ebd. 488) Andererseits plädiert der späte Nietzsche – entgegen den von ihm zum Pöbel und zum sozialen Protest gerechneten ›antisemitischen Schreihälse(n)‹ [JGB 251; V, 194f] (ebd. 543) wie Eugen Dühring, Wilhelm Marr oder Adolf Stoecker – für eine ›Verschmelzung der europäischen Aristokratie oder vielmehr des preußischen Junkers mit Jüdinnen‹ [XI, 569], nach dem ›Recept‹: ›christliche Hengste, jüdische Stuten‹ [XIV, 370]. Diese Heiratspolitik, die die Spannungen unter den höheren Klassen reduzieren würde, ist ein eugenisches Programm mit dem Ziel, ›zu der erblichen Kunst des Befehlens und Gehorchens‹, Merkmale des adeligen Offiziers, ›das Genie des Geldes und der Geduld‹ der Juden ›hinzuzuzüchten‹ [JGB 251; V, 194f], was dazu dient, der Herrenklasse auch im Interesse der kolonialen Expansion neues Blut einzuflößen (ebd. 572).

Diese Konzeption der Kooptation durch eine soziale und eugenische Kreuzung zwischen preußischem Junker bzw. Offizier und jüdischer Finanz hindert Nietzsche nicht an seiner fortgesetzten Polemik gegen die beiden anderen der drei von Losurdo unterschiedenen Sozialtypen: gegen die jüdischen Proletarier und kleinen Handwerker (insbesondere aus Osteuropa) und gegen die für den Revolutionszyklus verantwortlichen ›subversiven‹ jüdischen Intellektuellen. (Vgl. ebd. 560ff.) Losurdo unterscheidet zwischen »horizontaler Rassisierung« (Ethnisierung der Unterschiede zwischen Völkern und Nationen) und »transversaler« (Gegensatz zwischen Vornehmen und Plebejern). Da Nietzsche im Unterschied zu den genannten Antisemiten den Hauptwiderspruch nicht zwischen Ethnien, sondern zwischen Herren und Knechten, Wohlgeratenen und Missratenen verortet, also eine Rassisierung der subalternen Klassen praktiziert, ist seine Rassisierung, zumindest bezogen auf Europa, »transversal« (410f.). Dieser »transversale«, statt »horizontale« Rassismus unterscheidet Nietzsches Position von dem neben der aristokratischen Reaktion existierenden »autoritären und regressiven Populismus« (ebd. 763), der an Chauvinismus und Antisemitismus appelliert, um Massenzustimmung zu gewinnen.

Die Kehrseite des Alptraums der Entartung ist der eugenische Traum von der Menschenzüchtung (ebd. 723): Es bedarf der ›bewussten Züchtung‹ der Rasse der Herren wie der Rasse der Knechte, wenn man den ›Sklaven-Aufstand‹ oder ›die Gesammt-Verschwörung der Heerde‹ abwenden wolle [XII, 71-74] (vgl. ebd. 583). Je stärker bei Nietzsche die Überzeugung von der psychopathologischen und physiologischen Entstehung der ›angeblichen sozialen Frage‹ wird, desto stärker drängt sich als deren definitive

Lösung die Eugenik auf. Neben der Auswanderung in die zu erobernden Kolonien hält Nietzsche Maßnahmen für geboten wie eine Geburtenbeschränkung für bestimmte Bevölkerungsschichten, um die Fortpflanzung Degenerierter zu verhindern, die Kastration von Verbrechern und von ›chronisch Kranken und Neurasthenikern dritten Grades‹ sowie von ›Syphilitikern‹ (XII, 479; XIII, 401f.) (vgl. ebd. 589f.).

›Gegen den Ausschuß und Abfall des Lebens giebt es nur eine Pflicht, *vernichten*; hier mitleidig sein, hier erhalten wollen um jeden Preis wäre die höchste Form von Unmoralität, die eigentliche Widernatur, die Todfeindschaft gegen das Leben selbst.‹ [XIII, 611f] Zur gebotenen Vernichtung der Mißrathenen ›muß man sich von der bisherigen Moral emancipiren‹ [XI, 75] (vgl. ebd. 594).

Brüche, Kontinuitäten, Deutungsansätze
Berücksichtigt man die skizzierten, unterschiedlichen Perioden in Nietzsches Denken, die Losurdo mit den sich verändernden politischen Bedingungen in einen Zusammenhang bringt, dann lassen sich auch die zahlreichen Widersprüchlichkeiten in Nietzsches Denken auflösen: Judenfeindschaft und judenfreundliche Äußerungen sowie Bekämpfung der Antisemiten; Feindschaft gegen die Aufklärung und zugleich Lob; germanisch-deutschtümelnder Nationalismus und Kosmopolitismus sowie Kritik des Eurozentrismus; individualistische wie holistische Positionen etc. Durch die Einbeziehung des Kontextes kann Losurdo zeigen, dass und wie das Durchhalten der gegenrevolutionären Grundposition zu unterschiedlichen Zeiten jeweils nach unterschiedlichen Konzepten verlangt. Zugleich ist die durchgängige Doppelgesichtigkeit für Nietzsche charakteristisch: für *oben* und *unten* gelten *andere* Bestimmungen und Gesetzmäßigkeiten (z. B. bezogen auf die Religion oder auf die Sinnlichkeit); stets ist zu beachten, von welcher und für welche Klasse gerade geredet wird.

Während im 1. Band von Losurdo der Akzent eher auf die beschreibende Darstellung von Nietzsches Denken gelegt wird, eingebettet in sein zeitgeschichtliches Umfeld, befasst sich der 2. Band mit Nietzsche-Deutungen. Den 2. Band kann man auch unter der Fragestellung lesen, was (insbesondere auch im Umfeld linker und marxistischer Debatten) von der Auseinandersetzung mit Nietzsche und seinen Interpreten zu lernen ist über diesen zwar historischen, aber keineswegs erledigten Gegenstand hinaus.

Wie sind Nietzsches Aufrufe und Äußerungen zur ›Barbarei der Mittel‹ gegen die Kolonialvölker, zur ›Vernichtung der verfallenden Rassen‹, zur ›Vernichtung von Millionen Mißrathener‹, zur ›Züchtung‹, zur Verherrlichung des Krieges etc. zu deuten? Redet so ein Prophet des Dritten Reichs, oder sind das alles nur provokante Metaphern? (Vgl. ebd. 602)

Losurdo widerlegt überzeugend die geläufige These, dass Nietzsches Denken nachträglich durch dessen Schwester Elisabeth im Sinne des späteren Nationalsozialismus verfälscht worden sei. (Vgl. ebd. 708ff.) Er zeigt, dass die unpolitische Lesart Nietzsches sich insbesondere bei Philosophen findet (ebd. 720), wie etwa bei Gianni Vattimo, der Nietzsche von dessen eigenen ›Selbstmißverständnissen‹ reinigen und ihn als Wendepunkt zur philosophischen Postmoderne reklamieren möchte. (Vgl. ebd. 726 und 955) Aber die individualistische und postmoderne Nietzsche-Interpretation abstrahiert, so Losurdo, willkürlich von dem den Subalternen, also der großen Mehrheit der Menschheit zugedachten Schicksal und weist viele »Berührungspunkte mit der heute vorherrschenden Apologetik bzw. Selbstapologetik des liberalen Denkens auf.« (Ebd. 967) Die Ähnlichkeiten in der Struktur des Diskurses bei Nietzsche und im Frühliberalismus hat Losurdo immer wieder ausführlich belegt und auf die im liberalen Denken enthaltenen »fürchterlichen Ausschlußklauseln« (ebd. 981) hingewiesen.

Trotz mancher Anklänge an spätere Formulierungen in der Zeit des Faschismus ist es, so Losurdo, aus methodischen Gründen unzulässig, Nietzsche zum *unmittelbaren* Wegbereiter des Nationalsozialismus zu machen, denn es gibt »immer ein Missverhältnis zwischen einer politischen Bewegung und einem politischen Regime einerseits und dem langen ideologischen Vorbereitungs- und Entwicklungsprozess andererseits« (ebd. 767). Angesichts dieser Dialektik zwischen Ideologie und Realität wäre es falsch, nur die Ideologien zu betrachten, denn diese werden verändert, wenn neue, veränderte Bedingungen der Herrschaftssicherung das erfordern. (Vgl. ebd. 768)

»Theoretischer Überschuss«

Bei aller Kritik am reaktionären Grundgehalt kann man sich doch der Faszination für den konsequenten und kompromisslosen Denker kaum entziehen, der – wenn auch von einer reaktionären Position aus – sensibel reale Probleme erfasst und analysiert. Seine potenziell kritisch bis emanzipatorischen, entmystifizierenden Gehalte nennt Losurdo den »theoretischen Überschuss« (ebd. 817). Einen solchen sieht Losurdo z. B. im »Zauber« des »metakritischen Blicks« (ebd. 865), der in der Hinterfragung etwa der Psychologie der Psychologen oder der Ideologie der Ideologiekritiker auch die Fähigkeit zur Selbstreflexion und zur Selbstkritik einschließt (vgl. ebd. 867); oder in Nietzsches Kritik der modernen Arbeitsteilung und Spezialisierung in der Wissenschaft, die zum Verlust des Sinns fürs Ganze führe und zu einer Verstümmelung der Persönlichkeit, zu einer ›Froschnasen-Weisheit‹ [IX, 556] (ebd. 920). Neben der radikalen Ideologiekritik und deren metakritischem Blick ist besonders die Thematisierung bestimmter problematischer Seiten bei revolutionären Bewegungen interessant: Nietzsche »stellt jeder Etappe des revolutionären Verlaufs den größeren kulturellen Reichtum und die größere geistige Beweglichkeit des jeweils gestürzten Alten Regimes entgegen« (ebd. 900f.), während sich mit dem niederen Volk eine beschränkte und mittelmäßige Welt durchsetze, mit dem Ressentiment gegen die Gebildeten auch eine Feindseligkeit gegen die höhere Kultur.

Auch die Verfasser des *Kommunistischen Manifests* vermerken den mitunter unreifen Protest der subalternen Klassen, z. B. eine ›rohe Gleichmacherei‹ (MEW 4, 489) (vgl. Losurdo, ebd. 903). Nicht nur hier, sondern durchgängig bezieht sich Losurdo bei seiner Kontextualisierung nicht nur auf das rechte bis liberale ideologisch-politische Lager, sondern auch auf das linke und vergleicht, wie an bestimmte von Nietzsche, dem Kritiker der Revolution, angesprochene Problemkomplexe von der ›Gegenseite‹, z. B. von Marx und Engels, herangegangen wurde. Dabei zeigen sich immer wieder Berührungspunkte zwischen Marx und Nietzsche, wenn auch gegensätzlicher Art. (Vgl. ebd. 437) Nietzsche ist, geschichtsphilosophisch gesehen, insofern ein Gegen-Marx, als auch für ihn die gesamte Geschichte als eine Art ›Klassenkampf‹ gesehen wird, dem zwischen Herren und Knechten, wobei er sich bekanntlich auf die Seite der Herren schlägt. Anders als viele marxismuskritische Theoretiker, z. B. Karl Löwith (vgl. ebd. 909), die als zentrale Deutungsfolie die Ideologie nehmen und z. B. die realen sozialen Bewegungen als verkappte religiöse verstehen, sind umgekehrt für Marx wie für Nietzsche – je gegensätzlich bewertet – die religiösen Bewegungen sozial bzw. klassenbezogen zu entschlüsseln: sozialer Protest ist der Kern, der in ideologischer (z. B. religiöser) Verkleidung erscheint. Das Christentum ist für Nietzsche ein Sklavenaufstand. Dabei stellt er diesen ›Stände- und Classenkampf‹ [XIII, 493] durch das Aufspüren feinster Verästelungen im Denken und in der Ideologie viel umfassender dar als nur durch einen Rekurs auf die ›nackten Interessen‹. Das erinnert auch an die späteren Analysen von Antonio Gramsci zur Frage der Hegemoniegewinnung der subalternen Klassen.

Fazit

Indem Losurdo die Hauptsache festhält (den aristokratischen Radikalismus gegen die von der französischen Revolution ausgehenden Gleichheitsbestrebungen), kann er im komplexen und verwickelten Prozess der ideologischen Artikulationen und ihrer Entwicklungen mit den wechselnden Zeitumständen allen Brüchen und scheinbaren Widersprüchen in Nietzsches Denken zum Trotz die innere Konsistenz aufzeigen: »Das konstante Element in der komplexen Entwicklung Nietzsches ist die Tendenz zur Rassisierung der subalternen Klassen.« (Ebd. 755) Seine Spezifik liegt dabei in seiner Konsequenz und Radikalität, die auch mit ›Freunden‹ hart ins Gericht geht. Losurdo zeigt, wie Nietzsche einem zuvor mehr oder weniger dumpfen Empfinden derjenigen, die durch die Revolutionsereignisse verstört waren, eine klare, sprachliche Form verlieh, ihr Unbehagen artikulierte. Er wirkte, weil er an damals breit Vorhandenes anknüpfte, und dies auf intellektuell höchstem Niveau. Als Ausdruck der aristokratischen Reaktion war sein Denken adressiert an die Elite im Unterschied zum sich herausbildenden »autoritären Populismus«, der die Volksmassen in die Volksgemeinschaft zu integrieren suchte und sucht durch die Entgegensetzung zu anderen Völkern und Rassen; dieses Projekt lehnte der mittlere und späte Nietzsche ab, weil es den Gegensatz zwischen Herren und Sklaven verwischte (ebd. 11f.).

Losurdos Buch handelt zwar von Nietzsches Denken, geht aber weit darüber hinaus. Es zeigt die zahlreichen Verbindungs- und Kontinuitätslinien von Motiven bis in den Liberalismus hinein, bis zu Neoliberalen wie Hayek. Nietzsche ist von daher keineswegs überholt und erledigt. Sein Denken stellt vielmehr ein antidemokratisches ideologisches Waffenarsenal dar, das je nach Lage immer wieder reaktiviert werden kann, was nicht nur Nietzsches – wenn auch nicht einhellige – Vereinnahmung durch die Nationalsozialisten, sondern auch – wenn auch unter gänzlich anderen Zeitgeist-Bedingungen – seine intensive Rezeption durch die postmoderne Philosophie zeigt. Losurdos Buch ist zugleich ein Modell dafür, was eine ›sensible‹ dialektische Analyse zu leisten vermag.

3.4.3.3 Über Stalin-Bilder

Man kann sicher einfachere, weniger komplexe und weniger umstrittene Gegenstände auswählen, um an ihnen eine dialektische Analyse vorzuführen, als gerade an Stalin. Wie Losurdo selbst weiß, betritt er mit seinem Buch ein Minenfeld. Die mit Stalin und seiner Regierungszeit verbundenen Verbrechen stellen die wohl schwerste Hypothek dar insbesondere für diejenigen Teile der Linken, die sich in der Traditionslinie der an Marx und Engels orientierten Emanzipationsbewegung verorten und in der Oktoberrevolution den ersten Versuch sehen, unter schwierigsten Bedingungen eine sozialistische Gesellschaft aufzubauen. Weder leugnet das Buch die fürchterliche Blutspur noch legitimiert es sie gar; von einem Weißwaschen Stalins, so der Vorwurf mancher Kritiker, kann also keine Rede sein, es hinterfragt und kritisiert die Stalin-*Bilder*. Gestützt auf die Auswertung diverser Befunde stellt es eine Deutung zur Diskussion, die das Geschehen aus dem Gesamtkontext der damaligen realen Konstellationen zu begreifen versucht, anstatt sich mit einem moralischen Verdammungsurteil zufrieden zu geben.

Losurdos zentrale Fragestellung ist die eines politisch engagierten Philosophen, wobei unter ›philosophisch‹ – im Unterschied zu einer einzelwissenschaftlichen, z. B. historiographischen oder sozialwissenschaftlichen, Fachstudie – hier der Versuch verstanden wird, das ›Ganze‹ des Gegenstands in seinen vielfältigen Seiten in den Blick zu nehmen, um daraus die Beurteilungskriterien für die untersuchten Bilder und ›Legenden‹ zu gewinnen.

Wie jeder Wissenschaftler, der über seinen eigenen fachlichen ›Kompetenzbereich‹ hinaus Aussagen macht und Deutungen zur Diskussion stellt, hat auch Losurdo mit der damit verbundenen methodologischen Problematik zu tun. Sollten ihm von Fachhistorikern Irrtümer und Fehlurteile nachgewiesen werden können, ist dies für seine Gesamtdeutung ohne Zweifel wichtig. Gleichwohl treffen solche im Einzelnen möglicherweise problematische historische Urteile nicht den Kern des Buches, das ja kein – im engeren Sinne – *historisches* Buch zu sein beansprucht, sondern *Bilder und Deutungen über* ein historisches Geschehen thematisiert und deren Veränderungen gemäß den wechselnden Interessenlagen und Machtkonstellationen in der Realgeschichte nachzeichnet. Dennoch bleibt das bereits benannte methodische Problem bestehen, dass der Verfasser für seine deutenden Schlussfolgerungen notgedrungen historische Befunde als argumentative

Belege verwendet, die von diversen Fachhistorikern recherchiert und oft auch kontrovers beurteilt werden. Das Problem versucht Losurdo dadurch etwas zu entschärfen, dass er sich bei den Belegen in der Regel auf solche Autoren stützt, die nicht seinen eigenen politischen Standpunkt teilen.

Komparatistik und Kontextualisierung als Verfahrensweise
Das von Losurdo verwendete, von manchen Rezensenten kritisierte Verfahren der ›Komparatistik‹ bzw. der ›Kontextualisierung‹ (vgl. Losurdo, Stalin, 2012, 15ff u. ö.), folgt der methodischen Leitlinie Hegels ›Das Wahre ist das Ganze‹, der gemäß es zum Kern jeder dialektischen Analyse gehört, ein Einzelgeschehen in seinem Gesamtzusammenhang zu betrachten. Dazu gehören bei historischen Gegenständen die realen Bedingungen und Kräfteverhältnisse, Konzepte und Handlungen aller Akteure. Der Komplex Stalin/Stalinismus ist darum nicht hinreichend zu begreifen, ohne auch die gegnerischen Kräfte inner- und außerhalb der damaligen Sowjetunion zu berücksichtigen, bis hin zur Einbeziehung auch der Geschichte und ›(Un)Taten‹ der liberalen, westlichen Staaten.

So kontrastiert Losurdo die Sowjetunion, die er als »Entwicklungs-Diktatur« zur Überwindung jahrhundertelanger Rückständigkeit einschätzt (vgl. ebd. 197), mit dem nationalsozialistischen Deutschland als einem »Rassenstaat« und schreibt: »Es ist unmöglich, das Dritte Reich von der Geschichte der Beziehungen zu trennen, die der Westen zu den Kolonialvölkern bzw. den Völkern kolonialen Ursprungs unterhielt« (ebd. 201).

Ein weiteres Beispiel für die von ihm praktizierte Komparatistik: Er verweist darauf, dass die üblichen Totalitarismusanalysen gewöhnlich von den Produktions- und Arbeitsstätten abstrahieren. Tue man das nicht, so würden die großen Unterschiede sichtbar: In den Arbeitsstätten der SU herrschte keine strenge Disziplin, sondern z. B. hohe Fluktuation bis hin zu einer regelrechten Anarchie, mit entsprechenden Folgeproblemen für die Produktivität. Verglichen mit den Betrieben im Kapitalismus, so Losurdo (im Anschluss an eine These von Marx über das ›umgekehrte Verhältnis‹ zwischen der Autorität im Betrieb und derjenigen in der Gesellschaft bezüglich der Arbeitsteilung), sei festzustellen: »Dem Fehlen einer starren Fabrikdisziplin (mit dem Wegfall des traditionellen, mehr oder weniger ausgeprägten Despotismus des Besitzers) entsprach der vom Staat über die Zivilgesellschaft ausgeübte Terror.« (Ebd. 212)

So seien das Prinzip des *tu quoque* (= ›auch du‹, ebd. 383ff.) und die Komparatistik für ein historisches Urteil, das Einseitigkeiten vermeide, unabdingbar. Über Stalins »terroristische Machtausübung gibt es keinen Zweifel«, aber bei der Anwendung des Prinzips des *tu quoque* müsse man auch die Verbrechen des Westens kritisch in den Blick nehmen: ob die US-Bombardements im Vietnamkrieg (vgl. ebd. 384), die von den USA unterstützten Massenexekutionen von hunderttausenden von Kommunisten in Indonesien nach dem Staatsstreich Suhartos von 1965, die Lynchmord-Schauspiele gegen Schwarze in den USA in den ersten Jahrzehnten des 20. Jahrhunderts (vgl. ebd. 385) oder die Errichtung brutaler Diktaturen mit Unterstützung der USA, insbesondere in Lateinamerika, aber nicht nur dort.

Zum Verhältnis von Zielen und Wegen, von ›Utopie‹ und ›Realismus‹
Mit Blick auch auf die aktuelle Relevanz des von ihm untersuchten Problemkomplexes interessiert Losurdo insbesondere die Frage nach dem Verhältnis von (theoretisch-konzeptioneller) *Zielsetzung*, die bestehende gesellschaftliche Realität grundlegend umzugestalten, und den *Wegen* der (praktisch-politischen) Realisierung unter konkret vorgefundenen Bedingungen, oder auch: das *Verhältnis von ›Utopie‹ und ›Realismus‹*. Die schwierige, historisch jeweils neu zu lösende Aufgabe sieht er darin, beide Momente in einer, wenn auch spannungsreichen und widerspruchsvollen Einheit zu verbinden. Diese Problematik diskutiert er vor allem unter dem Stichwort »Messianismus« bzw. »Utopismus«. Seine kritischen Überlegungen beschränken sich dabei nicht auf die Stalinzeit, sondern gehen zurück bis zu den ›Klassikern‹; es handelt sich nach seiner Meinung um ein allgemeines Problem des Marxismus.[96]

Während und nach der Oktoberrevolution ging es politisch-inhaltlich u. a. um die Streitpunkte der fortdauernden Bedeutung des Geldes, des Marktes, der nationalen Frage, der Familie, der Religion, vor allem aber um die Frage des Staates und seines ›Absterbens‹. Losurdo deutet die Tendenzen in Richtung eines ›Messianismus‹ so: Nicht zuletzt nach dem Grauen des 1. Weltkriegs war das Bestreben nach dem »radikalen Bruch« verständlich und hat die vorhandene Tendenz bestärkt, »die utopischen

---

96   Vgl. Domenico Losurdo, Hegel, Marx und die Ontologie des gesellschaftlichen Seins, in: Z 86, Juni 2011, 114-128, bes. 124ff.

Motive des Marxschen Denkens zu radikalisieren« (ebd. 134); daher konnten die realistischeren Versuche leicht als Verrat am Sozialismus verstanden werden.

Er kritisiert den »abstrakten Universalismus« (ebd. 138), dem die konkrete Vermittlung des Allgemeinen mit dem Besonderen fehlte. Hier wirke eine »objektive Dialektik. Auf der Woge des Kampfs gegen die Ungleichheiten, [...] neigen die radikalsten Revolutionen dazu, eine starke, verherrlichende [...] Anschauung der Grundsätze der Gleichheit und der Allgemeinheit zum Ausdruck zu bringen.« (Ebd. 139) Aber: Unter den schwierigen Bedingungen und Anforderungen, nach dem Umsturz der alten Verhältnisse nun eine neue Ordnung aufzubauen, ist die Grenze »zwischen konkreter Utopie (ein gewiß ferner Horizont, der aber dennoch den wirklichen Umwandlungsprozess orientiert und anregt) und abstrakter und irreführender Utopie (letztlich gleichbedeutend mit Ausflucht aus der Wirklichkeit) tendenziell recht labil.« (Ebd. 140) Losurdo verweist hier auf Hegels Einschätzung der Französischen Revolution. (Vgl. Hegel, Werke 3, 431-441)

Nach dem Umsturz auch *regieren* zu können, bedeute, »in der Lage sein, den Idealen der Allgemeinheit, die die Revolution geleitet hatten, einen konkreten Inhalt zu verleihen« (Losurdo, Stalin, 149). Angesichts der dafür erforderlichen tiefgreifenden Lern- und Veränderungsprozesse unter den real vorgefundenen Bedingungen kommt es fast immer zu Enttäuschungen bei der Erfahrung mit der Einlösung der utopischen Ziele. Der größte Fehler des Staatsmanns Stalin war, so Losurdo, den dafür erforderlichen Lernprozeß »unvollendet, ja sogar stark unvollendet gelassen zu haben.« (Ebd.) Auch auf anderen Gebieten kämpfte Stalin gegen die abstrakte Utopie und blieb dann auf halbem Wege stehen, etwa in der Frage der Geldwirtschaft und Warenproduktion (ebd. 151); er habe den Lernprozeß vorschnell abgebrochen. (Ebd. 152)

Resümee der Stalinzeit

Es sei das Ineinander von »drei Bürgerkriegen« (ebd. 113ff.) gewesen, die nicht immer leicht zu unterscheiden waren, denn sie konnten Ausdruck der Konterrevolution oder einer neuen (trotzkistischen) Revolution sein, und dies vor dem Hintergrund der drohenden neuen Kriegsgefahr. Dem verwickelten und tragischen Ganzen dieser Konstellation werde weder das Bild gerecht, das Trotzki zeichnete, noch das von Chruschtschow in seiner

Geheimrede. Der ›Stalinismus‹ ist »in erster Linie das Resultat [...] des permanenten Ausnahmezustands, in dem Russland seit 1914 lebt.« (Ebd. 154) Nach der »Zwangskollektivierung der Landwirtschaft mit ihren furchtbaren sozialen und menschlichen Opfern scheint es erneut zu einer Politik der Öffnung zu kommen« (ebd. 163f.). »Auf den Großen Terror und die furchtbare Säuberung, die er mit sich bringt, folgt der Große Vaterländische Krieg.« (Ebd. 167) Nach dem Sieg über den Faschismus folgt ohne Atempause der Kalte Krieg, nicht zuletzt unter der neuen Drohung der von den USA in Japan eingesetzten Atomwaffen.

Losurdos Bilanz macht auf das Auf und Ab und auf die Ambivalenzen bei dem Gesamtprozess aufmerksam: »Für die drei Jahrzehnte der Geschichte Sowjetrusslands unter der Führung Stalins ist der grundlegende Aspekt nicht die Mündung der Parteidiktatur in die Autokratie, sondern der wiederholte Versuch, vom Ausnahmezustand zu einer Situation relativer Normalität überzugehen; diese Versuche scheiterten sowohl aus inneren [...] als auch aus internationalen Gründen« (ebd. 169f.), sowie der Verflechtung beider. »Mit dem Aufflammen des dritten Bürgerkriegs (innerhalb der bolschewistischen Reihen) und während sich gleichzeitig der Zweite Weltkrieg (in Asien noch vor Europa) nähert, läuft dieses mehrfache Scheitern auf den Ausbruch der Autokratie hinaus, die ein Führer ausübt, der Gegenstand eines wahren Kults wird.« (Ebd. 170)

Gleichzeitig ist eine Stimmung des Aufbruchs und der Begeisterung wahrzunehmen angesichts dessen, »dass das Land im Eilschritt auf die Industrialisierung zusteuerte und breiten Bevölkerungsschichten ausgedehnte Perspektiven sozialen Aufstiegs bot, gerade als die umliegende kapitalistische Welt von einer verheerenden Krise geschüttelt wurde.« (Ebd. 172) Etwa 1928–31 waren für die Werktätigen eine Zeit enormer Mobilität nach oben, was auch von westlichen Besuchern konstatiert wurde (z.B. George Kennan, damals Diplomat in Riga). Das gelte freilich vor allem für die Städte, weniger für das flache Land unter den Bedingungen der brutalen Zwangskollektivierung. Die Gründe für die Begeisterung und Aufbruchsstimmung sieht Losurdo in der Erhöhung des Lebensstandards, der Entwicklung der bislang ausgegrenzten Nationen, der rechtlichen Gleichstellung der Frauen, der Entstehung eines Systems der sozialen Sicherungen, der Entwicklung der Kultur und Bildung. (Vgl. ebd. 175) Er zitiert den US-amerikanischen Forscher Stephen F. Cohen, der von ›einer Mischung aus brutalem Zwang, denkwürdigem Heroismus, katastrophalem Wahnsinn und spektakulären Resultaten‹ spricht. (Ebd. 176) Die Gesamtheit dieser Prozesse und Entwicklungen »erklärt das überschwängliche Gefühl, sich am Aufbau einer neuen Gesellschaft und einer neuen Kultur zu beteiligen, die trotz der Fehler, der Opfer und des Terrors vorankommen«, wobei der Terror nicht nur von Stalin ausgegangen, sondern z. T. auch ›von unten‹ unterstützt worden sei. (Vgl. ebd. 194)

Immer wieder zeigt Losurdo die »von einer Verflechtung der Widersprüche« (ebd. 193) gekennzeichnete Situation: »Das Heraufziehen des Sturms des Krieges auf internationaler Ebene, der latente Bürgerkrieg im Innern, die forcierte Industrialisierung, die für die Rettung des Landes für nötig gehalten wird, aber gleichzeitig neue Konflikte und Spannungen hervorruft; diese Verflechtung verlängert in neuen Formen den Ausnahmezustand.« (Ebd. 193f.) »Und all das geschieht im Verlauf eines begrenzten, aber immerhin realen Demokratisierungsprozesses, mit der Entwicklung der Volksbeteiligung an der Verwaltung der Macht am Arbeitsplatz, mit der geheimen anstelle der offenen Wahl und der Möglichkeit, bei den Wahlen der Gewerkschafts- und Fabrikleiter zwischen mehreren Kandidaten zu entscheiden« (ebd. 194).

Charakteristisch in der zweiten Hälfte der 1930er Jahre sei eine Mischung von realer Gefahr und von Hysterie gewesen. Der »Terror tritt in einer Zeit forcierter Industrialisierung auf, die darauf abzielt, das Land und die Nation zu retten, und in deren Verlauf der Horror der furchtbaren Repression auf breiter Ebene sich mit Prozessen realer Emanzipation verknüpft: Die massive Ausbreitung der Schulbildung und der Kultur, die erstaunliche vertikale Mobilität, das Entstehen des Sozialstaats, der ungestüme Protagonismus von Gesellschaftsklassen, die bisher zu einer totalen Unterordnung verurteilt waren.« (Ebd. 195)

Gemäß seinem Ansatz, den jeweiligen Gesamtzusammenhang in die Beurteilung einer historischen Epoche und Bewegung einzubeziehen, verweist Losurdo auch auf einige positive Wirkungen der Stalinzeit im globalen Gesamtkontext: Während Stalins SU auf die Autokratie zugeht, beförderte sie den Kampf der Kolonialvölker sowie der Afroamerikaner gegen den Rassendespotismus. (Vgl. ebd. 339) Stalin habe auch direkt die Gestaltung der Demokratie im Westen beeinflusst. So verurteilte der Entwurf einer sowjetischen Verfassung von 1936 die »drei großen Diskriminierungen, die die

Geschichte des liberalen Westens gekennzeichnet haben« (ebd. 341): der Klasse, der ethnisch-nationalen Herkunft und des Geschlechts (*class, race, gender*). Und mit dem proklamierten Recht auf Arbeit, auf Erholung, auf Bildung als Realisierung einer zaghaften Art von sozialistischer Demokratisierung erfolgt die theoretische Begründung der ›wirtschaftlichen und sozialen Rechte‹, »die Hayek zufolge das verheerende Vermächtnis der ›russischen marxistischen Revolution‹ darstellt und die Forderung des Sozialstaates im Westen tief beeinflusst« (ebd. 342).

Kritik der Kategorien zur Analyse geschichtlicher Prozesse
In der Verdrängung der Geschichte, vor allem des Kolonialismus und des Krieges, identifiziert Losurdo »eine Konstante der Mythologie, die sich bemüht, abgesehen von Stalin, alle Führer der kommunistischen und antikolonialistischen Bewegung mehr oder weniger in Zwillingsmonster Hitlers zu verwandeln.« (Ebd. 373) Die diversen Erscheinungsformen von ›schwarzen Legenden‹, folgen, so Losurdo, einer Methode, die Weltgeschichte als ›groteske Angelegenheit von Monstern‹ und von ›Fehlbildungen‹ zu sehen (vgl. ebd. 397ff.). Als analytische Kategorie tauge weder der Begriff der ›Degeneration‹ noch der des ›Verrats‹. Das gelte für den Marxismus und Kommunismus nicht weniger als für den Liberalismus oder das Christentum; immer könne man die jeweils schwärzesten Seiten als Verrat an den ursprünglichen Idealen beschreiben. »Der hier kritisierte Ansatz hat also den Nachteil, die wirkliche und profane Geschichte verschwinden zu lassen und sie durch die Geschichte einer verhängnisvollen und mysteriösen Entstellung und Verzerrung von Doktrinen zu ersetzen, welche a priori in den Himmel der Reinheit und der Heiligkeit erhoben werden.« (Ebd. 401)
Aber: »Die Theorie ist jedoch nie unschuldig.« (Ebd. 402) Hat man erst einmal die Nicht-Unschuld der Theorie bekräftigt, »dann geht es darum, die Verantwortungsgrade zu unterscheiden.« Das heiße: Für die Schandtaten des Kolonialismus, die sich unter ihren Augen abspielen (z. B. Tocqueville, Locke, Mill, bis zu Roosevelt und Churchill), tragen die Exponenten der liberalen Tradition eine viel direktere Verantwortung als sie Marx und Engels für die Schandtaten des Sowjetregimes und für den ›Stalinismus‹ zugeschrieben wird (ebd. 403).
Und weiter: »Ebenso wie die Theorie kann auch die Utopie keine Unschuld für sich beanspruchen. [...] Welche furchtbaren sozialen und Men-

schenopfer hat die Utopie eines sich selbst regelnden Marktes, also die Ablehnung eines jeglichen staatlichen Eingreifens, mit sich gebracht«? Wieviele Katastrophen hat die Utopie hervorgerufen, »die den ewigen Frieden mit der weltweiten bewaffneten Verbreitung der Demokratie realisieren will?« (Ebd. 404)

Die kritisierten Ansätze, Geschichte vor allem mit Kategorien wie Verbrechen, Wahnsinn oder Verrat zu betrachten, unterschieden sich zwar, hätten aber ein gemeinsames Merkmal: die Tendenz, »die Aufmerksamkeit auf die kriminelle bzw. verräterische Natur einzelner Individuen zu konzentrieren. De facto verzichten sie darauf, die wirkliche historische Entwicklung und die historische Wirksamkeit sozialer, politischer und religiöser Bewegungen zu verstehen, die eine weltweite Anziehungskraft ausgeübt haben und deren Einfluss sich über einen recht langen Zeitraum erstreckt.« (Ebd. 404)

Das gelte auch für das Dritte Reich, womit Losurdo ein weiteres Tabu anspricht: »Es ist zu billig, die Schandtaten des Nazismus ausschließlich Hitler zur Last zu legen und dabei die Tatsache zu verdrängen, dass er die beiden zentralen Elemente seiner Ideologie der vor ihm bestehenden Welt entnommen und radikalisiert hat: Die Verherrlichung der kolonisatorischen Mission der weißen Rasse und des Westens, die jetzt dazu aufgerufen sind, ihre Herrschaft auch auf Osteuropa auszudehnen« (404f.).

Dass in der Geschichtsschreibung immer auch Interessenkonstellationen eine Rolle spielen, und dies umso mehr, je näher die Untersuchungsobjekte der Gegenwart sind, ist bekannt. Das zeigt sich nicht zuletzt beim Versuch, die Beweggründe jener zu verstehen, »deren Niederlage dem Triumph des ›amerikanischen Jahrhunderts‹ den Weg bereitet hat.« Und dies, so Losurdo, »erklärt die Relevanz, die Dämonisierung und Hagiographie für die Interpretation des 20. Jahrhunderts immer noch haben, und den anhaltenden Erfolg des negativen Heldenkults.« (Ebd. 406)

Fragen und Schlussfolgerungen

Was folgt aus Losurdos Erörterungen und Überlegungen – geschichtsphilosophisch wie politisch betrachtet? Ist Geschichte als ›Schlachtbank‹ (Hegel) zu sehen? Ist die Konsequenz ein Fatalismus, der sich aus einem von Menschen unbeeinflussbaren Determinismus speist? Folgt die stumme Verzweiflung, die aus Georg Büchners Stück »Dantons Tod« über den Terror im Verlauf der Französischen Revolution zu sprechen scheint, die nach und nach ›ihre eigenen Kinder frisst‹? Welche Handlungsoptionen bleiben den Individuen? Welche Rolle spielt das moralische Urteil? Nach welchen Kriterien sollte das Zuordnen von Schuld erfolgen: gemäß den jeweiligen Verantwortungs- und Handlungsspielräumen?

Der Intention Losurdos näher kommt vermutlich die Schlussfolgerung: Es geht ums Begreifen aus den Gesamtkontexten heraus; um ein politisches Handeln, das sich der Widersprüchlichkeiten bewusst ist und das die Ziele und Wege in der Einheit von präziser empirischer Analyse und orientierendem Horizont als konkreter Utopie entwickelt. Es geht, allgemein formuliert, um ein Denken und Handeln, worin das Einzelne über die Formen des Besonderen mit dem Allgemeinen vermittelt ist; es geht auch um das Wissen um die bisweilen unvermeidlichen Dilemmata bis hin zu tragischen Konstellationen. Kurz: es geht um ein *dialektisches* Herangehen.

Ohne die grauenhaften Verbrechen unter Stalins Verantwortung zu leugnen, geht es Losurdo um eine historische ›Kontextualisierung‹ als methodisches Verfahren zum angemesseneren Begreifen komplexer geschichtlicher Vorgänge. Dabei steht jede Art der historischen »Kontextualisierung« und der »Komparatistik« immer in der Gefahr, als Relativierung von Verbrechen (miss)verstanden zu werden.

Losurdo zeigt[97], wie bereits mit der Französischen Revolution von deren Gegnern die Revolutionäre als Psychopathen, Irre oder Monster klassifiziert wurden, ein Topos, der sich durchhält bis zur Oktoberrevolution. Er argumentiert gegen eine solche Psychopathologisierung und Dämonisierung, gegen den Versuch, historische Figuren zu rätselhaften Wesen zu erklären, deren Handeln mit rationalen Mitteln nicht mehr erklärbar zu sein scheint. So sind bekanntlich auch der Faschismus und seine Verbrechen zum unerklärlichen Einbruch eines schlechthin Irrationalen und ›Bösen‹ dargestellt worden, hinter dem dann die realen, benennbaren ›Steigbügelhalter‹ der Nazis verschwunden sind.

Soweit die drei exemplarisch ausgewählten Texte von Losurdo, in denen dieser an umstrittenen konkret-historischen Gegenständen zeigt, was er unter Dialektik und unter einer dialektischen Analyse versteht.

---

97   Vgl. dazu auch seinen Aufsatz »Psychopathologie und Dämonologie«, in: Marxistische Blätter 1/2012, 89-103.

3.4.4 Arndt

Zum Schluss dieses Teils soll das Dialektik-Verständnis von *Andreas Arndt* (geb. 1949) skizziert werden. Dazu beziehen wir uns zunächst auf die bislang ausgesparten Passagen aus dem erwähnten Interview von 2008. Danach soll Arndts Sicht auf das umstrittene Problem erörtert werden, wie Marx insbesondere in seinen Schriften zur politischen Ökonomie Hegel rezipiert.

3.4.4.1 Zu Hegels Aktualität

Wie oben im Losurdo-Teil schon vermerkt, wurde neben Domenico Losurdo auch Andreas Arndt, damals Vorsitzender der »*Internationalen Hegel-Gesellschaft*«, in der türkischen Philosophiezeitschrift »Bayku : Felsefe Yazıları Dergisi« (Minerva: Zeitschrift für philosophische Schriften) zur Frage interviewt: »Warum noch Hegel?«

Arndts zusammenfassende Antwort auf die Einstiegsfrage nach Hegels Aktualität lautet: »Hegel ist aktuell, weil seine Philosophie in jeder Hinsicht von Grund auf kritisch ist und damit die Selbstreflexion der Moderne, die unsere Gegenwart ist, weiter vorantreibt.« (Arndt, Interview, 3)

Zum Vorwurf des Totalitarismus gegen Hegel stellt Arndt klar: »Jeder politische Totalitarismus ist in Wahrheit Partikularismus, denn er beruht auf Ausgrenzung und Unterdrückung. Philosophisch aber kann das Totum, das Ganze, gar nicht als etwas gedacht werden, das Anderes ausgrenzt.« (Ebd.) Die Hegelsche Kategorie der Totalität habe, anders als die Antihegelianer meinen, »eine kritische Funktion gegenüber jeder Form des totalitären Denkens. Sie zwingt dazu, das zu bedenken und einzubeziehen, was ausgegrenzt, verdrängt und unterdrückt wird. Sie läßt keine Grenzziehung gelten, sie sprengt jede Borniertheit.« (Ebd. 12)

Mit Bezug auf Adorno fährt Arndt fort: »Hegel denkt das Ganze als in sich konkrete Allgemeinheit. Das heißt: es ist ein in sich gegliedertes, organisches Ganzes von Momenten, die nicht unter ein herrschendes ›Zentrum‹ subsumiert sind.« (Ebd. 13) Wenn Adorno vor dem Hintergrund der Erfahrungen seiner Zeit dagegen setze, das Ganze sei das Unwahre, dann meine er damit zunächst nicht mehr, als dass die bestehende gesellschaftlich-politische Wirklichkeit dem nicht entspricht, was Hegel als das höchste Allgemeine, das Absolute, dachte. Hegel unterschied zwischen dem *Begriff* der Freiheit und der *Realisierung* von Freiheit, wobei für ihn der Begriff die wahre Wirklichkeit sei und die bloße Faktizität ihm auf Dauer nicht widerstehen könne. Für Arndt hat der Bezug aufs Absolute eine kritische Funktion: »Er negiert gewohnte Sichtweisen und Grenzziehungen, indem er einen Wechsel der Perspektive erzwingt und das als Schein erweist, was scheinbar das Sicherste war.« (Ebd.) Jedenfalls gehöre Adorno nicht in die Reihe der Hegel-Kritiker, »die von der Totalität auf Totalitarismus kurzschließen.« (Ebd.)

In der Dialektik-Frage verweist Arndt auf die wichtige vorbereitende Rolle von Kant.[98] Auch für diesen sei das ›aufs Ganze gehende‹ oder ›totalisierende Verfahren‹, darin in der Tradition der von ihm kritisierten Metaphysik, unverzichtbar, weil es bei der Erforschung der verursachenden Bedingungen für einen jeweils untersuchten Sachverhalt im Grunde keinen (allenfalls nur einen pragmatischen) Endpunkt gibt. Dieser Grenzpunkt ist das ›Unbedingte‹, also die Totalität der Bedingungen. – Wissenschaftliches Forschen vollzieht sich in der Richtung auf diese zwar real nicht erreichbare, aber unverzichtbare, orientierende Zielmarke hin. Die Richtung aufs ›Unbedingte‹ ist zwar ein ›Postulat der Vernunft‹, wie Kant das nennt; sollte unser endlicher Verstand aber das Unendliche nicht nur zu denken, sondern auch zu erkennen vermeinen, verwickelt er sich in unlösbare Widersprüche, was Kant am Problem der Antinomien zeigt. Der unzulässige Gebrauch der Vernunft führt für Kant zur »Dialektik des Scheins«. Hegel, so Arndt, übernahm von Kant zwar die Auffassung, dass die Vernunft sich notwendig in Widersprüche verwickle; aber dies gelte für Hegel nicht nur in Ansehung der Vernunftgegenstände (Gott, Welt, Seele), wie bei Kant, sondern in Ansehung aller ›Dinge‹. (Ebd. 14)

Dialektik in der Hegelschen Denktradition bestimmt Arndt wie folgt:

(1) »Hegels Konzeption verknüpft Totalitäts- und Widerspruchsdenken, indem er – mit Spinoza, genauer: mit Jacobis Spinoza-Deutung – Bestimmtheit als Negation, und zwar als Negation alles Anderen zu dieser Bestimmtheit denkt, das durch eben diese Bestimmtheit ausgeschlossen wird. […] Dieses Konzept zwingt dazu, jede vermeintlich mit sich selbst identische Bestimmtheit als daseienden Widerspruch zu deuten und erzwingt zugleich den Übergang zur Totalität der Bestimmtheiten.«

(2) »Indem nicht die Identität, sondern der Widerspruch das Fundament aller Bestimmtheit bildet, ist zugleich der Vorstellung einer mit sich iden-

---

98   Vgl. dazu auch seinen Argument-Artikel: Arndt 2008.

tischen Entität, eines Subjekts als Träger von Bestimmungen, der Boden entzogen. Das, was in Wahrheit ist, sind nicht Dinge, sondern Verhältnisse, Totalität als ein Netz von Relationen.«

(3) »Dieses Netz ist für Hegel begrifflicher Natur, d.h. es geht aus einer Dialektik als Selbstvermittlung der Denkbestimmungen zur Totalität hervor, die zugleich Selbsterfassung des Begriffs ist.« – Real tun die denkenden Menschen dies nicht als isolierte, sondern als gesellschaftliche Subjekte, in deren Denken das überindividuell Allgemeine Produkt der ganzen Geschichte der Tätigkeit der menschlichen Gattung ist. Diese geschichtlich gewordene Gesellschaftlichkeit hat Hegel im Begriff ›Geist‹ gefasst. Der »Begriff« ist – auf der Seite des Denkens – der Terminus für die Zusammenfassung der geschichtlichen Gesellschaftlichkeit, das ›diamantene Netz der Kategorien‹ (Hegel, *Enzyklopädie,* § 246, Zusatz, Werke 9, 20), mit denen wir die Wirklichkeit zu begreifen versuchen, die uns aus der Tradition und Kultur übermittelt wurde und an der die gegenwärtig Agierenden beständig weiter verändernd, differenzierend, auswählend mitwirken. Dieser Prozess kulminiere »in dem Selbstbewußtsein des vollendeten Begriffs, der sich schließlich als dialektische Methode bestimmt.« (Arndt, Interview, 14)

(4) »Die dialektische Methode vermittelt Voraussetzungen, Momente und Resultate des Werdens zur Totalität. Sie ist daher Logik des Werdens dieser Totalität sowohl im Sinne der (historischen) Genesis als auch ihrer internen Reproduktion.« (Ebd.)

Weil für Hegel – anders als bei Kant – Methode und Inhalt identisch, die Struktur der Vernunft (des Begriffs) zugleich die Struktur der Realität ist, sind letztlich subjektive und objektive Logik identisch, ist die objektive Realität als ›objektiver Geist‹ selbst logisch, d.h. gesetzmäßig strukturiert, weshalb der ›subjektive Geist‹ in Gestalt des menschlichen Denkens diese Logizität der Wirklichkeit zu entschlüsseln vermag. Und deshalb ist die dialektische Methode keine äußere Anwendung eines Instruments auf ein fremd Gegenüberstehendes, sondern selbst die prozessuale Struktur, die (dialektische) Bewegungsform des Wirklichen.

Arndt versteht Hegels *Logik* als die Selbstentfaltung der inneren Systematik der Vernunft, kulminierend in der absoluten Idee als absolute Methode. »Die Methode ist, Hegel zufolge, nichts anderes als die Sache selbst, um die es zu tun ist, und nicht ein Instrument, um die Sache überhaupt erst erfassen zu können.« (Ebd. 14) Wenn Hegel im Schlusskapitel der *Logik* von der ›Erweiterung der Methode zum System‹ spricht, so haben wir ein solches z. B. in der Gestalt des Begriffs als eines Systems von Beziehungen. »Die dialektische Methode«, so weiter Arndt, »ist für Hegel zwar auch ein Instrument des Erkennens: die Wissenschaft der Logik insgesamt muss sich in den Realwissenschaften – der Natur- und Geistesphilosophie – ›bewähren‹, aber die dialektische Methode ist kein ihrem Gegenstand äußerlich bleibendes Instrument.« (Ebd.) Eine Schwierigkeit bestehe darin, wie dieses ›sich Bewähren‹ der Methode zu verstehen sei und damit das Verhältnis von Logik und Realphilosophie.

Arndt erinnert daran, dass auch Engels das Verhältnis von Methode und System bei Hegel für problematisch hielt, indem er, anderen geläufigen Hegel-Kritiken seiner Zeit folgend, zwischen Methode und System unterschied und die dialektische Methode dem angeblich starren System entgegengesetzte. »Ich glaube, daß dies zu weit geht«, wendet Arndt ein. Immerhin habe Marx an dem Systemgedanken festgehalten und die kapitalistische Produktionsweise als System rekonstruiert, dabei allerdings ein anderes Verständnis von System zugrunde gelegt, indem er Logisches und Historisches nicht identifiziert. Nach Marx beruhe das System immer auf vorgefundenen äußeren Voraussetzungen. Damit ändere sich auch der Begriff der Totalität: Diese »ist dann immer historisch bestimmt und endlich.« Und hiervon bleibe das Methodenverständnis nicht unberührt: die Methode werde »zu einem Mittel, welches das Allgemeine unserer Erkenntnisarbeit repräsentiert, nämlich das kategoriale Netz, in dem die ›Welt‹ unserem Begreifen zugänglich wird.« (Ebd. 15)

Auf die Frage nach der Subjektivität und der Rolle des Individuums betont Arndt die Rolle des Geist-Konzepts bei Hegel: Die Individuen seien für diesen vermittelt, »und zwar nicht nur durch andere Individuen in der Intersubjektivität, sondern durch die vorgefundenen und selbstgeschaffenen Bedingungen, unter denen sie agieren: natürliche und gesellschaftliche Bedingungen.« (Ebd. 16f.) Auf der anderen Seite gebe es bei Hegel eine Aufwertung des Individuums. So gehe es ihm darum, in den Rechtsverhältnissen »das Recht der Besonderheit der Individuen zur Geltung zu bringen, das er uneingeschränkt anerkennt und das für ihn zum Begriff der Freiheit gehört«[99] (ebd. 17), ein Gedanke, den auch Losurdo in diesem Interview betont.

---

99   Vgl. dazu auch Arndt 2015.

»Die Subjektivität bekommt bei Hegel eine eigene Bedeutung dadurch, dass er in seiner Geistesphilosophie zwischen der Subjektivität im Sinne des subjektiven Geistes einerseits und einer überindividuellen und schließlich absoluten Subjektivität andererseits unterscheidet.« (Ebd. 21) Gegenüber der Traditionslinie von Descartes bis Kant konstatiert Arndt damit eine Verschiebung: »Die Vorstellung des Subjekts [...] wird ersetzt durch den Begriff einer prozessierenden, selbstbezüglichen Totalität«, von deren Bestimmungen das individuelle Subjekt als Moment dieser Totalitäten geprägt ist.

Zur Rezeption Hegels betont Arndt: Der »Zeitbezug der Hegelschen Philosophie und ihre empirische Orientierung haben dazu geführt, dass jede Aneignung diesen Bezug zur Zeit und Empirie auch des Aneignenden immer wieder neu herstellen und durchdenken muss.« (Ebd. 22) Nicht zuletzt gelte es, zu verstehen zu versuchen, »was eigentlich Hegels Rede vom Absoluten und der Idee meint, wenn diese Idee ihr Dasein nur in der Wirklichkeit der Natur und des Geistes hat.« (Ebd. 23) Der schon vor der Mitte des 19. Jahrhunderts geäußerte Theologieverdacht habe den Blick dafür verstellt, dass »hier wirklich etwas zu entdecken ist.«

3.4.4.2 Zur Hegel-Rezeption von Marx vor allem in dessen Schriften zur politischen Ökonomie

Arndt hat sich in zahlreichen Arbeiten nicht nur mit Hegel, sondern auch mit Marx eingehend befasst (z. B. Arndt 1977, 1978, 1994, 2011 oder 2015); die Untersuchung ihres Verhältnisses zueinander gehört zu seinen zentralen Forschungsinteressen. Was Marx betrifft, so sind, neben dem ausführlichen Abschnitt in dem Buch *Dialektik und Reflexion* von 1994 (hier bes. 278-310), vor allem sein 1985 erschienenes Buch *Karl Marx* zu nennen. In der 2. (gegenüber der 1. unveränderten) Auflage von 2012 schätzt er in einem Nachwort (S. 257-262) einiges anders ein als in der Erstauflage. Die etwas veränderte Sicht auf das Verhältnis Hegel-Marx findet sich auch in seinem Buch *Geschichte und Freiheitsbewusstsein* von 2015. Wir beziehen uns im Folgenden zunächst auf die erste Auflage seines Marx-Buches von 1985.

Für Arndt (Arndt, Karl Marx, 1985, 2. Aufl. 2012) signalisiert die Marxsche »Einleitung« von 1857 eine Wende. Gegenstand ist das Ganze (das System) der kapitalistischen Produktionsverhältnisse. Marx knüpft jetzt an Hegels *Logik* an mitsamt der absoluten Methode als »Paradigma der Erfassung und Darstellung eines Systemzusammenhangs« (ebd. 224). Während bis 1844 die *Phänomenologie* im Zentrum steht, gewinnt ab 1857 die *Logik* an Bedeutung, die er in der Auseinandersetzung mit der Methode der politischen Ökonomie in den *Theorien über den Mehrwert* in den Jahren 1861– 1863 nochmal studiert. (Ebd. 226)

Insbesondere beim Versuch, die kapitalistische Produktionsweise als System zu rekonstruieren, greift Marx zunehmend auf Hegels *Wissenschaft der Logik* zurück, so vor allem in den *Grundrissen.* In den Verweisen auf Hegel in *Kapital I* macht Marx Gebrauch von Hegels Kategorien im Kontext der Einzelwissenschaft Politische Ökonomie. Er nimmt damit Figuren der *Logik* im realphilosophischen Kontext auf; faktisch tut er das freilich noch stärker bezogen auf die *Rechtsphilosophie.*

Allerdings, so betont Arndt, seien daraus keine Rückschlüsse auf eine alternative Dialektik-Konzeption von Marx zu ziehen.[100] Eher dürfte zutreffen, dass für Marx die Hegelsche Dialektik als das »letzte Wort aller Philosophie« (Arndt, Karl Marx, 2012, Nachwort zur 2. Aufl., 259) fungiert, wovon er einzelwissenschaftlich Gebrauch macht, ohne eine grundlegende Revision vorzunehmen. Statt Zeitknappheit als Hinderungsgrund für die Realisierung des von Marx geplanten Abrisses einer eigenen Dialektik-Konzeption sei es wahrscheinlicher, »dass Marx das kategoriale Netz der ›Hegelschen Logik‹ als Erfassung und Darstellung der allgemeinen Bestimmungen unseres theoretischen und praktischen Verhaltens zur ›Welt‹ einfach affirmieren und stehen lassen konnte«, ohne eigenen philosophischen Begründungsdiskurs. »Eine ›materialistische Dialektik‹, sollte sie überhaupt ein sinnvolles Projekt sein, wäre nicht mehr die Aufgabe einer *Rekonstruktion* der Marxschen Theorie, sondern ihrer eigenständigen Fortschreibung und Weiterentwicklung.« (Ebd.)

So argumentiert Arndt dann auch in seinem 2015 erschienen Buch *Geschichte und Freiheitsbewusstsein.* In dem mit »Marx und die Hegelsche Dialektik« überschriebenen Kapitel 10 weist Arndt zunächst darauf hin, dass die Diskussion um Marx' Dialektik-Verständnis und Verhältnis zu Hegel nicht zuletzt veranlasst war durch Lenins Hegel-Lektüre am Vorabend des 1. Weltkriegs. (Vgl. Arndt, Hegel-Kritik, HKWM 5, 2002, 1243-1258; Arndt, Lenin liest Hegel, 2011, 275-290; Arndt, Lenin, 1982) Das sei der

---

100 Seine bereits in der Erstauflage geäußerte Skepsis bezüglich der überzeugenden Rekonstruktion einer solchen ›alternativen‹ Dialektik-Konzeption von Marx (so ebd. 216) verstärkt sich in Arndts späteren Arbeiten.

entscheidende Anstoß für den westlichen Hegelmarxismus nach der Oktoberrevolution gewesen. Gestritten wurde und wird über ›idealistische‹ und
›materialistische‹ Dialektik. Dialektik, so Arndt, kondensiere sich bei Hegel
in der absoluten Methode, die zugleich den vollendeten Begriff der Freiheit
darstellt. (Arndt, Geschichte, 2015, 124)

Marx hatte bekanntlich angekündigt (wenn auch nie realisiert), über das
›Rationelle‹ der Hegelschen Dialektik zu schreiben, um diese von ihrem
›mystischen Schein‹ zu befreien. So stellt Arndt auch hier wie schon in seinem Marx-Buch die Frage, ob es bei Marx und seiner Hegelkritik eine alternative Konzeption von Dialektik gibt.

Fakt sei, dass Marx im *Kapital* immer wieder Hegelsche logische Figuren verwendet habe, diese aber in realphilosophischen Kontexten, was
freilich »keine sicheren Schlüsse auf den internen Zusammenhang der logischen Bestimmungen« (ebd. 125) erlaube, um den es dann gehen müsse.
Marx betrachtete die *Logik* als »Reservoir dialektischer Denkfiguren [...],
von denen er in einzelwissenschaftlichen Kontexten experimentellen Gebrauch machen könne« (ebd. 126).

Für Marx ist, so Arndt, die *Selbstbezüglichkeit der absoluten Idee* offenbar
der Kern der ›Mystifikation‹. Denn wirkliche Gegensätze seien nicht ver-
mittelbar. Die ›Substanz als Subjekt‹ zu begreifen, als absolute Person, bilde
den wesentlichen Charakter der Hegelschen Methode (vgl. Arndts Belege
ebd. 129). Bei der Verwendung der Logik-Kategorien zur Analyse und Darstellung realer Zusammenhänge übergehe Marx die Frage nach dem Status
einer eigenen Reflexion begrifflich-kategorialer Zusammenhänge. Diese
Theorieebene komme bei Marx (im dortigen Kontext) gar nicht vor; sie sei
offenbar dem proklamierten Abschied von der Philosophie zugunsten der
empirischen Wissenschaften zum Opfer gefallen.

Im Methodenkapitel *Zur Kritik der Politischen Ökonomie* (MEW 13, 615-641)
beschreibt Marx die »wissenschaftlich richtige Methode«: »Das Konkrete ist
konkret, weil es die Zusammenfassung vieler Bestimmungen ist, also Einheit
des Mannigfaltigen. Im Denken erscheint es daher als Prozess der Zusammenfassung, als Resultat, nicht als Ausgangspunkt, obgleich es der wirkliche
Ausgangspunkt und daher auch der Ausgangspunkt der Anschauung und
der Vorstellung ist. Im ersten Weg wurde die volle Vorstellung zu abstrakter
Bestimmung verflüchtigt; im zweiten führen die abstrakten Bestimmungen
zur Reproduktion des Konkreten im Weg des Denkens.« (Ebd. 632)

Auf der gleichen Argumentationslinie liege, so Arndt, die sich anschließende Kritik von Marx an Hegel:»Hegel geriet daher auf die Illusion, das
Reale als Resultat des sich in sich zusammenfassenden, in sich vertiefen-
den und aus sich selbst sich bewegenden Denkens zu fassen, während die
Methode, vom Abstrakten zum Konkreten aufzusteigen, nur die Art für
das Denken ist, sich das Konkrete anzueignen, es als ein geistig Konkretes
zu reproduzieren. Keineswegs aber der Entstehungsprozess des Konkreten
selbst.« (Ebd.) Der Kritik von Arndt an dieser Marxschen Hegel-Kritik ist
insofern zuzustimmen, als für Hegel das Reale keineswegs durch das Denken *erzeugt*, sondern durchs Denken *begriffen* wird, freilich durch Kategorien,
die am Realen, in Gestalt einer objektiv-subjektiven Fortbestimmung des
Begriffs bzw. Begreifens entwickelt werden.

Auch im ›Nachwort‹ zur 2. Auflage des *Kapital* liefert Marx eine entsprechend problematische Interpretation Hegels, wenn er schreibt: Der
Denkprozess werde als Idee in ein selbständiges Subjekt verwandelt, während das Ideelle doch das im Kopf umgesetzte und übersetzte Materielle
sei. Arndts Deutung:»Die Mystifikation beruht demnach auf einer falschen
Übersetzung des Materiellen ins Ideelle. Der Fehler liegt nach Marx dort,
wo der Zusammenhang der Denkbestimmungen zu einem Zusammenhang *aus* dem Denken mystifiziert wird. Die Mystifikation besteht hier in
einem Quidproquo, einer Vertauschung.« (Arndt, Geschichte, 2015, 132)
Vertauscht wird die empirische Realität gegen das Denken, die ›Idee‹. –
Und dieses wird noch zusätzlich mystifiziert, indem es – so Hegels Vor-
gabe in der *Logik* – ›selbstbezüglich‹, ›rein‹ von Empirie sein soll.»Dies
ist, wie Marx seit 1843 zu zeigen bemüht ist, ein schwerwiegender Eingriff
in die ›Logik der Sache‹ – also die realen Zusammenhänge – sofern diese,
nach Marx' Auffassung, grundsätzlich nicht durch eine solche Selbstbezüglichkeit charakterisiert sind.« (Ebd.) Bezüglich der Dialektik heiße das:
Sie wird von Marx einbezogen, um einzelwissenschaftliche Bornierungen
zu überschreiten und bestimmte Totalitäten zu rekonstruieren, um die Zusammenhänge der gesellschaftlichen Wirklichkeit bestimmen zu können.
(Ebd.)

Aus Marx' Bemerkungen im Nachwort zur 2. Auflage des *Kapital* lässt
sich, so Arndt, weder eine abstrakte Negation der Hegelschen (oder einer
anderen) Philosophie noch eine genuin *philosophische* Alternative ableiten.
Arndts Fazit: Eine Marxsche Dialektik, angesiedelt auf einem Theorie-

niveau wie Hegels *Wissenschaft der Logik*, gibt es nicht. »Wir haben keinen
begründeten Anlaß, bei Marx mehr zu vermuten.« (Ebd.)

Arndt resümiert seine Argumente gegen die Marxsche Hegel-Kritik:

(1) Der Vorwurf der Verselbständigung der Denkzusammenhänge
gegenüber ihrer empirischen Grundlage geht dort ins Leere, »wo Hegel
den Zusammenhang der Denkbestimmungen *als solche* thematisiert, d. h.
den Zusammenhang von Denkmitteln (Kategorien) im Verhältnis zueinander.« (Ebd. 132)

(2) »Die Frage nach dem Status und der Möglichkeit einer Wissenschaft der Logik« – mit oder gegen Hegel – »bleibt damit unbeantwortet.«
(Ebd. 133) Es sei zu prüfen, ob die dialektische Methode nur für das empirisch gerichtete ›suchende Erkennen‹ gilt (so der Ausdruck in der *Begriffslogik*, Hegel, Werke 6, 487ff.), »oder ob die Abgeschlossenheit des reinen
Denkens bei Hegel ihren Grund in einer tatsächlich zu legitimierenden
inneren Systematizität der Denkbestimmungen hat.« (Arndt, Geschichte,
2015, 133) Von dorther wäre das Verhältnis der Logik zu den Realwissenschaften zu bestimmen, das Marx völlig ausblende.

(3) Marx und Engels scheinen das deshalb zu tun, weil sie darauf ver-
trauen, »dass die besonderen Wissenschaften aus sich selbst heraus totalisierende und disziplinübergreifende Verfahren entwickeln können, die es
erlauben, die philosophische Vernunft als Zusammenhangsdenken zu ersetzen. Ich zweifle, dass dies möglich ist.« (Ebd. 133)

Im Unterschied zu Marx hält Arndt die Suche nach dem innerphiloso-
phischen Zusammenhang der Denkbestimmungen, also eine Logik, für
unverzichtbar, statt sie nur als Mittel für die Darstellung empirischer Zusammenhänge zu nutzen. Er begründet das damit, »dass der subjektive
Vollzug unseres Denkens« als Wissen des Begriffs »einer Logik folgt, die
nicht von uns und dem jeweiligen Vollzug abhängt. [...] Sie besteht in einer
systematischen, d. h. notwendigen Folge von reinen Denkbestimmungen,
die insofern einen Denkzusammenhang bilden, der jedem Vollzug des
Denkens voraus- und zugrundeliegt.« (Ebd. 138f.) Die von uns benutzten
Denkbestimmungen sind »allgemeiner Natur« und stehen »in notwendigen
Beziehungen zueinander«. Es handelt sich also »um eine unser subjektives Denken übergreifende, uns gegenüber apriorische Struktur, die wir in
jedem Denken implizit in Anspruch nehmen«. Diese *apriorische* Struktur

konstruieren wir nicht, sondern sie »hat eine von uns unabhängige Notwendigkeit, die wir in unserem Begreifen nur explizit machen.« Wir vollziehen
demnach im Denken also etwas Objektives nach: die objektive Struktur
dieser Denkbewegungen als Vernunft. Diese objektive (nach Arndt ›apriorische‹) Struktur zeigt sich, indem wir sie denken und damit gleichsam das
Schloss öffnen, durch das sie in der Regel ins Nichtwissen, ins Implizite
eingeschlossen ist.

In welchem Verhältnis steht nun, fragt Arndt, die dialektische Methode
zur ›Wirklichkeit‹? Die *Träger* des Vollzugs der absoluten Methode sind die
gesellschaftlichen Individuen, so schon Hegel (nicht erst Marx mit der 6. Feuerbachthese, der vielmehr durch Hegel dazu motiviert gewesen sein dürfte
wie überhaupt sein gegenüber Feuerbach kritischer ›neuer Materialismus‹);
ihr theoretisches und praktisches Verhalten zur Welt bilde in allgemeinster
Form die Grundlage der dialektischen Methode. (Ebd. 139f.)

Der Umfang der allgemeinen Denkbestimmungen, so weiter Arndt,
ist gleichbedeutend mit ›Metaphysik‹; sie sind – wie bereits erwähnt – das
›diamantene Netz, in das wir allen Stoff bringen und dadurch erst verständlich machen‹ (Hegel, *Enzyklopädie,* § 246, Zusatz, Werke 9, 20). Dieses ›Netz‹
an Begriffen erlaube die ›Lesbarkeit‹ der Welt. Deshalb gehören die Denkbestimmungen auch zum gegenständlichen (auf Gegenstände gerichteten)
Verstand, sind sie nicht nur auf die Philosophie (das Denken des Denkens)
bezogen. Das Logische oder der Begriff wird so als ›innerer Bildner‹ beim
Begreifen der realphilosophischen Gegenstände verstanden, als Mittel, diese zu beschreiben. Arndt setzt (mit Hegel) damit voraus, dass diese Kategorien »nicht bloß subjektiv sind, sondern ebenso objektive Realität in dem
Sinne haben, wie wir z.B. auch Naturgesetzen objektive Realität zuschrei-
ben.« (Arndt, Geschichte, 2015, 144)

Wenn das richtig sei, beruhe Marx' Einwand gegen Hegel auf einem
»grundlegenden Missverständnis« über das, was die *Logik* und die dialektische Methode bei Hegel ist. Sie ersetzt nicht die Logik des Gegenstands,
sondern ist Mittel, ihn zu begreifen. Inwiefern eine solche problematische
›Ersetzung‹ mitunter in der Tat bei Hegel in realphilosophischen Zusammenhängen geschieht, also Hegels ›Idealismus‹ sich zeigt, muss dann bei
den entsprechenden Realanalysen kritisch aufgewiesen werden, – so dürfte Arndt argumentieren. Hier bleibt die Marxsche materialistische Analyse unverzichtbar. Marx, so Arndt weiter, tendiert von Anfang an dazu,

die Differenz zwischen »Logik und Realphilosophie zu verschleifen« (ebd. 144f).[101] Marx' eigener Einsatz begrifflicher Mittel der Hegelschen Logik im *Kapital* stelle jedenfalls keine Alternative zu Hegels *Logik* dar, sondern lasse sich »vollständig innerhalb des Hegelschen Theorieparadigmas beschreiben.« (Ebd.)

Aus seiner Deutung folgert Arndt: Es könne nicht um eine einfache, von Marx und Engels immer wieder proklamierte ›Umstülpung‹ der ›idealistischen‹ Dialektik Hegels in eine ›materialistische‹ gehen, also statt der ›Idee‹ nur das ›Materielle‹ zu setzen. Vielmehr gehe es um die Berücksichtigung verschiedener Ebenen: bei Marx um die realphilosophisch-einzelwissenschaftliche; bei Hegel um die logisch-kategoriale oder allgemeinphilosophische. Auf der Ebene der *Logik* geht es bei der dialektischen Methode Hegels um die Selbstreflexion (›Selbstbezüglichkeit‹) des ›reinen‹ Denkens, um die Entwicklung des ›apriorischen‹ Netzes der Kategorien, zunächst also nicht um die ›Anwendung‹ der Methode auf realphilosophische Gegenstände. Erst bei deren Analyse mit Hilfe der Kategorien geht es dann um die Logik der jeweiligen Sache. Weil nun Marx die Sache der Logik nicht interessiert, sie deshalb auch nicht in ihrer eigenständigen Bedeutung anzuerkennen vermag, wirft er Hegel u. a. eine Verwechslung der Logik der Sache mit der Sache der Logik vor. Insofern diagnostiziert Arndt hier ein Missverständnis bei Marx, der (wie auch Engels) nach dem Ende der alten Metaphysik mit deren obsoleten Totalitätsansprüchen die Berechtigung einer eigenständigen Philosophie über oder neben den Einzelwissenschaften nicht mehr akzeptiere. Nach dem Abschied von der Philosophie verbleibe dieser nur eine Restfunktion: die formale Logik und die Dialektik.

Aber, so könnte man Arndts Argumentation weiterführen, die Philosophie als ›Denken des Denkens‹ lässt sich nicht so leicht abweisen. Eine ausgearbeitete Theorie der Dialektik stößt auf die angeblich ›mystifizierten‹ Themen: auf die notwendige Selbstreflexion oder Selbstbezüglichkeit des Denkens, bei der jene kategorialen Grundbegriffe thematisiert werden, mit und in denen wir faktisch denken, mithin auf so etwas wie objektive Gesetze des Denkens, die nicht von unsrer Willkür abhängen, wie von manchen ›postmodernen‹ Philosophen behauptet werden mag.

---

101 Er verweist hier auch auf Sahra Wagenknecht, 1997.

Am Schluss (»Coda«) seines Buches, das die »Dialektik der Freiheit bei
Hegel und Marx« zum Thema hat, resümiert Arndt das Ergebnis seiner
Untersuchung, worauf wir hier nicht eingehen – mit Ausnahme lediglich
eines Punktes: Unter Anspielung auf die Hegelsche Analyse der terroris-
tischen Seiten der Französischen Revolution in der *Phänomenologie* und zugleich auf die Praxis im (nicht direkt genannten) Realsozialismus befindet
Arndt kritisch: »Die Partei der Tugend und reinen revolutionären Lehre«
habe sich »trotz aller Schwüre auf die Lehre Marx', in diesem Punkt nicht
an Marx gehalten, sondern an die Romantik einer den Individuen vollkommen durchsichtigen, nicht entfremdeten sozialen Welt.« (Ebd. 153) Und er
fährt in harschem Ton fort: »Die Führer der Tugendparteien, die sich als
Hüter der reinen Wahrheit und einer ihr unmittelbar entsprechenden Realität sahen, haben dies im 20. Jahrhundert mit Millionen Opfern ins Werk
gesetzt.« (Ebd.)

Die hier geäußerte Kritik teilt Arndt zwar auch z.B. mit Losurdo, der
etwa in seinem Stalin-Buch gleichfalls manche ›romantische‹ oder ›utopi-
sche‹ Tendenzen in der Oktoberrevolution kritisch thematisiert, der aber die
Deformationen etwa in der Stalin-Zeit auch auf die historischen Bedingungen zurückführt, unter denen der Versuch unternommen wurde, in einem im
Vergleich zum industrialisierten Westeuropa wenig entwickelten Land, zudem in einem feindlichen kapitalistisch-imperialistischen Umfeld eine sozialistische Gesellschaft aufzubauen. Eine solche historische Kontextualisierung
unterbleibt zwar hier bei Arndt; allerdings stehen solche Fragen auch nicht
im Zentrum seines Buches, sondern werden allenfalls am Rande gestreift.

Insgesamt stellt insbesondere dieses Buch von Arndt einen bemerkenswerten Versuch dar, Marx' Dialektik-Verständnis und sein Verhältnis zu
Hegel neu zu lesen. Zu diskutieren bleibt u.a. die Frage, ob es Hegel gerecht wird, das Absolute nur als das reine, selbstbezügliche Denken, das
Denken des Denkens, also als das Proprium der Philosophie zu übersetzen.
So sehr dieser Gedanke den Zugang zu Hegels Denken erleichtern mag, ist
doch zweifelhaft, ob diese Interpretation der Tiefendimension des Absoluten als dem ›Ganzen‹ im Sinne des ›Gesamtzusammenhangs‹ gerecht wird,
wobei das Ganze nicht auf seine Rolle als methodische Herangehensweise
beschränkt ist.

Überleitend zum Schlussteil kann man resümieren: Mit der Dialektik-
frage in Bezug auf das Verhältnis von Marx (und Engels) zu Hegel wird zu-

gleich die Frage nach der Möglichkeit und Notwendigkeit der Philosophie heute zum Thema – im Kontext und zugleich im Unterschied zu den Einzelwissenschaften. Damit ergibt sich als neue, über unsere Thematik hinausgehende Aufgabe, auch die Rolle der Philosophie genauer zu bestimmen, nachdem sie nach Engels nicht mehr die Wissenschaft *vom*, sondern ›nur noch‹ *des* Gesamtzusammenhangs zu sein beanspruchen könne. Es geht um die Reflexion jener allgemeinen Denkbestimmungen, deren angemessene Konzipierung nicht ohne die Dialektik sinnvoll möglich sein dürfte. So verstanden, hätte die Dialektik demnach eine zentrale Rolle sowohl in der Entwicklung und Reflexion der prozessualen Struktur jenes erwähnten kategorialen Netzes als auch in der Klärung der Frage, wie diese allgemeinen Kategorien sich differenzieren oder ›besondern‹ müssen, wenn sie helfen sollen, die realphilosophischen Gegenstände angemessen zu begreifen.

Damit ist die kritische Rezeption der Hegelschen Philosophie durch Marx und Engels nicht obsolet. Sie hat ihre Berechtigung nicht zuletzt bei der Enthüllung des Problematischen und Zeitbedingten gerade auch in Hegels realphilosophischen Schriften. Dabei bedarf es auch einer Neubestimmung dessen, worin genau das ›Idealistische‹ bei Hegel besteht. Einen Anfang in dieser Neubestimmung hat z. B. Holz versucht, wenn er das notwendig ›Idealistische‹ einer jeden Philosophie als Philosophie selbst wieder materialistisch zu begründen unternimmt.

4.
Resümee

›Dialektisch denken‹ oder ›dialektisches Denken‹ begreift die Wirklichkeit als eine sich permanent verändernde und die dabei auftretenden Widersprüche nicht als bloße Störfaktoren, sondern als Ausdruck von Lebendigkeit und Bewegung. Ein solches Denken erfordert den ›Blick aufs Ganze‹, die versuchsweise Einbeziehung möglichst aller Seiten eines betrachteten Sachverhalts, denn deren Aufeinanderwirken macht dieses Ganze von Beziehungen und Verhältnissen, die ›Totalität‹ aus.

Dieses ist das komprimierte Resultat einer Gedanken-Reise, die mit *Hegel* ihren Ausgang nahm, über die zentralen Haltepunkte *Marx* und *Engels* führte und, nachdem viele wichtige Zwischenstationen ohne Halt durchfahren wurden, in der Gegenwart mit einigen wenigen ausgewählten Dialektik-Konzepten, denen von *Holz, Haug, Losurdo* und *Arndt*, vorerst endete.

Zum Schluss soll noch einmal kurz auf die bis heute umstrittene Frage eingegangen werden, wie es um die Differenz zwischen einer ›idealistischen‹ Dialektik (Hegel) und einer ›materialistischen‹ (Marx und Engels) steht.

Bis zur Neuzeit dominierten in der Philosophiegeschichte die Traditionen der mittelalterlichen, religiös-theologischen Weltsicht. Aber mit der Entwicklung der Naturwissenschaften, gesellschaftlich mit vorangetrieben durch die Interessen des aufkommenden Bürgertums, zeichnete sich eine stärkere Verbreitung materialistischen Denkens ab. Der im 18. Jahrhundert vor allem in Frankreich und auch in England an Bedeutung zunehmende Materialismus hob im Gegensatz zur idealistischen Denkweise die entscheidende Bedeutung des Materiellen hervor.

Die materialistischen Attacken auf das dominierende Weltbild hatten allerdings insofern eine ›mechanistische‹ Schlagseite, als dabei die Rolle des Denkens, der Begriffe als vermittelnde Zwischenglieder vernachlässigt wurden, indem die Begriffe bloß als passive Abbilder der Dinge im menschlichen Gehirn verstanden wurden. Dies bot den Philosophen des deutschen Idealismus um die Wende zum 19. Jahrhundert Anlässe zur Kritik eines solchen Materialismus. Sie konzentrierten sich auf den aktiven Anteil des menschlichen Subjekts an der Konstituierung dessen, was uns als materielle Realität erscheint; dabei konzentrierten sie sich auf den Erkenntnisprozess, weniger auf die praktische Herstellung der Dinge (was teilweise ihrer Klassenlage und ihren entsprechenden Interessen als ›geistigen Arbeitern‹ geschuldet sein mochte, wiewohl bei der Frage der ›Determiniertheit‹ der Denkposition durch die soziale Lage immer auch – wie bei allen ›Gesetzmäßigkeiten‹ – mit ›entgegenwirkenden Ursachen‹ zu rechnen ist).

Kants Frage nach den transzendentalen ›Bedingungen der Möglichkeit von Erkenntnis‹ war eine wichtige Etappe beim Versuch, den ›subjektiven‹ oder ›geistigen‹ Anteil bei der Konstituierung der Realitätserkenntnis zu bestimmen. Hegel führte das weiter, indem er genauer nach der Entwicklung der Begriffe fragte, mit denen wir die Welt zu begreifen suchen. Er unternahm es, die Genesis der Begriffe, also der ideellen Mittel zur Erkenntnis der Wirklichkeit, möglichst voraussetzungslos, vor aller Empirie, als ›reine Wesenheiten‹ zu erfassen. Und um den ›reinen‹, empiriefreien Charakter der logischen Kategorien zu betonen, nannte er sein Vorhaben in provozierender Metaphorik »*die Darstellung Gottes [...], wie er in seinem ewigen Wesen vor der Erschaffung der Natur und des endlichen Geistes ist*« (Hegel, Werke 5, 44). – Will man Hegel gerecht werden, kann man dabei nicht von dem historischen Kontext absehen, dass er – zumal als Beamter des preußischen Obrigkeitsstaats – immer auch unter den Bedingungen der Zensur geschrieben hat. Seine Philosophie wurde von hellhörigen Kirchenvertretern eines verkappten Atheismus verdächtigt.

Im Unterschied zum ›alten Materialismus‹ (ein Ausdruck von *Marx* in seiner Kritik an Feuerbach) versuchte Hegel in seiner *Logik,* die vermittelnde Rolle des Denkens genauer zu bestimmen, die Art, wie die Bildung von Begriffen sich vollzieht: »Das Einzige, *um den wissenschaftlichen Fortgang zu gewinnen* [...], ist die Erkenntnis des logischen Satzes, daß das Negative ebensosehr positiv ist oder daß das sich Widersprechende sich nicht in Null [...] auflöst, sondern [...] daß eine solche Negation [...] bestimmte Negation ist; daß also im Resultate wesentlich das enthalten ist, woraus es resultiert. [...] In diesem Wege hat sich das System der Begriffe überhaupt zu bilden« (ebd. 49).

Zentral für Hegels Dialektikverständnis ist die ›Bewegung des Begriffs‹, der dabei folgende Phasen durchläuft: (1) Die (Erkenntnis-)Bewegung nimmt ihren Ausgang beim ›Unmittelbaren‹, noch nicht Begriffenen; (2) dieses wird in seiner Unmittelbarkeit dadurch ›negiert‹, dass das (zu erkennende) ›Etwas‹ durch sein ›Anderes‹ bestimmt oder definiert wird und als so Vermitteltes seine Unmittelbarkeit verliert; (3) das sich als vermittelt erweisende Ausgangs-Unmittelbare wird abermals negiert (›Negation der Negation‹), denn beim Anderen wird nicht stehengeblieben, sondern zum Etwas zurückgekehrt, nun aber als einem reicheren, durch das Andere als ›Aufgehobenes‹ bereicherten Begriff.

Auch bei *Marx* finden sich methodische Überlegungen zur wissenschaftlichen Vorgehensweise (vgl. die *Einleitung zur Kritik der politischen Ökonomie*, MEW 13, 631ff.): (1) Ausgangspunkt der Erkenntnisbewegung (z. B. um die kapitalistische Produktionsweise zu begreifen) ist bei ihm der zu erkennende Sachverhalt als ein *erscheinendes* Etwas, dessen Struktur und Wesen noch nicht erfasst ist; (2) um das *Wesen* des in Frage stehenden Sachverhalts herauszufinden, wird der Ausgang (z. B. mit der Bevölkerung einer Gesellschaft anzufangen) negiert durch eine analytische, die einzelnen Momente isolierende und abstrahierende Operation (z. B. durch das detaillierte Herausarbeiten der Sozialstruktur, deren Differenzierung in Klassen, in Untergruppen etc.); (3) die einzelnen, abstrahierten Momente werden sodann durch Synthese zusammengefasst zum Ganzen (z. B. einer bestimmten Gesellschaft), zu einem neuen, aber nun vermittelten ›Unmittelbaren‹, einem durch Erkenntnis gewonnenen reicheren, konkreteren Begriff.

Diese Vorgehensweise nannte Marx bekanntlich das *Aufsteigen vom Abstrakten zum Konkreten* als die angemessene wissenschaftliche Methode, und zwar ganz im Sinne Hegels als einen Prozess begrifflichen Bestimmens: Vom *Real-Konkreten* als Unmittelbarem, noch nicht begriffenen auszugehen; es zu *analysieren mittels* vorgenommener *Unterscheidungen* und dabei die Widersprüche, den Widerstreit der Getrennten, aber aufeinander Bezogenen zu gewahren; durch *Synthese* sich über jene Einzelbestimmungen und Trennungen oder Abstraktionen zu erheben und zur Einsicht in die *Zusammengehörigkeit des Widerstreitenden oder der Gegensätze* zu gelangen und damit schließlich zum *Ganzen* des nunmehr begriffenen Konkreten als einem *Geistig-Konkreten*.

Wir gelangen dazu – auch hier gibt es keine prinzipielle Differenz zu Hegel – durch einen mit Begriffen operierenden Denkprozess, also durch etwas *Ideelles*, das freilich zum Gegenstand etwas *Materielles* hat (bei Hegel das ›Objektive‹), welches begriffen werden soll, dessen durch Forschung ermittelte (materielle) Eigenschaften (Hegel: ›Bestimmungen‹) in etwas Ideelles (Begriffliches) übersetzt werden müssen, damit wir den Gegenstand oder Sachverhalt begreifen, ihn dann auch praktisch bearbeiten können u. s. w.

Marx hat dies Verfahren auch am Modell des Arbeitsprozesses demonstriert (*Kapital I*, MEW 23, 192ff.): (1) Wir gehen von einem Materiellen aus (einem Gegenstand oder Rohmaterial), das wir zur Befriedigung eines (gleichfalls materiellen) Bedürfnisses bearbeiten wollen; (2) zu diesem Zweck entwickeln wir einen Plan, eine Idee als orientierendes Ziel der Tätigkeit, ›übersetzen‹ das Materielle in ein Ideelles; (3) das so (unter maßgeblicher Mitwirkung kognitiver Tätigkeiten) bestimmte praktische Ziel wird dann durch eine materielle (›gegenständliche‹) Tätigkeit zu erreichen versucht; was dabei als Resultat schließlich herauskommt, ist die Umsetzung des Ideellen wieder in ein Materielles.

Der gesamte Prozess stellt somit eine wechselseitige Verknüpfung von Theorie und Praxis, von Materiellem und Ideellem dar; kein Moment ist verzichtbar, wiewohl das Materielle das letztlich Bestimmende ist, das den Ausgangs- und den Endpunkt darstellt. Es wird aber – sofern es sich um die menschliche Arbeit handelt – ohne die vermittelnde ›Dazwischenkunft‹ eines Ideellen nicht realisiert, ein Tatbestand, der die Aktion des Menschen von jener z. B. einer Biene unterscheidet, die im Prozess der *Evolution* eine frühere Phase der Entwicklung der Lebewesen auf der Erde repräsentiert, vor der Herausbildung des Denkens, der Fähigkeit zur Abstraktion wie zur Synthese u. s. w.

Diese Gegenüberstellung von Hegel und Marx zeigt, insbesondere bei der Darstellung des methodischen Vorgehens, mehr Verbindendes als Trennendes zwischen beiden.

Beiträge zur hier angesprochenen Frage nach der Differenz zwischen Hegel und Marx, zwischen einer ›idealistischen‹ und einer ›materialistischen‹ Dialektik finden sich auch in den oben unter Punkt 3.4 vorgestellten aktuellen Dialektik-Konzepten:

Der spezifische Beitrag von *Holz* zur Dialektik ist zum einen seine umfassende Darstellung ihrer Geschichte, angelegt als eine systematische Problemgeschichte; zum anderen sein großer Versuch, ausgehend von der systematisch analysierten *Geschichte* eine *Theorie* der Dialektik zu entwickeln. Dabei versucht er zu zeigen, dass eine ›materialistische Dialektik‹, zu der zugleich auch ein ›idealistisches‹ Moment gehöre, nur begründbar ist, wenn es gelingt, die ›subjektive‹ Dialektik in einer ›objektiven‹, letztlich in der Dialektik der Natur zu fundieren. Als Schlüssel zu dieser Fundierung dient ihm die Widerspiegelungstheorie.

Wie sehr diese Position von Holz nach wie vor auf starke Widerstände stößt, zeigt die heftige Polemik von *Haug* gegen Holz, wobei der Beitrag von Haug für die Dialektik natürlich nicht in seiner Holz-Attacke aufgeht, denn er lieferte seinerseits eindrucksvolle Beispiele für die Produktivität einer dialektischen Analyse beim Begreifen aktueller Probleme.

Dass sich die Überzeugungskraft dialektischen Denkens erst am konkreten Material erweist, dafür sind insbesondere auch die Analysen von *Losurdo* paradigmatische Belege, der nicht zuletzt an komplexen und umstrittenen Gegenständen den Erkenntnisgewinn eines dialektischen Vorgehens demonstriert, das sich an Hegels ›Das Wahre ist das Ganze‹ orientiert.

Arndt schließlich greift erneut die alte Streitfrage nach der Differenz zwischen einer idealistischen und einer materialistischen Dialektik auf und kommt zu dem Ergebnis, dass die Behauptung eines grundlegenden Gegensatzes der Marxschen zur Hegelschen Auffassung von Dialektik nur schwer begründbar ist. Eine Differenz beider sieht er eher darin, dass Marx an realphilosophischen Gegenständen interessiert war, nicht aber an solchen philosophischen Grundsatzfragen, wie Hegel sie in seiner *Logik* behandelt. Darum bleibt für Arndt auch die Philosophie unverzichtbar, da sie sich mit fundamentalen Voraussetzungen der Bildung und Nutzung von Kategorien befassen muss, um Fragen, die allem empirischen Einzelforschen zugrunde liegen.

Das Feld für die Bewährung dialektischen Denkens ist natürlich nicht beschränkt auf philosophische und (einzel)wissenschaftliche Gegenstände. Es schließt neben politischen auch kulturelle wie Kunst, Musik oder Literatur ein. So hat Hegel z. B. in seiner Musikphilosophie das Dialektische der Musik genial verdichtet zum Ausdruck gebracht, wenn er Musik als ›kadenzierte Interjektion‹ bestimmt (Hegel, *Vorlesungen über die Ästhetik III*, Werke 15, 151), als die – gelungene bzw. herzustellende – Einheit der gegensätzlichen Momente von subjektivem Ausdruck (›Interjektion‹) als emotionalem ›Material‹ und dessen Gestaltung durch eine bewusste Form (›Kadenzierung‹).[102]

So wie am Ende der Hegelschen *Begriffslogik* die Idee ›sich entschließt‹ zur Entäußerung in die Natur, zur Verwirklichung in der sinnlich-gegenständlichen Welt, so wird dialektisches Denken sich zu bewähren haben beim Versuch, die vielgestaltigen Erscheinungen und Probleme der alltäglichen Wirklichkeit zu begreifen. Insoweit das gelingt, mag es auch ›Vergnügen‹ bereiten, wie Brecht das der Dialektik in einem Gedicht zuschreibt, mit dem wir unsere Gedankenreise begonnen haben.

---

102 Siehe Hanns-Werner Heister, »Kadenzierte Interjektion«. Taugt Hegels Formel als Allgemeinbegriff für Musik? In: *Zwischen Aufklärung & Kulturindustrie. Festschrift für Georg Knepler zum 85. Geburtstag,* hg. v. H.-W. Heister, K. Heister-Grech und G. Scheit, Bd. III, Hamburg 1993, 11-19.

Literaturverzeichnis

Zu den verwendeten *Werk-Ausgaben*: Um den Lesenden eine bequemere Zugänglichkeit zu ermöglichen (nicht zuletzt zur Überprüfung der Belegstellen), wird für die zitierten Hegel-Texte in der Regel die Suhrkamp-Ausgabe zugrunde gelegt; wo andere Ausgaben wie die Akademie-Ausgabe herangezogen werden, wird das ausdrücklich vermerkt.

Vergleichbares gilt für die Texte von Marx und Engels: Auch hier wird in der Regel die MEW-Ausgabe zugrunde gelegt und nicht die weniger verbreitete MEGA (Marx-Engels-Gesamtausgabe).

1. Benutzte Ausgaben von Hegel, Marx, Engels und Lenin

Engels, Friedrich: Dialektik der Natur (1873–1882). MEGA I, Bd. 26., bearb. v. Anneliese Griese, Friederun Fesse, Hella Hahn, Karl Heinig, Martin Koch und Gerd Pawelzig, Berlin: Dietz, 1985

Hegel, Georg Wilhelm Friedrich: Gesammelte Werke (Akademieausgabe), Hamburg: Meiner, 1981, Band 12: Wissenschaft der Logik, Zweiter Band: Die subjektive Logik (= GW 12)

Hegel, Georg Wilhelm Friedrich: Sämtliche Werke (= SW). Wissenschaft der Logik, Zweiter Teil, hg. von Georg Lasson, Hamburg: Meiner, 1963 (= SW Logik II)

Hegel, Georg Wilhelm Friedrich: Werke in zwanzig Bänden. Auf der Grundlage der Werke von 1832 bis 1845 neu ediert. Redaktion Eva Moldenhauer und Karl Markus Michel, Frankfurt a. M.: Suhrkamp, 1986 (= Hegel, Werke)

Lenin, Wladimir Iljitsch: Werke, ins Deutsche nach der 4. russ. Ausgabe übertragen, hg. v. Institut für Marxismus-Leninismus beim Zentralkomitee der SED, Berlin: Dietz, 1. Aufl. 1964 (= LW)

Marx, Karl / Engels, Friedrich: Werke [42 Bände], hg. v. Institut für Marxismus-Leninismus beim Zentralkomitee der SED, Berlin: Dietz, 1. Aufl. 1956 (= MEW)

Marx, Karl: Grundrisse der Kritik der politischen Ökonomie (Rohentwurf) 1857–1858, Berlin: Dietz, 1953 (MEW 42) (= Marx, Grundrisse)

2. Ausgewählte Literatur

Adorno, Theodor W. u.a.: Der Positivismusstreit in der deutschen Soziologie. 6. Aufl., Darmstadt / Neuwied: Luchterhand, 1978

Adorno, Theodor W.: Einführung in die Dialektik (1958), hg. v. Christoph Ziermann, Berlin: Suhrkamp, 2015

Adorno, Theodor W.: Negative Dialektik, Frankfurt a.M.: Suhrkamp, 1966, 7. Aufl. 1992

Arndt, Andreas: Zur Entwicklung einer Konzeption materialistischer Dialektik bei W. I. Lenin 1893–1923. Phil. Diss. Bielefeld 1977. – Erschienen auch unter dem Titel: Lenin – Politik und Philosophie. Zur Entwicklung einer Konzeption materialistischer Dialektik. Bochum: Germinal, 1982 (Schriftenreihe zu Fragen der materialistischen Dialektik)

Arndt, Andreas: V. I. Lenin, in: *Modelle der materialistischen Dialektik,* hg. v. Heinz Kimmerle, Den Haag: Nijhoff, 1978, 85-106

Arndt, Andreas: Dialektik und Reflexion. Zur Rekonstruktion des Vernunftbegriffs, Hamburg: Meiner, 1994

Arndt, Andreas: Artikel »Hegel-Kritik«, in: Historisch-kritisches Wörterbuch des Marxismus (= HKWM), hg. v. Wolfgang Fritz Haug, Bd. 5, Hamburg 2002, Sp. 1243-1258

Arndt, Andreas: »›… wie halten wir es nun mit der hegel'schen Dialektik?‹ Marx' Lektüre der ›Phänomenologie‹ 1844«, in: *Hegels ›Phänomenologie des Geistes‹ heute,* hg. v. Andreas Arndt und Ernst Müller, Berlin: Akademie, 2004, 245-255

Arndt, Andreas: Unmittelbarkeit, Bielefeld: Transcript, 2004 (Neuauflage 2013)

[Arndt, Andreas:] »Warum heute noch Hegel? Über den Charakter, die historische Rezeption und Wirkung, und die gegenwärtige Bedeutung der Hegelschen Philosophie«, Interview mit Domenico Losurdo und Andreas Arndt, in: Minerva: [türkische] Zeitschrift für philosophische Schriften 2008 (Internet-Adresse: http://home.arcor.de/a.e.arndt/baykus.html) (= Arndt, Interview)

Arndt, Andreas: Was ist Dialektik? Anmerkungen zu Kant, Hegel und Marx, in: Das Argument 274, 1/2008, 37-48

Arndt, Andreas: Hegel und Marx, in: *Der sich selbst entfremdete und wiedergefundene Marx,* hg. v. Helmut Lethen, Birte Löschenkuhl und Falko Schmieder, München: Wilhelm Fink, 2010, 28-38

Arndt, Andreas: Karl Marx. Versuch über den Zusammenhang seiner Theorie. Durchgesehene und um ein Nachwort ergänzte zweite Auflage, Berlin: Akademie 2011 (1. Aufl., Bochum: Germinal, 1985)

Arndt, Andreas: Lenin liest Hegel, in: Hegel-Studien, Beiheft 55, Hamburg 2011, 275-290

Arndt, Andreas: »… unbedingt das letzte Wort aller Philosophie«. Marx und die hegelsche Dialektik, in: *Karl Marx – Perspektiven der Gesellschaftskritik,* hg. v. Rahel Jaeggi und Daniel Loick, Berlin: Akademie 2013 (Deutsche Zeitschrift für Philosophie. Sonderband 34), 26-37

Arndt, Andreas: Geschichte und Freiheitsbewusstsein. Zur Dialektik der Freiheit bei Hegel und Marx, Berlin: Minerva, 2015

Arndt, Andreas / Lefèvre, Wolfgang: System und System-Kritik. Zur Logik der bürgerlichen Gesellschaft bei Hegel und Marx, in: Hegel-Jahrbuch 1986, Bochum 1988, 11ff.

Arndt, Andreas/Iber, Christian (Hg.): Hegels Seinslogik. Interpretationen und Pers-
pektiven, Berlin: Akademie, 2000
Arndt, Andreas/Iber, Christian/Kruck, Günter (Hg.): Hegels Lehre vom Begriff,
Urteil und Schluss, Berlin: Akademie, 2006
Arthur, Christopher J.: The New Dialectic and Marx's Capital, Leiden/Boston/Köln:
Brill, 2002
Arthur, Christopher J.: The Hegel-Marx Connection, in: Historical Materialism 11/1,
2003, 179ff.
Autorenkollektiv (M. M. Rosental u. a.): Geschichte der marxistischen Dialektik. Von
der Entstehung des Marxismus bis zur Leninschen Etappe, Berlin 1974
Autorenkollektiv (G. A. Kursanow u. a.): Geschichte der marxistischen Dialektik. Die
Leninsche Etappe, Berlin: Dietz, 1976
Autorenkollektiv (Pjotr Fedossejew u. a.): Materialistische Dialektik. Kurzer Abriß, Ber-
lin: Dietz, 1983
Bloch, Ernst: Das Prinzip Hoffnung, (geschrieben 1938–1947 in den USA), 2 Bände
Frankfurt a. M.: Suhrkamp, 1959
Bockenheimer, Eva: »[...] wie halten wir es nun mit der Hegelschen Dialektik?« –
Marx' Hegel-Kritik, in: Hegel-Jahrbuch: Hegel gegen Hegel II, Berlin: De Gruyter,
2015
Brecht, Bertolt: Gesammelte Werke, Frankfurt a. M.: Suhrkamp, 1967 (Bd. 9, 467f; Bd. 20,
150f.) (= Brecht, Werke)
Brecht, Bertolt: Werke. Große kommentierte Berliner und Frankfurter Ausgabe. 30
Bände (in 32 Teilbänden) und ein Registerband, hg. von Werner Hecht, Jan Knopf,
Werner Mittenzwei, Klaus-Detlef Müller, Berlin/Weimar: Aufbau, Frankfurt a. M.:
Suhrkamp, 1988–2000 (= Brecht, GA)
Buhr, Manfred/Oiserman, Todor I. (Hg.), Vom Mute des Erkennens. Beiträge zur Phi-
losophie G. W. F. Hegels, Frankfurt a. M.: Marxistische Blätter, 1981
Bunge, Mario/Mahner, Martin: Über die Natur der Dinge. Materialismus und Wissen-
schaft, Stuttgart/Leipzig: S. Hirzel, 2004
Bunge, Mario: Scientific Realism: Selected Essays. Edited by Martin Mahner. Prome-
theus Books: Amherst 2001. Darin: How Do Realism, Materialism, and Dialectics
Fare in Contemporary Science? (1973), 27-41
Ciompi, Luc: Affektlogik. Über die Struktur der Psyche und ihre Entwicklung. Ein Bei-
trag zur Schizophrenieforschung, Stuttgart: Klett-Cotta: 1982 (1. Aufl.) 1998 (5. Aufl.)
Ciompi, Luc: Die emotionalen Grundlagen des Denkens. Entwurf einer fraktalen Af-
fektlogik, Göttingen: Vandenhoeck & Ruprecht, 2. Aufl. 1999 (1. Aufl.1997)
De Vos, Ludovicus: Hegels Wissenschaft der Logik: Die absolute Idee. Einleitung und
Kommentar. Abhandlungen zur Philosophie, Psychologie und Pädagogik, Bd. 180,
Bonn: Bouvier Verlag Herbert Grundmann, 1983
Dittmann, Frank/Seising, Rudolf (Hg.): Kybernetik steckt den Osten an. Aufstieg und
Schwierigkeiten einer interdisziplinären Wissenschaft in der DDR, Berlin: Trafo,
2007
Fraser, Ian/Burns, Tony (Hg.): The Hegel-Marx Connection, London: Palgrave Mac-
millan, 2000
Fuchs-Kittowski, Klaus/Piotrowski, Siegfried (Hg.): Georg Klaus zum 90. Geburtstag.
Kolloquium der Leibniz-Sozietät und der Deutschen Gesellschaft für Kybernetik,
Nov. 2002 in Berlin. Berlin: Trafo, 2004

Fuchs-Kittowski, Klaus / Zimmermann, Rainer E. (Hg.): Kybernetik, evolutionäre Systemtheorie und Dialektik, Berlin: Trafo, 2011

Günther, Gotthard: Grundzüge einer neuen Theorie des Denkens in Hegels Logik, Hamburg: Meiner, 1933

Günther, Gotthard: Idee und Grundriss einer nicht-Aristotelischen Logik, Hamburg: Meiner, 1959 (1. Aufl.); 1978 (2. Aufl.)

Günther, Gotthard: Beiträge zur Grundlegung einer operationsfähigen Dialektik, Bd.1-3; Hamburg: Meiner, 1976–1980 (Aufsatzsammlung von Arbeiten seit 1940 zur Ersetzung aristotelischer Seinslogik durch dialektische Reflexionslogik)

Hahn, Erich / Holz-Markun, Silvia (Hg.): Die Lust am Widerspruch. Theorie der Dialektik – Dialektik der Theorie. Symposium aus Anlass des 80. Geburtstages von Hans Heinz Holz, Berlin: Trafo, 2008

Haug, Wolfgang Fritz: Pluraler Marxismus, Hamburg: Argument, 1985

Haug, Wolfgang Fritz: Philosophieren mit Brecht und Gramsci, Berlin: Argument, 1996

Haug, Wolfgang Fritz: Dialektik, Historisch-Kritisches Wörterbuch des Marxismus (= HKWM), Bd. 2, Hamburg: Argument, 2. Aufl. 1999 (1. Aufl. 1995), 657-693

Haug, Wolfgang Fritz: Dreizehn Versuche marxistisches Denken zu erneuern. Gefolgt von: Sondierungen zu Marx / Lenin / Luxemburg, Hamburg: Argument, 2005

Haug, Wolfgang Fritz: Vorlesungen zur Einführung ins ›Kapital‹, Neufassung, Hamburg: Argument, 2005

Haug, Wolfgang Fritz: Einführung in marxistisches Philosophieren, Hamburg: Argument, 2006

Haug, Wolfgang Fritz: Für praktische Dialektik, in: Das Argument 274, 1/2008, 21-32

Haug, Wolfgang Fritz: In babylonischer Gefangenschaft? Dialektik bei Hans Heinz Holz, in: Das Argument 274, 1/2008, 75-82

Haug, Wolfgang Fritz: Das »Kapital« lesen. Aber wie? Materialien zur Philosophie und Epistemologie der marxschen Kapitalismuskritik, Hamburg: Argument, 2013

Haug, Wolfgang Fritz: Zur Dialektik der ›Flüchtlingskrise‹. Editorial, in: Das Argument 318, 2016, 1-5

Heine, Heinrich: Zur Geschichte der Religion und Philosophie in Deutschland, in: Werke in fünf Bänden, Bd. 3, 169-319, Köln: Könemann, 1995 (1. Aufl.: Hamburg: Hoffmann und Campe, 1834)

Henrich, Dieter: Anfang und Methode der Logik, Hegel-Studien, Beiheft 1, 1963, 19-35

Henrich, Dieter: Formen der Negation in Hegels Logik, in: Hegel-Jahrbuch 1974, Bonn 1975, 245-256

Henrich, Dieter: Hegel im Kontext, Frankfurt a. M.: Suhrkamp, 2010

Henrich, Dieter: Hölderlin über Urteil und Sein. Eine Studie zur Entstehungsgeschichte des Idealismus, in: Hölderlin-Jahrbuch 1964/65, 1967, 73-96

Hoff, Jan: Marx global. Zur Entwicklung des internationalen Marx-Diskurses seit 1965, Berlin: Akademie, 2009

Hollitscher, Walter: Vorlesungen zur Dialektik der Natur. Erstveröffentlichung der 1949/1950 an der Humboldt-Universität gehaltenen Vorlesungsreihe, Marburg: Arbeit & Gesellschaft, 1991

Holz, Hans Heinz: Dialektik und Widerspiegelung, Köln: Pahl Rugenstein, 1983

Holz, Hans Heinz: Artikel: Dialektik, in: Europäische Enzyklopädie zu Philosophie und Wissenschaften, hg. v. Hans-Jörg Sandkühler, Hamburg: Meiner, 1990, Bd. 1, 547-568 (ferner: Philosophie, Bd. 3, 672-688; Widerspiegelung, Bd. 4, 825-844)

Holz, Hans Heinz: Der ästhetische Gegenstand. Die Präsenz des Wirklichen (Philosophische Theorie der bildenden Künste I), Bielefeld: Aisthesis, 1996

Holz, Hans Heinz: Strukturen der Darstellung. Über Konstanten der ästhetischen Konfigurationen (Philosophische Theorie der bildenden Künste II). Bielefeld: Aisthesis, 1997

Holz, Hans Heinz: Der Zerfall der Bedeutungen. Zur Funktion des ästhetischen Gegenstandes im Spätkapitalismus (Philosophische Theorie der bildenden Künste III). Bielefeld: Aisthesis, 1997

Holz, Hans Heinz: Einheit und Widerspruch. Problemgeschichte der Dialektik in der Neuzeit, 3 Bände, Stuttgart/Weimar: Metzler, Bd.I: 1997, Bd.II: 1998, Bd.III: 1997 (= EuW)

Holz, Hans Heinz: Weltentwurf und Reflexion. Versuch einer Grundlegung der Dialektik, Stuttgart/Weimar: Metzler, 2005 (= Weltentwurf)

Holz, Hans Heinz: Dialektik. Problemgeschichte von der Antike bis zur Gegenwart, 5 Bände, Darmstadt: Wissenschaftliche Buchgesellschaft, 2010 (= Problemgeschichte)

Holz, Hans Heinz: Aufhebung und Verwirklichung der Philosophie, Bd.1: »Die Algebra der Revolution. Von Hegel bis Marx«, Berlin: Aurora, 2010; Bd.2: »Theorie als materielle Gewalt – Die Klassiker der III. Internationale«, 2011; Bd.3: »Integrale der Praxis – Aurora und die Eule der Minerva«, 2011

Holz, Hans Heinz: Speculum Mundi. Schriften zur Theorie der Metapher, spekulativen Dialektik und Sprachphilosophie, aus dem Nachlass hg. v. Jörg Zimmer, Bielefeld: Aisthesis, 2017

Horkheimer, Max/Adorno, Theodor W.: Dialektik der Aufklärung. Philosophische Fragmente, Amsterdam: Querido, 1947

Horstmann, Rolf-Peter: Schwierigkeiten und Voraussetzungen der dialektischen Philosophie Hegels, in: Seminar: Dialektik in der Philosophie Hegels, hg. v. Rolf-Peter Horstmann, Frankfurt a.M.: Suhrkamp, 1978, 9-30

Hörz, Herbert: Dialektik als Heuristik, und Statistische Gesetzeskonzeption. Zur Genese einer philosophischen Theorie, in: EWE 17, Stuttgart: Lucius, 2006

Hörz, Herbert: Materialistische Dialektik. Aktuelles Denkinstrument zur Zukunftsgestaltung, Berlin: Trafo, 2009

Iber, Christian: Hegels Konzeption des Begriffs, in: G. W. F. Hegel. Wissenschaft der Logik, hg. v. Anton Friedrich Koch und Friedrike Schick, Berlin: Akademie, 2002, 181-201 (Klassiker Auslegen, Bd.27)

Jaeschke, Walter: Hegel-Handbuch. Leben – Werk – Wirkung. Stuttgart: Metzler, 2003, 2. Aufl. 2010

Kant, Immanuel: Kritik der reinen Vernunft, (A = 1. Aufl. Riga 1781, B = 2. Aufl. 1787) Hamburg: Meiner, 1956

Kimmerle, Heinz: Die allgemeine Struktur der dialektischen Methode, in: Zeitschrift für philosophische Forschung 33 (1979), 184-209

Kittsteiner, Heinz-Dieter: »Logisch« und »historisch«. Über Differenzen des Marxschen und Engelsschen Systems der Wissenschaft (Engels' Rezension Zur Kritik der politischen Ökonomie 1859), in: Internationale wissenschaftliche Korrespondenz zur Geschichte der deutschen Arbeiterbewegung (IWK), 1977, Jg. 13, 1-47

Klaus, Georg: Moderne Logik. Abriss der formalen Logik, Berlin: VEB Deutscher Verlag der Wissenschaften, 1970

Klimaszewsky, Günter (Hg.): Weltanschauliche und methodologische Probleme der materialistischen Dialektik, Berlin: Akademie 1976

König, Josef: Das System von Leibniz, in: Ders.: Vorträge und Aufsätze, hg. v. Günther Patzig, Freiburg/München: Karl Alber, 1978, 27-61

Kopp, Hermann/Geisler, Lothar (Hg.): Denkanstöße. Hommage an Robert Steigerwald, Essen: Neue Impulse, 2015

Lenin, W. I.: Materialismus und Empiriokritizismus, hg. v. Institut für Marxismus-Leninismus beim ZK der SED, Berlin: Dietz, 1973, Werke, Bd. 14 (= LW 14)

Lenin, W. I.: Philosophische Hefte, hg. v. Institut für Marxismus-Leninismus beim ZK der SED, Berlin: Dietz, 1964, Werke, Bd. 38 (= LW 38)

Ley, Hermann (Hg.): Zum Hegelverständnis unserer Zeit. Beiträge marxistisch-leninistischer Hegelforschung, Berlin: Deutscher Verlag der Wissenschaften, 1972

Liebscher, Heinz: Systemtheorie und Kybernetik in der philosophischen Sicht von Georg Klaus, in: *Denkversuche. DDR-Philosophie in den sechziger Jahren*, hg. v. Hans-Christoph Rauh und Peter Ruben, Berlin: Chr. Links, 2005, 157-175

Losurdo, Domenico: Philosophie als Verteidigung des Ganzen der Vernunft, Köln: Pahl-Rugenstein, 1988

Losurdo, Domenico: Hegel und das deutsche Erbe, Köln: Pahl-Rugenstein, 1989

Losurdo, Domenico: Zwischen Hegel und Bismarck, Berlin: Akademie, 1993

Losurdo, Domenico: Die Gemeinschaft, der Tod, das Abendland. Heidegger und die Kriegsideologie, Stuttgart: Metzler, 1995

Losurdo, Domenico: Hegel und die Freiheit der Modernen, Frankfurt a. M. u. a.: Peter Lang, 2000 (italienische Erstausgabe 1992)

Losurdo, Domenico: Der Marxismus Antonio Gramscis. Von der Utopie zum ›kritischen Kommunismus‹, aus dem Italienischen von Erdmute Brielmayer, Hamburg: VSA, 2000 (Erweiterte Neuauflage 2012; italienische Originalausgabe 1997)

[Losurdo, Domenico:] »Warum heute noch Hegel? Über den Charakter, die historische Rezeption und Wirkung, und die gegenwärtige Bedeutung der Hegelschen Philosophie«, Interview mit Domenico Losurdo und Andreas Arndt, in: Minerva: [türkische] Zeitschrift für philosophische Schriften 2008 (Internet-Adresse: http://home.arcor.de/a.e.arndt/baykus.html; oder auf der Website von D. Losurdo) (= Losurdo, Interview)

Losurdo, Domenico: Nietzsche, der aristokratische Rebell. Intellektuelle Biographie und kritische Bilanz, aus dem Italienischen von Erdmute Brielmayer, hg. und mit einer Einführung von Jan Rehmann. Berliner Beiträge zur kritischen Theorie, Bd. 9 und 10, Bd. I: Die Kritik der Revolution von den jüdischen Propheten bis zum Sozialismus, Bd. II: Nietzsche und die antidemokratische Reaktion. Politik und theoretischer Überschuss, Berlin. Argument/Inkrit, 2009

Losurdo, Domenico: Freiheit als Privileg. Eine Gegengeschichte des Liberalismus. Aus dem Italienischen von Hermann Kopp, Köln: PapyRossa, 2010

Losurdo, Domenico: Stalin. Geschichte und Kritik einer schwarzen Legende. Mit einem Essay von Luciano Canfora, übersetzt von Erdmute Brielmayer, Köln: PapyRossa, 2012 (3. Aufl. 2017)

Losurdo, Domenico: Das 20. Jahrhundert begreifen, Köln: PapyRossa, 2013 (ital. 1998)

Losurdo, Domenico: Von Hegel zu Hitler? Geschichte und Kritik eines Zerrbildes. Aus dem Italienischen von Erdmute Brielmayer, Köln: PapyRossa, 2015

Losurdo, Domenico: Gewaltlosigkeit. Eine Gegengeschichte, Hamburg: Argument, 2015

Losurdo, Domenico: Der Klassenkampf oder Die Wiederkehr des Verdrängten? Eine politische und philosophische Geschichte. Köln: PapyRossa, 2016

Losurdo, Domenico: Wenn die Linke fehlt…: Gesellschaft des Spektakels, Krise, Krieg; aus dem Italienischen von Christa Herterich, Köln: PapyRossa 2017

Lukács, Georg: Geschichte und Klassenbewußtsein. Studien über marxistische Dialektik, Berlin: Malik, 1923

Mahner, Martin / Bunge, Mario: Philosophische Grundlagen der Biologie, Berlin: Springer u. a., 2000

Metscher, Thomas: Logos und Wirklichkeit. Ein Beitrag zu einer Theorie des gesellschaftlichen Bewusstseins. Frankfurt a. M. u. a.: Peter Lang, 2010

Metscher, Thomas: Ästhetik, Kunst und Kunstprozess. Theoretische Studien, Berlin: Aurora, 2013

Metscher, Thomas: Der Marxismus als Theorie des Gesamtzusammenhangs. Versuch einer kategorialen Konkretion, in: Aufhebung. Zeitschrift für dialektische Philosophie, 7/2015, 13-57

Metscher, Thomas: Dialektik als Fundamentalkategorie. Annotationen zu einem Problemfeld, in: Aufhebung. Zeitschrift für dialektische Philosophie, 8/2016, 65-101

Metscher, Thomas: Integrativer Marxismus. Dialektische Studien. Grundlegung, Kassel: Mangroven, 2017

Pawlow, Todor: Die Widerspiegelungstheorie, Moskau 1936, 3. überarbeitete Aufl. 1962; deutsch: Berlin: Deutscher Verlag der Wissenschaften, 1973

Pippin, Robert B.: Die Aktualität des Deutschen Idealismus, Berlin: Suhrkamp, 2016

Popper, Karl Raimund: Was ist Dialektik? (1940), in: *Logik der Sozialwissenschaften,* hg. v. Ernst Topitsch, Köln / Berlin: Kiepenheuer & Witsch, 1965, 262-290

Ritsert, Jürgen: Summa Dialectica. Ein Lehrbuch zur Dialektik, Weinheim/Basel: Beltz, 2017

Römpp, Georg: Hegel leicht gemacht, Stuttgart: UTB, 2008

Rosental, M. M.: Die marxistische dialektische Methode, Berlin: Dietz, 1954

Rosental, M. M.: Die dialektische Methode der politischen Ökonomie von Karl Marx, Westberlin: DEB, 1973

Rosenthal, John: The Myth of Dialetics. Reinterpreting the Hegel-Marx Relationship, London: Palgrave Macmillan, 1998

Roth, Gerhard: Aus Sicht des Gehirns, Frankfurt a. M.: Suhrkamp, 2009 (1. Aufl. 2003)

Ruben, Peter: Die materialistische Dialektik und ihre Grundgesetze, in: *Gesetz – Erkenntnis – Handeln,* hg. v. Anneliese Griese und Hubert Laitko. Berlin: Dietz, 1972, 139-194.

Ruben, Peter: Von der »Wissenschaft der Logik« und dem Verhältnis der Dialektik zur Logik, in: *Seminar: Dialektik in der Philosophie Hegels,* hg. v. Rolf-Peter Horstmann, Frankfurt a. M.: Suhrkamp, 1978, 70-100

Schäfer, Rainer: Die Dialektik und ihre besonderen Formen in Hegels Logik, in: Hegel-Studien, Beiheft 45, (2001), 1-346

Schäfer, Rainer: Hegels Ideenlehre und die dialektische Methode, in: *G. W. F. Hegel. Wissenschaft der Logik,* hg. v. Anton Friedrich Koch und Friedrike Schick, Berlin: Akademie, 2002, 243-264 (Klassiker Auslegen, Bd. 27)

Schlemm, Annette: [Zu Dialektik u.a.], in: http://www.annette-schlemm.de, aufgerufen am 14.11.17

Segeth, Wolfgang: Materialistische Dialektik als Methode, Berlin: Akademie, 1977

Sève, Lucien: Über die materialistische Dialektik, Frankfurt a. M.: Marxistische Blätter, 1976

Sorg, Richard: Marxismus und Protestantismus in Deutschland. Eine religionssoziologisch-sozialgeschichtliche Studie zur Marxismusrezeption in der evangelischen Kirche 1848–1948, Köln: Pahl Rugenstein,1974

Sorg, Richard: Ideologietheorien. Zum Verhältnis von gesellschaftlichem Bewußtsein und sozialer Realität, Köln: Kiepenheuer & Witsch, 1976

Sorg, Richard: Marxismus als materialistisch-dialektische Systemtheorie, in: *Systemtheorien im Vergleich. Was leisten Systemtheorien für die Soziale Arbeit?* Hg. v. Heino Hollstein-Brinkmann und Silvia Staub-Bernasconi, Wiesbaden: VS Sozialwissenschaften, 2005, 173-217

Sorg, Richard: Kapitalismus und Soziale Arbeit, in: UTOPIE kreativ, H. 194 (Dezember 2006), 1096-1108

Sorg, Richard: Anmerkungen zum Beitrag von Erich Hahn: »Zur ›dialektischen Verfassung‹ von Ideologie«, in: *Die Lust am Widerspruch. Theorie der Dialektik – Dialektik der Theorie. Symposium aus Anlass des 80. Geburtstages von Hans Heinz Holz,* [= Abhandlungen der Leibniz-Sozietät, Bd. 22], hg. v. Erich Hahn und Silvia Holz-Markun, Berlin: Trafo, 2008, 287-290

Sorg, Richard: Dialektisch denken – auch in der Sozialen Arbeit? In: standpunkt: sozial 1/2009, 95-101

Sorg, Richard: Ohne Elite-Herrschaft keine Kultur. Domenico Losurdos Nietzsche-Deutung, in: Z – Nr. 80, Dezember 2009, 119-129

Sorg, Richard: Anregungen einer nichtmarxistischen materialistischen Philosophie: Mario Bunge (Teil I), in: Z – Nr. 81 März 2010, 173-186; (Teil II), in: Z – Nr. 88, Dezember 2011

Sorg, Richard: Hans Heinz Holz und die Dialektik, in: Das Argument 297, 3/2012, 436-445

Sorg, Richard: Einige Grundzüge des Theorieansatzes von Karl Marx – Anregungen für die Soziale Arbeit. Gegen die Eindimensionalität eines neo-liberalen Denkens, in: neue praxis 1/2014, 45-59

Sorg, Richard: Das Dialektische in Hegels »Wissenschaft der Logik«. Kommentierende Bemerkungen zum Schlusskapitel: »Die absolute Idee«, in: Aufhebung. Zeitschrift für dialektische Philosophie, 8/2016, 11-42

Sorg, Richard: Die Dialektik-Konzeption von Hans Heinz Holz, in: Aufhebung. Zeitschrift für dialektische Philosophie, 10/2017, 11-40

Stekeler-Weithofer, Pirmin: Hegels Analytische Philosophie. Ein Kommentar zu Hegels »Logik der Wissenschaft«, Paderborn: Mentis, 1992

Tjaden, Karl Hermann: Mensch – Gesellschaftsformation – Biosphäre. Über die gesellschaftliche Dialektik des Verhältnisses von Mensch und Natur, Marburg: Arbeiterbewegung und Gesellschaftswissenschaft, 1990 (2. Aufl. 1992)

Wagenknecht, Sahra: Vom Kopf auf die Füße? Zur Hegelrezeption des jungen Marx, oder: Das Problem einer dialektisch-materialistischen Wissenschaftsmethode, Bonn: Pahl-Rugenstein, 1997 (neu erschienen: Berlin: Aurora, 2013)

Wahsner, Renate: Hegels Logik und die Struktur des naturwissenschaftlichen Denkens in der Moderne, in: Hegel-Jahrbuch. 2011. Geist? Zweiter Teil, hg. v. Andreas Arndt, Paul Cruysberghs und Andrzej Przyłębski, in Verbindung mit Ludovicus De Vos und Peter Jonkers, Berlin 2011, 148-153

Wahsner, Renate: Naturwissenschaft, 2., überarbeitete Auflage, Bielefeld: Transcript 2002 (1. Aufl. Bielefeld: Aisthesis, 1998)

Warnke, Camilla: Dialektik und Systemdenken in der Gesellschaftstheorie. Erkenntnistheoretische und methodologische Überlegungen, in: SOPO 41, 3/1977, Sept., 54-74 (a)

Warnke, Camilla (zusammen mit: B. Heidtmann, G. Richter, G. Schnauß): Marxistische Gesellschaftsdialektik oder »Systemtheorie der Gesellschaft«? Frankfurt a. M.: Marxistische Blätter, 1977 (b)

Weber, Max: Gesammelte Aufsätze zur Religionssoziologie. 3 Bände, Tübingen: Mohr (Paul Siebeck), 1. Bd. 1963 (1. Aufl. 1920), 2. u. 3. Bd. 1966

Weber, Max: Wirtschaft und Gesellschaft. Grundriss der verstehenden Soziologie, Studienausgabe, 2 Halbbände, hg. v. Johannes Winckelmann, Köln / Berlin: Kiepenheuer, 1964 (1. Aufl. Tübingen 1956)

Wekwerth, Manfred: »dialektisches Theater«, in: HKWM, Bd. 2, Hamburg: Argument, 2. Aufl. 1999, 715-719

Werckmeister, Georg: Hegels absoluter Schluss als logische Grundstruktur der Objektivität, Saarbrücken: Südwestdeutscher Verlag, 2010

Winter, Reiner: Eine Annäherung an den Begriff der Dialektik, Düsseldorf 1996, http://www.re-wi.de/dialektik.pdf

Bitte beachten Sie auch die folgenden Seiten.

Domenico Losurdo

Der westliche Marxismus

Wie er entstand, verschied
und auferstehen könnte

279 Seiten; € 19,90 [D]
ISBN 978-3-89438-694-8

›Westlicher Marxismus‹, mit diesem Etikett werden sehr unterschiedliche Theoretiker versehen, gemeinsam ist ihnen die Abgrenzung zum ›klassischen‹ oder ›orthodoxen‹ Marxismus. Domenico Losurdo argumentiert, dass dem eine Loslösung von den epochalen Emanzipationskämpfen zugrunde liegt. Dies reiche zurück bis in die Periode, »in welcher der Erste Weltkrieg und die Russische Revolution theoretisch verarbeitet wurden«. Hier und nicht erst in der Stalin-Ära sucht er den Ursprung dieses Strangs der Marx-Diskussion. »Und wenn die Risse und die darauffolgende Entfremdung«, so fragt er, »außer auf die Unterschiedlichkeit der objektiven Situation und der kulturellen Tradition zurückgingen auf die theoretischen und politischen Grenzen vornehmlich des westlichen Marxismus?« Von dieser Frage ausgehend setzt er sich auseinander mit Theoretikern von Ernst Bloch, Max Horkheimer und Theodor W. Adorno über Louis Althusser und Michel Foucault bis zu Giorgio Agamben, Alain Badiou, Slavoj Žižek, Antonio Negri und Michael Hardt. Außerdem bezieht er Hannah Arendt in seine Betrachtung mit ein.

PapyRossa Verlag | **www.papyrossa.de**

Martin Küpper

Materialismus

**Basiswissen Politik /
Geschichte / Ökonomie**

2. Auflage
127 Seiten; € 9,90 [D]
ISBN 978-3-89438-639-9

Als philosophischer Begriff war der Materialismus immer umkämpft. Dabei ging es ihm darum zu begründen, warum das Materielle den Vorrang gegenüber dem Ideellen erhält. Hierfür muss geklärt werden, was Materie ist, wie sie wird und vergeht und was daraus praktisch folgt. Dafür wurde er sinnlich, mechanizistisch, spekulativ, historisch und dialektisch formuliert. Materialismus befand sich immer in Auseinandersetzung mit den Wissenschaften, den Religionen, den Philosophien und den gesellschaftlichen Verhältnissen seiner Zeit. Ihn zu bedenken, heißt also, seine Geschichte zu verfolgen, dem jeweiligen Materie-Verständnis nachzugehen, seine gesellschaftliche Verankerung sowie seine verwendeten Argumentationen nachzuzeichnen. Dabei zeigt sich, dass der Materialismus nicht nur Geburtshelfer der Philosophie in Europa war, sondern auch als historisch-dialektisch verstandener im Marxismus seine Sternstunden feierte – und noch heute hoch im Kurs gehandelt werden kann.

PapyRossa Verlag | www.papyrossa.de